U0145358

思想的・睿智的・獨見的

經典名著文庫

策劃　楊榮川

五南圖書出版公司 印行

經典名著文庫

學術評議者簡介（依姓氏筆畫排序）

經典名著文庫006

道德情感論

The Theory of Moral Sentiments

亞當・史密斯 著
(Adam Smith)

謝宗林 譯

經典永恆・名著常在

五十週年的獻禮・「經典名著文庫」出版緣起

總策劃 楊榮川

閱讀好書就像與過去幾世紀的諸多傑出人物交談一樣——笛卡兒

五南，五十年了。半個世紀，人生旅程的一大半，我們走過來了。不敢說有多大成就，至少沒有凋零。

五南忝爲學術出版的一員，在大專教材、學術專著、知識讀本出版已逾壹萬參仟種之後，面對著當今圖書界媚俗的追逐、淺碟化的內容以及碎片化的資訊圖景當中，我們思索著：邁向百年的未來歷程裡，我們能爲知識界、文化學術界做些什麼？在速食文化的生態下，有什麼值得讓人雋永品味的？

歷代經典・當今名著，經過時間的洗禮，千錘百鍊，流傳至今，光芒耀人；不僅使我們能領悟前人的智慧，同時也增深加廣我們思考的深度與視野。十九世紀唯意志論開創者叔本華，在其〈論閱讀和書籍〉文中指出：「對任何時代所謂的暢銷書要持謹愼的態度。」他覺得讀書應該精挑細選，把時間用來閱讀那些「古今中外的偉大人物的著作」，閱讀那些「站在人類之巔的著作及享受不朽聲譽的人們的作品」。閱讀就要「讀原著」，是他的體悟。他甚至認爲，閱讀經典原著，勝過於親炙教誨。他說：

「一個人的著作是這個人的思想菁華。所以，儘管一個人具有偉大的思想能力，但閱讀這個人的著作總會比與這個人的交往獲得更多的內容。就最重要的方面而言，閱讀這些著作的確可以取代，甚至遠遠超過與這個人的近身交往。」

爲什麼？原因正在於這些著作正是他思想的完整呈現，是他所有的思考、研究和學習的結果；而與這個人的交往卻是片斷的、支離的、隨機的。何況，想與之交談，如今時空，只能徒呼負負，空留神往而已。

三十歲就當芝加哥大學校長、四十六歲榮任名譽校長的赫欽斯（Robert M. Hutchins, 1899-1977），是力倡人文教育的大師。「教育要教眞理」，是其名言，強調「經典就是人文教育最佳的方式」。他認爲：

「西方學術思想傳遞下來的永恆學識，即那些不因時代變遷而有所減損其價值的古代經典及現代名著，乃是眞正的文化菁華所在。」

這些經典在一定程度上代表西方文明發展的軌跡，故而他爲大學擬訂了從柏拉圖的《理想國》，以至愛因斯坦的《相對論》，構成著名的「大學百本經典名著課程」。成爲大學通識教育課程的典範。

歷代經典・當今名著，超越了時空，價值永恆。五南跟業界一樣，過去已偶有引進，但都未系統化的完整舖陳。我們決心投入巨資，有計劃的系統梳選，成立「經典名著文庫」，希望收入古今中外思想性的、充滿睿智與獨見的經典、名著，包括：

- 歷經千百年的時間洗禮，依然耀明的著作。遠溯二千三百年前，亞里斯多德的《尼各馬科倫理學》、柏拉圖的《理想國》，還有奧古斯丁的《懺悔錄》。
- 聲震寰宇、澤流遐裔的著作。西方哲學不用說，東方哲學中，我國的孔孟、老莊哲學，古印度毗耶娑（Vyāsa）的《薄伽梵歌》、日本鈴木大拙的《禪與心理分析》，都不缺漏。
- 成就一家之言，獨領風騷之名著。諸如伽森狄（Pierre Gassendi）與笛卡兒論戰的《對笛卡兒沉思錄的詰難》、達爾文（Darwin）的《物種起源》、米塞斯（Mises）的《人的行爲》，以至當今印度獲得諾貝爾經濟學獎阿馬蒂亞・森（Amartya Sen）的《貧困與饑荒》，及法國當代的哲學家及漢學家朱利安（François Jullien）的《功效論》。

梳選的書目已超過七百種，初期計劃首爲三百種。先從思想性的經典開始，漸次及於專業性的論著。「江山代有才人出，各領風騷數百年」，這是一項理想性的、永續性的巨大出版工程。不在意讀者的眾寡，只考慮它的學術價值，力求完整展現先哲思想的軌跡。雖然不符合商業經營模式的考量，但只要能爲知識界開啓一片智慧之窗，營造一座百花綻放的世界文明公園，任君遨遊、取菁吸蜜、嘉惠學子，於願足矣！

最後，要感謝學界的支持與熱心參與。擔任「學術評議」的專家，義務的提供建言；各書「導讀」的撰寫者，不計代價地導引讀者進入堂奧；而著譯者日以繼夜，伏案疾書，更是辛苦，感謝你們。也期待熱心文化傳承的智者參與耕耘，共同經營這座「世界文明公園」。如能得到廣大讀者的共鳴與滋潤，那麼經典永恆，名著常在。就不是夢想了！

二〇一七年八月一日 於

五南圖書出版公司

道德情感論改版譯者序——兼導讀

本書自初版以來迄今已逾十年，仍然陸續獲得一些新增書友的關注，讓譯者感到「知己比鄰」的驚喜，但也不無幾分汗顏與惶恐。覺得汗顏的是，初版譯文有不少粗疏不通之處，實在對不起書友的厚愛；所幸此次改版，在劉天祥先生的精心校訂下，這方面的缺失已大幅獲得改善；在此要特別感謝劉先生的協助，讓本書譯文更爲流暢。

至於所以覺得惶恐，故事就比較複雜。譯者近幾年改信奧地利學派的經濟與社會思想，從而對本書，以及原作者的另一本巨著《國富論》，所透露的反理性主義觀點，產生了一些疑慮。概括地說，如果譯者當初對奧地利學派，特別是米塞斯（Ludwig von Mises）的行爲學理論①，有現在這樣的認識，在本書初版出現的一些譯注就不會那麼贊同原作者的反理性主義傾向，而且初版的譯者序對於所謂亞當史密斯問題的處理也不致於那麼膚淺。以下將就這兩點，從後一問題談起，把此次再版修訂過程中、閱讀本書的一些感想，夾敘夾議地記

---

① Ludwig von Mises, *Human Action: A Treatise on Economics*, William Hodge & Co., London, 1949; 謝宗林（中譯）《人的行爲：經濟學專論》，2017年，台北五南圖書出版，特別是第八章〈人的社會〉。

下來和書友分享，希望書友在看待本書時，多用一點批判的眼光。

書友對於本書之所以感到興趣的一個理由，無疑是本書原作者亞當史密斯也是《國富論》的作者，並且因該書而被不少人推舉爲經濟學之父。然而，從十九世紀中葉開始，研究亞當史密斯思想的學者，對這兩本書之間的學理關係，便見解各異，直到現在猶眾說紛紜。②譬如，起初有德國的學者，特別是Witold von Skarzynski認爲：在《道德情感論》裡，人行爲的動機主要是本質具有慈善傾向的同情心（sympathy），而在《國富論》裡，行爲的動機主要卻是物欲主義的自愛或私利心（self-love），此外這兩本書不僅在主題內涵與學理邏輯上幾無交集，而且在文體上也迥然不同；因此，即使這兩本書眞是出自同一作者，那也顯示該作者在寫完《道德情感論》之後，受到法國重農學派的影響，否定了他對人性的原先想法，於是從高舉慈善理想的道德學家變成「同流合污」的經濟學家。

針對前述對亞當史密斯似乎有點不敬的揣測，有兩位權威的英國學者D. D. Raphael 和

② 關於此課題最近的一些討論，讀者或許可以參考David Wilson & William Dixon, 'Das Adam Smith Problem: A Critical Realist Perspective', a paper presented at the *International Network for Economic Methodology* conference, University of Amsterdam, 19-21 August 2004; Rachel E. Crowder, 'Examining "The Adam Smith Problem": Individuals, Society, and Value', 2012, a paper presented to the faculty of the VPI & State University in partial fulfillment of the requirements for the degree of Master of Arts in Philosophy.

A. L. Macfie，在紀念《國富論》出版兩百年而於一九七六年重編發行的《道德情感論》導讀中③，正確地指出：在《道德情感論》裡，亞當史密斯拿「同情心」這個人心運作的原理來解釋「道德感」（moral sense）或道德判斷，至於人行爲的「動機」（或促動人行爲的「情感」）則是以「同情心」爲基礎的「道德感」的批判標的，因此和「同情心」不屬於同一概念層次，不能拿來和「同情心」並列或作對；沒錯，《道德情感論》所討論的行爲動機種類比較廣泛，而《國富論》則主要是以審慎自愛的行爲動機作爲基礎，推演、論述在保障私有財產權的正義規則下，人際交易行爲的社會後果，但這並不表示《國富論》對於人性的看法和《道德情感論》不同；事實上，根據《道德情感論》，審慎適當的自愛或自私也是美德的一個構成要素。這兩位英國學者於是斷定：《道德情感論》和《國富論》是兩本互補的著作，兩本書一起研究有助於深入理解其中任一本，而若是對此看法還心存疑問，那也只可能是由於沒有認眞研究書本的緣故。然而，譯者必須說，對於該兩本書究竟以甚麼方式互補？如何互相發皇？他們卻完全沒有進一步的交代，而這也正是Skarzynski等人產生前述疑問的癥結所在。

---

③ D. D. Raphael & A. L. Macfie (ed.), Adam Smith: *The Theory of Moral Sentiments, Introduction*, 1976, Clarendon Press, Oxford。

就某一意義來說，《道德情感論》和《國富論》其實是一脈相承的：兩者皆鄙薄理智在社會形成與運作規律，乃至個人行爲中所扮演的角色。

《道德情感論》發揚十八世紀蘇格蘭啓蒙運動思想圈④的道德哲學，認爲「道德律並非吾人理智推演得出的結論」（The rules of morality are not the conclusions of our reason）⑤，而是天生的同情感自然而然地運作形成的，是神賜予人，要在世間引領人以形成與維繫社會，大大有益於人的行爲規則。值得附帶一提的是，這種道德概念是他律的、直觀的，而不是自律的、功利理性的。突顯前述「反功利理性」觀點的段落，在《道德情感論》中可以說俯拾即是，譬如，第二篇第一章第五節說：我們之所以覺得某些行爲應當受罰，主要是因爲我們同情受害者心裡的怨恨，而不是我們知道：「社會如果要繼續存在，則不當的與無緣無故的惡意或怨恨就應該藉由適當的懲罰予以限制」；甚至「雖然人類自然被賦予一種想要保全社會與希望社會繁榮的願望，不過，造物主並未信託人類的理智，要人類的理智去發現實施一定的懲罰是達成此一願望的適當手段；而是賦予人類一種本能，讓人類在看到最適於達

---

④ 這個思想圈的代表性人物，除了亞當史密斯，以休謨（David Hume）最爲著名。

⑤ 這句話出自休謨。David Hume, *A Treatise of Human Nature*, edited by L. A. Selby-Bigge, 1978,Oxford University Press, Oxford, p.457.

成該願望的手段獲得實施時，直接給予本能的贊許。天理在這方面的安排，和它在其他許多場合的安排，完全是一脈相承的。對於所有基於它們特殊的重要性而或許可以視爲自然女神所格外垂青的那些目的，她總是始終如一地採取這樣的安排，亦即，她不僅賦予人類以一種嗜好，要他們對她所圖謀的目的懷有與生俱來的欲求，而且也賦予他們以另一種嗜好，要他們對唯有運用它們才能夠達成該目的的那些手段也同樣懷有與生俱來的欲求，完全只爲了那些手段本身的緣故，而不涉及它們傾向產生她所圖謀的目的。……自然女神並未把找出適當手段以達成那些目的的工作，信託給我們的理智，要這理智以它特有的慢吞吞又不確定的方式去摸索與判斷手段是否適當。」⑥第二章第三節關於正義感的論述，再次強調前述的見解，指出：沒錯，「除非正義的法律在相當程度內尚被遵守，否則社會不可能存在」。但如果因此便說「我們之所以贊許以懲罰不法爲手段，厲行正義的法律，乃是基於這個必要性的考量」，那就錯了；其實「我們所以覺得應該對傷害個人的罪行施予懲罰，最初並非基於維護社會的考量。我們所以關心個人的命運與幸福，通常不是因爲我們關心社會的命運與幸福……我們是這麼絕對沒有想到，違背正義的行爲所以應該在今生就受到懲罰，純粹是因爲若非如此，社會秩序將無法維持；以致自然女神教我們希望，而宗教信仰……也授權我們期

⑥ 第二篇第一章第五節附注7，本書第112至113頁。斜體字是譯者附加的強調。

待，違背正義的行爲將受到懲罰，即使是在來世。我們這種覺得它該受罰的感覺…甚至在它被埋葬了以後，還要繼續追究它，雖然它在來世受罰不可能成爲現世的警戒，嚇阻不了其餘沒有看到也不知道它受罰的人類，使他們不敢在這個世界犯下同樣的罪行」⑦。

讀者務須特別注意：亞當史密斯在前述引文中所鄙薄的理智，比較傾向是旁觀者或理論家運用於冥思遐想的理智，而不是當事人運用於行爲的理智。不過，對於後者，《道德情感論》也一樣持鄙薄的態度。譬如，第七篇第二章第二節對伊比鳩魯學派的批評，反映亞當史密斯認爲美德的核心不該沾染理性的手段算計⑧。他正確地指出，「伊比鳩魯認爲，人生最完美的狀態，人生所能享受的最圓滿的幸福，就在於身體的安逸，以及心靈的平安或平靜。達成此一自然喜好的主要目的，是所有美德的唯一目標；…一切美德之所以是可喜的，並不是因爲它們本身的緣故，而是因爲它們有助於完成這個目標。…例如，審慎…雖然是一切美德的來源與根本要素，然而，它所以是可喜的，卻不是因爲它本身的緣故。那種仔細、費神與愼重的心靈狀態，永遠留神注意每一項行動最遙遠的後果，如果不是因爲有助

⑦ 第二篇第二章第三節，本書第129至135頁。

⑧ 嚴格來說，「理性的」在這裡是一個贅詞，因爲行爲人的所有算計，根據定義，必然都是理性的。但，「理性的」算計不等於「永不犯錯的」算計；人是理性的，不等餘人永不犯錯。

於取得最大的快樂，並且避免最大的痛苦，僅就其本身而論，不可能是一件開心或愉快的事情。」對於伊比鳩魯學派這種可稱之爲自律的理性道德觀，亞當史密斯極力反對，但他所提出的唯一反對理由是：「不論那些美德或相反的惡行實際對於我們身體的安樂與安全有甚麼影響，它們自然會在他人身上引起的那些情感，和它們的所有其它影響相比，是某種遠比較強烈的喜好或厭惡的對象；被人認爲和藹可親，被人認爲可敬，被人認爲是尊重的適當對象，比這愛戴、尊敬與尊重可能爲我們帶來的一切安樂與安全，更受每一個稟性適當的心靈重視；相反的，被人認爲討厭，被人認爲可鄙，被人認爲是義憤的適當對象，比受人憎惡、輕蔑或憤慨可能使我們的身體蒙受的一切痛苦，更爲可怕；因此，我們所以希望具有前一種性質，以及我們所以厭惡具有後一種性質，絕不可能是因爲我們考慮到那兩種相反的性質對我們的身體可能造成甚麼不同的影響。」⑨亞當史密斯這個反對意見的份量，完全要看手段的效用相對於手段本身的合宜在行爲人心中的重要性而定⑩，而這很可能因人而異，並非比較看重效用的心靈，稟性就比較不適當；這種心靈很可能只是比較不在乎旁觀者對自己的品行的感覺。其實，亞當史密斯本人從旁觀者描述美德的角度（《道德情感論》第一篇

⑨ 第七篇第二章第二節，本書第464頁。

⑩ 關於這一點，可參考本書第四篇。

至第五篇）轉到從當事人持守美德的角度（第六篇）時，似乎改變了想法，自相矛盾地承認：在當事人、乃至旁觀者的心裡，比較重要的考量可能是美德外在的效用而非美德本身的合宜。譬如，第六篇第三章〈論克己〉提到：「審愼、正義與慈善的美德，除了產生一些最可喜的效果之外，沒有別的效果傾向。正如是對那些效果的注意，起先把那些美德推薦給當事人，所以同樣的注意，後來也把那些美德推薦給公正的旁觀者。……在我們對所有那些美德的贊許中，它們的那些可喜的效果，它們的那些不論是對實踐它們的人或是對其他某些人的效用，給我們的感覺，和它們的合宜給我們的感覺結合在一起，並且總是在我們的贊許中占有相當大的分量，甚至往往是其中主要的成分。」⑪

《道德情感論》第七篇第三章第二節說，「理性不可能使任何特定事物直接被我們喜歡或被我們憎惡。理性可以使我們看出，某一事物是獲得其他某些自然可喜的或可惡的事物的手段，從而使該事物，因其他那些事物的緣故，而間接被我們喜歡或被我們憎惡。任何事物，不可能因它本身的緣故而被人喜歡或憎惡，除非被直接的感覺辨別為可喜的或可惡的。因此，如果在每一個別的事例中，美德本身必然使我們覺得愉快，而惡行也同樣必然使我們覺得不愉快，那麼，如此這般地使我們甘心接受前者並且排斥後者的，就不可能是理

⑪ 本書第409-410頁。

性，而是直接的感覺了。」⑫這段話有三點值得反思。第一，如果我們所以喜歡美德，並非因爲美德本身，而是因爲美德外在於我們自己有益的效用，那麼，這段話所欲論證的命題「道德律並非吾人理智推演得出的結論」就不成立。第二，如果該命題眞的成立，則道德律難保不會有內部矛盾，而有內部矛盾的道德律可能是道德律？答案顯然是否定的。第三，亞當史密斯在這裡武斷地把人的品行，以及這品行背後的情感或動機，視同可以被我們「直接感覺」的酸甜苦辣，竟然忘了他自己在本書開頭論述以「設身處地」的想像爲前提的「同情感」時說，我們不可能直接感覺他人的感覺，「不可能知道他們有甚麼樣的感受，除非我們設想在相同的處境下，我們自己會有甚麼樣的感覺」⑬，而且他也未能注意到「設身處地」的想像其實預設一項最根本的「理性」認識：他人和我們自己屬於同類，具有相同的一套先驗的心靈邏輯結構，是潛在的合作互利對象；相反地，他在本書第三篇所提到的兩國敵對、國內黨派鬥爭和宗教狂熱等等嚴重妨礙與扭曲「同情感」運作的情況，正是「理性」發生錯誤、誤以爲敵我雙方的衝突不可調和的結果。總而言之，譯者覺得，亞當史密斯引以爲傲、使他有別於休謨的道德哲學創見—「同情感」原理，和他篤信的「道德律並非吾人理智

⑫ 本書第498頁。

⑬ 本書第2頁。

推演得出的結論」，兩者之間有深層的矛盾。

《國富論》延續《道德情感論》，鄙薄人的理智（或理性選擇）在行爲時所扮演的角色。譬如，《國富論》第二章〈論促成分工的原理〉說，「雖然人們從分工得到許多好處，但一開始，分工並不是任何人的智慧結晶；沒有人一開始就看出分工會帶來普遍的富裕，也沒人刻意想利用分工讓社會普遍富裕。分工的形成，是因爲人性當中有某種以物易物的傾向；這種性向的作用雖然是逐步而且緩慢的，也完全不問分工是否會產生廣泛的效用；然而分工卻是這種性向必然產生的結果。這種性向是否爲人性中固有而無法進一步分析的本質，或者更有可能是理智和言語能力的必然後果?這些不是我們在這裡要研究的問題。」⑭在論述以貨幣算計得失、因此必然是理性選擇的行爲領域時，居然把「以物易物」視爲人性的某種不計效用的傾向，刻意忽視人的理智能夠認識如下的事實：在分工下執行工作，比獨自工作更有效果，對工作者自己更有利。沒錯，個別行爲人不會「刻意想利用分工讓社會普遍富裕」，不會知道、也無須知道「分工會帶來普遍的富裕」；但，行爲人只要知道分工對自己有利，就會自動以協同合作，取代─至少可以想像的─個人獨自生活，從而天天形成社會鏈結。再者，和亞當史密斯的見解不同，「在社會合作的框架裡，社會成員

---

⑭ 謝宗林、李華夏（合譯）《國富論》，2000年，台北圓神出版，第29頁。

之間可能出現同情心、或友情，乃至彼此一體的感覺。這些感覺是人最愉悅、最高尚的經驗來源，也是人生最珍貴的裝飾；它們把動物類的人提升到眞正是人的存在。然而，它們不是…導致各種社會關係的動因。它們是社會合作的結果，而且只在社會合作的框架內茁壯成長；它們不是在各種社會關係建立以前就存在的，它們不是衍生出各種社會關係的種子。」[15]

《國富論》中，最多人引述的一個段落，無疑是下面這段鄙薄理智的段落。亞當史密斯說，「當所有偏袒或限制的政策一旦全被撤除，簡單明瞭的天賦自由體系當會自然而然的建立起來。每一個人，只要他不違反正義的法律，都完全被放任自由，都可以照他自己的方式追求他自己的利益，都可以拿他自己的勤勞與資本，去和其他任何人或任何階級的勤勞與資本競爭。君主完全被免除某種職責；他若企圖從事這種職責，必定總是陷入無數的欺瞞與迷惑中，而人世間恐怕也沒有足以適切執行這種職責的智慧或知識；那就是監督私人的勤勞，以及指導私人的勤勞投入最適合社會利益的各種用途。」[16]而上面這段主張政府放任自由的引文，和《道德情感論》裡針對熱中主義或理論體系者的批評，基調完全一致：「熱中

---

[15] 謝宗林（中譯）《人的行爲：經濟學專論》，2017年，台北五南圖書出版，第192頁。

[16] 謝宗林（中譯）《國富論》，2005年，台北圓神出版，第344頁。

主義或理論體系的人，相反地，往往自以爲很聰明；他往往是如此的醉心於自己的那一套理想的政治計畫所虛構的美麗，以致無法容忍現實和那一套理想的任何部分有一絲一毫的偏離。他埋頭苦幹，一心只想把那套理想的制度全部完完整整地建立起來，完全不顧各種巨大的利益，或頑強的偏見，可能會反對該套制度。他似乎以爲，他能夠像下棋的手在安排棋盤上的每顆棋子那樣，輕而易舉地安排一個大社會裡的各個成員。他沒想到，棋盤上的那些棋子，除了下棋的手強迫它們接受的那種移動原則之外，沒有別的移動原則；但是，在人類社會這個巨大的棋盤上，每一顆棋子都有它自己的移動原則，完全不同於立法機關或許會選擇強迫它接受的那種原則。如果那兩種原則的運動方向剛好一致，人類社會這盤棋，將會進行得既順暢又合諧，並且很可能會是一盤快樂與成功的棋；但，如果那兩種原則的運動方向恰好相反或不同，那麼，人類社會這盤棋，將會進行得很悽慘，而那個社會也就必定時時刻刻處在極度混亂中。」⑰

通常被歸入奧地利學派的海耶克（F.A.Hayek,1899-1992），對於《道德情感論》和《國富論》一貫鄙薄理智或理性的論述取向，頗爲推崇；甚至認爲：儘管亞當史密斯對於如今構成經濟學理論基礎的一些分析概念貢獻不如前人，甚至對於前人相關貢獻的重要性也

⑰ 本書第358-359頁。

不甚了解，但由於他總是「把社會的演化溯源至一些最單純與普遍存在的人性元素；把幾乎所有曾經被歸功於人為刻意建制的社會發展，分解為某些淺顯的人性原理自發地與不可抗拒地開展的結果；總是努力說明，即使不用巧思算計或政治智慧，也可能締造出一些最複雜與看似人為設計的政策體系」[18]，因此在市場現象的科學研究方面，對於核心問題的認識，比同時代的經濟學家都更為正確、深邃。亞當史密斯是否值得海耶克這樣的讚揚，也許見仁見智，不過，在同一處地方，他倒是正確地指出：《道德情感論》所論述的那種以面對面的「同情感」為基礎而形成的「小社會」傳統道德感，不適合開放的市場傾向形成的「大社會」。

儘管《道德情感論》和《國富論》在鄙薄理智或理性的論述取向上一脈相承，但，這改變不了兩者在主題內涵與學理邏輯上的斷裂。撇開各自內部的矛盾不談[19]，《道德情感論》

---

[18] F. A. Hayek, *Adam Smith's Message in Today's Language*, the Daily Telegraph, London, 9 March 1976, collected in *New Studies in Philosophy, Politics, Economics and the History of Ideas*, 1978, The University of Chicago Press, Chicago.

[19] 關於《道德情感論》內部的矛盾，請見前述譯者的心得；關於《國富論》的內部矛盾，可以參考Murray N. Rothbard, *Economic Thought Before Adam Smith: An Austrian Perspective on the History of Economic Thought, Volume* 1, 1995, Edward Elgar Publishing Ltd., Chapter 16: The Celebrated Adam Smith.

的主題是：關於行爲的動機（或者說，促動行爲的情感）如何在「同情感」的敦促下，趨向論述者本人所揭示的合宜或完美；但，這種合宜或完美的實踐，本質上，是操之在人，並非獨立於個人的意志之外的。另一方面，《國富論》的主題是：關於行爲的手段和後果，論述分工下的社會合作生產活動遵守哪些獨立於個人意志之外、好比自然原理的規律；這種論述把行爲的動機或目的視爲給定的參數，不做動機或目的方面的價值判斷，也就是說，保持價值中立，不臧否行爲合宜與否、或完美與否。

以上是此次再版修訂過程中、閱讀本書的一些感想，記下來和書友分享，希望對讀者有所啓發。

謝宗林

二〇一八年一月於台北

告讀者

自從《道德情感論》第一版在這麼久以前的一七五九年初問世以來，我陸陸續續想到若干處修正、以及好幾個可用來說明其中一些學理的例子。但，人生的各種機緣使我捲入種種俗世工作，妨礙我按照自己始終堅持的那種細心專注的方式修訂這本著作，直到現在。讀者將發現，我在這一新版中完成的變更，主要出現在：第一篇第三章最後一節、以及第三篇前四節。在本新版出現的第六篇是完全新增的。我把大部分有關斯多亞哲學的段落收攏在第七篇裡，而在以前的版本，那些段落則是散見在這本著作的不同篇章裡。另外，我也盡力更充分地說明、更清楚地分辨，該著名哲學門派的某些教義。在同一篇第四節、也是最後一節，我急就章地把少數幾則對於義務與誠實原則的附加看法，湊合在一起。除了前述那些增訂，本書其他部分還有幾處不太重要的變更與修正。

在本書第一版最後一段，我曾說：「我將在另一門課努力說明法律與政府的一般原理，說明那些原理在不同時代與社會發展階段，所經歷過的各種不同變革，不僅是有關正義方面的，而且也包括公共政策、公共收入、軍備國防，以及其他一切法律事項。」在《國富論》，至少就公共政策、公共收入、軍備國防的部分而言，我已履行了該承諾。剩下的是關於正義的法律原理、或所謂法理學的部分；這部分我雖然規劃了很久，迄今卻受阻於同樣那些一直妨礙我修訂這本著作的俗世工作，而未能完成。雖然我承認，以我現在這麼一大把年紀，實在不太有希望能夠如願完成這個重大的志業。不過，由於我尚未完全放棄原來的規劃，而且也由於我仍希望繼續負起盡其在我的責任，所以，我讓該段在三十幾年前，當我對於能夠完成其中所宣稱的每一件事沒有任何疑慮時，所表述的話語，一字不變地保留下來。

亞當．史密斯
一七九〇年

目次

第一篇　論行爲的合宜性

第一章　論合宜感

第一節　同情感

人，不管被認爲是多麼的自私，人性中顯然還有一些原理，促使他關心他人的命運，使他人的幸福成爲他幸福的必備條件；儘管他從他人的幸福得不到任何好處，但看到他人幸福，他自己也覺得快樂。屬於這一類的原理，是憐憫或同情，是當我們看到他人不幸，或當我們深刻懷想他人的不幸時，我們所感覺到的那種情緒。我們時常因爲看到他人悲傷而自己也覺得悲傷，這是一個顯而易見的事實，根本不需要舉出任何實例予以證明；因爲這種同情的感覺，就像人性中所有其他原始的感情那樣，絕非僅限於仁慈的人才感覺得到，雖然他們的這種感覺也許比什麼人都更爲敏銳強烈。即使是最殘酷的惡棍，最麻木不仁的匪徒，也不至於完全沒有這種感覺。

由於我們並未直接體驗到他人的感覺，我們不可能知道他們有什麼樣的感受，除非我們設想在相同的處境下，我們自己會有什麼樣的感覺。即使我們的親兄弟正在拷問臺上遭受酷刑，只要我們本身還輕鬆自在，我們的感官便不可能使我們感受到他正在遭受的痛苦。我們的感官從來不會，也絕不可能，帶給我們自身以外的感受；只有透過想像，我們才能對他的感覺有所感知。而想像的機能，除非是向我們描述，倘使我們身在他的處境時，我們自己將會有的感覺外，也不可能以其他任何方式幫助我們對他的感覺有所體會。我們的想像所複製的，是我們自身的感官所感受到的感覺，不是他的感官所感受到的感覺。藉由想像，我們把自己擺在他的位置，我們設想自己正在忍受相同的酷刑折磨，我們可以說進入他的身體，在某一程度內與他合而為一，從而對他的感覺有所體會，甚至我們自身也升起某種程度上雖然比較微弱，但也並非與他的感覺完全不相像的感覺。當我們這樣對他的種種痛苦有所感知時，當我們這樣接納那些痛苦，並讓那些痛苦變成我們的痛苦時，他的種種痛苦終於開始影響我們，於是我們一想到他的感覺便禁不住顫慄發抖。因為，正如任何痛苦或窮困的處境都會激起悲傷的情緒那樣，設想或想像我們身在那樣痛苦或窮困的處境，也會激起同一種情緒，其強弱視我們的想像鮮明或模糊的程度而定。

這就是我們對他人的不幸所以有同情感的根源；正是藉由設想和受難者易地而處，我們才會對他的感受有所感知，他的感受也才會影響我們；如果有人認為這一點還不夠明顯的話，有許多明顯的事實可以證明。當我們看到一根棒子正對著另一個人的腿或手臂，就要打下去的時候，我們會自然而然縮回我們自己的腿或手臂；而當那一棒真的打下去時，我們多少會覺得自己好像被打中似的，並且感到疼痛。一群民眾，當他們目不轉睛盯著一個舞者走在一條鬆弛的繩子上時，自然而然會隨著他歪曲、扭動、平衡他們自己的身體，因為他們覺得自己好像走在繩子上似的，必須像那位舞者那樣歪曲、扭動，否則就會失去平衡從繩子上摔下來。常有神經敏感與體質纖弱的人抱怨，當他們在街上看到乞丐身上露出膿腫的潰瘡，他們自己身上的對應部位往往也會有發癢或不適感。那些可憐人身上的潰瘡，在他們心裡引起的那股恐怖感，對他們身上那個部位的影響，大於對其他任何部位的影響；因爲那股恐怖感，來自於設想他們如果眞是他們所遇上的那些可憐人，而他們身上那個特定部位實際上也同樣不幸受到潰瘡感染時，他們自己將會有什麼樣的感受。光是想像的感受，力道便足以在他們纖弱的身軀上，產生他們所抱怨的那種發癢或不適感。一些體質最強韌的人也注意到，當他們看到潰爛的眼睛時，他們自己的眼睛時常會有很明顯的疼痛感，這也是相同的道理所引起的；體質最強韌的人身上那個器官，比體質最纖弱的人身上其他任何部位，都更爲嬌嫩敏感。

並非只有痛苦或悲傷的情況才會激發我們的同情感。不管主要當事人遭遇到什麼樣的情況而呈現出什麼樣的感情，每一位用心注意的旁觀者，一想到當事人的情況，自會有一股類似的情緒在他身上油然升起。當悲劇或浪漫劇裡讓我們著迷的那些英雄人物最後得以脫離困境時，我們所感覺到的那股喜悅之情，和我們因爲他們的苦難而感覺到的那股悲傷一樣的眞誠；我們爲他們悲慘的遭遇而興起的那種同情感，不見得比我們爲他們的幸福而興起的同情感更爲眞實。對那些在他們苦難時未離棄他們的忠實朋友，我們和他們一樣心懷感激；我們也衷心和他們一樣，怨恨那些背信乃致傷害、離棄、或欺騙他們的叛徒。就人類心靈容許產生的每一種情感來說，旁觀者的情感，總是和旁觀者設身處地的想像中，主要當事人應該會有的那種感受相像。

憐憫（pity）與悲憫（compassion），一般用來表示我們因爲他人的悲傷而產生相同的情感。同情或同情感（sympathy）一詞，雖然原義和憐憫或悲憫也許是相同的，不過，現在如果用來表示我們與任何一種情感同感共鳴，或對它產生相同的情感，或許沒有什麼特別不恰當之處。

在某些場合，似乎只要在另一個人身上看到某一種情感，便可以在我們身上引起同一情感。有時候，某種情感好像就在一瞬間便從某個人傾注到另一個人似的，事先完全不必知道，究竟是什麼情況在主要當事人身上引起了那種情感。例如，悲傷或喜悅，當被任何人的面容與姿態強烈呈現出來時，立即會使旁觀者多少感到類似的痛苦或愉快。笑臉迎人，令人開懷；相反地，愁容滿面，則令人心情鬱悶。

然而，這一點並非普遍成立，亦即，並非每一種情感都會引起同情。有一些情感，當它們被表達出來時，一點也不會引起同情，反而在我們弄清楚導致那些情感的原因以前，它們的表達只會激起我們的厭惡與反感。一個發怒的人，他的狂暴行爲，比較可能刺激我們起來反對他，而不是起來反對他發怒的對象。由於我們不清楚他被觸怒的緣由，我們無法體會他的處境，因此也就無法懷想任何類似由那個處境所引起的情感。但，我們清楚看到他發怒的那些對象所面對的是一個什麼樣的處境，知道一個如此暴怒的對手，可能在他們身上施加什麼樣的傷害。所以，我們很容易對他們的恐懼或怨恨產生同情，並且立即想到要和他們站在一起，反對那個看起來使他們蒙受如此嚴重危險的人。

我們所以看到喜悅或悲傷的表情，心裡便多少會興起類似的情緒，是因爲那些表情通常會讓我們籠統地聯想到，有某種好運或厄運已經降臨在出現這些表情的那個人身上；而且在這些情感方面，該籠統的聯想足以對我們的心情感受造成些許的影響。喜悅或悲傷的心情，所產生的後果僅及於感受到這些情緒的人；它們的表達，不像忿怒或怨恨的表情那樣，會讓我們聯想到其他任何我們所關心的人也許正處在它們的對立面。所以，好運或厄運的籠統聯想，多少會促使我們關切遭遇到好運或厄運的人；但，不清楚被什麼具體原因觸怒的籠統聯想，卻不會促使我們對那個被觸怒者的忿怒興起同一情感。自然女神似乎教我們要比較厭惡去體諒忿怒的感情，甚至教我們在得知這種情感的原因以前，稍微傾向站在它的對立面。

甚至我們對他人的悲傷或喜悅的同情，在我們得知那悲傷或喜悅的原因以前，也總是極不完備的。只是表現受苦者身心極爲痛苦的那種常見的悲嘆慟哭，在我們身上引起的，比較是探究其處境的好奇心，並附帶些許產生同情的意向，而不是非常明顯眞實的同情感。我們想到的第一個問題會是：你遇上了什麼不幸？直到這個問題獲得澄清之前，儘管我們心裡因爲有他遭到不幸的模糊念頭而感到不安，也儘管我們因爲折騰自己去揣測那不幸究竟是什麼一回事，而心裡頭益發不舒坦，但我們身上的同情感卻不是很顯著。

所以，同情感，與其說是因爲我們看到某種情感所引起的，不如說是因爲我們看到引起那種情感的處境所造成的。有時候，我們會爲他人的行爲，感覺到一股他自己似乎完全不可能感覺到的情感；因爲，當我們設想自身處在他的處境時，我們的想像會在我們的胸臆中燃起那股情感，儘管在他的胸臆中，那處境並沒有引起那樣的情感。我們爲他人的厚顏無恥與粗野無禮而感到面紅耳赤，儘管他自己似乎不覺得自己的行爲有什麼不合宜之處；因爲，當我們設想自己的舉止是這麼的荒唐可笑時，我們會禁不住覺得全身狼狽到無地自容。

在命運可能爲人類帶來的所有災難當中，喪失理智，即使在性格最爲殘酷的那些人看來，似乎也是最爲可怕的；當他們看到此一最爲悲慘的人生境遇時，他們悲天憫人的心情，比看到其他任何不幸，都更爲深切。但，那喪失理智的可憐人，也許還邊笑、邊唱著歌，對他自身的不幸完全沒有感覺。所以，在看到這種景象時，人類心中所感到的那股悲痛，不可能是對受難者的任何情感的反應。旁觀者的同情感，必定完全來自於他本人想到，當他自己淪落到同樣不幸的情況，同時又能夠（這也許是不可能的）以他目前的理智與判斷去看待那種狀況時，他自己將會有的感覺。

一個母親，當她聽到她那無法以言語表達感覺的嬰兒病痛中的呻吟聲時，她會感受到哪些苦楚呢？在她的想像中，那嬰兒所承受的痛苦，除了有它事實上的無助無告之外，還摻雜了她自己對那無助無告的感覺，以及她自己對它因爲害病而可能產生的種種不明後果的恐懼；所有這些想像所構成的那一幅最爲完整深刻的悲慘與苦惱的情境，正是讓她自己感覺到哀傷的對象。然而，那個嬰兒所感覺到的，只不過是眼前這一刻的不舒服，而這種不舒服也絕不可能很嚴重。對於未來，那嬰兒是完全無憂無慮的，因爲它的懵懂無知與缺乏遠見，讓它擁有對抗畏懼與焦慮的免疫力；相對地，當它長大成人後，要使它免於人類內心這兩大苦惱來源的肆虐，即使有再多的理智與學問企圖保護它，也將徒勞無功。

我們甚至對死去的人興起同情感；我們瞻望等著他們的那個可怕的未來，對他們的處境中眞正重要的面向反而視而不見，以致影響我們的，主要是那些衝撞我們的感覺、但對他們的幸福絕不會有任何影響的情況。我們想，他們被剝奪了陽光；被隔絕在活生生的社交世界之外；被擺在寒冷的墳墓裡，變成各種腐敗細菌的養分、與泥土中爬蟲的獵物；在這世界上，不再被人想念，反而只消一會兒，就會從他們至親好友心中摯愛的名單中除名，甚至幾乎從他們的記憶中消失；如此這般的處境，是多麼的悲慘啊。我們想，毫無疑問地，他們遭逢如此可怕的災難，我們無論再怎麼憐憫他們，也絕不可能過分。我們現在似乎更應該加倍同情他們，因爲他們此刻正面臨被人人遺忘的危險；於是，我們參加紀念他們的儀式，表示我們空洞的禮敬，我們努力抗拒自然、讓自己顯得悽慘，讓自己不斷憂傷地回憶他們的不幸。事實上，我們的同情無法提供他們什麼慰藉，但此一事實似乎使他們的處境顯得更加悽慘；而想到我們所做的一切皆無濟於事，想到我們所做的一切只是減輕了其他所有痛楚，只是舒緩了他們的朋友痛惜他們、愛戀他們、與悲嘆他們的心情，卻完全無法帶給他們任何安慰，益發加深我們對他們遭遇不幸的感傷。然而，最無庸置疑的是，死者的幸福完全不受前述那些情況的影響；而我們想要安慰他們的那些想法，也絲毫不可能擾動他們那無憂無慮的長眠安息。那個淒涼可怕且永無止境的憂鬱意念，亦即，在我們自然而然的想像中，他們的處境應該會興起的那個意念，完全是因爲我們把他們身體上所產生的變化，和我們自己對那個變化的知覺，結合在一起而引起的，亦即，那個意念起於我們把自己擺在他們的處境中，或者說，如果允許我這麼說的話，是起於我們把自己還活著的靈魂塞進他們已經失去活力的軀殼裡，然後設想在這種情況下我們自己將會有什麼樣的情緒。正是由於此一想像上的錯覺，所以，對我們來說，預見自己的死亡，才會這麼令人膽顫心驚；也正是由於這種錯覺，所以，在我們死後無疑不可能給我們帶來任何痛苦的那些情況，在我們活著時，想起來卻讓我們心痛不已。而從這裡便衍生出人性中一個至爲重要的原理，亦即，恐懼死亡；這種恐懼，雖是個人幸福的一大毒害，卻是一股抑制人類各種不義的偉大力量，它雖然折磨與抑制個人，卻守護與保障社會。

第二節　論彼此同情的快感

但，無論同情感的原因是什麼，或同情感是怎樣被引發的，最讓我們覺得愉快的事，顯然莫過於發現他人的感覺和我們自己心裡全部的情感相一致；而且最讓我們震驚的，也莫過於發現他人和我們完全沒有同感。特別喜歡以某種吹毛求疵的自愛（self-love）原理、演繹人類所有情感的那些作者，自以爲根據他們自己吹噓的原理，要解釋前述這種快樂、或這種痛苦，一點兒也不困難。他們說，人，由於意識到自己的力量薄弱，以及意識到自己需要他人的協助，所以，每當注意到別人表現出和自己一樣的情感時就會高興，因爲那時候他自信可以獲得自己所需的協助；而每當自己注意到情形相反時，就會苦惱，因爲那時候他以爲別人必定會和自己作對。但，這種高興與這種苦惱總是這麼立即地被感受到，而且也時常是在一些微不足道（因此不怎麼樣需要協助）的場合中被感受到，所以，我認爲，不管是這種高興、或這種苦惱，顯然都不可能源自於任何這樣以自我利益爲中心的考量。某個人，當他在盡力娛樂同伴之後環顧四周，如果看到除了自己之外，沒有任何人爲他所講的笑話而發笑，一定會覺得很丟臉、很懊惱。相反地，同伴的歡笑則會讓他感到心裡很舒暢；他會認爲，他們的情感和他自己的相一致，是他所能得到的最高禮讚。

他的這種快樂，似乎不完全是由於同伴的歡樂、在他身上所引起的相同情感，使他原本歡樂的心情獲得額外的活力所致；而他的這種痛苦，同樣也不完全是由於他錯失了這種快樂的機會，以致他因爲失望而感到心情沮喪；雖然不管是前一種場合、或後一種場合，相同情感之有無，無疑多少會有這樣的影響。當我們已經如此頻繁地熟讀了一本書、或一首詩，以致我們不再能夠從獨自閱讀那本書、或那首詩獲得任何樂趣時，我們仍然能夠從朗讀它給某個同伴聽而得到一些樂趣。對他來說，它還充滿全部新鮮的魅力；我們與它在他身上自然引起的那種驚訝與讚嘆的感情同感共鳴，雖然它不再能夠直接在我們心中喚起這種驚訝與讚嘆；我們比較像是從他的眼光，而不是從我們自己的眼光，去看待它所呈現的所有構想與理念；我們透過和他的愉快一起同感共鳴而感到心情愉快；他的愉快就這樣重新喚醒、或活化我們的愉快。相反地，如果他看起來似乎不怎麼樣欣賞它，那我們將會感到懊惱，而我們在朗讀它給他聽時，當然也就無法得到任何樂趣。這裡的情形和前面那個例子完全相同。同伴的歡樂，無疑會喚起、或活化我們的歡樂，而他們的沉默，無疑也會使我們失望、沮喪。縱使這個原理或許有助於我們在前一種場合獲得一些快樂，也有助於我們在後一種場合感受到一些痛苦，但在這兩種場合，它都絕不可能是快樂或痛苦的唯一原因；因為他人和我們自己在情感上相互契合，本身似乎就是快樂的一個原因，而缺乏這種契合也似乎就是痛苦的一個原因，然而，這種現象卻無法以前述那個原理予以解釋。沒錯，朋友對我的喜悅所表現出來的那種同情感，或許可以透過活化那個喜悅而給我帶來快樂；但他們對我的悲傷所表現出來的那種同情感，如果只會活化那個悲傷的話，便不可能給我帶來任何快樂。然而，同情感不僅活化喜悅，也緩和悲傷。在人們喜悅時，它以提供另一種方式的滿足（譯按：指彼此情感相互契合所產生的感覺）來活化喜悅；在人們悲傷時，它以迂迴委婉的方式，將幾乎是人心在那時候還可能接受的唯一愉快的感覺（譯按：同樣是指彼此情感相互契合所產生的感覺）巧妙地滲入人心，從而緩和人們的悲傷。

所以，值得注意的是，我們雖然並非不願意和朋友分享我們的喜悅，但我們更加渴望向他們傾訴我們心裡的不愉快；他們同情我們的不愉快，比同情我們的喜悅，會讓我們得到更大的滿足，而他們對我們的不愉快缺乏同情感，則比他們對我們的喜悅缺乏同情感，更加令我們震驚。

對遭逢不幸的人來說，當他們找到一個對象可以傾訴他們悲傷的緣由時，他們心裡的悲痛會怎麼樣得到緩解呢？他們似乎把他們自己的一部分痛苦卸下，放在傾訴對象的同情感上：說他分擔了他們的痛苦，也許並不為過。他不僅感覺到一股和他們所感覺到的同一種悲傷，而且他也宛如把他們的一部分悲傷引到他自己身上似的，所以，他所感覺到的悲傷，似乎減輕了他們所感覺到悲傷的份量。不過，在傾訴他們的不幸時，他們也多少重新喚起他們心裡的悲傷。他們喚醒了他們記憶中帶給他們苦惱的那些情況的回憶。所以，他們的眼淚比從前流得更快，甚至嚎啕大哭，不能自已。然而，他們其實以所有這些動作為樂，而他們的心情也顯然因此獲得極為顯著的紓解；因為他的同情給他們帶來的那種慰藉的甜美，綽綽有餘地抵銷了為了激起此一同情而重新喚起的那股悲傷的苦澀。相反地，對遭逢不幸的人，我們能夠給予的最殘酷侮辱，莫過於表現出一副藐視他們悲慘遭遇的樣子。如果我們對同伴的喜悅顯得無動於衷，那也只不過是於我們的禮貌有損罷了；但，當他們向我們傾訴痛苦，而我們沒表現出很嚴肅的表情，那就是真正嚴重的殘忍了。

愛是愉快的，而怨恨則是不愉快的；所以，我們雖然也渴望朋友擁抱我們對第三者的友情（或者說，渴望他們把我們的朋友當作是他們自己的朋友），但這種渴望熱切的程度，恐怕沒有我們渴望他們體諒我們對第三者的怨恨時那樣熱切的一半。當他們對我們所獲得的恩惠顯得無動於衷時，我們或許還能夠原諒，但如果他們對我們所遭受的傷害顯得漠不關心，那我們一定無法忍受；我們或許會氣惱他們不讚許我們心中的感激，但這種氣惱的程度，恐怕沒有我們在他們不體諒我們心中的怨恨時那樣氣惱的一半。他們能夠輕易地避免變成是我們朋友的朋友，但他們很難避免變成是我們敵人的敵人。我們很少怨恨他們與我們的朋友不和，雖然我們有時候也許會因為那個緣故而彆扭地假裝和他們吵架；但如果他們和我們的敵人和睦共處，那我們一定會認眞地和他們吵架。愛與喜悅的愉快感情，無需其他快感的輔助，便能夠滿足與鼓舞我們的心靈。而悲傷與怨恨這兩種痛苦的情緒，則是更強烈地需要同情的撫慰。

正如任何事故的主要當事人，會因為我們的同情而覺得欣慰，也會因為我們缺乏同情而覺得痛心那樣，所以，當我們能夠和他同感共鳴時，我們也似乎會覺得欣慰，而當我們不能夠和他同感共鳴時，我們也似乎會覺得痛心。我們不僅眞心想要祝賀那些成功的人，而且也眞心想要弔慰那些受苦的人；當我們和一個能夠和他心中的所有情感同感共鳴的人交談時，我們從交談中所得到的快樂，除了補償了我們因為看到他的情況而心感悲傷的那種痛苦之外，似乎還剩下很多。相反地，我們無法和他同感共鳴的事實，總是會讓我們覺得不愉快；我們非但不會因為免於同情的痛苦而覺得欣慰，反而會因為發現我們無法分擔他心裡的不舒服而覺得痛苦。如果我們聽到某個人大聲悲嘆他的種種不幸，但我們在設想自身處於他的情況時，卻覺得他的那些不幸不可能在我們身上造成如此激烈的影響，那麼，他的悲傷一定會令我們震驚；而且因為我們無法附和他的悲傷，所以我們會說他的悲傷是懦弱的表現。另一方面，如果看到某人只要交到一丁點兒好運，就萬分高興，或者說，就高興到昏了頭，那也會讓我們生氣。我們甚至覺得被他的喜悅得罪了；而且因為我們無法附和他的喜悅，所以我們會說他的喜悅是輕浮與品行不端。如果我們的同伴在聽完了某則笑話後，笑得比我們認為該則笑話值得笑的程度、或比我們覺得我們自己能夠因該則笑話而發笑的程度，更大聲或更久，我們甚至會覺得不高興。

第三節　論我們怎樣按照他人的情感與我們的情感是否相合，以評論他人的情感合宜與否

當主要當事人原始的情感和旁觀者同情的感覺完全一致時，對後者來說，那些原始的情感必然顯得正當與合宜，並且適合它們的對象。相反地，如果他在設想自身處於當事人的處境時，發現當事人那些原始的情感和他所感覺的並不一致，那對他來說，它們便顯得不正當與不合宜，而且也和引起它們的那些原因不相稱。所以，讚許他人的情感適合其對象，等於是在表示我們完全附和那些情感；而不讚許他人的情感，則等於是在表示我們不完全附和那些情感。某個人如果怨恨我所受到的那些傷害，而且也注意到我對那些傷害的怨恨和他的怨恨完全一致，那他必定會讚許我的怨恨。某人的同情感，如果和我的悲慟完全合拍，那他就不可能不承認我的悲慟合乎道理。某人如果和我一樣喜愛同一首詩或同一幅畫，而且喜愛它

們的程度完全和我的喜愛一致，那他無疑必須承認我的喜愛很正當。某人如果和我一樣因同一則笑話而發笑，而且和我一道發笑一道停止，那他就不好否認我的笑聲合宜。相反地，如果在這些不同的場合，某人沒感覺到任何像我所感覺到的那些情緒，或者，他所感覺到的和我所感覺到的完全不成比例，那他必定難免因爲我的情感和他的不和諧而不讚許我的情感。如果我的憎恨超過我的朋友的義憤能夠附和的程度；如果我的悲傷超過他最仁慈敏銳的同情心能夠一道體會的程度；如果我的喜愛與讚美，或者過高或者過低，並不符合他喜愛與讚美的程度；如果當他只是露齒微笑時，我卻開懷大笑，或者相反地，當他開懷大笑時，我卻只是露齒微笑；在所有這些場合，一旦他考慮過引發情感的對象後，回頭觀察我怎樣受到那個對象的影響時，按照他的情感和我的情感之間不一致的比例大小，我必定會立即招致他或多或少的責難；在所有這些場合，他自己的情感，是他據以評判我的情感的標準與尺度。

讚許他人的意見，就是接納那些意見，而接納那些意見，也就是讚許那些意見。如果讓你信服的那些論證同樣也讓我信服，那我必然讚許你的信服；如果它們並未讓我信服，那我必然不讚許你的信服；我無法想像自己信服但不讚許你的信服，也無法想像自己不信服卻讚許你的信服。所以，每一個人都須承認，我們讚許他人的意見與否，只不過表示他們的意見和我們自己的意見相符與否。但，我們是否讚許他人的情感、以及我們是否讚許他人的意見，兩者所涉及的原理並無不同。

沒錯，在某些場合，我們雖然讚許，但心裡似乎沒有任何同情感、或彼此一致的情感，因此，在這種場合，讚許的感覺似乎和彼此一致的感覺有所不同。然而，我們只要稍加留意，便可使我們自己相信，即便在這些場合，我們的讚許終究也是植基在同情感、或情感彼此一致的基礎上。我將提出一個非常瑣碎的事例，因為在這種瑣碎的事例中，人類的判斷比較不至於被錯誤的理論扭曲。我們或許時常讚許某個小玩笑，並且認為同伴的笑聲頗為正當與合宜，雖然我們自己並沒有笑，因為我們當時也許心情比較低沉，或者因為我們剛好分心注意別的事物。然而，根據經驗，我們知道，哪一種玩笑在大多數場合能夠使我們發笑，而我們也觀察到，當時這個玩笑是一個屬於那一種通常會使我們發笑的玩笑。所以我們讚許同伴的笑聲，並且覺得這笑聲很自然、很適合它的對象；因為，雖然在我們目前的心情下，我們無法輕易地和同伴齊聲發笑，但我們覺得在大多數場合，我們應當會和同伴一樣開懷地笑出來。

在所有其他情感方面，也時常發生同樣的事情。一個陌生人在街上從我們的身旁走過，臉上佈滿極為深刻憂傷的表情；而我們也被立即告知，他剛接獲他父親去世的消息。在這樣的場合，我們不可能不讚許他的悲傷。不過，在那當下，即使我們沒有任何人性缺陷，我們往往不僅絕不會感覺到像他那樣強烈悲傷的相同情感，我們甚至幾乎感覺不到我們心中對他興起任何關切之情。他和他的父親也許和我們素不相識，或者因為我們剛好忙於其他事情，以致無法好好地想像他必然會遭遇到的各種苦惱。然而，根據經驗，我們知道，這樣的不幸自然會引起這樣的悲傷，而且我們也知道，如果我們花一點時間、充分仔細地考慮他的處境，那我們心中無疑將極其眞誠地興起和他一樣悲傷的感覺。正是由於意識到在某些條件下會有那種相同情感，所以我們對他的悲傷才覺得讚許，雖然當時我們實際上並沒有那種相同情感，或者說，並沒有像他那樣悲傷的感覺；根據我們以往的經驗累積建立起來的、關於我們的情感通常會和什麼情感契合的那些通則，在這樣的場合，如同在其他許多場合，使我們當下各種不合宜的情感得到適當的補正。

情感或心裡的感受，是各種行爲產生的根源，也是品評整個行爲善惡，最終必須倚賴的基礎；因此，我們可以從兩個不同的面相來看待情感，或者說，可以在兩個不同的關係中考量情感；第一是從引起它的原因，或者說，從引起它的動機來考量它；第二則是從它所意圖的目的，或者說，從它傾向產生的後果來考量它。

行爲的合宜與否，或者說，行爲究竟是端正得體或粗魯下流，全在於行爲根源的情感，相對於引發情感的原因或對象，是否合適、是否比例相稱。

行爲的功、過，或行爲的性質究竟是使它有資格得到獎賞，抑或使它應該受到懲罰，全在於引發行爲的情感所欲產生、或傾向產生的後果，性質上是有益的，抑或是有害的。

晚近的哲學家主要考察各種情感所意圖的目的，很少注意情感和引發情感的原因之間的關係。然而，在日常生活中，當我們評論任何人的行爲，以及評論引發行爲的情感時，我們經常兼顧行爲與情感的所有面相。當我們譴責某人過分愛戀、過分悲傷、或過分怨恨時，我們不僅考慮到那些情感傾向產生毀滅性後果，而且也考慮到引發那些情感的原因是多麼的無足輕重。我們說，他所愛戴的那個人功勞並非這麼偉大，他的不幸並非這麼可怕，或使他發怒的那個原因並非這麼不尋常，因此都尚未達到可以使這麼強烈的情感反應顯得正當的地步。我們說，如果引發那情感的原因在任何方面都和那情感相稱，我們應當會縱容，也許還會讚許他那種強烈的情感。

當我們依此方式評論任何情感和引發它的原因是否相稱時，我們幾乎不可能有其他什麼規則或規範足資依憑，除了我們自身與之對應的情感。我們在設想自身處於相同的情況後，如果發現該情況在他人身上所引發的那些情感和我們自己的情感相互吻合，我們必然會讚許他人的那些情感，認爲它們和對象相匹配或相稱；否則，我們必然會責難那些情感，認爲它們過度誇張，乃致和對象不成比例。

每一個人身上的各種官能，是他據以評論他人身上同一種官能的標準。我根據我的視覺評論你的視覺，根據我的聽覺評論你的聽覺，根據我的理智評論你的理智，根據我的怨恨或忿怒評論你的怨恨或忿怒，根據我的愛戀評論你的愛戀。我不但沒有，也不可能有其他任何評論它們的方法。

第四節　續前節

我們在兩種不同情況下，根據他人的情感和我們的情感是否吻合，去評論他人的情感是否合宜；第一種情況是，引發情感的對象，被認爲和我們自己、以及和我們想評論其情感的那個人，都沒有任何特別關係；第二種情況是，引發情感的對象，被認爲對我們自己、或對我們想評論其情感的那個人，有某種特別影響。

(1)關於被認爲和我們自己、以及和我們想評論其情感的那個人，都沒有任何特別關係的那些對象；每當他的情感完全和我們自己的一致時，我們便會認爲他有品味、有見識。一處平原的美景，一座山峰的雄偉，一棟建築的裝飾，一幅畫的意境，一篇論文的構思，第三者的品行，各個數量或數目之間的比例，宇宙大機器永遠不斷展現的各種不同現象，以及這部機器當中、賴以產生所有那些比例與現象的、種種秘密的齒輪和彈簧；所有科學與文藝品味方面的一般題材，都是我們和我們的同伴一致認爲，和我們當中任何一方沒有任何特殊關係的對象。我們雙方都從同一觀點考察它們，因此，我們無須藉助同情感，或者說，無需藉助產生同情感的那種易地而處的想像，以便對這些事物產生最完全一致的情感或感覺。儘管如此，如果我們仍時常對這些事物有不同感覺，那也是由於我們的生活習慣不同，使得我們在面對這些複雜的事物時，對其中各個部分所給予的注意程度很容易有所不同，或是因爲我們的心靈對於這些事物的感受能力，其敏銳程度天生有所不同所致。

在這一類事物方面，當我們同伴的那些情感和我們自己的一致時，如果所涉及的那些事物是顯而易見的，甚至我們也許從未遇見過什麼人對那些事物的感覺和我們有所不同，那麼，雖然我們無疑會讚許同伴的那些情感，不過，我們似乎並不會因此而覺得他值得我們稱讚或欽佩。但，如果我們同伴的那些情感不僅和我們自己的一致，而且還領先、引導我們自己的情感；如果他在形塑他的那些情感時，顯然注意到許多我們視而不見的情況，並且他也顯然針對所有不同面相，把那些情感調整到和它們的對象極為匹配的地步；那麼，我們不僅會讚許他的那些情感，同時還會感到驚奇，並且對他的那些情感非比尋常與出乎意外的敏銳和包羅廣泛感到訝異，覺得他似乎值得我們給予高度的欽佩與讚揚。混合了驚奇與訝異而顯得更為強烈激動的讚許，正是應當被稱為欽佩的那種情感，而鼓掌喝采則是該種情感的自然表現。某個人判斷絕妙的美麗比極端醜陋的畸形較為可取，或判斷二乘二等於四，這樣的判定，確實會被全世界的人所讚許，但顯然不會有人欽佩他。讓我們大感欽佩，覺得似乎應該給予鼓掌喝采的，是能夠辨別出細微得幾乎無法察覺的那種美醜差異的風雅人士，他們那種敏銳與細緻的鑑賞能力；是能夠輕而易舉地解開、理順最錯綜複雜與糾纏不清的各種比例關係的老練數學家，他那種全面精確的理解能力；是科學與文藝界的大行家，是引導我們的情感，是才能高超與品味優越到讓我們大感驚奇和訝異的那些人；所謂知性之美，所受到的讚揚，大部分就是建立在這個基礎上。

也許有人會認為，最初打動我們，讓我們覺得前述那些性質值得欽佩的，是那些性質的效用；毫無疑問的，效用方面的考量，當我們定下心來注意它的時候，確實會賦予那些性質一個新的價值。然而，我們最初所以讚許某個人的判斷，並不是因為那個判斷有些什麼用處，而是因為那個判斷正當、準確、符合眞理和事實；而且很顯然的，我們所以將那些性質歸屬於那個判斷，除了因為我們發現那個判斷符合我們自己的判斷之外，別無其他任何原因。同樣地，某個品味最初所以獲得讚許，也不是因為它有什麼用處，而是因為它正當、優雅、絲毫不差地和它的對象相匹配。所有屬於這一類的性質，它們的效用如何，顯然是一個事後才有的想法，而不是最初引起我們讚許它們的原理。

(2)至於對我們自己，或對我們想評論其情感的那個人，有特別影響的那些事物，雙方要保持情感上的和諧一致，就比較困難，但同時也遠遠地比較重要。我的同伴自然不會以和我相同的觀點，來看待我所遭遇到的不幸、或我所受到的傷害。那些不幸或傷害對我的影響，顯然切身許多。我們雙方並不是像觀看一幅畫，或聆聽一首詩，或研究某一派哲學體系那樣，在相同的位置看待它們，所以，它們對我們個別的影響，便往往大不相同。在那些於我們雙方都沒有切身利害關係的事物上，即使我們雙方缺乏一致的情感，我或許還能夠輕易地予以寬容，但，在於我有切身利害關係的事物上，譬如，我所遭遇到的不幸、或我所受到的傷害，如果我們雙方缺乏一致的情感，那要獲得我的寬容就不是那麼容易。即使你所藐視的那一幅畫，或那一首詩，或甚至那一派哲學體系，是我所推崇的，但我們雙方為此而起口角爭執的可能性也不會很大。你我都不可能合理地和它們發生什麼了不起的利害關係。對我們雙方來說，它們全都應當是無關緊要的事物；所以，雖然我們的意見或許相反，但我們的情感仍然可以是近乎相同的。但，在面對於我、或於你有特別影響的那些事物時，情況就大爲不同了。雖然在屬於理論思辨範疇的事物方面，你的判斷和我大相逕庭，雖然在屬於品味範疇的事物方面，你的情感和我大異其趣，但我還能夠輕易地容忍這種差異對立；即使我心中不無氣惱，但我仍然可以從和你的交談中找到一些樂趣，即使交談的主題正是我們有歧見的那些事物。但，如果你對我所遇到的不幸沒有一絲和我一樣的感覺，或者你感覺到的悲傷和使我近乎失神的悲傷不成比例；如果你對我所蒙受的傷害沒有憤慨的感覺，或者你的憤慨和幾乎使我近乎發狂的憤怒不成比例，那我們就不再可能就相關主題進行交談。於是，我們變成宛如冰炭、互不相容。我受不了你的相伴，而你同樣也受不了我的作陪。你對我強烈的情感反應感到困惑與震驚，而我對你的冷漠無情與無動於衷則大感忿怒。

在所有這一類的場合，旁觀者和主要當事人間，如果要在情感上有某一程度的對應調和，則旁觀者首先必須盡可能努力把他自己置於當事人的情境中，用心體會當事人可能感受到的每一個苦惱的細節。他必須把他同伴的全盤處境，包括這處境中所有最瑣碎的情節，當作是他自己的處境；並且努力使他賴以產生同情感的那種處境轉換的想像工作，盡可能作到分毫不差的地步。

然而，在如此這般的努力後，旁觀者的情感，仍將不太可能達到當事人所感覺到的那樣強烈的程度。人，雖然有天賦同情的本能，但對於發生在他人身上的事件，其心情激盪的程度，絕不會像主要當事人自然感受到的那樣強烈。他的同情感賴以產生的那個處境轉換的想像，只不過是個短暫的心思。他自己安全無虞的念頭、他自己不是眞正受難者的念頭，不斷、自動地闖入他的腦海裡；雖然這種念頭不至於妨礙他懷有某種和受難者所感覺到的有幾分類似的情感，卻足以使他的那種情感無法像受難者本人那樣強烈。主要當事人察覺到這個事實，同時又熱切地渴望旁觀者有更爲完整的同情感。他渴望獲得的那種心理慰藉，唯有旁觀者和他自己的情感完全一致才能提供給他。看到他們心中的情緒在每一個層面都和他自己的情緒合拍共鳴，是他自己在強烈不愉快的情感煎熬中唯一的慰藉。但，他知道，除非把他自己的情感抑制到旁觀者能夠附和的程度，否則他就不會有希望獲得那個慰藉。如果允許我將情感比作樂曲，那就是他必須把它自然高昂的音調降低半音，以便使它變得和周圍那些旁觀者的情感脈動協調一致。沒錯，他們的感覺總是會在某些層面不同於他的感覺，因爲他們的同情感絕不可能和他原始的悲傷完全一模一樣；因爲他們暗中意識到，同情感賴以產生的那個處境轉換只不過是一種想像，而這意識不僅會降低同情感的音階，而且多少還會改變它的音質，從而賦予它一個相當不同的曲聲。然而，這兩種情感相互間顯然還是會有相當的一致性，足以維持社群和諧。雖然它們絕不會是同音齊唱，但它們可以是諧音合唱，果能如此，那也就夠了。

爲了產生此一諧音合唱，自然女神一方面教那些旁觀者要把主要當事人的處境當作是他們自己的處境，同時她也教當事人要在某一程度內把那些旁觀者的處境當作是他自己的處境。正如他們不斷地把他們自己置於他的處境，並藉此在他們內心孕育出各種類似他所感覺到的情緒；所以，他也同樣不斷地把他自己置於他們的處境，並藉此在他內心多少孕育出接近他們的那一種冷靜、來看待他自己命運，因爲他覺察到他們將會以這樣的冷靜來看待他所遭逢的命運。正如他們不斷地設想，如果他們實際上是受難者，他們自己將會有什麼樣的感覺那樣，所以，他也不斷地接受自然女神的引領去設想，如果他只是一個他自身處境的旁觀者，他的情感將會怎樣受影響。正如他們的同情感多少促使他們以他的眼光來看待他的處境，所以他的同情感也多少促使他以他們的眼光來看待他自己的處境，尤其是當他在他們的面前、在他們的觀察下行動時，更是如此；而且，由於他如此反思回想所孕育出來的那種情感，比他原始的情感微弱了許多，所以，那種由反思回想而來的情感，必然會在他面對他們以前，就使他心裡情感激盪的強度緩和，使他在開始想起他的處境將會怎樣影響他們的感覺以前，便得以用比較公正無私的眼光來看待他自己的處境。

所以，人類的心靈很少如此動盪混亂，以致連朋友相伴，也不能使它稍微恢復平靜沉著。在我們遇到朋友那一刻，我們的胸懷多少便立即沉著鎮靜下來。我們會立即想起他將以什麼樣的眼光看待我們的處境，於是我們自己也開始以同樣的眼光看待我們的處境；因爲同情感的作用是立即發生的。我們預期普通熟人對我們的同情，少於朋友對我們的同情；因爲我們不會對前者公開所有我們會向後者吐露的那些細節；所以，在普通熟人的面前，我們會裝出比較平靜的心情，並且努力把我們的心思固定在我們的處境當中，他樂於考慮的那些輪廓梗概。我們預期一群陌生人對我們的同情會更少，所以，在他們的面前，我們會裝出更爲平靜的心情，並且總是會努力把我們的情感，壓抑在我們周圍那一群人可望附和我們的那個程度。而這種平靜的心情，也不見得只是假裝出來的表象；因爲，如果我們眞是自己的主人，眞能做到自我克制，那麼，只要有一個普通熟人在旁，我們的心情便可眞的平靜下來，而且普通熟人在旁，將會比密友在旁更爲有效；而一群陌生人在旁，則又比普通熟人在旁更爲有效。

所以，人類的心靈無論在什麼時候不幸失去了平靜，要使它恢復平靜，與人共處和交談，無疑是最有效的兩帖藥方；而這藥方，同時也是保持自得其樂、與滿足的心情，所迫切需要的那種平靜與愉快性情的最佳防腐劑。那些隱居沉思的人，往往整天呆坐在自家裡，沉思默想他們的悲傷或怨恨，雖然他們也許時常有比別人更多的仁慈、更多的慷慨，以及更高尚的榮譽感，不過，他們卻很少具有一般社會人士常見的那種平靜的性情。

第五節　論可親與可敬的美德

這兩種不同的努力，即旁觀者努力要體會主要當事人的情感，以及主要當事人努力要把他的情感克制在旁觀者能夠體會與附和的那個程度，是兩組不同的美德賴以建立的基礎。坦率謙遜與寬容仁慈，這些溫柔、殷勤、與和藹可親的美德，建立在前一種努力的基礎上；而高貴、莊嚴、與可敬的美德，即克己、自制、駕馭情感，必使我們本性抒發的一切行為舉止都符合我們自身尊嚴、榮譽、與合宜的美德，則是源自後一種努力。

某個人看起來是多麼和藹可親啊！如果他的同情心似乎與親近他的那些人所有的情感同感共鳴，如果他為他們的災難感到悲傷，為他們的傷害感到忿怒，為他們的幸福感到喜悅。當我們設身處地想像他那些同伴的處境時，我們會油然興起他們心中的那種感激，並且感覺到他們從這麼慈愛的一位朋友的溫柔同情中必定會得到的那種慰藉。相反地，某個人看起來又是多麼討厭啊！如果他那顆冷酷頑固的心，只會為他自己著想，卻對他人的幸福或悲慘完全無動於衷。同樣的，在這場合，我們心裡會油然興起某種痛苦的感覺，感覺到他的存在必然會給他周圍每一個人帶來的那種痛苦，特別是給我們最容易興起同情感的那些不幸與受傷害的人帶來的那種痛苦。

另一方面，某些人的行為舉止，讓我們覺得是多麼高貴合宜與優雅莊嚴啊！他們在自己的處境中，致力保持鎮靜與自制，從而賦予每一絲感情以尊嚴，同時把他們的感情克制在他人能夠體會與附和的那個範圍。我們討厭那種捶胸頓足、呼天喊地的悲傷，憎惡那種不假修飾，一味以長吁短嘆、涕泗橫流、以及死纏爛打的慟哭，要求我們同情的悲傷。但，我們尊敬含蓄自制、沉默不語、與莊嚴高雅的悲傷，這種悲傷只流露在眼睛泛紅，流露在嘴唇與臉頰微微顫抖，以及流露在整體舉止的漠然、但感人肺腑的冷淡氣氛中。這種悲傷強迫我們保持同樣的沉默不語。我們畢恭畢敬地專心凝視著它，忐忑不安地注意我們整個人的舉止動靜，唯恐自己稍不合宜，就會把那全體一致的平靜，把那需要如此巨大努力才得以維持的平靜給攪亂了。

同樣地，當我們毫無節制地放縱怒火延燒，那種怒氣沖沖的傲慢無禮、與殘忍野蠻，是所有事物當中最令人厭惡的。但，我們讚賞高貴與慷慨的忿怒，這種忿怒，即使在對最大的傷害進行追究，也不是受命於該傷害很可能在受害者心中激起的那種狂怒的指使，而是受命於該傷害自然會在公正的旁觀者心中激起的那種義憤的指使；這種忿怒，不允許任何言語、或姿態上的發洩，逾越旁觀者較爲公正的情感抒發範圍；這種忿怒，甚至絕不會想到要進行任何一種，比每一個公正的旁觀者都樂於看到執行的，更大的報復，或渴望實施任何一種，比後者樂於看到實施的，更嚴厲的懲罰。

因此，人性之盡善盡美，就在於多爲他人著想、而少爲我們自己著想，就在於克制我們的自私心，同時放縱我們的仁慈心；而且也只有這樣，才能夠在人際間產生情感上的和諧共鳴，也才有情感的優雅合宜可言。正如我們必須像愛我們自己那樣愛我們的鄰人，是基督教的偉大律法，所以，我們愛我們自己的程度，必須只像我們愛我們的鄰人那樣，或者同樣也可以說，我們必須只像我們的鄰人能夠愛我們的程度那樣愛我們自己，是自然女神給我們的偉大教訓。（譯按：簡言之，基督教要我們愛人如己，而自然女神則要我們愛己如人。前者要我們放縱仁慈心，後者要我們克制自私心。）

正如優雅的品味與卓越的判斷，當它們被認爲是值得喝采與讚揚的品質時，應當是指某種不常遇到的情感優雅、或理解犀利，所以，感性與自制方面的美德，也應當是指那些性質非比尋常，不是一般常見的那種程度。可親的仁慈美德，毫無疑問地，必須具備遠高於粗陋庸俗者所擁有的那種感性。偉大高貴、氣魄恢弘的美德所要求的那種自制，無疑遠高於最懦弱的人也能夠用力達到的那個程度。正如在普通程度的知性品質上，沒有所謂的才能，所以，在普通程度的人性品質上，沒有所謂的美德。美德是人品卓越，是某種非比尋常的偉大與美麗，是遠高於庸俗與尋常的性質。可親的美德，在於以其敏銳細膩與出乎意外的體貼關懷，而令人感到驚奇的那種程度的感性。莊嚴可敬的美德，在於以其令人訝異的優勢、馴服人性中最難駕馭的那些猛烈激情，而令人大大吃驚的那種程度的自制。

在這方面，那些值得喝采讚揚的品行與那些只是值得讚許的舉止間，亦即，美德與僅是合宜間，有一顯著的差異。在許多場合，要表現出最充分合宜的行爲，只需要有一般凡夫俗子普通常見的那種程度的感性、或自制就夠了，有時候甚至連那種程度也不必要。譬如，舉一個很卑微的例子來說，肚子餓了便吃飯的行爲，顯然通常是完全正確適當的，絕不會有什麼人不表讚許，或說它不合宜。然而，要是有人說這樣的行爲是美德，那就未免荒謬絕倫。

相反地，有些尚未達到最完全合宜的行爲，也許往往具有顯著程度的美德；因爲在一些極難達到完全合宜的場合，它們也許仍比一般所能預期的更接近完全合宜；在需要最大努力發揮自制的場合，情形往往便是如此。某些場合對人性的考驗是如此嚴酷難堪，以致像人類這樣不完美的性靈可能擁有的那個最大程度的自制力，也無法完全消除人性弱點的呼喚，或者說，也無法把感情強度降低至公正的旁觀者能夠完全體會與附和的那種中庸的程度。所以，在那些場合，受難者的舉止，雖然沒有達到最完全合宜的地步，但也許多少仍值得一些掌聲喝采，甚至在某一意義上，可以被稱爲美德的表現。它所展現的那種慷慨與氣魄恢弘的努力，也許仍然是大部分人類無法做到的；雖然它沒有達到絕對完美的地步，不過，在這樣艱苦難堪的場合，它也許仍然遠比通常可以看到的，或可以預期的，都更爲接近完美。

在這種場合，當我們在決定什麼行爲似乎該得到責難或掌聲時，我們往往採用兩種不同的標準。第一種標準是某種完全合宜與完美的想法，是在那些困難的處境中，沒有什麼人的行爲曾經、或有能力達到的那種完美的標準；和這種標準相比，所有人類的行爲必定永遠顯得該受責備、或不完美。第二種標準是大部分人通常達到的那個多少和完全合宜的完美有一段距離的程度。凡是超過這個程度的，不管距離絕對的完美還有多遠，似乎都該得到掌聲喝采；而凡是未達到這個程度的，則似乎都該受譴責。

我們也採取同樣的方式，評判所有致力於發揮想像的藝術品。當一個評論家在審查任何一位大詩人或大畫家的作品時，他有時候是根據他心中某種完美的想法來審查它，而這種完美絕不是那個作品、或其他任何人類的作品可望達到的；只要他拿這種標準和它相比，那麼，在它當中，他所看到的無非都是瑕疵與不完美。但，當他想要評判它在同一類作品當中該有的等級地位時，他必然會拿一種大不相同的標準，即該門藝術中通常看得到的那個普通程度的卓越標準，和它相比；當他根據這個新標準來評判它時，它也許往往看起來應該得到最高程度的讚揚，因爲它比大部分能夠拿來和它相比的作品，更爲接近絕對的完美。

第二章　論各種情感合宜的程度

引　言

和我們自身有特殊關係的事項所引起的每一種情感，其合宜點，或者說，旁觀者能夠附和它的那個強度，顯然位在某一中庸的程度。如果感情過於強烈，或過於微弱，旁觀者就無法附和它。例如，個人的不幸與傷害引起的悲傷與忿怒，也許往往過於強烈，而就大多數人來說，也確實是如此。但，情感也有過於微弱的時候，雖然這種情形比較少見。我們稱過於強烈的悲傷與忿怒爲懦弱與狂怒；稱這些情感強度不足爲愚蠢糊塗、麻木不仁、和缺乏勇氣。對於過分強烈或過分微弱的情感，我們不僅無法附和，而且在看到它們時，也會覺得震驚與惶惑。

然而，合宜點所在的那個中庸程度，就各種不同情感來說，並不相同。在某些情感，那個中庸程度比較高，而在其他情感，則比較低。有一些情感，如果強烈表達，那就很不得體，即使是在一般承認我們免不了會極端強烈感覺到它們的場合。但，也有其他一些情感，如果以最強烈的方式把它們表達出來，在許多場合，卻被認爲極端優雅得體，即使我們胸中並不會那麼自然地燃起那些情感。屬於第一種的，是基於某些理由，很少或完全不會引發同情的那些情感；屬於第二種的，是基於其他一些理由，會引發極大同情的那些情感。如果我們審視人性中所有不同的情感，我們將發現它們被視爲得體或不得體恰好與一般人比較容易或比較不容易對它們產生同情感，是平行一致的。

第一節　論源自身體的情感

(1)因爲我們的身體處於某種狀態或傾向而產生的情感，任何強烈的表達，都是不得體的；因爲我們不可能指望同伴，在他們的身體沒有相同傾向時，對我們的那些情感產生同情。例如，強烈表示飢餓，雖然在許多場合不僅是很自然，而且也是無法避免的事，但總是很不得體；狼吞虎嚥的吃相普遍被認爲是一項不禮貌的行爲。然而，我們對飢餓，還是多少有些同情感。看到我們的同伴吃得津津有味，會讓我們覺得愉快；而所有難以下嚥的表情，都會惹我們不快。一個健康的人經常會有的那種生理傾向，使他的肚子，如果允許我這麼粗魯地說，比較容易和前一種情感合拍，而比較不容易和後一種情感合拍。當我們在圍城或航海的日誌中讀到極度飢餓的場景描述時，我們能夠體會極度飢餓所造成的那種痛苦。我們設想自身就是那些受難者，從而很容易在我們心中孕育出必然使他們心神恍惚的那種苦惱、憂慮、與驚惶失措的感覺。我們自己感覺到某種程度的那些熱情，因此對他們產生了一些同情；但，由於我們並不會因爲讀了那些飢餓的場景描述而變得餓起來，所以，即使是在這場合，說我們對他們的飢餓產生同情，不可能算是頂恰當的。

就自然女神用來使兩性結合的那種熱情來說，情形也是一樣。雖然這是所有情感中天生最為熾熱激烈的那一種，然而，無論在什麼場合，所有強烈表示這種情感的動作都被認為是不得體的，即使那些動作是發生在所有法律，不管是人訂的或神啓的，都承認他們無論怎樣盡情放縱也完全無罪的那兩個人中間。然而，即使對這種情感，我們似乎還是有某種程度的同情。如果我們對女人說話的方式像對男人那樣，那就會被認為不適宜；因為一般預期，有她們作伴應當會使我們的心情更為愉快、更為和藹、更為小心殷勤；而對女性完全無動於衷，則會使一個男人，甚至在同為男人的眼中，多少變成是一個可鄙的傢伙。

對所有源自身體的慾望，我們都一概覺得反感：所有強烈表示它們的舉動，都令人噁心不快。根據某些古代哲學家的看法，這些慾望是我們人類和獸類共通的情感，和人性中特有的性質沒有關聯，因此不配享有人性的尊嚴。但是，有其他許多情感，同樣也是我們和獸類所共有的，譬如，忿怒、自然的親情，甚至感激之情，卻不會因此而顯得那麼的野蠻下流。當我們看到他人表現出身體的慾望時，我們之所以覺得特別噁心，眞正的原因是我們自己無法附和它們。對感覺到它們的那個人本身來說，一旦它們獲得滿足，則引發它們的那個事物，便立即變得不再令他覺得愉快；甚至那個事物的存在，反而往往會惹他不快；他回頭想要尋找那個，在一刻鐘前，還使他心馳神往的魅力所在，卻遍尋不著；而他現在就好像一個旁人似的，幾乎無法體會他自身一刻鐘前的情感。當我們用餐完畢後，我們會吩咐餐具馬上撤走；我們也會以相同的方式，對待最熾熱激烈的情慾所希冀的那些對象，如果它們只不過是源自身體的情感所企求的對象。

被人們恰當稱爲節制的那種美德，其本質就在於控制身體的那些慾望。將它們限制在健康與財富的考量所指示的範圍內，是審愼之德的本分。但，把它們限制在優雅、合宜、細緻與謙遜的考量所要求的範圍內，則是節制之德的職責。

(2)正是基於同一理由，所以，呼喊自己身體疼痛，不管這疼痛是多麼難以忍受，總是顯得懦弱與失禮。然而，即使如此，對於身體疼痛，我們還是有不少的同情感。如同前文已經指出的那樣，如果我看到一根棒子正對著另一個人的腿、或手臂，就要打下去的時候，我會自然而然縮回我自己的腿、或手臂；而當那一棒眞打下去時，我多少會覺得自己像被打中似的，並且感到疼痛。然而，我的疼痛感無疑是極端輕微，因此，如果他發出任何激烈的呼喊，由於我無法附和他的感覺，我難免會瞧不起他。所有源自身體的情感，所面對的正是這樣的情況：它們或者完全不會引起同情感，或者所引起的同情感是如此微弱，以致和主要當事人所感覺到的原始情感強度完全不成比例。

源自想像的情感，所面對的情況就大不相同。我的同伴身體上所發生的構造變化，對我的身體構造不可能有很大的影響；但，我的想像則是比較柔軟可塑，比較容易，如果允許我這麼說，採納我所熟悉的那些人的想像型態。因此，戀愛或雄心壯志遭到挫折，將會比身體遭到最大傷害，引來更多同情。失戀或壯志未酬所引起的那些情感，完全源自想像。某一個人，即使失去全部財富，如果他還健康，是不會覺得身體上有什麼痛苦的。讓他感到痛苦的，全來自他的想像；這想像讓他意識到，他將失去尊嚴，他的朋友將忽視他，他的敵人將輕視他，他將乞憐於他人，貧乏困頓與悲慘不幸的命運很快將落在他身上；而我們也將因此而更強烈地對他產生同情，因爲我們的想像比我們的身體更容易形塑成他的那個樣子。

失去一條腿的不幸，也許通常比失戀的不幸，被認爲更加眞實悲慘。然而，如果有哪一部悲劇是以前一種不幸爲收場來鋪陳的話，那它無疑將是一部蹩腳可笑的悲劇。而後一種不幸，不管它看起來是多麼的微不足道，以它爲鋪陳的主題，卻產生過許多很出色的悲劇。

沒有什麼比身體的疼痛被遺忘得更快。疼痛一旦過去，全部的苦惱掙扎也就煙消雲散，而再想到它時，也不會給我們帶來任何煩惱。我們自己甚至無法體會我們先前感覺到的焦慮不安與悲痛。但，一個朋友不小心脫口而出的一句話，給我們帶來的不舒服，反而會比較持久。它所造成的心理痛苦絕不會隨著那句話而消失。最初讓我們覺得不舒服的，不是刺激我們感官的那句話，而是在我們想像中引起的某個念頭。正因它是一個念頭，所以，我們心裡將持續因爲想到它而覺得煩躁與悲痛，直到時間與其他偶發事故，在某一程度內把它從我們的記憶中抹去。

身體的疼痛從來不會引起任何生動逼眞的同情感，除非這疼痛有危險相伴。我們和受害者的恐懼，而不是和他的疼痛起同感共鳴。然而，恐懼完全是一種來自想像的情感；這想像將種種不是我們實際感覺到的，而是我們未來或許會嚐到的痛苦景象，呈現在我們腦海裡，這想像的不確定與起伏徘徊，使我們更加焦慮不安。痛風或牙疼，即使痛徹心扉，也不會引起多少同情；比較危險的疾病，即使沒有什麼附帶的痛苦，反而會引起比較多的同情。

有些人，一看到手術的場景，就會昏厥或噁心嘔吐；撕裂肌肉所造成的那種身體疼痛的場景，似乎在他們身上引起最劇烈的同情感。我們對於外部原因所引起疼痛感的想像，比我們對於體內害病所引起疼痛感的想像，更為生動鮮明。當我的鄰居被痛風或結石折磨時，我幾乎無法想像他受到什麼樣的痛苦；但，如果他的痛苦是由於割傷、創傷或挫傷，那我對他的痛苦就會有很清晰的概念。然而，這種景象所以在我們身上產生這麼劇烈的影響，主要原因還是在於它們的新奇。一個曾經目睹十幾、二十次解剖和同樣多次截肢手術的人，以後再看到這種手術，就會比較冷漠，甚至完全無動於衷。然而，即使我們已經讀過、或看過不下五百部悲劇，對於它們呈現在我們腦海裡的景象，我們的感受也很少會減退到如此徹底的地步。

有一些希臘悲劇，企圖藉由呈現身體的疼痛掙扎來引起悲情憐憫。費洛克提提斯①

① 譯注：希臘悲劇詩人Sophocles（西元前四九五～四〇六）的同名劇作中的主人翁。

（Philoctetes）由於極端疼痛而大聲喊叫、並且昏厥。希波里特斯②（Hippolytus）與赫里克斯③（Hercules）都被呈現在最嚴酷的折磨下吐出最後一口氣，那種折磨似乎連赫里克斯的堅忍剛毅也無法承受。然而，在這些場合中，感動我們的，不是身體疼痛，而是其他一些情況。費洛克提提斯感動我們的，不是他紅腫潰爛的雙腳，而是他的孤獨寂寞，這孤寂使那齣迷人的悲劇，瀰漫著一股令人嚮往與心曠神怡的浪漫野性。希波里特斯與赫里克斯的痛苦掙扎所以感人，全是因爲我們預見他們掙扎的結果是死亡。如果那些英雄最後的結局是復原，我們一定會認爲鋪陳他們受苦的場景全然荒謬可笑。以腹絞痛的痛苦爲主題所鋪陳的悲劇，算是哪門子悲劇？然而，沒有什麼比腹絞痛的疼痛更劇烈。這些企圖藉由鋪陳身體的疼痛掙扎，來引起悲情憐憫的劇作，或許可視爲希臘戲劇所樹立的悲劇典範之外，少數幾個偉大的異類。

我們對他人身體的疼痛不會興起多少同情感，這是面不改色地忍耐身體痛苦所以顯得合宜的基礎。某個人，如果無論身體遭到怎樣嚴厲的折磨，也絕不允許自己露出任何怯懦的表情，或發出任何呻吟的聲音，或屈服於任何我們無法完全附和的情感，那他一定會得到我們

② 譯注：希臘悲劇詩人Euripides（西元前四八〇～四〇六）的同名劇作中的主人翁。

③ 譯注：希臘悲劇詩人Sophocles, *Trachiniae*中的主人翁。

最高的欽佩與讚揚。他面不改色的剛毅，使他得以和我們的冷漠與無動於衷合拍。我們欽佩並且完全附和他爲了這個目的所做的那種豪邁恢宏的努力。我們讚許他的行爲，而根據我們對人性共同的弱點所獲得的經驗，我們也覺得訝異，他怎麼能夠在這麼困難的情況下做出這麼值得讚許的行爲。如同我們在前面已經指出的那樣，由於混合了驚奇與訝異而更爲強烈激動的讚許，正是應當被稱爲欽佩的那種情感，而鼓掌喝采則是這種情感的自然表現。

第二節　論源自特殊想像偏向或習性的情感

甚至在那些從想像衍生出來的情感當中，以積久養成的某種特殊想像偏向、或習性爲基礎，所產生的情感，即使被認爲十分自然，也不會引起多少同情。一般人的想像，由於未養成那種特殊偏向，所以無法附和它們；這樣的情感，即使一般認爲是任何生命中幾乎無可避免的一部分，也總是多少會顯得荒唐可笑。在不同性別的兩個人間，由於長期互相傾心思念對方，而自然滋長出來的那種強烈依戀的情感，便屬於這種情形。由於我們的想像和戀人的想像一向不是在同一跑道上奔馳，我們無法附和他們的情感熱烈的程度。如果我們的朋友受了傷，我們很容易同情他的忿怒，並且對他所忿怒的那個人也感到忿怒。如果他得到了某項恩惠，我們很容易體會並且附和他心中的感激，而且也會深深地將他恩人的功德銘記在我們的心中。但，如果他是在戀愛，我們或許會認爲他的情感完全和任何同類的情感一樣的合理，不過，我們絕不會認爲我們自己有義務懷抱同一種情感，或有義務對他情感投注的對象同樣懷有這種情感。這種情感，除了感覺到這種情感的那個人之外，對其他每一個人來說，都顯得完全和其對象的價值不成比例；戀愛，如果是發生在某一適當的年齡，雖然會被原諒，因爲我們知道它是很自然的現象，不過，它總是會被嘲笑，因爲我們無法體會附和它。所有認眞強烈的示愛動作，對第三者來說，都顯得荒謬可笑；一個戀人，對他的情人來說，或許是一個很有趣的伴侶，但對其他任何人來說，可不是這樣。對於這一點他自己也很清楚；因此，只要他的各種感官還保持冷靜清醒，總是會努力以揶揄逗笑的方式來對待他自己的這種情感。這是我們唯一還想聽它被談起的方式，因爲這也是我們自己想談論它的唯一方式。對於考利[4]（Cowley）和佩托拉克[5]（Petrarca）那種嚴肅、賣弄、和冗長的愛情詩句，我們會逐漸感到厭煩，他們兩人老是沒完沒了地誇大他們戀愛劇烈的程度；但，奧維德[6]（Ovid）的輕快風格，以及賀瑞斯[7]（Horace）的豪爽風流，則總是讓我們覺得愉快。

④ 譯注：Abraham Cowley（一六一八～六七），英國詩人。

⑤ 譯注：Francesco Petrarca（一三〇七～七四），義大利詩人。

⑥ 譯注：Ovid（西元前四三～西元一七），羅馬詩人。

⑦ 譯注：Horace（西元前六五～八），羅馬詩人。

但，雖然我們對這樣的一種依戀不會有嚴格意義的同情感，雖然我們甚至絕不會心動想要對被愛戀的那個人懷有任何同樣的情感，不過，由於我們或者曾經懷抱過，或者也許傾向懷抱同一類情感，所以，我們很容易體會某個人在高度期待的愛戀獲得滿足時那種幸福陶醉的心情，也很容易體會他在憂慮愛戀落空時那種劇烈的苦惱。這種愛戀所以感動我們，並不在於它是一種情感，而在於它是一種情境，會引起其他一些情感使我們感動；亦即，它會引起各種期待、憂慮、與苦惱；正如在某一段航海過程的敘述中，感動我們的，不是飢餓，而是飢餓所引起的那種苦惱。雖然嚴格地說，我們沒有體會到戀人的那種愛戀的情感，但我們很容易體會處於熱戀中的他對幸福浪漫的種種期待。我們覺得，對於任何心靈來說，如果處在某種因怠惰而癱軟、並因熱烈渴望而精疲力盡的狀況下，它是多麼盼望得到寧靜與安詳，盼望在使它神魂渙散的那種熱情的滿足中找到寧靜與安詳，同時也會爲它自己編造那個優雅的、溫柔的，與多情善感的提布魯斯⑧（Tibullus）非常喜歡描述的那種寧靜與悠閒的田園牧歌生活；一種像似某些詩人所描述的幸運島（the Fortunate Islands）上的生活，一種充滿友誼、自由、與恬靜安詳的生活；完全免於勞苦、免於憂慮、以及免於所有伴隨勞苦與憂慮而來的各種狂暴情感。甚至這一類場景，最讓我們感動的，就是被描述爲某人所盼

⑧ 譯注：Albius Tibullus（西元前五四～一八），羅馬輓歌詩人。

望的處境，而不是被描述爲他所享受的處境。和愛情混雜在一起，甚至也許是愛情基礎的那種熱情，其下流粗鄙的那一面，當它的滿足還在很遙遠的未來時，不會被什麼人察覺到；但，當它的滿足被描述爲可立即享有時，那整個局面便會變得惹人討厭。因此，快樂的感情令我們感動的程度，遠低於害怕與憂鬱的感情令我們感動的程度。凡是能夠使這樣自然與愉快的希望落空的，都會使我們心驚膽顫；從而使我們體會到戀人所有的焦慮、擔心、與苦惱。

正是由於這樣的道理，所以，在一些現代悲劇與浪漫劇裡，這種情感才顯得這麼精彩有趣。在《孤女》⑨（*the Orphan*）這一部戲劇裡，使我們著迷的，與其說是卡斯塔里歐（Castalio）與莫尼米亞（Monimia）的愛情，不如說是他們倆人的愛情所引起的那些苦惱。設使作者呈現一對戀人在一個無憂無慮的場景中互訴衷情、互吐愛意，那他所引起的將是訕笑，而不是同情。這一類場景如果出現在任何悲劇裡，總是多少有點不倫不類，而如果還可以忍受，那也絕不是因爲觀眾對這種場景所表達的情感會有什麼同情，而是因爲觀眾預

---

⑨ 譯注：英國劇作家Thomas Otway（一六五二～八五）於一六八〇年發表的一部愛情悲劇。劇中女主角Monimia是Castalio之父的養女。她倆的愛情悲劇，源自於只想占有她的身體的Castalio之兄，在她倆打算秘密結婚的那一夜，陰差陽錯地上了她的床。

見到，要滿足那種情感，很可能會遇上許多危險與波折，而覺得憂心忡忡。

在愛情這個人性弱點上，社會法律強要女性保持的那種含蓄與節制，使愛情在她們身上變得特別苦惱，但也因此而使她們的愛情變得更加扣人心弦。我們深深為費德爾（Phaedra）的愛情著迷，儘管在這一齣與女主角同名的法國悲劇中⑩，她的愛情帶有極大的放肆與罪惡感。那種放肆與罪惡感甚至可以說，在某一程度內，使那愛情對我們更具吸引力。她的憂慮、她的羞愧、她的後悔自責、她的恐懼及她的絕望，因此變得更為自然，也更為感人。愛情場合所衍生出來的這一切，如果允許我這麼稱呼它們，屬於第二線的情感，必然變得比在其他場合更為猛烈與極端；而在愛情場合，我們眞正能夠對之產生同情感的，也只有這些第二線的感情而已。

然而，在所有與其對象的價值極端不成比例的情感當中，愛情，即使對心靈最遲鈍的人來說，也許是唯一還有一些令人覺得優雅或愉快的東西在其中的情感。首先，就它本身而言，雖然它也許是荒謬可笑的，但它不必自然令人厭惡；而且雖然它往往會導致種種致命與可怕的後果，但它很少懷有什麼邪惡的意圖。再說，這種情感本身雖然很少有什麼合宜

---

⑩ 譯注：指法國詩人與悲劇作家Jean Baptiste Racine（一六三九～九九）於一六七七年發表的The Phèdre。劇中女主角Phaedra為人繼母，卻愛上她自己的繼子。

性，不過，在某些總是和它相伴而來的情感中卻有不少的合宜性。愛情當中混雜大量的仁慈、慷慨、親切、友誼、尊重；這些情感，在所有其他情感當中，基於一些我們即將說明的理由⑪，是我們最容易有同情感的那些情感，即使我們察覺到它們多少有點兒失之過分。我們對它們的同情感，讓有它們陪伴的那種情感變得比較不討厭，從而在我們的想像中鼓舞與支援那種情感，儘管我們知道通常會有許多敗德惡行隨著那種情感而來；儘管它在女性方面最後必然導致身敗名裂；儘管它在男性方面，雖然被認爲比較不是那麼致命，但它也幾乎總是會導致工作倦怠、疏忽職責、輕視榮譽，甚至輕視普通的名聲。儘管有這一切惡果，被認爲會隨它而來的那個程度的感性與豪爽慷慨，卻使它變成許多人虛榮愛慕的對象；他們喜歡展現出一副對它有所感覺的樣子，即使在他們眞有這種感覺時，這種感覺也不會眞給他們帶來榮譽。

基於同樣的理由，當我們談到我們自己的朋友、我們自己的研究，或我們自己的專業時，最好也要有所保留。我們不能指望，所有這些事物讓我們同伴感興趣的程度，會和它們吸引我們的程度一樣大。正是由於缺乏這種保留，所以，有一半的人類才不是另一半的好夥伴。一個哲學家，只可能是另一個哲學家的好夥伴；某一俱樂部的會員，只可能是他自己那

⑪ 譯注：參見本章第四節。

一小撮會員的好夥伴。

第三節　論不和樂的情感

有另外一類情感，雖然也同樣源自想像，不過，在我們能夠附和它們，或者覺得它們優雅或合適之前，總是必須被壓抑至某個程度，這程度遠低於未經淬煉的天性會把它們抬高到的程度。這一類情感，包括怨恨與忿怒，以及它們所有不同的變異亞種。對於所有這一類情感，我們的同情感分給兩種人，其一是感覺到這一類情感的那個人，另一是這一類情感所針對的那個人。這兩種人的利益正好相反。我們對前者的同情感，促使我們要求實現的那些事項，基於我們對後者的同情感，使我們感到害怕。由於他們兩者都是人，我們對他們兩者都很關心，而我們對其中一人可能受傷害的憂慮，則會減弱我們為另一人受了傷害所感到的忿怒。所以，我們對遭到挑撥的那個人的同情感，必然無法達到這種情感在他心中自然鼓動的強度，這不僅因為有促使一切同情感都低於原始情感的一般性原因在發生作用，而且也因為有僅適用於這一類情感的特殊性原因在發生作用，即我們對另一個人懷有相反的同情感。所以，忿怒，在能夠變得令人覺得優雅與愉快之前，必須被壓低至比幾乎其他任何一種情感，更低於它自然會上升到的高度以下。

不過，人類對於施加在他人身上的傷害，還是有很強烈的感覺。我們對悲劇或浪漫劇裡的反派角色，感到憤慨的程度，絕不亞於我們對劇中主人翁感到的同情與喜愛。我們厭惡埃古[⑫]（Iago）的程度，不亞於我們對奧塞羅（Orthello）的愛慕尊敬；我們爲前者受到懲罰而欣喜的程度，不輸給我們爲後者的苦惱而悲傷的程度。但，雖然人類對於施加在他們同胞身上的傷害有這麼強烈的同情感，他們卻不一定會因爲受害者露出忿怒受傷的樣子，而更加忿怒他所受的傷害。在大多數場合，他越有耐性，越和顏悅色，越仁慈，只要他並不因此顯得缺乏勇氣，或因此顯得他容忍是因爲他害怕，則他們對傷害他的那個人的憤慨就會越強烈。受害者和藹可親的性格，會使他們對害人者的殘酷不仁有更深的感受。

然而，這一類情感仍被視爲人性特徵中必不可少的部分。一個溫馴坐著不動，乖乖順從他人侮辱，而不想抵抗或報復的人，會被人瞧不起。我們無法附和他的漠不關心與無動於衷；我們稱他志氣卑劣、或行爲猥瑣，並且就像被他的對手激怒那樣，眞的被他這種行爲給激怒了。甚至一群無關的民眾，也會因爲看到某個人耐心屈服於公然的侮辱與虐待，而對那個人感到忿怒。他們渴望看到這公然的侮辱與虐待被人怨恨，特別是被受到侮辱與虐待的那個人怨恨。他們怒氣沖沖地吆喝他，要他挺身自衛、或爲他自己報仇雪恨。如果他的憤慨終於奮起，他們會衷心地鼓掌喝采，並且附和他的憤慨。他的憤慨重新燃起這些無關的民眾對

⑫ 譯注：莎士比亞四大悲劇之一《奧塞羅》裡陰險殘忍的反派角色。

他敵人的憤慨，他們樂於看到他反擊他的敵人，並且會因爲他的報復行動，而宛如遭到傷害的是他們自己那樣，衷心感到報復後的滿足，只要這報復並非毫無節制。

但，即使那些情感對個人的效用應當獲得承認，亦即，它們會使侮辱或傷害他人具有相當危險性；即使它們對公眾的效用，亦即，它們守護正義與司法公平，正如後文⑬將會說明的那樣，重要性並不亞於它們對個人的效用；不過，那些情感本身還是有一些令人不愉快的成分，使它們出現在他人身上時，會成爲我們自然厭惡的對象。對任何人表示忿怒的程度，如果超過只是稍微暗示一下我們察覺到他的粗魯，不僅會被認爲侮辱到他，而且也會被認爲是對所有在旁人士的無禮。對他們的敬意，應該約束我們，使我們不至於流露出這麼狂暴無禮的激情。令人覺得愉快的，是這些情感的長遠影響；它們的直接效果，卻是對它們所針對的那個人有害。但，任何事物讓人覺得愉快、或不愉快，正是取決於該事物的直接效果，而不是取決於該事物的長遠影響。一座監獄無疑比一座宮殿，對公眾更爲有用；而且建造監獄的人，通常也比建造宮殿的人，受到更恰當的愛國情操指使。但，一座監獄的直接效果，亦即，使一些被關在裡頭的可憐人失去自由，令人不愉快；而人們的想像，或者沒有仔細去探索長遠的影響，或者和那些影響距離太過遙遠，以致即使想到了，也不會有什麼感

⑬ 譯注：參見本書第二篇第二章第三節。

覺。所以，監獄總是令人覺得不愉快；而且它越是適合它的預定目的，越是讓人不愉快。相反地，宮殿總是令人覺得愉快，雖然它的長遠影響也許往往對公眾不利。它也許有助於提高奢侈的風氣，樹立不良的示範，導致善良風俗的崩潰。然而，它的直接效果，亦即，住在裡頭的那些人享有的方便、快樂與喜慶的氣氛，全都令人覺得愉快，並且會使人聯想起其他數以千計的愉快念頭，以致人們的想像通常就停留在那些直接效果上，很少會進一步去探索它會有哪些比較長遠的後果。在我們的玄關或餐廳的牆壁上，模仿樂器或農具的紀念物浮雕，是很常見且令人覺得愉快的裝飾。但，如果同一類紀念物裝飾，換作是在模仿外科手術用具，例如，解剖刀、截肢刀、切割骨頭的鋸子，或切開頭殼的圓鋸等等，那就不僅與常情不合，甚至使人震驚。然而，外科手術用具，和農具相比，總是被琢磨得更為精緻，而且通常也更為細膩地適合它們的預定目的。再說，它們的長遠影響，亦即，病人的健康，也是令人愉快的；不過，由於它們的直接效果是使人疼痛與受苦，所以，看到它們總是會使我們心生不快。武器，例如，軍刀，令人覺得愉快，雖然武器的直接效果似乎同樣是使人疼痛與受苦。但，那是我們的敵人在疼痛與受苦，我們可是一點兒也不會同情他們的。就我們來說，看到武器便會立即聯想到英勇、勝利與光榮等等令人愉快的念頭。所以，武器本身被認為是整套衣裝中最高尚的一部分，而武器模仿物則是最優雅的建築裝飾。就人類心靈的各種性質而言，情形也是這樣。古代斯多亞派學者（the stoics）認為，由於世界受到一個賢明、有力、而且善良的上帝支配一切的旨意統治，所以，每一件事情都應該看作是整個宇宙藍圖中必不可免的部分，並且總是傾向於促進整個宇宙的全面秩序與幸福：所以，人類的種種惡行與愚蠢，和他們的智慧或美德一樣，都被塑造成是此一宇宙藍圖中必不可少的部分；而且通過祂手上那種從惡因導出善果的神奇藝術，惡行與愚蠢，也和智慧或美德一樣，都被塑造成同樣有助於偉大的自然體系的繁榮與完美。然而，任何這一類的理論思索，不管它在人心中是多麼的根深柢固，都不可能減少我們自然厭惡惡行的感覺，因爲惡行的直接效果是這麼具有破壞性，而它的長遠影響，不管好、壞又是這麼遙遠，以至於超出一般人的想像思索範圍。

我們剛探討的那些情感也是同樣的情形。它們的直接後果是這麼令人不愉快，以致即使它們被挑起的程度極其恰當，它們仍然有一些令我們覺得厭惡的氛圍。所以，如前所述，在所有情感當中，唯有這些是在我們得知引起它們的原因之前，它們的表達不會使我們想要、或預備要附和的那些情感。悲慘呼叫的聲音，從遠方傳來時，不會允許我們對發出這聲音的那個人的際遇無動於衷。當它傳到我們耳中時，就會立即使我們關心起他的命運，如果那聲音繼續傳來，就會迫使我們幾乎身不由己地跑過去協助他。同樣地，即使是正在沉思的人，當他看到微笑的臉龐時，他的心情也會受到鼓舞而轉爲輕鬆愉快，使他傾向附和與分享那張笑臉所表達的那股歡樂；他覺得他那顆原本因爲苦思焦慮而收縮鬱悶的心，馬上舒張高興起來。但，如果是怨恨與忿怒的表情，情形就大不相同。嘶啞、咆哮、與刺耳的怒聲，從遠方傳來時，會使我們興起恐懼或厭惡的感覺。我們不會像聽到某個人痛苦掙扎的喊叫聲那樣飛快地奔向怒聲的來處。女性或神經比較脆弱的男性，甚至會因爲恐懼而全身發抖乃致暫時癱瘓，即使她們知道自己不是那股怒氣宣洩的對象。然而，她們卻因爲設想她們自身處在那股怒氣宣洩對象的位置而心生恐懼。甚至心臟比較強壯的那些人，他們的心情也會被攪亂；沒錯，那聲音雖然尚不足以使他們心生畏懼，不過，卻足以使他們生氣；因爲生氣正是他們在另一個人的處境中將會感覺到的激情。怨恨的情形也是一樣。僅是一味露出怨恨的表情（而不告知怨恨的緣由），不會使人跟著怨恨什麼人，除了怨恨那個露出怨恨的人。這兩種情感天生就是我們厭惡的對象。它們不討喜與狂暴的外表，絕不會引起我們的同情感，絕不會使我們預備要同情，反而往往攪亂我們的同情。悲傷的人有時也會露出忿怒或怨恨的表情，不過，他的悲傷吸引我們去接近他的力量，通常不會比他的怨恨或忿怒使我們厭惡與想避開他的力量更大。自然女神的意圖似乎是要那些比較不禮貌與比較不親切，亦即，比較會使人彼此疏遠的情感，比較不容易與比較少傳染出去。

當音樂模仿悲傷或喜悅的聲調時，它或者實際上在我們心中引起那些情感，或者至少使我們的心情傾向於懷抱那些情感。但，當音樂模仿憤怒的聲調時，它會使我們心生恐懼。喜悅、悲傷、慈愛、欽佩、虔敬，全都是自然富於音樂性的感情。它們自然的聲調，全都是柔和、清爽、旋律美妙的；而且它們自然表達的聲調，被有規則的停頓區分成若干高下緩急的段落，因此很容易對應轉化爲節奏分明的曲調旋律。相反地，忿怒，以及所有與忿怒類似的感情，它們的聲音則是粗暴刺耳與荒腔走板的。它們的聲調段落全都不規則，時長時短，段落之間的停頓也沒有規則可循。所以，音樂很難模仿這些情感；即使眞有模仿它們的音樂，那也絕不會是最悅耳的音樂。整個音樂餘興節目，若是全由模仿那些和樂與愉快情感的曲調組成，或許不至於有什麼不合宜之處。但，若是完全由模仿怨恨與忿怒情感的曲調組成，那將是一場很奇怪的餘興表演。

如果說那些情感令旁觀者不愉快，那它們對心懷它們的那個人來說，也不見得就比較好受。對一顆善良心靈的幸福來說，怨恨與忿怒是最有害的毒藥。在那些激情的感覺當中，有某種粗糙、傾軋、痙攣的東西，有某種扯裂胸懷、使人心神渙散的東西，它會徹底摧毀心靈的沉著與寧靜，而這沉著與寧靜正是幸福的必要條件；相反地，心懷感激與慈愛，則是最有益於增進心靈的沉著與寧靜。往往使慷慨仁慈的人悲嘆不已的，不是他們因爲周遭某些人的背信與忘恩負義而失去的那些東西的價值。無論他們曾經失去了什麼東西，即使沒有那些東西，他們通常也能夠過得很愉快。讓他們內心最難平復的，是有人對他們背信與忘恩負義的那個念頭；這念頭所引起的種種不調和與不愉快的情感，在他們看來，才是他們受到的主要傷害。

要使忿怒的宣洩變得完全合宜，亦即，要使旁觀者完全附和或同情我們的報復，究竟有多少必要的條件須先滿足呢？首先，我們遭到的挑釁必須是那一種，如果我們沒有多少表示一點忿怒，我們就會被人瞧不起，甚至會沒完沒了地繼續招來侮辱。小於這種程度的侮辱挑釁，我們最好予以忽視；再也沒有什麼，比在每一件小事情上，只因一言不合就發火的那種剛愎乖僻與吹毛求疵的脾氣，更爲可鄙的了。我們比較應該是在感覺到發怒合宜時才發怒，亦即，比較應該是在感覺到人們期待、並且要求我們發怒時才發怒，而比較不應該是在我們感覺到自身有那種不愉快的激情勃然躍動時，就立即發怒。在人類心靈能夠產生的各種情感當中，對於它們的正當性，我們最應該懷疑的，以及對於是否放縱它們，我們最應該仔細請教我們的天賦合宜感的，或者說，最應該用心考慮冷靜公正的旁觀者將會有什麼樣感覺的，莫過於憤怒的激情了。豪邁恢宏的肚量，或者說，那種想要維持我們自己社會地位與尊嚴的顧慮，是唯一能使這種不愉快的情感表達顯得尊貴的動機。我們全部的舉止態度與應對風格，必須以此動機爲其特徵。這些態度與風格必須是坦率、公開與直接的；堅決而不執拗，昂揚而不傲慢；不僅完全不慍不火、不刻薄下流，而且慷慨豁達、坦白正直、心中充滿適當的善意，即使對觸怒我們的人也是這樣。總而言之，我們整體的風格態度，必須毫不矯揉造作地呈現出，忿怒的激情並未泯滅我們的人性；呈現出，即使我們屈服於報復的心理指令，那也不是因爲我們心甘情願，而是迫於必要，是一再受到嚴重的挑釁後，無可奈何的結果。當忿怒受到這樣約束與克制時，它或許可以算是慷慨與高貴的感情了。

第四節　論和樂的情感

正如是一種分割的同情感，使剛剛討論過的那一類情感，在大多數場合，變得這麼令人厭惡與不愉快；所以，也有另一類和它們正好相反的情感，由於會引起某種加倍的同情感，因此幾乎總是令人覺得特別愉快與合宜。豪邁慷慨、仁慈、親切、憐憫、相互友愛與尊敬，以及所有和樂與慈善的情感，當表現在面容或行爲上時，即使其抒發的對象和我們沒有特殊關係，也幾乎總是會使每一個中立的旁觀者感到愉快。旁觀者對發出那些情感之人的同情，和他對那些情感投注對象的關懷，完全相一致。他，作爲一個人，對於後者的幸福，必然會有的關懷，使他對另一個人——一個在同一對象上投注其情感的人——所懷有的情感，產生更爲生動的同情。因此，我們總是有最強烈的傾向，對慈善的情感興起同情感。這些情感在每一方面都使我們覺得愉快。我們體會到懷有這些情感的那個人身上的滿足，也體會到這些情感投注對象身上的滿足。正如給人更多痛苦的，不是勇敢的人或許會擔心的那一切可能來自敵人的傷害，而是意識到自身是他人怨恨與忿怒的標的；所以，意識到爲人所愛，自有一種滿足感，對一個心思纖細與感覺敏銳的人來說，這種滿足感帶給他的幸福，比他或許會期待的，那一切可能從爲人所愛當中得到的實質利益，更爲重要。有些人以在朋友間撒播不和的種子爲能，以使他們彼此最柔和的友愛轉變成不共戴天的仇恨爲樂；有什麼樣的性格比這種人更令人厭惡呢？然而，這麼令人厭惡的傷害，其殘酷之處究竟在什麼地方呢？難道是在於他們被剝奪了某些微不足道的相互協助，被剝奪了如果他們的友誼繼續，彼此可望從對方獲得的那些瑣碎的幫忙？不！是在於剝奪了那個友誼本身，在於使他們失去了彼此的友愛，失去了他們原本在彼此友愛中享有的那種大量滿足；亦即，是在於攪亂了他們心靈的和諧，在於中斷原本存在於他們之間那種快樂的心靈交流。這些友愛、和諧與交流，不僅被溫柔纖細的人，也被最粗魯下流的人，覺得比所有可望與它們俱來的瑣細互助，對幸福更爲重要。

對心中有「愛」的人來說，「愛」這種情感本身便是令人愉快的。它撫慰與鎮靜人心，它似乎特別有利於生命力的轉動，有利於增進人體的健康；在所愛的對象身上，「愛」必定會引起感激與滿足的心情，而意識到這種心情，益發使愛人者覺得「愛」的愉快。他們的互相關心，使他們彼此因爲擁有對方而覺得高興，而對此一互相關心的同情，則使其他每一個看到他們的人都覺得愉快。我們會以什麼樣愉快的心情，注視這樣一個家庭呢？如果那個家庭的全體成員互敬互愛，如果父母與子女是彼此的好伙伴，他們之間除了一方的敬愛，以及另一方的和藹縱容之外，沒有其他任何牴觸不合；如果那裡的自由自在與慈祥鍾愛，那裡的相互逗趣與彼此親切對待，顯示那裡既沒有分化兄弟的利益衝突，也沒有使姊妹失和的爭寵；如果那裡發生的每一件事情，都讓我們聯想起祥和、快樂、和諧與知足的念頭。相反地，如果我們走進一戶人家，發現那裡的傾軋鬥爭，使住在同一屋簷下的一半人仇視另一半人；發現那裡在假裝平靜與柔順的氣氛當中，有著猜疑的臉色與突然發作的脾氣，無意中洩漏出彼此妒忌的火焰正在他們心中燃燒，而且隨時準備衝破朋友在旁所強加的一切約束而爆發出來時，那會讓我們覺得多麼的不安？

那些和藹可親的情感，即使在它們被認爲失之過分時，也絕不會被人們投以厭惡的眼光。即使在友愛與仁慈的過錯當中，也有令人覺得愉快的東西。心腸過於柔軟仁慈的母親，過於寬大放縱的父親，過於慷慨與情義深重的朋友，有時候也許會因爲他們的性情過於柔軟，而被投以某種遺憾的眼光，然而，這種遺憾是一種當中摻雜著愛意的憐惜，他們絕不可能被什麼人投以怨恨與憎惡的眼光，也不會被什麼人瞧不起，除非是最殘忍下流的人。我們總是帶著關懷、帶著同情與善意，責備他們過於放縱他們的愛戀。在極端仁慈的性格當中，有一種比什麼都更惹人愛憐的無助感。這種性格絲毫沒有讓人覺得醜陋下流或不愉快的成分。我們只是惋惜它不適合這個世界，因爲這個世界不配擁有它，而且也因爲被賦予它的人，必定因它而成爲背信與忘恩負義者假意巴結玩弄的犧牲品，成爲數以千計的痛苦與煩惱不安所困的獵物，然而，在所有人類當中，就數他最不該感受到這些痛苦與煩惱不安，並且通常也就數他最沒有能耐忍受這些痛苦與煩惱不安。怨恨與憤怒的情形就大不相同。某個人，如果過於激烈地傾向產生那些討厭的情感，那他就會成爲大家畏懼與憎惡的對象；我們會認爲，這樣的人，就像一隻野獸那樣，應該驅逐出所有文明的社會。

第五節　論自愛的情感

除了前述那兩類相反的情感，即和樂與不和樂的情感外，還有另外一類可以說介於它們之間的情感；這一類情感絕不像和樂的感情有時候那麼令人覺得合宜優雅，但也絕不像不和樂的情感有時候那麼令人厭惡。悲傷與快樂，當起因是我們自己個人的幸運或不幸時，構成這第三類情感。即使極為過分，它們也絕不會像過分的忿怒那樣令人不愉快，因為絕不會有相反的同情感促使我們去反對它們；而即使恰如其分，它們也絕不會像公正無私的博愛與慈善那樣令人愉快；因為絕不會有加倍的同情感促使我們去讚許它們。然而，在悲傷與快樂間，還是存在著這樣的一個差異，即：我們通常最傾向對小快樂與大悲傷產生同情感。一個由於意外的運氣大轉變而突然被擢升到遠高於他從前所處人生層次的人，大可放心相信，他最好的朋友給予他的那些祝賀並非全都十分眞誠。一個暴發戶，即使有最偉大的優點或功勞，也通常是令人不愉快的，因為妒忌的感覺通常會阻止我們衷心附和或同情他的喜悅。如果他還有一些判斷力的話，他一定會察覺到這一點，從而盡可能克制他自己的喜悅，盡可能壓抑他的新處境自然會在他身上激起的那種飄飄然的感覺，而不是表現出一副因為交到好運而得意洋洋的樣子。他裝模作樣地採取適合自己從前處境的樸素打扮，做出適合自己從前處境的謙遜行為。他加倍關心起他的老朋友，並且努力顯得比從前任何時候都更為低聲下氣、更為殷勤周到、更為柔順有禮。而這也正是，在他目前的處境中，我們最讚許的那種行為；因為我們似乎期待，和我們同情他感到的幸福相比，他更應該多多同情我們因他的幸福而感到的妒忌與憎惡。然而，他很少會因為他的這一切努力而成功博得我們的讚許。我們懷疑他的謙卑缺乏眞誠，而他則對刻意的謙卑拘束感到厭倦。所以，通常不需要多久時間，他就會把所有他的老朋友拋諸腦後，除了其中最卑鄙的一些人，後者也許會甘心屈就，成為仰賴他的附庸；而且他也不見得一定會交到什麼新朋友；他的新交，當發現他居然和他們平起平坐時，覺得自尊受到羞辱的程度，絕不亞於他的舊交，因爲被他超越了，而覺得自尊受到羞辱的程度；而他若眞想爲這兩者所感到的羞辱賠罪，那就非得有最固執與最堅忍不拔的謙卑不可。但，他通常很快就覺得厭倦，很快就會被舊交的慍怒與疑神疑鬼的自尊，以及新交的傲慢輕蔑所激怒，而以輕忽的態度對待前者，以暴躁的脾氣對待後者，直到他最後變成經常狂傲自大，以致失去眾人的尊敬。如果人生幸福的主要部分，就像我所相信的那樣，是來自於爲人所愛的感覺，那麼，意外的運氣大好轉就很少對幸福有什麼幫助。最幸福的，是這樣的人：他比較緩慢地逐步晉升到高貴的地位，在他每一次晉升到一個較高位置之前，大家便已盼望他占有那個位置很久了，因此，他的每一次晉升，絕不可能在他身上引起過度的喜悅，而且按理也不太可能在被他趕上的那些人身上引起什麼猜忌，或在被他抛在後頭的那些人身上引起什麼妒忌。

然而，對於來由比較不重要的小喜悅，人類卻比較容易興起同情感。在獲得大成功時，得體的舉止是保持謙卑；但，在日常發生的所有生活小事上，譬如，在昨晚和我們共度良宵的朋友身上，在爲我們安排的餘興節目上，在昨晚所說的話、以及所做的消遣上，在此刻交談中的所有小插曲上，以及在所有塡補人生空虛的那些可有可無的小玩意兒上，我們再怎麼誇張地表示心滿意足，也不太可能失之過分。沒有什麼比經常保持愉悅的心情，更顯得優雅合宜了，這種心情是建立在一種特殊的品味風趣上，是一種對所有日常發生的小事都覺得趣味盎然的興致。我們很容易對這種愉悅的心情產生同情感：它使我們內心興起同一種喜悅，它使每一件瑣事，都同樣以讓具有這種幸運的興致傾向的人覺得愉快的面相，朝向我們。也就是因爲如此，所以，青春年少這個歡樂的人生季節，才會這麼輕易吸引我們的喜歡。年輕麗人雙眼中閃耀的喜悅傾向，似乎甚至使青春紅潤的臉頰更增光輝，這種喜悅的傾向，即使出現在一個性別相同的人身上，也會使老年人的心情變得比平常更爲高興。他們會暫時忘掉虛弱多病的身軀，縱情沉浸在從前愉快的念頭與情緒中，這些念頭與情緒，雖然他們久已生疏，但，當這麼多眼前的幸福又把它們召回到他們心中時，它們便像老相識那樣盤踞在那裡，他們一面爲曾經和這些老相識分離而感到難過，一面因這長久分離的緣故而更加熱情擁抱它們。

悲傷的情形就大不相同了。小苦惱不會引起什麼同情，但深沉的憂傷則會招致最大的同情。一個每次遇上不如意的小事情，心裡就覺得不舒服的人；一個每當他的廚師或管家一有小小的過錯，就會不愉快的人；一個對隆重高雅的禮貌儀式吹毛求疵的人，不管這儀式是做給他或是給其他任何人看的；一個和密友在午前相見時，如果密友沒向他道聲早安，他就見怪的人；一個當他在講故事時，如果他的兄弟一直哼著歌，他就生氣的人；一個在郊外渡假遇上壞天氣，或出外旅行遇上道路狀況不佳，就會發脾氣的人；一個待在城市裡，會因爲沒有朋友作伴或所有大眾娛樂都乏味無聊，而抱怨連連的人；這樣的人，我敢說，即使他的生氣或抱怨有那麼一點道理，也很少會有什麼人同情他。喜悅是一種愉快的感情，因此即使只有最輕微的原因，我們也樂於縱情沉湎於喜悅。所以，當我們沒有因爲妒忌而心懷偏見時，我們很容易對他人身上的喜悅興起同情感。但，悲傷是一種令人痛苦的情感，因此即使遭逢不幸的是我們自己，我們內心也會自然而然抗拒與排斥它。我們或者會盡力完全不去懷想這種情感，或者在懷想到它時，就立刻盡力甩掉它。沒錯，我們對悲傷的厭惡，不見得總是會阻礙我們在自身遭逢一些雞毛蒜皮的不幸時感到悲傷，但它經常會阻礙我們同情他人的悲傷，如果這悲傷是由同樣微不足道的一些原因所引起的：因爲從我們的同情感產生出來的情感，總是比較不像我們原始的情感那樣不可抗拒。另外，人類的心中有一種惡意，不僅會完全阻礙我們對他人的小小苦惱產生同情，甚至會使他人的小小苦惱多少變得有趣。所以，我們都以開玩笑爲樂，以看到我們的同伴在處處被逼迫、被催促、被戲弄時所顯現的小氣惱爲樂。最常見的那種教養良好的人，會掩飾任何意外的小事故給他們帶來的痛苦；而被塑造得比較徹底適合社會生活的那些人，則會自動把所有這種小事故，想成是自然女神的小玩笑，因爲他們知道，即使他們不這樣想，他們的朋友也會這樣想。一個認眞生活在這世界上，學會了習慣從他人的角度看待牽涉到他自己的每一件事的人，他這樣的習慣，會使那些微不足道的不幸，對他來說，變成如同他的朋友所想的那樣可笑。

相反地，對深沉的悲傷，我們的同情感，不僅很強烈，而且也很眞誠。這無須舉例說明。我們甚至會因爲虛構的悲劇演出而哭泣。所以，如果你爲重大的災難所苦，如果你因異常的不幸陷入貧窮、疾病、恥辱與失望之中；縱使你自己的過錯也許是其中部分原因，你通常仍然可以信賴你的所有朋友會對你產生最眞誠的同情，而且在利益與榮譽允許的範圍內，你還可以信賴他們提供最親切的援助。但，如果你的不幸不是這麼可怕，如果你的不幸只是你的雄心壯志稍微受到了一點小挫折，如果你只是被你的情人拋棄了，或只是被你的太太騎到頭上責罵了一頓，那麼，你就等著被所有熟識你的人揶揄戲弄吧！

第三章　論命運對人類品評行為合宜與否的影響：為什麼命運好的人比命運差的人更容易獲得人們的讚許

第一節　雖然我們對悲傷的同情感通常比對快樂的同情感更為強烈，但悲傷的同情感通常遠遠不如主要當事人自然感覺到的悲傷那般強烈

和我們對喜悅的同情相比，我們對悲傷的同情，雖然不見得比較眞實，卻一向比較受注意。「同情」（sympathy）一詞最嚴格與最原始的意思，是指我們和他人的痛苦，而不是和他們的快樂，同感共鳴。有一位聰明巧妙的已故哲學家[①]認為，有必要以嚴謹的論證方式，證明我們確實會同情他人的喜悅，證明恭喜他人成功是人性的一個根本的性能。但，我相信，從未有什麼人認為有必要證明，憐憫他人的悲傷是人性的一個根本性能。

首先，我們對悲傷的同情，就某一意義來說，比我們對喜悅的同情，更為全面與包容。某人的悲傷即使過了頭，我們對那悲傷還是多少有點同情。沒錯，在這場合，我們感覺到的

① 譯注：指英國哲學家Joseph Butler（一六九二～一七五二）。

悲傷，並未達到所謂讚許那樣完全同情的程度，亦即，並未達到與主要當事人的感覺完全對應一致的地步。我們不會和受苦者一樣哭泣、哀號、悲嘆。相反地，我們覺得他太過懦弱，覺得他的情緒太過強烈，不過，我們往往還是會爲他深感憂慮。但，如果我們和他人的喜悅沒有完全的調和共鳴，亦即，如果我們無法完全附和他的喜悅，那我們對他的喜悅就不會有絲毫關心、或同類的感覺。一個手舞足蹈，宛如發狂，流露出我們無法附和的那種過度喜悅的人，是我們蔑視與憤怒的對象。

另外，痛苦，無論是心靈的、或身體的，都是一種比愉快更爲尖刻的感覺。我們對痛苦的同情，雖然遠遠不如受苦者本人自然感覺到的那樣強烈，卻通常是一種比我們對愉快的同情更爲強烈的感覺；雖然我們對愉快的同情，正如我馬上要說明的那樣，往往比較接近主要當事人原始的愉快那樣生動自然。

還有，我們時常會努力想要克制自己，避免對他人的悲傷產生同情。每當受苦者看不見我們的時候，爲了讓我們自己覺得舒服些，我們會努力將同情的悲傷盡可能克制住，不過，我們未必一定成功。我們越是反抗它，越是不甘願屈服於它，反而必然使自己更加特別地感覺到它。但，我們從來沒必要對同情的喜悅做出這樣的反抗。在喜悅的場合，如果妒忌感作祟，我們就完全感覺不到什麼同情喜悅的傾向；而如果沒有絲毫妒忌感作祟，我們就會欣然對同情的喜悅讓步。甚至當不愉快的妒忌感使我們喪失了產生同情喜悅的能力時，由於我們總是會爲我們的妒忌感而覺得羞恥，所以，我們往往會假裝，甚至有時候我們還眞的希望，對他人的喜悅產生同情。我們口頭上說，我們爲鄰居的好運道感到高興，雖然我們的內心也許正爲此而覺得眞難過。當我們希望趕走我們同情的悲傷時，我們卻還時常感覺到它；而當我們希望懷有同情的喜悅時，卻往往感覺不到它。所以，自然橫梗在我們眼前，等著我們去指認的一項明顯的事實，似乎是我們同情悲傷的傾向必定很強烈，而我們同情喜悅的傾向則必定很微弱。

然而，儘管有這個成見，我還是要大膽斷言，當沒有妒忌感作祟時，我們同情喜悅的傾向，遠比我們同情悲傷的傾向更爲強烈；而且我們對愉快的情緒所產生的同情，也遠比我們對痛苦的情緒所感到的同情，更爲接近主要當事人自然感覺到的情緒那樣生動鮮明。

對於我們無法完全附和的過度悲傷，我們還有些縱容的肚量。我們知道受苦者需要付出多麼宏大的努力，才能把他的情緒克制到和旁觀者的情緒完全調和一致的地步。所以，即使他失敗了，我們也很容易原諒他。但，對於過度的喜悅，我們就沒有這樣縱容的雅量；因爲我們不覺得，要把喜悅克制到我們能夠完全附和的程度，需要付出什麼樣宏大的努力。一個在遭逢最大的不幸時還能克制住悲傷的人，似乎值得最高程度的欽佩；但，一個在獲得極大的成功而同樣能夠克制住喜悅的人，卻似乎很少被認爲值得什麼讚揚。我們深知，主要當事人自然感覺到的情緒，與旁觀者能夠完全附和的情緒間，總是有一段距離，而這種距離在悲傷的場合，遠比在喜悅的場合來得更大。

對於一個身體健康、沒有負債、問心無愧的人來說，還有什麼能夠增進他的幸福呢？對一個處境如此的人，所有財富的增加、或更好的運氣，嚴格地說，全是多餘的；如果他爲那些多餘的增益而大感得意洋洋，那也必定是因他的個性極爲輕浮所致。然而，這樣的處境也許很可稱之爲自然平常的人類狀態。儘管時下世界確實有許多值得慨歎的悲慘與衰落，但，這處境實際上仍是大部分人所處的狀態。所以，對大部分人來說，要把他們自己的心情提昇到，和這處境的任何進步改善、很可能在他們同伴身上引起的全部喜悅，完全契合一致的地步，絕不會有什麼太大的困難。

但，能夠爲這個狀態增添的幸福雖然很少，能夠從這個狀態減去的幸福卻是很多。雖然這個狀態和至高的人生幸福距離只不過是一丁點兒；它和最悲慘的深淵底部距離卻是不可計量的大。因此，逆境使受苦者的心情消沉到低於自然狀態的程度，必然遠大於順境能夠使他的心情提昇到高於自然狀態的程度。所以，旁觀者要完全附和他的悲傷，必定比要完全附和他的喜悅更爲困難，因爲在悲傷的場合，旁觀者必須比在喜悅的場合，更爲偏離他自身平常自然的心情。就是因爲這個緣故，所以，我們對悲傷的同情，雖然時常是一種比我們對喜悅的同情更爲尖稅深刻的感覺，卻總是遠遠不如主要當事人自然感覺到的那樣強烈。

同情喜悅令人覺得愉快；只要妒忌感沒有從中作梗，我們內心總會自然放縱自己，徹底沉浸在同情的喜悅這種令人心蕩神移的快感中。但，同情悲傷卻令人覺得痛苦，所以，我們總是不太願意同情悲傷②。當我們觀賞悲劇表演時，我們會努力盡可能抗拒該娛樂節目所鼓起的同情的悲傷，並且只有當我們再也沒有辦法避免感覺到它時，我們最後才會屈服於它：這時我們甚至還會盡力掩飾我們的悲傷，不讓我們的同伴知道。如果我們竟然流淚，我們會小心翼翼地藏起眼淚，因爲我們擔心，無法體會這過分溫柔的旁觀者，恐怕會以爲我們太過女人氣與脆弱。遭逢不幸、很值得我們同情的可憐人，因爲體會到我們要同情他的悲傷將會有多勉強，所以，他在向我們顯示他的悲傷時，總是懷著畏懼與猶豫：他甚至壓制了一半的憂傷，只因爲人類有這鐵石心腸，使他羞於洩漏他的滿腔憂傷。但，因成功而欣喜若狂的人，所面對的情況就不是這樣。只要沒有妒忌感從中作祟使我們厭惡他，他便可期待獲得我們最完整的同情。所以，他不怕以最興高采烈的歡呼來表達他心中的喜悅，因爲他充分相信我們會衷心傾向陪他一道高興。

② 原作注：有人曾經向我表示異議說，由於我把讚許的感覺（這感覺總是令人愉快）建立在同情的基礎上，所以，承認有任何不愉快的同情存在，便與我的理論體系相互矛盾。我對此異議的答覆如下：在讚許的感覺中，有兩種成分應予注意；其一是旁觀者同情的感覺，其二是源自於他觀察到他自己身上這個同情的感覺和主要當事人身上原始的感覺完全一致而興起的那種情緒。後一種情緒，嚴格地說，正是讚許的感覺，而這種感覺總是愉快可喜的。但，另一種感覺或情緒則或者是愉快的，或者是不愉快的；究竟如何，取決於主要當事人原始情感的性質，因爲旁觀者同情的感覺必定總是多少會保有主要當事人原始感覺的特徵。

爲什麼我們在朋友面前會比較羞於哭泣，而不是比較羞於歡笑呢？就像我們時常有很好的理由歡笑那樣，我們時常也有同樣好的理由哭泣；但，我們總是覺得，旁觀者比較可能陪我們一起愉快，而比較不可能陪我們一起痛苦。悲嘆訴苦總是不體面的，即使在我們遭逢最可怕的不幸壓迫時。但，歡呼勝利不見得總是不合時宜。沒錯，精明的審慎往往勸我們，得意時應該更加克制自己的喜悅；因爲精明的審慎教我們應該盡量避免的妒忌，正是得意時的歡呼比什麼都更容易引起的一種感覺。

對上級沒有絲毫妒忌的群眾，在凱旋儀式或公共慶典上，他們的歡呼是多麼眞誠啊！而在執行死刑的場合，他們的悲傷通常又是多麼的沉靜緩和！在喪禮中，我們的悲傷通常只不過是裝模作樣的嚴肅；但，在洗禮或婚禮儀式中，我們卻總是由衷地歡笑，沒有絲毫做作。在這些以及所有類似的歡樂場合，我們的喜悅，雖然不像主要當事人那樣持久，卻往往像他們那樣生動活潑。每當我們誠摯地祝賀朋友時（使人性蒙羞的是，我們很少這麼做），他們的喜悅簡直變成我們的喜悅；剎那間，我們就像他們那樣的快樂；我們內心溢滿眞正的愉快；喜悅與滿足在我們的眼中閃耀，我們的容光更爲煥發，舉止更爲輕盈。

但，相反地，當我們弔慰朋友的憂傷時，和他們相比，我們的感受是多麼微弱！我們在他們身旁坐下，注視著他們，嚴肅認眞地聆聽他們傾訴種種不幸的遭遇。但，當自然突發的激情時時打斷他們的傾訴，時時幾乎使他們哽咽窒息時，我們內心懶洋洋的情緒，想要追隨他們內心恍惚迷離的情感悸動，距離卻是多麼遙遠啊！而在同一時候，我們也許還覺得他們的激情表現很自然，不見得比我們自己在相同場合或許會感受到的更爲強烈。我們甚至會暗中譴責我們自己不夠敏感，也許正因爲如此，我們會盡力在我們自己的想像中，勉強鼓起一種矯揉造作的同情，然而這種同情，即使勉強鼓起，也總是各種想像得出的同情中最輕微與最短暫的那一種；一般來說，當我們一踏出朋友的房門，這種同情就會永遠消失不見。看起來，當自然女神在我們身上裝載我們自己的悲傷時，她似乎便認爲那些悲傷已經有夠沉重了，所以，除了敦促我們去減輕他人的悲傷時必須分擔的那一部分外，她便沒再命令我們去分擔他人身上更多的悲傷。

就因爲對他人的憂傷我們的感覺是這樣的遲鈍，所以，在大災難當中，豪邁恢宏地承受痛苦，看起來總是顯得這麼的莊嚴神聖。一個在遭逢許多瑣碎的霉運時仍能維持心情開朗的人，他的品行可以算是優雅宜人的了。但，一個在遭逢最可怕的不幸時仍能維持同樣態度的人，看起來就有點超凡入聖。我們感覺到，任何人在像他那樣的處境中需要付出多麼宏大的努力，才能把自然會攪亂他們、使他們心神渙散的那些強烈的激情克制住。我們因爲發現他居然能夠如此徹底克制住自己的激情而大感驚愕。同時，他面不改色的剛毅，也完全和我們的內心的冷淡合拍一致。他不會給我們絲毫壓力，要求我們展現更爲細膩敏銳的感性，展現那種我們不僅發現我們沒有，而且也很慚愧我們沒有的感性。在他的感覺和我們的感覺間，存在最完美的調和一致，因此，他的行爲，在我們看來，至爲合宜。然而，根據我們對尋常人性弱點的經驗，這樣的合宜正是我們不可能合理預期他應當能夠展現出來的那種合宜。我們大感訝異，奇怪他的精神力量怎可能發揮到如此高貴恢弘的地步。正如我已經不只一次指出過的，混合著驚奇與訝異而更爲強烈激動的讚許，正是應當稱爲欽佩的那種情感。處處被敵人包圍的小加圖（Cato）③，沒有能力抵抗他們，又不屑向他們屈服，以致最後迫於他那個時代重視名譽的處世準則，不得不以自戕尋求解脫；然而，他從未因爲遭逢困厄而畏縮過，也從未發出過可憐的悲嘆聲息，哀求人們爲他一掬悲慘的同情眼淚，一掬他們總是這麼不願意給予的那些眼淚；相反地，他以大丈夫威武不能屈的氣概武裝自己，而且在他決意奪去自己性命的前一刻，還以他一貫鎮定從容的態度，爲了朋友的安全，安排了所有必要的命令；那位極力鼓吹禁欲與冷靜的偉大哲學家塞尼加④說，這景象甚至連神仙看了也會覺得欣慰與佩服。

每當我們在日常生活中碰到氣度恢弘到這樣超凡入聖的例子時，我們總是會非常感動。我們比較容易爲這種似乎完全不爲自身著想的人慟哭流淚，而不會爲那些懦弱到忍不住任何悲傷的人慟哭流淚；而且在這樣特殊的場合，旁觀者同情的悲傷似乎會超過主要當事人原始的悲傷。當蘇格拉底喝下最後一滴毒藥時，他的朋友全都哭了，然而他自己卻表現出最快樂

---

③ 譯注：Cato, the Younger（西元前九五～四六），羅馬政治家、軍人及斯多亞派哲學家。

④ 譯注：Seneca（西元前四～西元六五），羅馬政治家、哲學家及悲劇作者。

高興的從容鎮靜。在所有這樣的場合，旁觀者不會努力，也沒有必要努力，去克制同情的悲傷。他不會害怕同情的悲傷會使他心蕩神移到怎樣過分、或不合宜的地步；他反而會很高興他自己很有感性，並且會以完全屈服於他自己的感性而自許自誇。所以，在想到朋友的不幸遭遇時，他很樂意沉迷在他自己心裡可能出現的、最憂鬱悲傷的想法中，儘管先前他對這位朋友也許從未有過這麼深刻的感覺，感覺過如此慈悲與悽愴的強烈愛戀。但，主要當事人的情況就大不相同了。他必須盡可能移開眼睛，不去注意他的處境中所有自然令人覺得可怕、或不愉快的情況。他生怕，過於認眞注意那些情況，或許會使他的情緒大受影響，以至於使他再也無法將情緒控制在適度的範圍內，使他再也無法讓自己變成是旁觀者完全同情與讚許的對象。所以，他的全副心思只專注在讓他覺得愉快的那些情況上，專注在他即將因超凡的剛毅恢弘而博得的讚揚與欽佩上。當他感覺到自己能夠做出這麼高尚慷慨的努力，當他感覺到在這樣可怕的處境中，自己仍能夠表現出自己想要表現的神情時，就會使他的精神大受鼓舞，使他喜不自勝，使他能夠保持某種勝利凱旋的喜悅，保持那種似乎在爲他自己能夠如此這般戰勝困厄、而歡騰雀躍的喜悅。

相反地，一個因爲自己的困厄而陷溺於悲傷與頹喪的人，看起來總是多少有點卑鄙可恥。我們無法使自己爲他感覺到他爲他自己所感覺到的，我們甚至也許感覺不到，如果我們在他那樣的處境，我們將爲我們自己感覺到的；所以，我們藐視他；如果有什麼感覺可以視爲不公平的話，這種藐視他的感覺也許就是了，然而，我們卻天生無法抗拒地注定就是會這樣不公平。過度的悲傷，無論從哪一方面來看，都絕不會令人愉快，除非這悲傷的成分，來自我們爲他人感覺到的比較多，而來自我們爲自己感覺到的比較少。一個兒子，在他那寬容可敬的父親過世時，即使縱情悲傷，也不會有什麼人責怪他。他的悲傷主要是基於他對過世父親的同情；我們會欣然體諒這種富有愛心的同情。但，他同樣過度的悲傷，如果全是爲了某種只影響到他自己的不幸，那就絲毫得不到這樣的寬容。如果他淪落到成爲一無所有的乞丐，如果他暴露在最可怕的危險中，甚至如果他被帶出去公開處決，而在處刑台上流下一滴眼淚，那人類當中所有最英勇慷慨的人都將認爲，他使他自己永遠蒙羞。然而，他們對他的憐憫，還是很強烈，而且很眞誠；但，由於這憐憫仍然沒有他那過度的悲傷強烈，所以，對於這樣一個敢在世人眼前自曝其短的人，他們不會有絲毫原諒的意思。他的行爲讓他們感覺到的，與其說是悲傷，不如說是羞恥；在他們看來，他這樣使自己蒙受的恥辱，才是他整個不幸中最可悲之處。時常在戰場上無視死亡的畢洪公爵⑤，當他站在處刑台上，看到自己淪落到那樣的處境，回想起所有恩寵與光榮，全因自己的魯莽，以致這麼不幸地棄他而去，不禁傷心落淚；但，這眼淚是多麼有損他在人們記憶中的勇猛形象啊！

---

⑤ 譯注：Charles de Gontaut, Duke of Biron（一五六二～一六〇二）。曾因戰功彪炳被法王亨利四世任命爲法國元帥及勃艮地省長；後因陰謀反叛失敗，於一六〇二年七月三十一日被處死刑。

第二節　論雄心壯志的根源，以及地位差別

就因爲人類比較容易完全同情我們的喜悅，而比較不容易完全同情我們的悲傷，所以，我們才傾向誇耀我們的財富，而隱藏我們的貧窮。最令人感到羞辱的，莫過於必須在眾人面前展露我們的窘迫困厄，又同時感覺到，雖然我們的處境暴露在所有世人的眼前，卻沒有任何一個人爲我們感受到我們自己的一半痛苦。不止如此，我們所以追求財富、避免貧窮，主要也就是因爲考慮到人類會有這樣的感覺。否則，這世上所有熙熙攘攘的辛勞忙碌，所爲何來？所有貪婪與雄心，所有財富、權力與地位的追逐，目的何在？難道是爲了供我們以生活必需品？只要有最卑賤的勞動者那樣的工資，便可以供給那些東西。我們看到那樣卑微的工資，足以讓他衣食無虞，讓他享有一間舒服的房子與家庭的溫暖。如果我們仔細檢視他的日常收支，我們應當還會發現，他把大部分支出花在一些可以視爲奢侈品的生活便利品上，而且在一些特殊場合，他甚至還爲了虛榮與標新立異而花了一些錢。然而，我們爲什麼還嫌惡他的處境呢？爲什麼那些養尊處優的人會認爲，如果他們淪落到必須和他吃一樣簡單的食物，和他一樣住在低矮的屋頂下，和他一樣穿上素樸的衣服，即使不必像他那樣辛苦勞動，那也還是比死去更糟糕呢？難道他們自以爲他們的胃比較高級，或他們在宮殿裡會比在茅屋裡睡得更爲酣甜？時常有人指出，實際情形正好與此相反，而且事實是如此明顯，以致即使這事實從未有什麼人刻意指出過，也肯定不會有人不知道。然而，遍及人類所有不同階

級的相互較量、模仿與競爭又是源自何處？改善我們的處境（譯按：人往高處爬），我們稱之為偉大的人生目的；然而，透過這個目的，我們指望得到哪些好處呢？透過這個目的，我們所能指望獲得的全部好處，就在於吸引別人，以同情、滿足、讚許的態度，注視我們、傾聽我們和禮遇我們。我們在意的，是虛榮，而不是悠閒或逸樂。但，虛榮總是建立在，相信我們受人注意與被人讚許的基礎上。富人所以沾沾自喜於他的財富，是因為他覺得他的財富自然會使他成為世人注視的焦點，而且他也覺得世人對他優渥的處境，很容易在他自身上引起的那些愉快的情緒，都傾向於附和與同情。一想到這一點，他便覺得通體舒暢，整個人輕飄飄地陶醉起來；他因為這個緣故而愛上財富的程度，更甚於財富可能讓他取得的其他任何好處。相反地，窮人則以他本身的貧窮為恥。他覺得，由於他的貧窮，世人或者無視於他的存在，或者，如果他們注意到他，對他所承受的苦惱，也幾乎不會有絲毫的同情。這兩種情況都使他的自尊受到羞辱；因為，雖然被人忽視與被人責難，是完全不同的兩回事，不過，由於我們的沒沒無聞宛如一層烏雲隔絕了榮譽與讚許的陽光照耀那樣，感覺到他人對我們不理不睬，必然會使我們心中最愉快的希望，以及最熱烈的渴求，因為缺乏他人的關心滋潤而枯萎洩氣。一個忙進忙出沒人搭理的窮人，即使置身於人群中，也宛如獨自關在自家裡那般，一樣的沒沒無聞。窮人不辭辛勞、費心打理的那些卑微的事物，在那些放蕩快活的人們眼中，沒有絲毫的趣味可言。他們的視線一碰到他就會想避開，萬一他那極端潦倒的困境迫使他們盯著他看，那也是為了以眼示意，叫這麼令人不快的對象自動移開。那些幸運與自大的人感到驚奇，訝異人世間的不幸竟然可以這樣傲慢無禮，竟然膽敢出現在他們眼前，並且肆無忌憚地以它那令人噁心的悲慘面相，打攪他們的幸福安寧。相反地，偉大顯赫的名人則受到全世界的注意。每一個人都伸長脖子盯著他看，他們的心中並且渴望，至少藉由同情的作用，分享他的處境自然會在他身上引起的那種洋洋得意的喜悅。他的一舉一動都是眾所矚目的對象。他的任何一句話，任何一個手勢，即便是不經意的，也幾乎不會有人完全忽略。在大型集會的場合，他是所有人士注目的焦點；他們的情感似乎全都充滿期待地侍候在他身旁，隨時等著承接他將施予的撼動與嚮導；只要他的舉止不是全然的荒謬悖理，他便時時刻刻有機會使全世界覺得他很有趣，並且使他自己成爲周遭每一個人注視與同感共鳴的對象。正是這種情況，使偉大顯赫成爲世人羨慕的目標，儘管它使人受到約束，儘管它使人喪失自由；這種情況，在人類看來，可以使追求偉大顯赫的過程中必須忍受的一切辛勞、一切焦慮及一切屈辱，全都得到充分補償；而且，更爲重要的是，這種情況也可以使由於偉大顯赫而永遠失去的一切悠閒、一切自在，以及一切無憂無慮的安逸，全都得到充分補償。

當我們想到大人物的境遇時，在人類的想像力時常用來描繪與塗抹它的那些迷人色彩的渲染下，它幾乎像是理想中最爲完美的幸福狀態。在所有我們的白日夢與無聊幻想中，我們心中勾勒出來做爲我們所有願望的終極目標的，就是這一種狀態。所以，對於身在其中的那些人的幸福滿足，我們感覺到一種特殊的同情。所有他們的性向嗜好，我們全都偏愛；所有他們的希望，我們全都想促成。我們會想，要是有什麼把這麼愉快的一個情境搞糟弄壞了，那是多麼可惜啊！我們甚至還會祝願他們長生不老；我們似乎很難接受老死終究會結束他們那樣完美的快樂。我們會想，自然女神實在很殘忍，居然迫使他們離開那樣偉大得意的處境，進入她爲所有她的孩子準備好的那種，雖然卑微，不過，卻很親切寬廣的家。若不是經驗告訴我們這樣的恭賀語荒謬悖理，說不定我們還會模仿東方阿諛奉承的方式，欣然地向他們高呼「大王萬歲」呢！每一個臨到他們身上的不幸，每一件對他們的傷害，在旁觀者的心中引起的憐憫與忿怒，比同樣的不幸與傷害發生在他人身上時，還要多十倍。只有國王的不幸才是適當的悲劇題材。在這方面，它們類似戀人的不幸。在劇場裡，讓我們覺得有趣的，主要就是這兩種人的情況；因爲，儘管有理性與經驗能夠告訴我們的那一切相反的事實，人類的想像力仍然偏執地認爲，這兩種狀態的幸福優於其他任何狀態。攪亂或終結這樣完美的快樂，似乎是所有傷害中最殘酷的。陰謀奪取君主性命的叛徒，被認爲比其他任何一種陰謀殺人犯更爲可惡。內戰中所有無辜鮮血所引起的忿怒，還不如查理一世[6]的死亡所引起的那樣激烈。一個平素對人性陌生的人，當他看到人們對於地位比他們低下的那些人的不幸，感覺是這麼的冷漠，而對於地位比他們崇高的那些人的不幸與苦楚，則是這麼的痛惜與忿怒，很可能會認爲，相對於處境比較卑賤的那些人來說，地位比較高貴的那些人的痛苦必定比較讓人受不了，而且他們死前的那種痙攣抽搐也必定比較可怕。

---

⑥ 譯注：Charles I（一六〇〇～一六四九），因內亂而被處死的英國國王（在位期間一六二五～一六四九）。

地位差別，以及社會秩序，就是建立在人類傾向同情與附和有錢有勢者的所有情感這個基礎上⑦。我們所以諂媚逢迎地位高於我們的人，多半是由於我們欽佩他們的處境優渥，而不是由於我們個人期待從他們的善意得到什麼恩惠。他們的恩惠能夠照顧到的，只不過是少數幾個人；但，他們的命運，卻吸引幾乎每一個人的關心。我們急切地想要幫他，使他那如此接近完美的幸福變得十全十美；除了施恩於他們使他們感激，可以滿足我們的虛榮心或榮譽感外，即使沒有其他什麼回報，我們還是想要為他們本身的幸福美滿效勞。而且，我們所以服從於他們的意向，主要也不是，甚至也全然不是，基於考慮到這種服從的效用，亦即，並非考慮到我們的服從，對社會秩序的維護，有很大的效用。甚至當社會秩序似乎需要我們挺身起來反抗他們的時候，我們也幾乎無法說服我們自己這麼做。有人說，國王是人民的僕人，因此根據公共利益的要求，人民可以服從、抵抗、罷黜、或懲罰他們；但，那是理性與哲學的教義，不是自然女神的教義。自然女神教導我們，要為他們本身的緣故去服從他們，要在他們崇高的地位前，緊張發抖與哈腰低頭；要把他們的微笑當作是足以補償我們

⑦ 譯注：作者顯然反對盧梭（Rousseau）的民約論（contract theory）。作者認為文明政府的基本原理在於某種權威地位或上下服從關係，而這種關係首先有其「自然」產生的原因，並非人的理智刻意安排的，雖然事後經過理智的認識後，人們或許會更加擁護權威關係。參見作者另一本著作《國富論》第五卷第一章第二節：論司法經費。

一切效勞的報酬；要把他們的不悅，即使不會有其他什麼不幸隨著那不悅臨到我們頭上，當作是所有我們可能遭受的屈辱中最嚴重的那一種來害怕。要在任何方面把他們當作是個人來對待，要在平常的場合對他們講道理、和他們辯論，需要我們鼓起非常大的決心，以至於很少有人剛毅恢弘到能夠把持住這樣的決心，除非另外有親密、或熟人的身分好倚靠。最強烈的衝動，最猛烈的激情、恐懼、怨恨、與忿怒，也幾乎不足以抵銷這樣尊敬他們的自然傾向；除非他們的所作所爲必定已經把所有那些激情引發到最猛烈的程度了，不管這程度是否正當，才會迫使大部分人民站起來激烈反抗他們，或希望看到他們受懲罰或被罷黜。甚至在已經被逼到這樣極端的地步時，人民在每一刻還很容易變得溫和起來，很容易又回復到他們平素的老樣子，對他們已經習慣視爲天生高他們一等的那些人又俯首稱臣起來。他們無法忍受他們的君主遭到屈辱。於是，憐憫很快取代忿怒，他們忘記所有過去惹惱他們的那些惡劣事蹟，他們以前的忠貞恢復了，他們急忙重建他們昔日的主人曾經傾頹的權威，爲此他們的行動，一如他們過去反抗時那樣的激烈。查理一世的死亡，導致（斯圖亞特）王室的復辟⑧。當詹姆斯二世⑨在逃亡的船上被人民逮獲時，全國民眾對他的憐憫幾乎阻止了革命⑩，

---

⑧譯注：Charles II（一六三〇～一六八五），於一六六〇年繼位爲英王（在位期間一六六〇～一六八五）。

⑨譯注：James II（一六三三～一七〇一），英格蘭國王（在位期間一六八五～一六八八）。

⑩譯注：英史稱爲光榮革命（發生於一六八八年）。

至少使革命的步伐變得比他被捕以前較爲蹣跚沉重。

難道大人物沒察覺到，他們要得到一般民眾的欽佩，代價是多麼的輕鬆便宜？難道他們眞的以爲，他們也必須像其他人那樣流汗或流血，才能夠博得一般民眾的欽佩？你想，年輕的貴族子弟會被訓示要以什麼重要的才藝成就，去保持他那種地位的尊嚴，使他自己值得站在市民同胞的頭上，坐在先祖憑藉美德躍上的那個高位？他會被訓示要以知識，以勤勞，以耐心，以自我克制，或以其他什麼美德，去保有他的地位嗎？由於他的一言一行都受到注意，所以，他學會習慣注意日常行爲的每一個細節，並且用心以最精確合宜的方式，完成所有不足掛齒的責任。由於他意識到他是多麼受到注視，意識到人們是多麼傾向於偏袒所有他的任性嗜好，所以，在最無關痛癢的一些場合，他的一舉一動總是帶有這種意識自然會在他身上激起的那種自在與昂揚的神態。他的神情、他的態度、他的舉止，無不透露出某種特別優雅合宜的感覺，感覺到他自己的優越地位不是那些出身寒微的人畢生可能達到的。這些就是他打算用來使人類更容易順從他的權威，更容易隨著他的旨意起舞的技巧，而他在這一點很少會遭到挫折。這些技巧，在顯赫地位的協助下，平常也眞是足以統治這個世界。路易十四[11]，在統治法國的大部分期間中，不僅在法國，而且也在全歐洲，被認爲是偉大君主

[11] 譯注：Louis XIV（一六三八～一七一五），法國國王（在位期間一六四三～一七一五）。

的一個最完美的典型。但，他憑什麼才能或美德得到這麼響亮的名聲呢？難道是靠他的事蹟全是一絲不苟、不屈不撓地伸張正義？是靠那些事蹟伴隨莫大的危險與困難？或是靠他在執行那些事蹟時所展現的那種孜孜不倦、永不鬆懈的勤勉？難道是靠他的知識廣博？他的判斷細膩絕妙？或他的氣概英勇？他所倚靠的，全不是這些品行或才能。但，首先，他是歐洲最強大的君主，因此，他在各個國王當中擁有最高的地位；其次，爲他作傳的歷史學家⑫說，「他的體態優雅，相貌堂皇俊美，勝過所有他的朝臣。他的聲音高貴感人，擄獲所有因爲面對他而被震懾住的人心。他有一種特殊的舉手投足方式，這方式只適合他和他的身分，如果出現在其他任何人身上，就會顯得荒謬可笑。他讓那些和他說話的人感到侷促不安，這使他感覺到自己的優越地位而暗地裡龍心大悅。那位在請求他恩賜時，張皇失措、支支吾吾的老軍官，由於實在不知道怎樣結束自己丟三落四的話語，最後向他說：先生，陛下，我希望您相信，我在您的敵人面前不會像現在這樣的顫慄發抖；那個老傢伙毫無困難地獲得他所要求的恩賜。」這些微不足道的才藝，在他的地位協助下（他當然還有某個程度的其他才能與美德，不過，那個程度似乎並不比平庸高明多少），使這位君主在他那個時代備受世人尊敬，甚至使後代在想起他的時候還對他懷有不少敬意。和這些微不足道的才藝相比，在他那

⑫ 譯注：指伏爾泰（Voltaire）。

個時代，在他的面前，其他一切美德，看起來似乎都沒有什麼優點可言。知識、勤勞、勇氣與德行，在他的面前，顫慄發抖，自慚形穢，喪失所有尊嚴。

但，地位低下的人萬萬不可冀圖藉由這種才藝為自己揚名立萬。優雅有禮完全是大人物專屬的美德，除了他們，不會給其他什麼人帶來榮譽。模仿他們的樣子，企圖以平素舉止端莊出眾，假裝自己地位顯赫的紈袴子弟，只會因為自己的痴癲與厚臉皮而受到雙重的藐視。那個任誰都不覺得值得注視的人，當他穿過房間時，為什麼還這麼在意他的頭要怎麼抬，或他的手要怎麼擺？他顯然專注在一個很沒有必要去注意的問題，而這樣的注意也顯示他覺得自己很重要，雖然沒有其他什麼人會苟同他這種自重的感覺。最完美無瑕的謙遜與樸素，加上在適當尊重同伴的範圍內盡可能漫不經心，應當是一個平民主要的行為特徵。如果他眞想為自己揚名立萬，那就一定要靠更為重要的美德或長處。他必須取得和大人物所有的隨從相當的一些附庸，但他沒有其他的財源可以報答他們，除了他的身體勤勞，以及他的心思敏捷。所以，他必須培養這兩方面能力：他必須在他的專業領域取得卓越的知識，並且必須格外勤勉地運用這知識。他必須在工作時忍辛耐勞，在危險時不屈不撓，在困境中堅定不移。他必須以他的事蹟的困難度與重要性，同時，以他的事蹟所涉及的優秀判斷，並且以他完成那些事蹟時必備的嚴格與毫不鬆懈的勤勉，讓公眾看到他的這些才能。在所有平常的場合，他的行為必須展現正直與審愼、慷慨與坦率的特徵；同時，他必須主動踴躍參與所有那些想要有合宜的表現，就非得有最高才能與美德不可的場面，因為在這種場面中，凡是能夠表現合宜的人都可獲得最熱烈的喝采讚揚。一個充滿精力、雄心勃勃，但礙於處境而不得志的人，爲了尋找某個可以大顯身手的機會，好讓自己在世上揚名立萬，是多麼焦急的在四處張望呀！在他看來，凡是能夠提供這種機會的情況，似乎沒有什麼是令人覺得不快的。他甚至滿心歡喜期待國際戰爭或國內衝突的到來；他暗地裡高興到甚至心醉神迷，因爲在伴隨著戰爭衝突而來的那一切驚惶混亂與流血傷害當中，他看到了他所冀望的那些場面有機會自然地出現在他眼前，那些場面可以讓他把人類的注意與讚揚招引到自己身上。相反地，就一個偉大顯赫的名人來說，他足以自傲的事蹟全在於日常行爲的端莊合宜，他對這種事蹟能夠提供給他的那種卑微的名聲感到心滿意足，而他也沒有什麼才能可以取得其他名聲，更不願意爲了什麼附帶有困難或苦惱的名聲而使自己捲入麻煩。在舞會上頭角崢嶸是他的偉大勝利，在風流韻事上密謀成功是他的最高成就。他對所有社會失序的場面都感到厭惡，這倒不是由於他愛人類，因爲大人物絕不會把地位比他低下的人看成是他的同類生物；也不是由於他缺乏勇氣，因爲他很少在這一點有什麼缺陷；而是由於他意識到他絲毫沒有處理這種場面所需的那些才能與美德，同時，他也意識到，在這種場面，眾人的注意力一定會被其他某些人從他那裡吸走。他或許願意讓自己冒些小危險，來個什麼活動，如果那活動碰巧正流行。但，一想到任何需要長期不斷戮力發揮耐性、勤勞、剛毅，以及運用心思的場面，他就恐懼得發抖。這些美德幾乎絕不會出現在那些出身高貴的人士身上。因此，在所有政府裡，即使是君主國的政府裡，占據最高級職位，以及管理全體行政細節的那些人，通常出身中下層社會；他們所以晉升至高位，全憑他們自己的勤勉與才華；雖然他們在往上爬的過程中，遭到所有出身比他們優越的那些人的妒忌與怨恨，處處受到那些人的小心提防與反對；然而，起初藐視他們，後來妒忌他們的那些人，最後卻自甘墮落對他們奴顏婢膝起來，而且卑賤沒品的模樣，一如那些人希望其餘人類應該對待他們自己的方式那樣，令人不忍卒睹。

從崇高的地位跌落，所以這麼令人難受，正是由於從此會失去這種不費吹灰之力，便可左右人類情感的地位。當馬其頓國王和他的家人，被保魯斯伊米尼烏斯⑬帶領，走在凱旋遊行隊伍裡的時候，他們的不幸，據說，使他們得以和他們的征服者分享羅馬人的注意。看到國王的子女，因爲年紀幼小而對他們自己的處境毫無感覺的樣子，使旁觀者的內心，在群眾興高采烈的勝利歡呼聲中，興起最溫柔的感傷與憐憫。那位國王接著出現在隊伍裡；他像是一個被臨頭大禍驚嚇得分不清楚方向的人，完全失去了感覺。他的朋友與大臣緊跟在他後面。當他們隨著隊伍移動時，他們的眼睛不時瞟向他們那位已經垮臺的君主，而每次看到他時總是忍不住淚水直流；他們的一舉一動無不表明，他們絲毫沒想到他們自己的不幸，盤踞在他們心裡頭的，反而全是他的大禍無與倫比的龐大陰影。相反地，慷慨豪爽的羅馬人，則

⑬ 譯注：Paulus Aemilius，羅馬將軍，於西元前一六八年征服馬其頓（Macedon）。

是以輕蔑與憤慨的眼光瞧著他，認爲一個品性這麼卑劣，在這麼不幸的遭遇下，還死皮賴臉活下來的人，完全不值得同情。然而，他的那個大禍結果究竟是些什麼呢？根據大部分歷史學家的記述，他將在一個很有勢力而且很有人情味的民族保護下度過他的餘生，並且他餘生的那種狀態本身似乎也頗值得一般人羨慕，那是一種豐富、自在、悠閒與安全的狀態，一種無論他自己有多愚蠢、也不可能搞砸掉的狀態。不過，他的身邊將不再圍繞著一群愛慕與敬佩他的傻瓜、諂媚者以及侍從附庸；換言之，將不再像從前那樣，有習慣隨著他的一舉一動起舞的那些人圍繞著他。他將不再被民眾著迷地注視，而且他也不再能夠使自己成爲他們所尊敬、所感激、所愛戴，以及所欽佩的對象。全世界人民的情感，將不再隨著他的意向起舞。這就是所謂讓人難以忍受，讓那位國王失去所有感覺，讓他的朋友忘記他們自己的不幸，讓慷慨豪爽的羅馬人，幾乎無法想像有什麼人的品行，可以卑劣到還能夠忍辱偷生的那個大禍。

羅旭福柯爵爺⑭說，「愛情通常會被雄心取代；但，雄心很少會被愛情取代。」雄心這種激情一旦完全占據了心靈，便不會容許競爭者或繼承者進入。對習於占有，或甚至僅僅習於希望占有民眾讚美與欽佩的那些人來說，所有其他樂事都會讓他們覺得噁心倒胃。有些被

⑭ 譯注：François duc de la Rochefoucauld（一六一三～八〇），法國思想家，格言體道德論作家。

拋棄的政治家，爲了他們自己的身心安頓，力圖克制雄心，藐視他們再也不可能獲得的那些榮譽，但，他們當中又有幾人能夠做到呢？他們大多是在最沒精打采與懶洋洋的怠惰中虛耗他們的時光；不時因爲想到他們自己的無足輕重而懊惱不已；沒辦法對一般平民生活的任何工作發生興趣；沒有什麼會讓他們覺得愉快，除非談論他們從前如何光采偉大；也沒有什麼會讓他們感到滿足，除非他們正忙於進行某個白費心機、企圖恢復昔日光采的計畫。你眞的下定決心，絕不拿你的自由去交換宮廷裡堂皇的奴隸狀態，而要生活得自由自在、無憂無慮與獨立自主嗎？似乎有一個辦法，可以保持這種純潔的決心；而且也許只有這一個辦法，那就是絕對不要進入很少有人能夠退出來的那個處所；絕對不要進入充滿雄心壯志的權力圈子；絕不要拿你自己去和已經壟斷了你眼前半數人類注意力的那些人世間的大人物相比。

在人們想像中，置身在最受眾人注目與同情的位置，顯然是非常重要的一回事。因此，所謂位置，那個使所有市鎮參議員的夫人失和的偉大目標，是人世間泰半辛勞的目的；是所有喧囂吵雜的原因；是那一切被貪婪與野心引進到這個世界的搶奪與不義的原因。據說，通情達理的人眞的藐視位置；亦即，他們不認爲坐在一張桌子的首位有什麼了不起；對於那個不足掛齒的細節，究竟把誰點選出來給桌上的眾人認識，不以爲意，因爲只要有一丁點兒的其他優勢，便可綽綽有餘地抵銷那個細節上的差異。但，沒有人會藐視地位、殊榮與卓越，除非他的品行修爲或者遠高於，或者遠低於，尋常的人性標準；除非他的智慧與眞正哲理的修爲根基是如此深厚，以致他覺得只要他自己的行爲合宜，足以使自己成爲值得讚許的對象，他就心滿意足，即使沒有人注意到他或讚許他，他也覺得那無關緊要；或者，他是如此習於自認下流卑劣，如此沉淪在懶惰麻痺的醉生夢死中，以致全然忘了想要往上爬的願望，甚至幾乎全然忘了這世上還有所謂願望這回事。

正如功成名就的所有耀眼光芒，全出自於這樣的狀況，即功成名就可以使人成爲眾人的快樂祝賀與同情注視的自然對象；所以，使厄運失敗的憂鬱景象變得更爲陰暗的，莫過於感覺到我們的不幸，非但不是我們同胞同情的對象，反而是他們輕蔑與厭惡的對象。因此，最可怕的不幸，並非總是身體最難忍受的那些。在大庭廣眾間，顯露自己遭到小小的厄運，比顯露自己遭到巨大的不幸，更令人感到羞辱。前一種不幸不會引起任何同情；後一種不幸，雖然不會在旁觀者心中引起任何接近受難者的那種極端痛苦的感覺，然而，卻可以喚起相當強烈的憐憫。在後一種場合，旁觀者的感覺距離受難者的感覺比較不是那麼遙遠，他們的同情雖然不是那麼完備，總是多少提供了一些協助，使他比較容易承受他的不幸。讓一個紳士覺得更爲屈辱的，是衣衫襤褸與滿身污穢地出現在一群快樂的民眾面前，而不是傷痕累累與血跡斑斑地出現在他們的面前。後一種情形會引起他們的同情；而前一種情形則會挑起他們的笑聲。命令某個罪犯挾在頸手枷中示眾的法官，使那位罪犯受到的羞辱，更甚於判處他在絞刑臺上受死。若干年前，有某位大國的君主，當著軍隊的面以手杖責打某位陸軍將領，使那位將領的名譽掃地，永遠無法挽回。那位君主給的懲罰將會輕很多，如果他當眾一槍射穿那位將領的胸膛。根據榮譽律，以手杖責打，是一種羞辱，而以劍擊殺，則不是，箇中道理非常明顯。在人民普遍慈悲豁達的國度裡，那些比較輕微的懲罰，如果施加在紳士身上，反而會被視為比什麼懲罰都來得更為可怕，因為對一個有身分地位的紳士來說，不名譽是所有災禍中最大的那一種。所以，對具有這種地位的人，比較輕微的懲罰普遍擱置不用；法律雖然在許多場合要他們以命抵罪，但，法律幾乎在所有場合都尊重他們的名譽。對一個上流社會的人科以笞刑，或把他挾在頸手枷中示眾，無論是基於他犯了什麼罪的理由，都是一種，也許除了俄羅斯外，不會有其他歐洲政府做得出的殘忍行為。

一個勇敢的人不會因為被帶上絞刑臺而變得可鄙；但，他會因為被挾在頸手枷中示眾而變得這樣。在前一種場合，他的行為也許可為他贏得普遍的尊敬與欽佩。在後一種場合，不管他有什麼樣的行為，他都不可能令人愉快。在前一種場合，旁觀者的同情鼓舞他，使他免於所有感覺中那種最難堪的羞恥，亦即，免於感覺到他的不幸只有他自己感覺到。在後一種場合，要不是沒有什麼同情，即使有，那也不是同情他的痛苦（這痛苦實在微不足道），而是同情他意識到他的痛苦沒有人同情；亦即，即使有同情，也是同情他的羞恥，而不是同情他的悲傷。憐憫他的那些人，為他感到羞愧而低下頭來。他也同樣垂頭喪氣，覺得自己被那種懲罰，而不是被自己的罪行，無可挽回地降低了地位。相反地，那個決心就死的人，由於旁觀者自然以充滿尊敬與讚許的直挺挺的面相注視著他，所以他自己的臉上也同樣呈現出無所畏懼的從容表情；而且，如果他的罪行沒有奪走別人對他的尊敬，那他所接受的懲罰就絕不會奪走這種尊敬。他無庸懷疑他的處境會是什麼人輕蔑或嘲笑的對象，而且他也可以正正當當地表現出一副，不僅是完全平靜沉著，而且是興高采烈的勝利神態。

德里茲樞機主教⑮說，「巨大的危險，自有其迷人之處，因爲即使我們的挑戰失敗，還是可以得到一些光榮。但，平庸的危險，除了可怕之外，其他什麼也沒有，因爲名譽喪失總是與缺乏成功相隨。」他的這個箴言，和我們剛才針對刑罰所說，有相同的哲理基礎。

人的美德可以克服痛苦、貧窮、危險與死亡；而且它要藐視這些厄運，甚至也不需要使盡它的全身力氣。但，要是它的不幸遭到侮辱與嘲笑，要是它被帶領走在凱旋隊伍裡遊街示眾，要是它被豎立起來任人輕蔑地指指點點，那麼，它往往便比較難以保持一貫的堅定。和遭人輕蔑看待相比，所有其他外在的厄運傷害其實都很容易承受。

第三節　論欽佩富貴與藐視貧賤的心理傾向腐化我們的道德判斷

這種對有錢有勢者的欽佩、乃至幾乎崇拜，以及對貧窮卑賤者的藐視、或至少是忽視的傾向，雖然是地位差別與社會秩序賴以建立與維持的必要基礎，然而，它同時也是我們的道德情感所以敗壞的一個重大、且極普遍的原因。歷代的道德家無不抱怨：財富與顯貴時常享

⑮ 譯注：Jean François Paul de Gondi，Cardinal de Retz（一六一四～七九），法國神學家。

有只應屬於智慧與美德的尊敬與欽佩；而只應針對惡行與愚蠢表示的輕蔑，卻往往極不公正地留給貧窮與卑微承受。

我們希望自己是值得尊敬的人，也希望自己被人尊敬。我們害怕自己是該被輕蔑的人，也害怕自己被人輕蔑。但，一旦踏入這個世界，我們很快便發現，智慧與美德絕不是人們唯一尊敬的對象；而惡行與愚蠢也一樣不是人們唯一輕蔑的對象。我們時常看到，世人尊敬的目光比較強烈地投向有錢與有勢的人，而不是投向有智慧與有美德的人。我們也時常看到，有權有勢者的惡行與愚蠢，遠比天真無辜者的貧窮與卑微，受到更少的輕蔑。值得世人的尊敬與欽佩，獲得世人的尊敬與欽佩，以及享受世人的尊敬與欽佩，是這世上的雄心壯志與競爭較量的偉大目標。有兩條不同的路呈現在我們眼前，同樣可以達到這個被如此渴求的目標；其中一條，經由學習智慧與實踐美德；另一條，經由取得財富與顯貴地位。有兩種不同的性格呈現在我們面前，供我們仿效；其中一種，滿懷高傲自大的野心與庸俗賣弄的貪婪；另一種，則是滿懷樸素的謙虛與公平的正義。有兩個不同的模式，兩幅不同的畫像，懸在我們的眼前，供我們據以形塑我們自己的品格與行爲；其中一幅，在著色上比較庸俗華麗與光采耀眼；另一幅則是在輪廓線條上比較正確，也比較細膩美麗；其中一幅迫使每一隻游移的眼睛不得不注意到它；另一幅則幾乎不會吸引什麼人注意，除非是最用心與仔細的觀察者。眞心堅定愛慕智慧與美德的，主要是一些賢明有德的人，他們非常優秀，不過，爲數恐怕不是很多。絕大多數人，是財富與顯貴地位的愛慕者，而且，也許更爲古怪的是，大部分還往往是沒有私心的愛慕者與崇拜者。

我們對智慧與美德感到的那種尊敬，和我們對財富與顯貴懷有的那種尊敬，無疑有所不同；而且要區分這種不同，也不需要有很高明的識別能力。但，儘管有這種不同，那兩種感覺還是很相像。在某些特徵上，它們無疑不一樣，但，在籠統的臉部表情上，它們是這麼的近乎相同，以致沒注意觀察的人，很容易錯把後者當成前者。

如果兩者的功勞相當，很少有什麼人不是更多尊敬有錢有勢者，而較少尊敬貧窮卑微者。甚至對大部分人來說，前者的放肆與虛榮，還遠比後者眞材實料的功勞，更值得他們欽佩。說純粹的財富與顯貴，抽離功勞與美德，値得我們尊敬，也許很難被好的道德感，或甚至好的語言習慣，欣然接受。然而，我們必須承認，純粹只是有錢有勢的那些人，幾乎經常得到我們的尊敬；所以，在某些方面，他們可以視爲我們自然尊敬的對象。那些崇高的地位，無疑也會因爲惡行與愚蠢而徹底崩毀。但，那種惡行與愚蠢必定是非常的巨大，否則就不會有徹底崩毀崇高地位的作用。同樣不檢點的行爲，出現在一個上流社會人士身上，遠比出現在卑微人士身上，較不受人輕蔑與厭惡。後者偶爾違反一次自我克制與行爲正當的規矩，惹人忿怒的程度，通常遠大於前者經常、且公開輕蔑那些規矩所引起的忿怒。

生活在社會中下階層，通往美德的途徑，和通往富貴的途徑，或者至少是通往中下階層的人可以合理期待的那種富貴的途徑，幸好在大多數場合，幾乎是同一途徑。在所有中下層職業中，眞材實料的專業技能，加上審愼、公正、堅定不渝，以及自我克制的品行，很少不會獲得成功。有時候，即使品性不是那麼正確，靠專業技能也可以奏效。然而，習以爲常的輕率魯莽、邪惡不義、搖擺懦弱或放蕩浪費，必定總是會遮蔽，有時候甚至會完全壓制，最光采耀眼的專業技能。另外，在社會中下層生活的人，絕不可能偉大到超越法律的懲罰，所以，一般來說，法律對他們有一定的威嚇作用，一定會迫使他們以某種方式，對至少是比較重要的正義規則，表示尊重。再說，這種人的成功，幾乎總是仰賴他們的鄰居與同輩的惠顧與口碑；而這些惠顧與口碑，如果沒有相當正常與規矩的品行，他們就很難獲得。所以，「誠實是最好的政策」這一則古老的處世良言，在這種情況下，幾乎總是完全眞實不虛的。所以，在這種情況下，我們通常可以期待看到相當顯著的美德；而對社會的善良道德來說，幸虧絕大部分人類是在這種情況下過活。

可惜，在高階層的生活中，情況並非總是和前述相同。在君主的宮廷裡，以及在大人物的會客室裡，成功與晉升所仰賴的，不是機靈與內行的同輩中人的尊敬，而是無知、愚蠢與高傲自大的上級長官怪誕荒謬的垂青寵幸；阿諛奉承與虛假欺瞞，經常勝過功勞與眞才實學。在這種社交圈裡，取悅的能力，比效勞的能力，更受重視。在和平安靜的時候，在戰亂的風暴還很遙遠的時候，君主或大人物只希望被逗開心，甚至往往自我陶醉以爲他很少需要什麼人爲他效勞，或者以爲逗他開心的那些人有足夠的能力爲他效勞。外表的優雅端莊，所謂上流人士那種既愚蠢又無禮的傢伙慣於耍弄的那些沒啥實用的雕蟲小技，通常比戰士、政治家、哲學家或立法者充實陽剛的美德，得到更多的讚揚。一切偉大可敬的美德，一切適合議事堂、參議院或野戰場的美德，全遭到那些自以爲了不起、其實無足輕重的馬屁精極端輕蔑與嘲笑，而這些馬屁精在這種腐敗的社交圈裡通常又占據最顯要的地位。當蘇利公爵⑯被路易十三召見進宮、就某一重大的緊急事故表示意見時，他看到一群佞幸與弄臣相互交頭接耳，細聲嘲笑他一身不合時宜的裝束。於是，那位老戰士與政治家說：「每當我有幸受陛下的父親召見徵詢意見時，他總是會命令宮廷裡的丑角退到候客室裡等著。」

正是由於我們傾向欽佩、從而模仿有錢有勢者，所以，他們才能夠樹立、或領導所謂流行時尚。他們的衣服是時髦的衣服；他們交談的語言是時髦的語調；他們的神態舉止是時髦的動作。甚至他們的惡行與愚蠢也是時髦的；大部分人還很得意模仿他們，以恰好在使模仿者自己丟臉失格的品性上和他們相像而沾沾自喜。愛慕虛榮的人時常裝出一副時髦的放蕩氣派，雖然他們的心底並不讚許那種放蕩，甚至他們也許並非眞的那麼放蕩。他們希望被人稱讚，雖然他們自己並不認爲，他們所以被稱讚的理由，眞的值得稱讚；他們以不時髦的美德爲恥，雖然有時候他們暗地裡實踐不時髦的美德，甚至對那種美德還懷有某種程度的眞實敬意。就像在宗教信仰與美德方面有僞君子那樣，在財富與社會地位方面也會有僞君子；就像

⑯譯注：Maximilien de Béthune，duc de Sully（一五五九～一六四一）。法國國王亨利四世的大臣，於路易十三繼任後，未受重用。

一個狡猾的人，會假裝自己是信徒、或品德高尚的人那樣，一個愛慕虛榮的人，也往往會假裝某種不屬於他自己的身分。他採取地位比他優越的那些人所使用的整套馬車配備，過著和他們一樣堂皇的生活；他完全沒想到，那種代步的豪華配備與堂皇的生活，如果眞有什麼值得稱讚的，其價值與合宜性也必定是完全在於和優越的地位與財富相稱，或者說，在於那種地位與財富一方面需要那樣的配備與生活陪襯，而另一方面，也能夠輕鬆負擔那樣的配備與生活的費用。許多窮人把他們的面子寄託在被人當成有錢人看待；他們完全沒考慮到，那種虛假的名譽強加在他們身上的「責任」（如果我們可以用這麼莊嚴的名詞稱呼那些愚行的話），必定很快會使他們淪爲赤貧，從而使他們的處境，和從前相比，更加不像他們所愛慕與模仿的那些人的處境。

爲了達到這種令人羨慕的處境，那些追逐富貴的人往往過於頻繁地捨棄美德；因爲很不幸的是，通往富貴的途徑，和通往美德的途徑，有時候是大相逕庭的。但，雄心勃勃的人往往自以爲，在他奮力追求的那個光輝耀眼的位置上，他將有如此多的資源以博得人們的尊敬與欽佩，他將得以做出這麼合宜出眾與這麼恩澤廣被的行誼，所以他未來的品行光輝將會完全掩蓋、乃至完全抹去，他走到那個崇高位置的步伐所留下的污穢痕跡。在許多政府裡，那些爭取最高職位的候選人，地位往往高於法律；而且如果他們能夠得到他們的雄心所追逐的目標，他們便不用擔心被追究他們是以什麼手段得遂所願。所以，他們時常不僅努力，以欺詐和撒謊，以尋常粗俗的陰謀和權術伎倆，而且有時候甚至幹出滔天大罪，以謀殺和行刺，以叛亂和內戰，企圖排擠和摧毀那些反對、或阻礙他們達到偉大地位的人。他們失敗的次數多於成功；他們通常落得一無所獲，除了他們罪有應得的不名譽懲罰。但，即使他們湊巧這麼幸運，終於達到他們夢寐以求的偉大目標，他們也總是會大失所望地發現，他們期待在那目標中享有的快樂幸福其實並不存在。雄心勃勃的人眞正追求的東西，並不是安逸或快樂，而總是某種榮譽，雖然對這種榮譽他們往往只是一知半解。但，在他自己、以及他人的眼中，他雖然占有崇高地位，這地位的榮譽，顯然已經因他在攀爬過程中採用了卑鄙下流的手段，而遭到褻瀆玷污。儘管他想盡辦法，不論是透過大肆揮霍各項慷慨花費，或是透過極端縱情於各種放蕩的肉慾享樂（這是品格破產的人常做的不知羞恥的消遣），或是透過尋常的公務匆忙，或是透過比較光采傲人的征戰騷動，企圖從他自己、以及他人的記憶中，抹去從前的回憶；然而，那回憶絕不會停止糾纏他。他祈求忽略與遺忘的陰暗力量幫忙，結果總是白費心機。他總是油然想起從前的所作所爲，而那種回憶告訴他，別人必定也會想起他從前的所作所爲。在所有極盡炫耀與庸俗華麗的盛大排場中；在顯貴人士與御用學者唯利是圖與卑鄙下賤的恭維奉承中；在一般民眾比較天眞無邪，不過也比較愚昧痴呆的歡呼聲中；在所有征服的驕傲得意與戰勝凱旋的喜悅中，主掌羞愧與懊悔的復仇女神仍然會秘密地糾纏著他；雖然他的四周似乎佈滿了耀眼的光芒，然而，他自己，在他自己的心中，卻只看到烏黑、骯髒、發臭的惡名緊追著他，並且隨時準備從後面追上他。甚至偉大如凱撒者，雖然有足夠恢弘的氣度支開他的衛士，卻沒辦法支開他自己心中的猜疑。法沙利亞（Pharsalia）

的回憶仍然時時縈繞糾纏著他。當他在羅馬元老院的請求下，寬宏大量地赦免馬賽魯斯（Marcellus）時，他告訴那個議會說，他不是不知道有人正陰謀殺害他，不過，由於不論就自然的歲數來說，或就人間的榮耀來說，他都已活得夠久了，也享受夠多了，因此即便死了，也感到心滿意足，所以，他不會把任何那種陰謀看在眼裡。就自然的歲數來說，他也許已活得夠久了。但，當某個人覺得自己是某種不共戴天的怨恨所針對的目標，而這種怨恨還是來自於他不僅希望得到好感、而且還希望視爲朋友的那些人時，那麼，就眞正的榮耀來說，他今生確實已經活得太久了；或者說，他今生再也不會有任何希望，從同輩對他的敬愛中享受到絲毫的幸福了。

第二篇　論功勞與過失；亦即，論獎賞與懲罰的對象

第一章　論功過感

引　言

另有一類性質被我們歸屬於人類的動作或行為，這類性質不同於行為的合宜與否、或端正與否，而是另外一種讚許或譴責的對象。這類性質是行為的功與過，亦即，行為是否值得獎賞、或值得懲罰。

前文已經指出①，情感或內心的感受，是各種行為產生的根源，也是評論整個行為善惡，最終必須倚賴的基礎；因此，我們可以從兩個不同的面向來看待情感，或者說，在兩個不同的關係中考量情感；第一是從引起它的原因，或者說，從引起它的動機來考量它；第二則是從它所意圖的目的，或者說，從它傾向產生的後果來考量它。行為的合宜與否，或者說，行為究竟是端正得體或粗魯下流，全在於引發行為的情感，相對於引發情感的原因或對象，是否合適，或是否比例相稱；而行為的功與過，或行為究竟應該得到獎賞，抑或應該受到懲罰，全在於引發行為的情感所欲產生、或傾向產生的後果，性質上是有益的，抑或是

---

① 譯注：參見第一篇第一章第三節。

有害的。我們對行爲合宜與否的感覺，究竟以什麼爲本，已經在這講義的前一部分解釋過了。現在就來討論，我們究竟根據什麼覺得行爲應受獎賞、或該受懲罰。

第一節 凡是看起來當受感激的對象，似乎都該受獎賞；同樣地，凡是看起來當受怨恨的對象，似乎都該受懲罰

所以，對我們來說，某一行爲必定顯得該受獎賞，如果該行爲不僅看起來是某種情感適當且被認可的對象，而且這種情感是最立即直接促使我們去獎賞或報答某個人的那一種。同樣地，某一行爲必定顯得該受懲罰，如果該行爲不僅看起來是某種情感適當且被認可的對象，而且這種情感是最立即直接促使我們去懲罰或報復某個人的那一種。

最立即直接促使我們去獎賞某個人的那一種情感，就是感激或感恩。最立即直接促使我們去懲罰某個人的那一種情感，就是怨恨或忿怒。

所以，對我們來說，某一行爲必定顯得該受獎賞，如果它看起來是適當且被認可的感激對象；同樣地，某一行爲必定顯得該受懲罰，如果它看起來是適當且被認可的怨恨對象。

所謂獎賞，就是回報，就是報答，就是以德報恩，以好處回報得到的好處。所謂懲罰，也是回報，也是報答，不過是以一種不同的方式；它是以牙還牙，以傷害回報受到的傷

害。

除了感激和怨恨，還有一些情感會促使我們關心他人的幸福或不幸；但，除了感激和怨恨，不會有其他情感這麼直接促使我們成爲協助他人獲得幸福、或遭到不幸的工具。基於熟識與平常意氣相投、而滋長起來的那種愛與尊敬，必然會促使我們，樂於看到我們這麼愛與尊敬的人幸福，從而樂於提供協助促進他的幸福。然而，即使他的幸福是在未經我們協助下獲得的，我們的愛也會感到充分的滿足。這種情感所希望的，無非只是要看到他幸福，不會去計較究竟是誰促成他的幸福。但，這樣是不會讓感激之情覺得滿足的。如果我們欠他許多恩情的人，在未經我們協助下得到幸福，那麼，我們的愛雖然會感到高興，我們的感激卻不會覺得滿足。除非我們已報答了他的恩情，除非我們已親自使力協助促進了他的幸福，否則我們會一直感覺到他的恩情加在我們身上的沉重負擔。

同樣地，平常志趣不合所衍生出來的憎惡與反感，時常會導致我們以懷有惡意的快感，看著在舉止與品行上讓我們覺得痛苦的人遭逢不幸。但，雖然憎惡與反感使我們麻木不仁，使我們失去同情感，有時候甚至使我們以別人的苦惱爲樂，不過，如果沒有怨恨牽涉在其中，如果我們或我們的朋友並未受到什麼了不起的切身挑釁，則光是對某人感到憎惡與反感，應當不至於使我們希望親自使力以造成他的不幸。即使我們不擔心在使力造成他的不幸後，我們自己會遭到什麼懲罰，我們也寧願他的不幸是其他力量所導致的。對一個心中充滿強烈憎惡感的人來說，聽到他所厭惡的人死於意外事故，也許會讓他心情舒暢。但，如果他還有一丁點兒正義感（雖然強烈的憎惡感對美德非常不利，不過，這一丁點兒正義感，他或許還是有的），當他發現他本人是這個不幸的原因，即使不是蓄意的，那麼，他的心情非但舒暢不起來，反而會極端難過。如果他是蓄意的話，則一想到這回事，就會更加使自己震驚到無法衡量。他甚至會噁心、排斥想到這麼該受詛咒的心意；如果他還能想像自己做得出這樣窮凶極惡的罪行，那他也一定會開始覺得，自己的面目如同讓他反感作嘔的那個人一樣可憎。但，如果牽涉到怨恨，那情況就大不相同了。如果曾經嚴重傷害過我們的人，例如，曾經謀殺過我們父親或我們兄弟，事後不久死於某種熱病，或甚至因其他某項罪行而被送上絞刑臺處死，雖然這也許會很快減輕我們的憎惡感，但一定不會完全滿足我們的怨恨。怨恨一定會促使我們不僅希望他應該受到懲罰，而且也希望他應該由我們親手懲處，以抵償他對我們的傷害。我們的怨恨絕不會完全感到滿足，除非冒犯我們的人不僅自己反過來感到悲痛，而且這悲痛也是他冒犯了我們的那個罪過該得的報應。他必須為他的該項行為感到後悔與難過，以便其他人由於害怕遭到同樣的懲罰，而不敢對我們犯下同樣的罪行。這種情感所自然追求的滿足，傾向產生懲罰的所有政治目的，包括矯正罪犯，以及震懾民眾以儆效尤。

所以，感激與怨恨分別是最立即直接促使我們去獎賞與懲罰的兩種情感。所以，對我們來說，如果某個人看起來是適當且被認可的感激對象，必定顯得該受獎賞；而如果某個人看起來是適當且被認可的怨恨對象，必定顯得該受懲罰。

第二節　論當受感激與怨恨的對象

說某某是適當且被認可的感激或怨恨的對象，除了說對待它的那種感激或怨恨似乎是「自然」②地適當，而且是被認可的，不會有其他意思。

但，這兩種以及其他所有人類的情感，似乎是適當且被認可的，如果每一位公正的旁觀者都完全同情這些情感，或者說，如果每一位不偏不倚的旁觀者都完全體諒並且附和這些情感。

所以，他看起來是該受獎賞的，如果，對某個人或某些人來說，他是每一顆人類的心靈都傾向附和（並且予以鼓掌喝采）的那種感激之情的自然投射對象；另一方面，他看起來則是該受懲罰的，如果，同樣對某個人或某些人來說，他是每一顆合理的人類心靈都準備接納與同情的那種怨恨之情的自然投射對象。對我們來說，毫無疑問的，某一行爲必定顯得該受

---

② 譯注：對本書所闡述的道德理論有重大影響的英國哲學家David Hume曾抱怨，沒有什麼比「自然」這個詞的意思更爲曖昧與模稜兩可了。（參見A Treatise of Human Nature, 2nd Edition, P. H. Nidditch ed. Oxford University Press, 1978, pp.474ff。）根據他的考究，「自然」可以是相對於「奇蹟」而言，或相對於「罕見與不常見」而言，或相對於「人爲」的「自由」（而非「自然」的「必然」）。但，他也指出，「自然的」通常是指「常見的」。我認爲，此處的「自然」應當解爲「常見」。

獎賞，如果每一個知道該行爲的人都希望獎賞它，並且也因此都樂於看到它被獎賞；而某一行爲必定顯得該受懲罰，如果每一個聽到該行爲的人都恨它，並且因此都樂於看到它被懲罰。

(1)正如當我們同伴沉浸在成功順遂的喜悅時，我們會感到同情的喜悅，所以，當他們以自得與滿足的心情自然地看待他們自己所以幸運的原因時，不管這原因是什麼，我們也會和他們一樣覺得自得與滿足。我們體會到他們心裡對它的愛與感激，並且也同樣對它興起愛意。它如果被摧毀了，或甚至只是被擺在距離他們很遠，以致他們照顧或保護不到的地方，即使他們不會因它不在身邊而有什麼損失，除了損失了看到它的那種樂趣之外，我們也會替他們覺得難過。如果這原因是某個人，是一個這麼有幸幫助同胞得到幸福的人，則情形將更是如此。當我們看到某個人得到另一個人的協助、保護與解救時，我們因受惠者的喜悅而感到的那股同情的喜悅，只會鼓舞我們對施惠於他的那個人興起同情的感激。當我們以我們想像中他一定會那樣看著施惠者的眼光，看著讓他得以快樂的那個恩人的時候，那個恩人似乎活生生地以最迷人可親的姿態站在我們面前。因此，我們很容易讚許他感激恩人的心情，從而也會讚許他打算用來報答恩人的那些動作。由於我們完全讚許這種報答所根據的那種感激的心情，所以，在每一方面看起來，這些報答必然都是恰當的，也是適合它們的對象的。

(2)同樣地，正如當我們看到某位同胞受苦時，我們會感到同情的悲傷，所以，我們也會和他一樣，對導致他受苦的原因，不管那原因是什麼，產生厭惡與反感。我們的內心，由於接納了他的悲傷，並且與他的悲傷合拍，所以，也會感覺到一股，和他盡力想要趕走或消滅那個使他受苦的原因時，一樣的激情。我們陪著他覺得痛苦時，所懷有的那種乏力被動的同情，很容易蛻變成我們在讚許他奮力逐退導致他受苦的原因、或讚許他對那個原因發洩他的反感時，所懷有的那種激烈行動的情感。如果使他痛苦的原因是某個人，則情形將更是如此。當我們看到某個人被另一個人壓迫或傷害時，我們爲受害者感到的那股同情的痛苦，似乎只會鼓舞我們對施暴者產生同情的怨恨。我們會很高興看到受害者反過來攻擊他的對手，並且熱心準備在他努力自衛時立即幫助他，甚至幫助他在某個程度內進行報復。如果受害者不幸在打架中身亡，我們不僅會對他的朋友和親戚心裡頭的眞實怨恨產生同情，而且也會對我們在想像中借給死者的那種虛幻的怨恨產生同情，雖然死者再也不可能感覺到怨恨，或其他任何人類的情感。但，由於我們設想自己置身在他的處境，我們可以說進入了他的身體，因此，在我們的想像中，在某一意義上，被害者被亂砍到畸形的屍體又重新有了生氣；當我們這樣設身處地懷想他的遭遇時，就像在其他許多場合那樣，我們會感覺到某種情緒，這種情緒主要當事人雖然不可能感覺到，不過，藉由某種虛幻的同情作用，我們卻可替他感覺到。我們爲那個無法測量、且無法挽回的損失（在我們的想像中，他顯然蒙受了這個損失）所淌下的那些同情的眼淚，似乎只不過是我們應對他盡到的責任當中的一小部分而已。我們想，他所蒙受的傷害，應該得到我們主要的注意。我們感覺到一股，我們想，他應當感覺到的怨恨，而且他也會感覺到這股怨恨，如果他那具冰冷僵硬的身體還留有意識，還可以稍微感知這世上所發生的一切。我們想，他在高聲要求血債應該血還。想到他的傷害如果未經報復便走入歷史、被人遺忘，那恐怕連死者的骨灰也會騷動起來。傳聞中經常停留在凶手床鋪邊的那些令人毛骨悚然的東西；民間的迷信以為，會從他們的墳墓裡跑出來，針對讓他們死於非命的那些人，進行報復的鬼魂；這些傳聞與迷信，都源自我們這種與被害者的虛幻怨恨一起同感共鳴的自然性向。而至少就這種最可怕的罪行來說，自然女神，在人們的理性開始思考懲罰的效用以前，便早已用這種方式，以最鮮明、且最不能抹滅的文字，永遠銘刻在人類的心靈，囑咐他們一定要立即、且直覺地讚許這一條神聖與必要的報復法則。

第三節　如果施惠者的行為未獲讚許，則受惠者的感激便很少會有人同情；相反地，如果加害者的動機未受譴責，則受害者的怨恨便不會有人同情

然而，必須指出的是，「行為人」的行為或意圖，對「被行為人」來說（如果允許我這麼稱呼行為影響的對象），不管是多麼有益，或多麼有害，但，如果在有益的場合，「行為人」的動機看不出有什麼合宜之處，如果左右其行為的那些情感，是我們無法附和的，那麼，對受益者心裡的感激，我們便不會有什麼同情；或者，如果在有害的場合，

「行爲人」的動機看不出有什麼不合宜之處，如果，相反地，左右其行爲的那些情感，是我們必然會附和的，那麼，對受害者心裡的怨恨，我們便不會有什麼同情。在前一種場合，似乎不該有什麼感激，而在後一種場合，所有怨恨似乎都是不正當的。前一種場合的行爲，似乎沒有什麼值得獎賞的功勞，而後一種場合的行爲，也似乎沒有什麼應予懲罰的罪過。

(1)首先，我要說，只要我們無法同情行爲人的情感，只要左右其行爲的動機似乎沒有什麼合宜之處，我們便比較不會附和行爲的受益者心中的感激。基於最瑣碎的動機而以最重大的恩惠授與他人，譬如，贈予某個人一大筆地產，只因爲他的姓名恰巧和施恩者的姓名相同，這種愚蠢揮霍的慷慨，似乎只應得到很小的回報。這種恩情似乎不需要給予什麼對等的報酬。我們瞧不起行爲人的愚蠢，這種輕蔑的感覺使我們無法徹底附和受惠者心中的感激，他的恩人似乎不值得他感激。當我們設想自己置身在受惠者的處境時，我們覺得，對這樣的恩人我們無法懷有崇高的敬意；因此，我們很容易大量免除他承擔，我們認爲，他對一個比較值得尊敬的人物應盡的那種柔順恭敬與尊重的責任；而且只要他總是以親切仁慈的態度對待比他軟弱的朋友，我們也會欣然容許他省下許多，我們認爲，他對一個比較可敬的贊助者應該付出的那種殷勤與注意。歷史上，那些對他們所寵愛的人極盡奢侈浮濫，接二連三賜予財富、權勢、以及榮譽的君主，很少能夠吸引到什麼人對他們個人滿懷愛戴，反倒是那些對他們所寵愛的人比較儉省的君主，往往擁有比較多愛戴他們個人的死士。大不列顛國王詹姆士一世[③]心地善良、但不夠明智的慷慨揮霍，似乎並未爲他自己贏得什麼愛戴他的追隨者；這位君主，儘管他秉性親切和善，終其一生似乎沒有任何朋友。相反地，英格蘭全體紳士和貴族，卻爲了他那個比較儉省與精明挑剔的兒子的志業，而犧牲他們生命與財產的安全，儘管這個兒子平常的舉止態度可以說相當冷漠、疏離、與嚴酷。

(2)其次，我要說，只要行爲人的行爲看起來完全是受到我們徹底體諒與讚許的那些動機與情感的指使，那麼，我們便不可能同情受害者心中的怨恨，不管這受害者受到多麼重大的傷害。當兩個人在吵架時，如果我們站在其中一人的那一邊，並且完全接納他心中的怨恨，那麼，我們便不可能同情另一個人心中的怨恨。對我們讚許其動機，因此認爲他有道理的那個人，我們所感到的同情，只會使我們，對另一個我們必然認爲沒道理的人的感覺，完全無動於衷。所以，無論後面這個人遭受到什麼樣痛苦，只要不超過我們自己希望他承受的程度，只要不超過我們自己同情的憤慨一定會促使我們想要懲處他的程度，該痛苦就不可能讓我們覺得不高興、或觸怒我們。當一個殘忍的兇手被送上絞刑臺時，雖然我們對他的不幸下場會有些憐憫，但我們絕不會同情他心裡的怨恨，即使他荒謬到顯露他對追訴他的檢察

③ 譯注：James I（一五六六～一六二五），其子Charles I（一六〇〇～一六四九）繼位後，與下議院發生衝突，導致內戰。

官、或審判他的法官懷有怨恨。沒錯，對這麼惡劣的罪犯來說，追訴者心中④正當的憤慨自然傾向的行爲，無疑給他帶來了最致命的傷害。但，我們絕不會對某種情感的行爲傾向感到不悅，如果我們設身處地、體會了整個事情的來龍去脈後，覺得我們自己也無法避免接納那種情感。

第四節　前幾節的要點重述

(1)所以，我們不會只因爲某個人是另一個人幸福的原因，便十分衷心同情後者對前者的感激，除非前者所以促成後者的幸福，是出於我們完全讚許的動機。我們內心必須接納行爲人所遵循的原則，並且讚許所有左右其行爲的情感，然後才會完全同情其行爲的受惠者心中的感激，也才會和這感激合拍共鳴。如果施惠者的行爲看不出有什麼合宜之處，則無論那行爲的效果是多麼有益，似乎也不需要、或必然要求任何比例相稱的報答。

但，當行爲的效果傾向有益，而行爲根源的情感又合宜，兩者結合在一起時，當我們完全同情與讚許行爲人的動機時，我們因他本身的緣故而對他懷有的喜愛，會使我們與那些因

④ 譯注：指前一句中的檢察官和法官。

他的善行而得以成功順遂的人心裡的感激，產生更為昂揚生動的同感共鳴。於是，他的行為似乎需要，甚至高聲要求，如果允許我這麼說的話，比例相稱的回報。我們完全體會到促使人們想要報恩的那種感激的心情。當我們這樣完全同情，並且讚許，促使人們想要獎賞他的那種心情時，施惠者似乎是適當的受賞對象。當我們讚許、並且附和某一行為根源的情感時，我們必定自然會讚許該行為，並且會把該行為所針對的人，視為該行為的恰當對象。

(2)同樣地，我們絕不會只因為某個人是另一個人不幸的原因，便同情後者對前者的怨恨，除非前者所以促成後者的不幸，是出於我們無法讚許的動機。在我們能夠接納受害者心中的怨恨以前，我們必須不贊成行為人的動機，必須覺得我們內心完全拒絕同情其行為根源的情感。如果這情感看不出有什麼不合宜之處，則無論衍生出來的行為，對這行為所針對的人，是多麼的有害、乃至要命，該行為似乎也不該受到懲罰，或者說，不該是任何怨恨的恰當對象。

但，當行為的後果有害，而行為根源的情感又不合宜，兩者結合在一起時，當我們的內心極端厭惡、並且拒絕同情行為人的動機時，我們便會完全衷心地同情受害者心裡的怨恨。於是，這樣的行為似乎應當受到，甚至高聲要求，如果允許我這麼說的話，比例相稱的報復；而我們也會完全體諒，並且因此讚許，促使人們想要報復的那種怨恨的心情。當我們這樣完全同情，並且因此讚許，促使人們想要懲罰加害者的那種心情時，他必然看起來像是適當的受罰對象。在這種情況下，當我們讚許、並且附和某一行為根源的情感時，我們也必定自然會讚許該行為，並且也會把該行為所針對的人，視為該行為的恰當對象。

第五節　功過感的分析

(1)正如我們覺得某一行為合宜，是由於我們同情「行為人」的情感和動機，所以，我們覺得某一行為有功勞、或值得獎賞，也是由於我們同情「被行為人」心裡的感激；以下，由於我將把前一種同情稱為「直接的」同情，所以，為了方便區分，我會把另一種同情稱為「間接的」同情。

由於我們無法完全體會受惠者心裡的感激，除非我們事先讚許施惠者施惠的動機，所以，基於這個緣故，覺得某一行為值得獎賞的這種感覺，似乎是一種複合的感覺，似乎是由兩種不同的情感組成的；其一是對施惠者的動機直接同情的感覺，另一是對受惠者的感激間接同情的感覺。

在許多不同場合，我們可以明顯分辨那兩種不同感覺，結合在我們覺得某一特定性格、或行為值得獎賞這樣的感覺裡。當我們翻開歷史，讀到端正仁慈的偉大心胸所意圖的行為時，我們是多麼熱烈地欣賞與讚許這樣的意圖啊！它們所根源的那種慷慨激昂的寬大胸襟，是多麼讓我們感到熱血澎湃！我們是多麼熱心渴望它們成功！多麼悲傷它們挫敗！我們想像中彷彿就是所讀到的那些歷史人物的本尊，我們彷彿把自己傳送到了那些遙遠且久被遺忘的冒險場景，幻想自己正在扮演某個西庇阿（Scipio）或某個卡密魯斯（Camillus），某個鐵木良（Timoleon）或某個亞里斯泰德（Aristides）的角色⑤。到此為止，我們的感覺還只是建立在對這些行為人直接同情的基礎上。但，我們對這種行為的受益者間接同情的感

⑤ 譯注：這四個人都是古羅馬或古希臘時代雄才大略、成就不凡的大將，不過，也都曾經遭到民眾誤解與羞辱。Publius Cornelius Scipio Africanus（西元前二三六～一八三）在第二次布匿戰爭（Punic War）擊敗迦太基的漢尼拔（Hannibal），並且為羅馬征服了西班牙，卻由於在某些公務的處裡上遭到大加圖（Cato the Censor）的批評，憤而退隱。Marcus Furius Camillus，西元前四世紀初期的羅馬大將和政治家，曾因處理戰利品不當被放逐到國外，後來被召回，領軍擊退佔領羅馬的高盧人（時約西元前三九〇年）。Timoleon of Corinth設計推翻了他的兄弟，使科林斯免於獨裁統治，卻因為獨裁者身亡而遭到民眾詆毀拋棄（時約西元前三六五年），直到二十年後才被科林斯人遣派至西西里解救殖民城市Syracuse免於暴君Dionysius II統治。Aristides，是雅典的政治家，也是西元前四九〇年的馬拉松（Marathon）戰爭中領軍對抗波斯人的希臘將領之一，卻曾被無知盲從的雅典民眾以貝殼投票法（ostracized）表決放逐到國外（西元前四八二～四八〇）。Aristides有一則軼聞，頗為有趣，值得一提。據說有一天，一個不識字的農夫手拿貝殼，急著找人幫忙在貝殼上寫下他的名字，以便去投票把他驅逐到國外，湊巧遇上他；他為那位素不相識的農夫在貝殼上寫下自己的名字，問了驅逐他的理由後便走了，始終未表明身分。亞當史密斯認為，這四位愛國的軍事天才未獲得其國人給予應有的尊敬。

覺，不見得就比較不熱烈。每當我們設想自己置身在受益者的處境時，我們是以何等熱烈眞摯的同情，和他們一起對如此出生入死爲他們的生存而奮戰的恩人，心懷感激啊！我們好比是和他們一起緊緊擁抱著他們的恩人，我們內心很容易和他們近乎發狂的感激同感共鳴。我們會想，頒贈給他的榮譽或獎賞不論再怎麼大，都不嫌過分。當他們對他的貢獻作出這樣適當的報答時，我們會衷心地鼓掌讚許；但，如果根據他們的行爲，他們看起來對他們自己所受到的天大恩惠沒有什麼感覺，那我們一定會震驚得無法形容。總而言之，我們所以覺得這些行爲有很大的功勞，因此很值得獎賞，以及覺得它們理當獲得報答，以便讓完成它們的人也有機會高興一下，完全是出於一種同情的感激與敬愛，亦即，出於當我們衷心體會那些主要當事者的處境時，那個行爲能夠這樣正當、高尚、與仁慈的人，讓我們感覺到的那種自然令我們心醉神迷的感激與敬愛。

(2)同樣地，正如我們覺得某一行爲不合宜，是由於我們對「行爲人」的情感與動機缺乏同情、或有某種直接的反感，所以，我們覺得某一行爲有過失、或該受懲罰，也是由於我們同情受害者心裡的怨恨。在這裡，我將比照前面的做法，稱後面這種同情爲間接的同情。

由於我們無法讚許受害者心裡的怨恨，除非我們內心反對行爲人的動機，並且拒絕同情其動機；所以，基於這個緣故，覺得某一行爲有過失的這種感覺，就像覺得某一行爲有功勞的感覺那樣，似乎也是一種複合的感覺，似乎也是由兩種不同的情感組成的；其一是對行爲人的情感直接覺得反感，另一是對受害者心裡的怨恨產生的間接同情。

在許多不同場合，我們也可以明顯分辨那兩種不同感覺，結合在我們覺得某一特定性格、或行爲該受懲罰這樣的感覺裡。當我們翻開歷史，讀到柏吉亞（Borgia）或尼祿（Nero）⑥那種背信與殘忍的人物時，對左右其行爲的那些可憎的情感，我們不免心生反感，並且極端厭惡地拒絕同情他們那些該受詛咒的動機。到此爲止，我們的感覺還只是建立在我們對行爲人的情感直接覺得反感的基礎上：而我們對受害者心中的怨恨所產生的間接同情，則比這種直接反感更爲強烈。當我們設身處地體會那些主要當事者被那些好比是瘟神的惡人踐踏、殺害、或背叛時，我們怎能不對這樣傲慢與殘酷不仁的世間暴君感到義憤塡膺呢？我們爲無辜受害者無可避免的痛苦感到的同情，不會比他們心裡頭自然恰當的怨恨讓我們感到的同情，更爲眞實或更爲生動。前一種同情感只會加強後一種同情感，因爲想到他們的痛苦，只會激怒我們變本加厲地憎恨使他們受苦的那些人。當我們想到受害者身受的極度痛苦，我們就會更眞摯地站在他們那一邊反對壓迫他們的人；我們會更熱切地讚許所有他們

⑥譯注：Cesare Borgia（一四七六～一五〇七），教皇亞歷山大六世的兒子，軍人與義大利主教；統一教皇轄地；據信是馬基維利（Machiavelli）的《君王論》（*The Prince*）的靈感來源。Nero（三七～六八），羅馬皇帝（五四～六八），以殘忍腐敗、迫害基督教徒聞名。

的報復計畫，並且覺得我們自己每一刻，都在想像中，對這樣嚴重踐踏社會法律的惡人，科以我們的義憤認為他們罪有應得的那種懲罰。我們所以憎惡這種行為，所以覺得它恐怖殘酷，所以樂於聽到它受到恰當的懲罰，而當它逃脫罪有應得的報復時，我們所以覺得氣憤；總之，我們所以覺得它應當受罰，以及覺得犯了像它那種過失的人理當受到懲處，以便讓他也有悲傷的時候，完全是出於一種同情的忿怒，亦即，出於每當旁觀者設身處地體會受害者的處境時，那種自然會在他的胸中沸騰起來的忿怒⑦。

⑦ 原作注：把我們覺得某些行為應當受罰的這種自然的感覺，依此方式，歸因於我們同情受害者心裡的怨恨，對大部分人來說，似乎是在詆毀那種自然的感覺。怨恨通常被認為是一種很醜惡的激情，以致大部分人往往會以為，像覺得惡行應當受罰這樣值得讚美的本能的感覺，無論就哪方面來說，都不可能是建立在怨恨的基礎上。他們也許會比較願意承認，我們覺得善行應當受賞的那種感覺，是建立在我們對善行的受益者心中的感激感到同情的基礎上；因為感激，以及其他所有慈善的激情，被視為一種可親的本能，不至於殃及任何以它為基礎而建立起來的感覺，或敗壞那種感覺的價值或光采。然而，感激與怨恨，在每一方面，顯然是彼此相互對應的兩種感覺；如果我們的功勞感（或覺得某某行為有功勞）是出自於同情的感激，則我們的過失感（或覺得某某行為有過失）便不太可能不是源自於同情的怨恨。

另外，請注意，怨恨，在我們太常看到它的那種程度，雖然是所有激情中最醜惡的，但它也並非完全不該被讚許，如果它經過適當的收斂，並且完全被壓低至一般旁觀者的同情感能夠產生的那種義憤的程度。當作為旁觀者的我們覺得自己心中的憎恨和受害者心中的憎恨完全一致時，當受害者心中的怨恨無論在哪方面都沒逾越我們自己心中的怨恨時，當他自然流露出來的每一句話或每一個姿勢所顯示的情緒，都不比我們能夠附和的程度更為強烈時，並且當他從未打算對他所怨恨的人實施任何逾越我們應當樂於看到實施的那種懲罰，或甚至逾越我們自己因為樂於看到而希望協助促成實施的那種懲罰時，那我們就絕不會不完全讚許他心裡頭的怨恨了。在這種情況下，我們自己心中的感覺，在我們的眼裡，必定毫無疑問地證明了他的感覺是正當的。而且，由於經驗告訴我們，有多麼絕大多數的人無法把他們心中的怨恨克制到這樣的地步，以及需要花費多麼巨大的努力，才能把粗野無紀律的怨恨衝動鍛鍊到這樣適宜的火候，所以，我們一旦遇上了某個人，看起來能夠運用這麼多的自我克制力量，控制住他的本性中最難駕馭的這種激情時，那我們一定免不了要對他肅然起敬、十分欽佩了。沒錯，當受害者心中的憎恨，像幾乎總是會發生的那樣，超過我們所能附和的程度時，由於我們無法體諒它，所以，我們必然不會讚許它。我們不讚許它的程度，甚至大於我們，對同等過分的其他幾乎每一種源自於想像的激情，不讚許的程度。於是，這個過分強烈的怨恨，非但不會把我們拉向它那一邊，反而會使它本身變成我們所怨恨與憤怒的對象。我們會因為擔心那個受到如此不恰當怨恨的對象恐怕會遭殃受苦，而開始同情起被怨恨者心中的怨恨。所以，過度怨恨的報復心理，似乎是所有激情中最可憎的，是每一個人厭惡與氣憤的對象。由於就這種激情通常現身在人世間的方式來說，它每有一次適度，就有一百次過當，所以，我們很容易認為它全然可恨可憎，因為以它最常出現的那種情況來說，它確實可恨可憎。然而，即使在目前這樣墮落腐敗的人類狀態中，自然女神對待我們似乎也沒有這麼的不厚道，以致竟然給了我們某種從每一方面來看全然是邪惡的本能，或給了我們某種，無論就什麼程度或就什麼對象來說，都不可能是該受讚揚與讚許的本能。通常被我們覺得過於強烈的這種激情，在某些場合，也許會被我們覺得過於微弱。我們有時候會抱怨某個人精神太過委靡不振，抱怨他對自己遭到的傷害太過沒有感覺；如同我們會因爲他心中的怨恨太深而厭惡他那樣，我們也會因爲他心中的怨恨不足而立即瞧不起他。

那些自認爲得到上天啓示的作者肯定不會這麼頻繁或這麼強烈地談論上帝的憤怒與生氣，如果他們認爲任何程度的這些激情，即便是發生在像人類這樣有缺陷與不完美的創造物身上，也都是邪惡有害的。

另外，也請注意，我們此刻探究的不是應不應當的問題（如果我可以這麼說的話），而是事實如何的問題。我們此刻不是在探究一個完美的生靈將根據什麼樣的原則讚許懲罰不好的行爲；而是在探究像人類這樣有缺陷與不完美的創造物，事實上與實際上，根據什麼樣的原則讚許懲罰不好的行爲。我剛剛提到的那些原則顯然對人類的情感有很大的影響；而且這情形似乎是上天巧妙安排的結果。社會如果要繼續存在，則不當的與無緣無故的惡意或怨恨就應該藉由適當的懲罰予以限制；因此，實施那些懲罰，應該被視爲正當與值得嘉許的行爲。所以，雖然人類自然被賦予一種想要保全社會與希望社會繁榮的願望，不過，造物主並未信託人類的理智，要人類的理智去發現，實施一定的懲罰是達成此一願望的適當手段；而是賦予人類一種本能，讓人類在看到最適於達成該願望的手段獲得實施時，直接給予本能的讚許。天理在這方面的安排，和它在其他許多場合的安排，完全是一脈相承的。對於所有基於它們特殊的重要性而或許可以視爲自然女神所格外垂青的那些目的，她總是始終如一地採取這樣的安排，亦即，她不僅賦予人類以一種嗜好，要他們對她所圖謀的目的懷有與生俱來的欲求，而且也賦予他們以另一種嗜好，要他們對唯有運用它們才能夠達成該目的的那些手段也同樣懷有與生俱來的欲求，完全只爲了那些手段本身的緣故，而不涉及它們傾向產生她所圖謀的目的。譬如，自衛以及種族繁衍，似乎是自然女神在形塑所有動物時所圖謀的偉大目的。人類被賦予一種願望，希望那些目的實現，以及一種本能，厭惡那些目的受挫；被賦予愛惜生命，以及害怕死亡；被賦予希望種族永久延續，以及厭惡種族完全滅絕的念頭。但，我們雖然這樣被賦予對那些目的有這麼強烈的欲望，然而，自然女神並未把找出適當手段以達成那些目的的工作，信託給我們的理智，要這理智以它特有的慢吞吞又不確定的方式，去摸索與判斷手段是否適當。事實上，自然女神已經引導我們憑著根本與直接的本能達到大部分的那些目的了。飢餓，口渴，使兩性結合的那種激情，喜歡快樂，害怕痛苦，促使我們施用那些手段，就只爲了它們本身的緣故，而完全沒考慮到它們傾向產生自然界的偉大主宰意圖藉由它們產生的那些仁慈的目的。在我結束此一附註之前，我必須指出，讚許合宜與讚許功勞或善行之間，有一個不同點。在我們讚許任何人的情感，認爲那些情感恰與它們的對象相稱合宜以前，我們的情感不僅必須像他那樣受到那些對象同樣的影響，而且我們還必須察覺到他和我們之間有此一情感上的協調一致。譬如，當聽到某一不幸落在我的朋友頭上時，即使我恰好感到他所感到的那個程度的憂慮，不過，直到我得知他的作爲如何，直到我察覺到他的情緒和我的相一致以前，我們不能說我讚許影響他的作爲的那些情感。所以，讚許某人行爲合宜，不僅需要我們完全同情行爲人的情感，而且也需要我們察覺到他和我們之間有此一情感上的完全一致。相反地，當我聽到某個人被授予了某一恩惠時，則不管那位受益者究竟受到什麼樣的感動，如果我在設身處地體會他的處境時，覺得有一股感激在我的胸中升起，那我必然會讚許施恩於他的那個人的行爲，並且會認爲該行爲有功勞、該受獎賞。很顯然的，不管受益者是否心懷感激，絲毫都不會改變我們對於施恩者是否有功的感覺。所以，情感上的實際相一致，在這裡是不必要的。如果受益者心懷感激，那當然有夠充分，這時將會有情感上的相一致；然而，我們的功勞感卻往往建立在某種虛擬的同情基礎上，因爲，在我們設身處地使自己體會他人的處境時，我們受到的感動往往不是主要當事人所能感受到的那個樣子。在我們的反對過失與反對不合宜之間，也有一類似的差異。（在此譯者禁不住要指出，這個分成五段，也許是因爲和本文的課堂講義性質不太一樣，而被Adam Smith低調地當作附註處裡的文字，特別是第四段，其實旗幟鮮明地突顯了十八世紀蘇格蘭學派反對唯理主義的立場。這個唯理主義，發軔於十七世紀，領導學術界的風騷長達三百餘年，至今猶餘緒未消駐留在各個學術領域，譬如，經濟學界言必稱理性的人；它主張理性或理智是決定人類的意見與行爲的唯一權威；主張理性或理智，而非感覺，是眞知的本源的；被自由主義的巨擘F. A. Hayek視爲計劃經濟、共產主義以及各種科學的社會主義的思想源頭，是人類一種不要命的自負想法。）

第二章　論正義與仁慈

第一節　這兩種美德的比較

出自適當的動機，並且傾向產生善果的行爲，似乎是唯一當受獎賞的行爲；因爲只有這種行爲才是人們認可的感激對象，或者說，只有這種行爲才會在旁觀者心中引起同情的感激。

出自不適當的動機，並且傾向造成傷害的行爲，似乎是唯一當受懲罰的行爲；因爲只有這種行爲才是人們認可的怨恨對象，或者說，只有這種行爲才會在旁觀者心中引起同情的怨恨。

仁慈總是自由隨意的，無法強求，僅僅有欠仁慈，不致受罰；因爲僅僅有欠仁慈，不至於實際做出絕對的壞事。它也許會使人們可以合理預期的好事落空，而因這緣故，它也許活該引來反感與不快；然而，它不可能挑起什麼人們可以讚許的怨恨。一個在他有能力報答他的恩人，而他的恩人也需要他協助時，卻沒有報答恩人的人，無疑犯了可惡至極的忘恩負義之過。每一個公正的旁觀者心裡都會拒絕同情他那自私的動機，而他也確實應受高度非議。但，他畢竟沒有確實傷害到什麼人。他只是沒有做，就合宜的觀點而言，他該做的好事。他是憎惡的對象，是情感與行為不合宜時，自然會引起的那種激情發洩的對象；而不是怨恨的對象，這種激情，除非是那種傾向實際對特定某些人造成傷害的行為所引起的，否則就絕不可能算是正當的。所以，他的忘恩負義不會受到懲罰。強迫他做，就感激的觀點而言，他該做的，或強迫他做每一個公正的旁觀者都會讚許他去做的，如果可能這麼強迫的話，那就比他忽略了做他該做的事，更加不適當。如果他的恩人企圖以暴力強制他表示感激，該恩人將會使自己名譽掃地，而任何第三者，如果不是其中任何一方的上級長官，也不適宜干涉他們之間的恩怨。但，在所有仁慈的責任中，也許就以「感激」向我們推薦的那些，最接近所謂完全純粹的義務。友誼、慷慨或慈善，驅使我們做的那些普受讚許的好事，和感激所推薦的責任相比，更是自由隨意，也更無法強求。我們談論感激的義務，但不談慈善的義務，或慷慨的義務，甚至當友誼只是純粹的互敬，並未因感激某些恩惠而變得更強固與更複雜時，我們也不會談論友誼的義務。

怨恨，似乎是自然女神賦予我們當防禦用，而且也只要我們當防禦用的工具。它維護正義，保障無辜。它驅使我們擊退傷害我們的企圖，並且報復我們所蒙受的傷害，好讓冒犯者後悔他的不義，同時也讓其他人，由於害怕遭到同樣的懲罰，不敢違犯同樣的罪行。所以，它必須保留給這些用途使用，而旁觀者也絕不可能同意它被用在其他用途。僅僅欠缺仁慈的美德，雖然也許會使我們可以合理預期的好事落空，卻不會做出，也不會企圖做出，任何我們可能需要採取自衛的傷害。

然而，有另外一種美德，不是我們自己可以隨意自由決定是否遵守的，而是可以使用武力強求的，違反這種美德將遭致怨恨，因此受到懲罰。這種美德就是正義：違反正義就是傷害，它實際對特定某些人造成傷害，而且出於一些自然不會被讚許的動機。所以，它是怨恨的適當對象，也是懲罰的適當對象，因爲懲罰是怨恨自然導致的結果。由於人們附和與讚許使用武力報復不義的行爲所造成的傷害，所以他們會更加附和與讚許使用武力阻止或擊退傷害，約束違犯者不得傷害他的同胞。圖謀不義的人，自己對這一點了然於胸，並且覺得，他即將要傷害的那個人，以及其他任何人，爲了阻止他犯行，或爲了懲罰他已犯下的罪行，都可極端合宜地使用武力。而正是基於這一點，所以，某位很有才華且富於創見的作者①近來才特別堅持，正義與所有其他社會生活的美德之間有一頗值得注意的區別；亦即，我們覺得自己有嚴格的義務根據正義的要求行事，而相對的，友誼、慈善、或慷慨對我們的要求則不是那麼嚴格；是否實踐最後提到的這些美德，在某一程度內，似乎可任由我們自己決定，但，不知怎麼地，我們總覺得自己好像遭到正義以某一特殊方式的束縛與綑綁那樣，而不得不遵守正義的要求。換言之，我們覺得，任何人都可以極其合宜正當地，並且全

---

① 譯注：指Henry Home, Lord Kames（一六九六～一七八二），*Essays of the Principles of Morality and Natural Religion*（一七五一）。Henry Home是Adam Smith學術生涯最早的一位贊助者。

人類也會讚許使用武力強制我們遵守正義的規則，但絕不會讚許使用武力強制我們服從其他美德的告誡。

我們總是必須小心謹慎，將只是該受責備或非議的行爲，以及可以強制懲罰或阻止的行爲，區分開來。經驗告訴我們，可以期待於每一個人的那種平常程度的適當仁慈，如果有人沒做到，那他似乎便該受責備；相反的，如果有人超過那種適當的仁慈，那他似乎便該受讚揚。一個父親、或兒子、或兄弟，在爲人父、或爲人子、或爲人兄弟的行爲上，如果既沒有比大多數人的平常表現差，也沒有比他們好，固然似乎不應當受責備，但似乎也不應當受讚揚。如果他以超乎尋常、且出乎意料，不過，仍屬適當得體的仁慈親切，讓我感到訝異，或者相反的，如果他以超乎尋常、且出乎意料，同時又不適當得體的刻薄無情，讓我感到訝異，那麼，他在前一場合，似乎值得讚揚，而在後一場合，則似乎該受責備。

然而，即便是最平常程度的親切或仁慈，在同輩間，也不可強求。在同胞間，並且在公民政府確立以前，每個人都自然被認爲，不僅有權防禦自己免受傷害，而且也有權爲自己遭到的傷害，強索一定程度的懲罰報復。每一個慷慨的旁觀者不僅會讚許他這麼做，甚至會衷心附和他的情感，乃至時常願意挺身協助他。當某個人攻擊、或強奪、或企圖殺害另一個人時，所有鄰人都會緊張戒備起來，並且會認爲他們理當趕緊爲受害者報仇，或趕緊保護即將受傷害的人。但，當一個父親對兒子有虧平常程度的父愛時；當一個兒子對他的父親似乎欠缺社會所預期的那種孝道時；當兄弟間沒有那種常見的手足親情時；當某個人絲毫沒有憐憫之心，並且拒絕減輕同胞的苦難，即使他能夠輕輕鬆鬆辦到時；在所有這些情況中，雖然每個人都責罵行爲不適當，卻沒有人會認爲，那些或許有理由預期得到更多親切的人，有什麼權利以武力逼迫對方，要求更多親切的對待。受害者只能陳情抱怨，而除了規勸與說服，旁觀者也不可能有其他的干涉辦法。在所有這種場合，同輩中人，要是以武力相向，一定會被認爲是傲慢與放肆至極。

沒錯，上級長官，在人民普遍讚許下，有時候也許可以迫使在他統治下的人民，遵守一定程度的合宜性，互相親切仁慈對待。所有文明國家的法律都強迫父母撫育他們的子女，強迫子女奉養他們的父母，並且強制人民履行許多其他仁慈的責任。民政長官被託付的權力，不僅包括抑制不義，以維持公共安寧，而且也包括確立優良紀律，打擊各種邪惡與不當行爲，以增進國家整體繁榮；所以，他不僅可以頒布命令禁止人民互相傷害，而且也可以頒布命令強制人民在一定程度內要相互幫忙。當君主命令人民遵守一些全然無關緊要的行爲規矩，或者遵守某些在他下令前、即使疏忽也不會受責備的規矩時，不服從他的命令，就會變成不僅該受責備，而且也該受懲罰。所以，當他命令人民遵守某些在他下令前、如果不遵守就會大受非議的規矩時，則不服從他的命令，無疑變得更該受罰。然而，在立法者的所有責任當中，也許就以這項工作，若想執行得當，最需要大量的謹慎與節制了。完全忽略這項工作，國家恐怕會發生許多極其嚴重的失序與駭人聽聞的罪孽，但，這項工作推行過了頭，恐怕又會摧毀一切自由、安全與正義。

雖然僅僅有欠仁慈似乎不該受到同胞的懲罰，不過，比一般人更致力於爲善行仁似乎應受極高獎賞。由於帶來很大的幸福，所以，仁慈的行爲，是強烈的感激自然且被認可的投射對象。相反的，違背正義雖然會遭致懲罰，不過，遵守正義似乎一點兒也不值得獎賞。毫無疑問，正義的行爲自有一種合宜性，因此應當得到行爲合宜該得的一切讚許。但，由於它沒帶來任何確實的好處，所以，它也就沒有什麼資格得到感激。在大多數場合，純粹的正義只不過是一種消極的美德，只是阻止我們傷害鄰居。一個僅僅克制自己不去侵害鄰居人身、財產、或名譽的人，的確說不上有什麼正面的功勞。然而，他卻已完全履行了所有特別稱爲正義的規則，已經做到了他的同胞可以正當使用武力逼迫他去做的每一件事，或者說，做到了每一件他們可以懲罰他沒有做到的事。我們時常只要坐著不動、什麼事也不做，便得以盡到正義所要求的一切責任。

以其人之道，還治其人之身，這樣的報復，似乎是自然女神命令我們恪守的偉大法則。我們認爲，仁慈與慷慨只該回敬給仁慈與慷慨的人。我們認爲，內心從來不對人類的感受開放的那些人，也同樣應該被關閉在所有同胞的感受範圍之外，應該讓他們生活在社會中，就好像生活在大沙漠裡，沒人理睬他們，或過問他們的死活。至於違反正義的人，則應該讓他也感受到他施加在別人身上的那種禍害；因爲，既然無論他怎樣看到他的同胞受苦，都無法阻止他爲惡，所以，就應該以他自己受苦的恐懼來嚇阻他。而只不過是無害的人，只不過是以遵守正義的法律對待他人的人，以及只不過是克制自己不去傷害鄰人的人，就只該得到他的鄰人也反過來尊重他的無害，以及應該虔誠地遵守同一套正義的法律來對待他。

第二節　論正義感、自責感，並論功勞感

除非是我們被他人作惡所害而引起的那種正當的義憤，否則傷害我們的鄰人，或作惡於他人，不可能會有其他什麼適當的動機，或其他可以獲得人們讚許的動機。雖然每個人自然都偏好自己的幸福甚於他人的幸福，但，任何公正的旁觀者絕不可能讚許，我們以犧牲他人爲代價，放縱我們自己這種自然的偏好，譬如，只因爲他人妨礙到我們自己的幸福，就去攪亂他的幸福，或只因爲對他有用的東西對我們也同樣有用、或更爲有用，就強行從他手中拿走那東西。每個人，毫無疑問，都被自然女神推薦給他自己當作首先與主要的照顧對象；而由於他比其他任何人都更適合照顧他自己，所以，他也確實很適宜、很對、很應當以他自己爲首要的照顧對象。所以，每個人對凡是直接關係到自己的事，興趣都會比較強烈，而對關係到其他任何人的事，就比較沒興趣：譬如，聽到某個與我們沒有特殊關係的人死了，我們感到心憂、沒胃口、或睡不著的程度，遠小於我們自己遇上的一個很無足輕重的小小不幸。但，雖然我們的鄰人被毀，對我們的心情影響遠小於我們自己一個小小的不幸，我們卻萬萬不可爲了避免那個小小不幸而去毀滅他，即使爲了避免我們自己被毀也不可以。在這裡，就像在所有其他場合那樣，我們必須少用我們自己自然會看待我們的那種眼光來看待我

們自己，而多用別人自然會看待我們的那種眼光來看待我們自己。雖然每個人，根據這一則諺語，對他自己來說，就像是全世界那樣的重要，然而，對他以外的人來說，他只不過是其中最微不足道的一小部分。雖然他自己的幸福，對他來說，比全世界其餘人類的幸福更為重要，然而，對其他每個人來說，他的幸福卻不會比其他任何人的幸福更為重要。所以，雖然每個人，也許眞的在他自己的心裡，自然而然地喜歡他自己甚於喜歡全世界，不過，他卻不敢在眾人的面前，直視他們的眼睛，聲明這是他的行事原則。他覺得，在這種偏好上，他們絕不可能讚許他；這偏好，對他來說不管是多麼自然，但，對他們來說，必定總是顯得極端過分。當他以他心知肚明別人會怎樣看待他的眼光來看待他自己時，他看到的是，對他們來說，他只不過是眾人當中的一份子，各方面都不比其他任何份子更為重要。如果他想讓自己的所作所為博得公正的旁觀者對其原則的讚許，而旁觀者公正的讚許也正是他人生的最大心願，那他在這裡就必須，像在所有其他場合那樣，貶抑他那妄自尊大的自愛，把它壓低至他人能夠讚許的程度。他們對他的自愛會縱容到某個程度，他們會容許他比較關心，並且比較認眞勤勉地追求自己的幸福，而不是其他任何人的幸福。到此為止，每當他們設身處地為他著想時，他們將會輕易地讚許他。在追逐財富、榮譽、和加官晉爵的競賽中，他大可盡其所能地奮力奔走，他大可繃緊每一根神經與每一吋肌肉，以求凌駕所有他的競爭者。但，他如果竟然推擠，或絆倒其中任何一位，那麼，旁觀者就會完全停止對他的縱容；因為他違反了公平競賽的原則，而他們絕不可能容許這種事情發生。對他們來說，那個被推擠、或被絆倒的人，在每一方面，都和他一樣有價值；他們無法讚許他這麼自愛，無法讚許他以這種方式表現他這麼喜愛他自己甚於那個人，無法讚許他所以傷害那個人的動機。所以，他們很容易對受害者心裡自然升起的怨恨產生同情，於是，傷害他的人變成是他們厭惡與氣憤的對象。而害人者也會感覺到他自己遭到旁觀者的厭惡與氣憤，覺得那些情感即將從四面八方冒出來反對他。

所作的壞事爲害越大、或越難以彌補，則正如受害者心裡的怨恨就越強烈那樣，旁觀者同情的氣憤，以及行爲人心裡的罪惡感，也就會越強烈。致人於死，是一人對另一人所能施加的最大傷害，自然會在那些與被殺者有直接關係的人們身上，引起最爲激烈的怨恨。所以，謀殺，不僅在一般人眼中，乃至在謀殺者自己眼中，都是所有侵犯個人的罪行當中最爲殘酷凶暴的罪行。和只是使我們期待擁有的東西落空相比，剝奪我們原本擁有的東西，是一種更大的惡行。所以，侵占他人財產的行爲，例如，竊盜與搶劫，由於是從我們手中取走我們原本擁有的東西，罪行比違背契約更爲嚴重，後一行爲只是使我們期待獲得的東西落空。所以，在正義的法律當中，最神聖的，或者說，被違背時要求報復與懲罰的呼聲似乎最高亢的，就是保護我們鄰人生命與身體的那些法律；接著是保護他的財產與持有物的那些法律；排在最後的，是保護他的所謂個人權利的那些法律，這一類法律保護他基於他人的承諾而該獲得的某些利益。

違反正義的法律中那些比較神聖的法條者，在想起人們必定對他懷有的那些感覺時，內心絕無可能不會極度羞愧、憎惡、與驚惶失措地痛苦掙扎。當他的激情獲得滿足，當他開始冷靜回想他過去的所作所為時，他無法體諒任何曾對他的所作所為有過影響的動機。那些動機，現在對他來說，就像其他人一直覺得的那樣，顯得可憎。藉由對他人必定對他懷有的那種厭惡感產生同情，他在某一程度內變成是他自己厭惡的對象。被他的不法行為傷害到的那個人，其處境現在要求他的憐憫。他一想到那個人的處境，就覺得苦惱悲傷；他為自己的行為所造成的不幸後果感到後悔，同時覺得那些不幸後果已經使他成為全人類怨恨與氣憤的適當對象，並且使他成為怨恨與氣憤的自然後果，即報復與懲罰的適當對象。這樣的想法始終不斷糾纏著他，使他提心吊膽，使他惶惶不可終日。他不敢再抬頭面對社會，他自以為好像遭到社會排斥，好像全人類對他都沒好感。他無法指望獲得同情的慰藉，以減輕他這種最大與最可怕的痛苦。對他罪行的記憶，已經在同胞的心坎裡，完全封閉了同情他的門道。他們對他懷有的那些感覺，正是他最感害怕的對象。每一樣事物似乎都帶有敵意，使他心想最好逃到某處荒涼的沙漠，以便或許再也看不到一張人臉，再也不用擔心在同胞的臉色中看到對他罪行的譴責。但，遺世獨立比面對社會更為可怕。他的想法呈現在他腦海裡的，全是一些陰鬱、不幸、與悲慘的念頭，全都是某種陰鬱、無法理解的不幸與毀滅的徵兆。於是，遺世獨立的恐怖把他趕回到社會，他再次來到人類的世界，驚愕地，滿懷羞愧地，憂心忡忡地，心神渙散地，出現在他們眼前，以便向那些他知道已經全體一致、決定譴責他的法官懇求，但願他們的臉色稍微和緩些，稍微給他一點兒饒恕。這就是那種恰當稱為自責感的性質；是所有能夠進入人類胸膛的感覺中，最爲可怕的那一種。這種自責感的成分包括：由於感覺到過去行爲不當、或不端正合宜而引起的羞愧；爲過去行爲的後果，感到的苦惱與悲傷；爲過去行爲的受害者，感到的憐憫；以及由於他意識到，凡是有理性的人都已被他正當地挑起了義憤，從而終日提心吊膽、害怕他們的懲罰。

相反的行爲，自然會引起相反的感覺。某個人，如果不是基於輕率任性的想法，而是基於適當的動機，完成了一椿慷慨的行爲，那麼，當他面對他曾經幫助過的那些人時，他會覺得自己是他們的愛與感激的自然對象，而透過同情作用，他也會覺得自己是全人類尊敬與讚許的自然對象。當他反身面對他過去的行爲動機，並且以公正旁觀者將會採取的那種眼光觀察它時，他仍舊會讚許它，並且透過同情這位想像中的公正判官對他的讚許，他還會爲自己鼓掌喝采。從這兩種觀點來看，他自己的行爲，在他眼裡，無論在哪一方面都顯得令人愉快。他一想到這一點，內心便會充滿愉快、寧靜、與泰然。他與全人類友好相待、和睦相處，他懷著自信與仁慈的喜悅面對他的所有同胞，確信他已經使自己變成值得他們給予最友善問候的人。所有這些感覺結合起來就是功勞感，或者說，就是覺得應受獎賞的那種感覺。

第三節　論自然女神賦予心靈這種構造的效用

只有在社會中才能生存的人，就這樣被自然女神塑造成適合他生存所在的那個環境。人類社會的所有成員需要互相幫助，但，所有成員又可能互相傷害。如果社會成員互相提供必要的幫助，是基於愛，是基於感激，是基於友誼與尊重的動機，那社會一定繁榮興盛，而且一定快樂幸福。所有個別社會成員都被令人愉快的愛與情義的繩子綁在一起，並且彷彿被拉向某一共同的友好互助生活圈的中心。

但，即使所提供的必要幫助不是出於這樣慷慨與無私的動機，即使在個別社會成員間完全沒有愛與情義，雖然社會將比較不幸福宜人，卻不一定就會因此而分崩離析。社會仍可存在於不同的眾人間，只緣於眾人對社會的效用有共識，就像存在於不同的商人間那樣，完全沒有什麼愛或情義關係；雖然其中每個人都沒虧欠其他任何人什麼義務，或應該感激什麼人，社會仍可透過，按照各種幫助的議定價值、進行圖利性質的交換，而獲得維持。

然而，社會不可能存在於隨時準備互相傷害的那些人之間。那種傷害開始之時，就是互相怨恨與憎惡發生之時，所有維繫社會的繩子就會被拉扯得四分五裂，而組成社會的各個不同成員，也將因爲他們的情感不調和所產生的激烈傾軋與對抗，而被逼得四處散落飄零。如果在一群強盜與殺人者之間要有任何社會存在，那麼，根據老生常談的見解，他們至少必須克制互相搶奪與砍殺。所以，對社會的存在來說，仁慈不像正義那麼的根本重要。沒有仁慈，社會仍可存在，雖然不是存在於最舒服的狀態；但，普遍失去正義，肯定會徹底摧毀社會。

所以，自然女神雖然以令人愉快的功勞感勸勉人類多多為善行仁，她卻未曾想到，必須以如果人們疏忽為善行仁就該受罰的恐懼，監視並逼迫人類實踐仁慈。仁慈是增添社會建築光采的裝飾品，不是支撐社會建築的基礎，所以，只要建議人類實踐仁慈就夠了，但絕無必要強迫人類實踐仁慈。相反地，正義則是撐起整座社會建築的主要棟樑。如果它被移走了，則人類社會這個偉大的結構，這個無法測量的龐大結構，這個似乎是，如果允許我這麼說，自然女神心裡頭一直特別寵愛掛念，想要在這世界裡建造與維持的結構，一定會在頃刻間土崩瓦解、化成灰燼。所以，為了強制人們遵守正義，自然女神在人類的心中深植自責過失的意識，要讓伴隨著違反正義而來的那種該受懲罰的恐懼，成為人類社會的偉大守護者，以保護弱小，遏阻強梁，以及懲罰有罪者。人類，雖說自然是有同情心的，但，如果與他們為自己著想的程度相比，他們為他人著想的程度實在是小得可憐，尤其是當這個人和他們沒有特殊關係時；某個人，如果僅僅是他們的同胞而已，那麼，對他們來說，他的不幸，甚至比他們自身某個小小的不便更為不重要；他們是這麼有力量傷害他，而且也有這麼多誘因促使他們這麼做，所以，如果這個自責原理沒有經常挺立在他們心裡來保衛他，並且威嚇他們尊重他的無害存在，則他們很可能會像野獸那樣，隨時準備縱身撲向他；這時，任何人走進聚集的人群中，將好比是走進獅子窩。

在這宇宙的每一角落，我們觀察到，各種手段都被極其巧妙地調整琢磨，以適合它們預定要達成的目的；例如，爲了增進個體生存與種族繁衍這兩大自然的目的，各種植物或動物身體構造的每一部分設計之巧妙，是多麼的令人讚嘆啊！但，在這些，以及所有這種事物上，我們仍然會分辨它們個別運轉與組織的動因（efficient cause）和終極因（final cause）②。食物的消化、血液的循環，以及其中產生的好幾種體液的分泌，這些全都是動物生命的各大目的所必要的手段。然而，我們絕不會努力根據那些目的去說明那些手段，彷彿把那些目的當作是那些手段的動因似的；同時，我們也不至於設想，血液循環，或食物自動地在那裡消化，本身懷有什麼考量或意圖，想要達成什麼循環的或消化的目的。一只手錶的眾多輪子，全都被令人讚嘆地調整到，精確適合該只手錶被製作出來的目的，即指示時間。那些輪子所有個別的動作，以極其巧妙的方式，共同協力產生這個效果。即使它們真的

---

② 譯注：古希臘哲學家亞里斯多德有四因之說，除了動因（efficient cause，有人譯爲主成因）和終極因（final cause，有人譯爲目的因）外，還有材質因（material cause）和形式因（formal cause）。材質因，指構成一事或一物的那些具有實質性的東西；形式因，指一事或一物的構成形式；譬如，就一間房子而言，木頭、或磚塊、或鋼筋水泥屬於其材質因，而三合院或洋樓形式則屬於其形式因。動因或主成因，指構成一事或一物的行爲力量，如建造房子的師傅；現代科學所謂因果關係當中的因，主要指此因而言。終極因或目的因，指一事或一物的功效或作用，如房子是供人住在其中避風躲雨的。

被賦予了願望與意圖，想要產生這個效果，它們也不可能做得更好。然而，我們絕不會把任何這樣的願望或意圖歸在它們頭上，但是會歸在鐘錶師傅的頭上，並且我們也知道，它們全都在一條彈簧的推動下運轉，而這條彈簧也和它們一樣，沒有任何企圖或意識，想要產生其所產生的效果。但，雖然在說明物體的各種動作時，我們絕不會忘記要這樣嚴格地分辨動因與終極因，然而，在說明心靈的各種動作時，我們卻經常會把這兩種不同的概念搞混在一起而錯把馮京當馬涼。當我們被自然女神的原則引導，去增進某些湊巧是某一精巧開明的理智也會建議我們去追求的目的時，我們很容易把讓我們得以增進那些目的的情感與行爲歸因於那理智，把那理智當成是那些情感與行爲的動因，乃至把事實上屬於上帝智慧所造成的結果，想成是人類智慧的結果。就膚淺的表面而言，這原因③似乎足以產生歸在它頭上的那些效果；而當人性所有不同的動作，都可依此方式從某一單獨的原理推演出來時，整個人性的理論似乎也就比較簡單愜意④。

除非正義的法律在相當程度內尙被遵守，否則社會不可能存在；如果人們通常不想克制彼此傷害，他們之間便不可能形成社會的交往；因此，有人曾經認爲，我們之所以讚許以懲

③ 譯注：指人類的理智。

④ 譯注：這一段文字與前一章末了的附註一脈相承地表明Adam Smith對唯理主義抱持反對與懷疑的立場。

罰不法爲手段，厲行正義的法律，乃是基於這個必要性的考量。有人曾經說，人對社會有一份自然的愛，因此，即使他從中得不到任何好處，他也一樣會爲社會本身的緣故，希望社會得到保全。井然有序與繁榮興盛的社會狀態，使他的心情舒暢，而他也以一心一意冥思默想這樣的狀態爲樂。相反的，社會失序與混亂，則是他所厭惡的對象，任何傾向產生社會失序與混亂的事物，都令他懊惱。另外，他也察覺到他自身利益與社會繁榮息息相關，察覺到他的幸福，甚至他自身的繼續存在，有賴於社會持續存在。所以，無論如何，凡是傾向摧毀社會的事物，都令他感到極端厭惡，因此，他樂於使用每一種手段，但願能夠阻止這麼讓他覺得厭惡與害怕的事情發生。違背正義的事情必然傾向摧毀社會。所以，一有違背正義的事情發生，他都會感到震驚，並且會趕緊，如果允許我這麼說，跑過去阻止那種如果繼續縱容發展下去，每一件他所心愛的事物都將很快葬送掉的趨勢。如果他用溫和公平的手段制止不了該趨勢，那他就一定會使用武力猛烈痛擊它，無論如何一定要阻止它繼續蔓延。他們說，就因爲這樣，所以，他時常讚許實施正義的法律，甚至以判處違法者死刑爲手段，也不吝惜。擾亂公共安寧的人將因此被移除出這個世界，而其他人也將因他的送命而嚇得不敢仿效他的榜樣。

上面就是我們平常看到的那種，關於我們爲什麼會讚許懲罰違背正義者的說明。而就下面這一點而言，這說明無疑是正確的，即：我們確實時常有必要，透過思考社會秩序的保全是多麼需要以懲罰爲手段，使我們那種自然覺得懲罰是合宜與適當的感覺更加堅定鞏固。當犯罪者即將蒙受人類自然的義憤，告訴我們他罪有應得的公正報復時；當他違背正義時傲慢自大的神氣，被懲罰逼近時的恐懼粉碎、化爲低聲下氣時；當他不再被人害怕時，他開始成爲寬宏大量與慈悲者憐憫的對象。想到他即將蒙受的痛苦，澆熄了他們因他曾經給別人造成痛苦而對他感到的憤怒。他們想要原諒與寬恕他，想要拯救他免於受罰，雖然他們曾經在所有冷靜的時刻，認爲那懲罰是他罪有應得的報應。所以，他們在這場合有必要呼喚社會整體利益的考量來幫助他們。他們須以一個比較慷慨與全面仁慈的命令，來抵銷這個懦弱與偏頗的仁慈衝動。他們須想到，對有罪者仁慈就是對無辜者殘酷，他們須以他們爲人類著想的那種比較廣大的憐憫，來對抗他們爲特定某個人著想的那種狹隘的憐憫。

有時候，我們也會引用這是維持社會所必須的論點，來爲遵守一般正義的規則進行辯護。我們時常聽到年輕人和品性隨便的人嘲笑最神聖的道德律，聽到他們有時候由於腐敗，但更多時候是由於虛榮心作祟，公然主張一些最令人噁心的處世箴言。我們忍不住心中的義憤，急切想要揭穿與駁倒這麼可憎的原則。但，雖然最初惹火我們挺身反對它們的原因，正是它們本身內在的可恨與可憎，我們卻不願意指出這原因是我們爲什麼譴責它們的唯一理由，或者不願意自負地說，我們所以譴責它們，完全是因爲我們自己憎恨它們。我們想，這理由看起來似乎並非毫無爭論的餘地。然而，如果我們確實因爲它們是自然且適當的憎恨對象而憎恨它們，爲什麼這理由算不得定論？但，當我們被問到我們的行爲爲什麼不是這樣或那樣時，這問題似乎假定，這樣或那樣的行爲，就其本身來說，在發問的那些人看來，似乎不是自然且適當的憎恨對象。所以，我們必須向他們證明，因爲其他某種緣故，這樣或那樣的行爲應當是自然且適當的憎恨對象。因此，我們通常會尋找其他論據，而我們首先想到的理由通常就是，如果這樣或那樣的行爲普遍流行，社會將陷入失序與混亂。所以，我們很少忘記要堅持這個論點。

雖然通常不需要有什麼高明的識別力，便可看出一切隨便的習慣都傾向損害社會福祉，但，最先激發我們去反對那些習慣的，卻不是社會福祉的考量。任何人，即使是最愚笨、最不會想的那些人，都憎惡詐欺、背信與不義，並且樂於看到它們受罰。但，很少有什麼人會仔細想到正義對社會存在的必要性，不管那必要性看起來是多麼的明顯。

有許多明顯的理由可以證明，我們所以覺得應該對傷害個人的罪行施予懲罰，最初並非基於維護社會的考量。我們所以關心個人的命運與幸福，通常不是因爲我們關心社會的命運與幸福。我們不會因爲某一個人是社會的一個成員或社會的一部分，以及因爲我們應該關心社會的存亡，而更關心那單一個人的存亡，這就好像我們不會因爲某一枚金幣是一千枚金幣當中的一部分，以及因爲我們應該關心那全部錢幣的喪失，而更關心那單一枚錢幣的喪失。在這兩種場合，我們對個體的關懷，都不是源自我們對群體的關懷；相反地，在這兩種場合，我們對群體的關懷，都是由我們爲所有構成這群體的不同個體、個別感到的關懷混合在一起形成的。正如當一小筆金額被不正當地從我們手中取走時，我們所以對此一傷害進行追訴，與其說是爲了維護我們的全部財產，不如說是爲了要追回我們所損失的那一筆金額；所以，當某一個人被傷害或殺害時，我們所以要求對使他受害的那些罪行施予懲罰，與其說是基於對社會整體利益的關心，不如說是基於對那個受害者的關心。然而，必須指出的是，這種關心不一定含有任何程度的某些特別細膩敏銳的感覺，亦即，未必含有通常所謂愛、尊敬、與親情等等，我們爲我們個別的朋友與熟人特別感到的那些感覺。這裡所需要的關心，只不過是我們對每一個僅僅是我們同類的人，都會有的那種一般同情。我們甚至會同情一個討厭鬼心裡的怨恨，如果他無緣無故地受人傷害。我們雖然不讚許他平常的品行，但這種不讚許，在這裡絲毫不會阻止我們同情他自然感到的氣憤；不過，就那些不是非常正直的，或那些尚未習慣於根據一般規則來校正與節制本身自然感覺的人來說，平常的不讚許，很容易澆熄他們心中的同情。

沒錯，在某些場合，我們所以施加懲罰、並且讚許懲罰，全然是基於社會整體利益的考量，亦即，基於我們推想，如果不這麼做，就無法確保社會整體利益。凡是對違反所謂公共政策、或軍隊紀律的行爲所施加的懲罰，皆屬於這一種。這種罪行未立即、或直接傷害到特定哪個人；不過，它們的長遠影響，被認爲將會，或可能會，給社會帶來相當顯著的不利、或嚴重的失序。例如，一個在值班時睡著了的衛兵，根據戰時軍法，理當處死，因爲這種漫不經心的行爲很可能危及全軍。在許多場合，這樣嚴厲的懲罰看起來是必要的，因此也似乎是公正且適當的。當個體的保全與群體的安全不能兩全時，最公正的抉擇，莫過於保全多數的群體而捨棄單一的個體了。然而，這樣的懲罰，無論是多麼有必要，總是顯得過分嚴厲。這種罪行本質上似乎沒有什麼殘暴性，而懲罰卻是這麼重，以致我們內心往往需要經過一番很激烈的掙扎，才可能將就接受這種事實。雖然這種漫不經心的行爲看起來很應該受責備，不過，當我們想到這種罪行時，它在我們心中自然引起的怨恨，卻不至於強烈到促使我們採取這麼可怕的報復手段。一個有慈悲心腸的人，必須鎮定他自己，必須打起精神努力，並且發揮所有他的堅定與決心，才可能勉強自己親手執行這種懲罰，或袖手旁觀別人執行這種懲罰。然而，當他旁觀一個忘恩負義的殺人犯、或弒親者接受公正的懲罰時，他的心情卻不是這樣。在這場合，他的內心，爲這種令人憎惡的罪行似乎該得的那種公正的報復，熱烈、甚至瘋狂地鼓掌喝采，而倘使發生了某些意外，讓那些罪行竟然得以逃脫公正的報復，他將會感到非常憤怒與失望。旁觀者懷著非常不同的感覺觀看這兩種不同懲罰，證明他對前一種懲罰的讚許，與對後一種懲罰的讚許絕非建立在同一原則上。他把那個衛兵當作不幸的犧牲品看待，沒錯，爲了眾人的安全，這個衛兵確實必須，而且也應當被犧牲奉獻掉，然而，在他內心深處，他仍然很想救他；他只是遺憾，多數的利益反對這樣的念頭。但，萬一殺人者逃脫懲罰，那將引起他的最大義憤，而他也將祈求上帝，在另一個世界，報復那個因爲人類的不公不義而在人間未得到適當懲罰的罪行。

很值得注意的是，我們是這麼絕對沒有想到，違背正義的行爲所以應該在今生就受到懲罰，純粹是因爲若非如此，社會秩序將無法維持；以致自然女神教我們希望，而宗教信仰，我們認爲，也授權我們期待，違背正義的行爲將受到懲罰，即使是在來世。我們這種覺得它該受罰的感覺，如果允許我這麼說，甚至在它被埋葬了以後，還要繼續追究它，雖然它在來世受罰不可能成爲現世的警戒，嚇阻不了其餘沒看到也不知道它受罰的人類，使他們不敢在這個世界犯下同樣的罪行。然而，我們仍認爲，上帝的正義，仍然要求祂應該在來世，爲這世上時常遭到欺凌傷害而求告無門的孤兒寡婦報仇。因此，這世界曾經得見的每一種宗教，以及每一種迷信，都有天堂與地獄之說；都假設有一處懲罰邪惡者的地方，以及一處獎賞公正者的地方。

第三章　論運氣如何影響人類對於行爲功過的感覺

引　言

任何行爲不論可能受到什麼樣的讚揚或責難，這讚揚或責難，必定或者屬於心裡面行爲所根源的意圖或情感；或者，第二，屬於這情感所導致的外在行爲或動作；或者，最後，屬於這行爲實際上與事實上所引起的各種好壞的後果。行爲根源的情感、行爲本身，以及行爲的後果，這三個不同項目構成行爲的全部本質與情況，因此，必定是所有可能歸屬於行爲之性質的基礎。

這三項中的後兩項，十分明顯地，不可能是什麼讚揚或責難的基礎；而事實上，也未曾有什麼人的主張與此相反。同一種外在的行爲或動作，時常出現在最爲無辜的與最該受責難的行爲中。射殺一隻鳥的人，與射殺某個人的人，這兩人都做了同一種外在的動作：他們各自扣下了一支槍的扳機。行爲與事實上湊巧引起的各種後果，如果眞能與該行爲究竟該受讚揚或責難有什麼關係，那也甚至比外在的動作更爲無關緊要。由於那些後果的好壞，不是取決於行爲人，而是取決於運氣，所以，它們不可能是任何以他的品格或行爲爲對象的感覺的適當基礎。

唯一能夠要他負責的後果，或唯一能夠使他值得某種讚許或非議的後果，是他曾經設法、意圖使它們發生的那些後果，或者，那些後果至少須展現出，他的行爲所根源的心裡意圖，有某種令人覺得愉快、或不愉快的性質。所以，不管是哪一種讚揚或責難，也不管是哪一種讚許或非議，凡是能夠公正地套在任何行爲上頭的，最後全都必須歸屬於心裡邊的意圖或情感，歸屬於這意圖的合宜與否，以及歸屬於意圖慈善、或意圖傷害。

當這一則箴言，以這樣抽象籠統的說法提出時，不會有什麼人不同意。它這不證自明的正當性，全世界都承認，而在全人類當中，也聽不到什麼反對它的聲音。每個人都承認，不管個別行爲偶然的、意外的後果是多麼不同，但，如果個別行爲所根源的意圖或情感，是同樣適當與同樣仁慈，或者是同樣不適當與同樣邪惡，則個別行爲的功勞、或過失仍然是相同的，而個別行爲人也同樣是感激、或怨恨的適當對象。

但，不管當我們根據前述方式、抽象籠統地考慮問題時，看起來是多麼相信這一則正當箴言的眞實性，可是，當我們進入個別具體的情況時，每一行爲湊巧引起的實際後果，對我們覺得行爲的功過如何，卻有很大的影響，並且幾乎總是會或者加強、或者減弱我們的功過感。也許幾乎不會有任何一個實例，經過仔細檢查，可以證實我們的感覺完全接受這一則箴言的控制，雖然我們全都承認它應當完全控制我們的感覺。

我現在就要來解釋這種感覺出軌，這種每個人都會犯的，卻幾乎沒有什麼人充分注意到的，而且也沒有什麼人願意承認的感覺出軌；首先，我將考慮導致這種感覺出軌的原因，或者說，討論自然女神用來產生這種感覺出軌的機制；接著，我將考慮這種感覺出軌的影響程度；最後，我將考慮這種感覺出軌所符合的目的，或者說，考慮造物主透過這種感覺出軌似乎想達到的目的。

第一節　論運氣所以有這種影響的原因

痛苦與快樂的諸多原因，不管它們是什麼，也不管它們怎樣發生作用，似乎都會在所有動物身上直接引起感激與怨恨，似乎是這兩種激情的對象。這兩種激情可以被有生命的對象引起，也同樣可以被無生命的對象引起。我們甚至會對一塊弄痛了我們的石頭生一陣子的氣。一個小孩會打它，一隻狗會朝著它吠，一個易怒的男人很可能咒罵它。沒錯，只要稍微想一下，便可導正這感覺，我們很快便意識到，沒感覺的東西是一種很不適當的報復對象。然而，當傷害非常嚴重時，那造成傷害的東西將從此永遠令我們覺得不愉快，我們會很想燒了它、或毀掉它。我們想必會以這方式對待一件工具，如果它意外地導致我們某位朋友身亡；我們想必會時常自認爲犯了某種不人道的罪，如果我們沒有對它發洩這種荒唐可笑的報復。

同樣地，我們會對某些沒有生命的東西心懷感激，如果它們曾經帶給我們極大的快樂，或曾經時常帶給我們快樂。一位水手，當他一上岸時，如果就立即把那一塊讓他剛剛得以逃離船難的木板劈了升起火來，似乎是犯了一種很不人道的行爲。我們想必會希望他不如小心翼翼與滿懷摯愛地把它保存下來，當作是一件頗値得他珍視的紀念物。一個因爲長期使用某個鼻煙盒、某隻精緻的削（鵝毛）筆的小刀、或某根拐杖，而變得喜歡上那些小東西的人，對它們會懷有某種類似眞愛與依戀的情感。如果他把它們弄壞了、或遺失了，他將會感到與實際損失的價值完全不成比例的懊惱。對一幢我們長期住在裡面的房子，以及一棵長期讓我們享受綠蔭的大樹，我們都會懷著某種尊敬的心情看待，好像它們是兩位恩人似的。如果那幢房子塌了，或那棵樹倒了，我們會感到鬱鬱不樂，即使我們沒有蒙受任何實質的損失。古人所謂的樹精（Dryads）和家神（Lares），即樹木和房子的某種精靈，最初可能是從這種情感聯想出來的，這些迷信的創始者對樹木和房子懷有這種情感，而如果它們沒有什麼生命，這種情感似乎就不合理了。

但，任何東西，不僅必須是快樂或痛苦的原因，而且也必須能夠感覺到快樂或痛苦，否則它便不可能成爲感激、或怨恨的適當對象。如果它感覺不到快樂或痛苦，那麼，對它表示感激、或對它發洩怨恨，感激者、或怨恨者本人便得不到任何滿足。由於感激與怨恨分別是被快樂與痛苦的原因引起的，所以，要滿足感激、或怨恨，就必須把快樂或痛苦回敬給造成快樂或痛苦的那些原因身上；如果那些原因本身完全不會有感覺，那麼，企圖把快樂或痛苦回敬給它們，就等於是白費力氣。因此，和沒有生命的東西相比，各種動物比較不是那麼不適於作爲感激、或怨恨的對象。咬人的狗，和牴觸人的牛①，都會受到懲罰。如果它們曾經致人於死，除非它們也反過來被處死，否則一般民眾，以及死者的親屬，都不可能感到滿足。這樣的懲罰，也不是全然爲生者的安全著想而已，因爲其中多少還含有要爲死者所受到的傷害報仇的意思。相反地，那些對它們的主人曾經有過卓著貢獻的動物，往往變成是某種非常熱烈的感激的對象。我們對《土耳其間諜》②裡提到的那位軍官的殘忍行徑感到震驚；那位軍官把曾經馱負他橫渡某一處海灣的馬刺死，只因爲他唯恐那匹馬稍後說不定也會特別讓其他某個人享有類似的奇遇。

雖然各種動物不僅可能是快樂與痛苦的原因，而且也能夠感覺到這些激情，但，它們仍然遠遠的不算是十分適當的感激、或怨恨對象；因爲這些激情仍然覺得，要完全獲得滿足，還缺少了某樣東西。感激的心情主要渴求的目的，不僅是要讓施恩者也反過來感到快樂，而且更要讓他意識到，他是因他過去的作爲才獲得這個快樂的報酬；要讓他喜歡那個作爲；要讓他安心相信，他過去大力幫助的人並非不值得他幫助。我們的恩人身上，最令我們

① 譯注：牴觸人的牛，顯然指聖經舊約出埃及記二十一：二十八，「牛若觸死男人或女人，總要用石頭打死那牛，卻不可吃牠的肉；牛的主人可算無罪。」

② 譯注：指Giovanni Paolo Marana（一六四二～九三），*Letters writ by a Turkish Spy*。

著迷的是，對於像我們自身的品格價值、以及我們應得的尊重等等，我們如此密切關心的課題，他的感覺和我們自己的感覺一致。我們高興地發現，這世上有某個人，他看重我們，就像我們看重我們自己那樣，而他從其餘人類中特地把我們挑出來給予注意，也好像我們在全人類中格外地注意我們自己那樣。要在他身上維持這些令我們覺得愉快與得意洋洋的感覺，是我們想要獻給他的那些報答，打算達到的一個主要目的。對透過或許可稱爲糾纏不休的感激，以便向恩人敲詐新恩惠的那種自私的想法，慷慨的心靈往往覺得不屑。但，想要保持、並且增加他心中對我們的敬意，卻是連最恢弘的心胸也不會認爲不值得關心。而這正是我在前面指出的一項重要事實的基礎，即，當我們無法體諒我們的恩人的動機時，當他的作爲與品格似乎不值得我們讚許時，那麼，不管他對我們的幫助是多麼重大，我們的感激總是會顯著減少。我們對他特別賜給我們的幫助，不會感到怎樣高興；面對品格這樣懦弱、這樣沒有價值的贊助者，保持他心中對我們的敬意這回事，似乎不值得刻意去進行。

同樣地，怨恨的心情主要的目標，與其說是要讓我們的敵人也反過來感到痛苦，不如說是要讓他意識到，他是因他過去的作爲才感到痛苦；要讓他後悔那個作爲；要讓他覺得他所傷害的人不該受他那樣對待。傷害或侮辱我們的人，最讓我們感到憤怒的地方，主要在於他似乎不把我們當一回事，在於他過分偏愛自己而不顧我們的死活，在於他那荒謬的自愛似乎讓他以爲，爲了他的方便、或隨他高興，隨時可以犧牲別人的利益。他的這種作爲極其刺眼的不適當性，以及其中似乎隱含的、粗暴的傲慢自大與不公平，往往比我們實際蒙受的傷害更讓我們震怒。要讓他重新對別人應受的尊重有一較爲公平合理的體認，要讓他察覺到他對我們應盡的義務，要讓他察覺到他對我們所犯的過錯，往往是我們的報復想要達到的主要目的，如果達不到這個目的，我們的報復就絕不能算完美。相反地，當我們的敵人看起來似乎並未傷害我們，當我們覺得他的作爲相當合宜，當我們覺得，設使我們處在他那樣的處境，我們想必也會有同樣的作爲，以及當我們覺得他給我們帶來的傷害全都是我們應得的；在這時候，如果我們還有一丁點兒正直、或正義感，那我們就不可能懷有什麼怨恨。

總而言之，任何事物必須具備下面三項不同條件，才可能成爲十分適當的感激、或怨恨對象。第一，它必須是感激、或怨恨的原因。第二，它必須能夠感覺到這些激情。第三，它不僅必須已經引起了這些激情，而且它也必須是基於某種或者被人讚許、或者遭人非議的意圖，才引起這些激情。就任何事物而言，有了第一項條件，才能夠引起這些激情；有了第二項條件，才能夠在各方面滿足這些激情；至於第三項條件，不僅是滿足這些激情所必需的，而且由於它會讓人感覺到一種既細膩又特別的快樂、或痛苦，所以，它也同樣是另一個能夠引起這些激情的原因。

由於唯有以某種方式實際帶來快樂或痛苦的原因，才可能引起感激或怨恨；因此，無論某個人的意圖是怎樣適當與仁慈，或者是怎樣不適當與邪惡，如果他實際上並未造成他所意圖的幸福或傷害，那麼，由於這兩種場合都缺了一項引起感激或怨恨的條件，所以，在前一種場合，他似乎應當受到比較少的感激，而在後一種場合，他則似乎應當受到比較少的怨恨。相反地，某個人的意圖中，即使沒有任何值得讚揚的仁慈，或者沒有任何值得責難的邪惡；然而，如果他的行爲實際上造成了很大的幸福，或造成了嚴重的傷害，那麼，由於這兩種場合都有一項引起感激或怨恨的條件，所以，在前一種場合，人們往往會對他產生一些感激，而在後一種場合，人們則往往會對他產生一些怨恨。在前一種場合，似乎有某種功勞的影子落在他身上，而在後一種場合，他身上似乎有某種過錯的影子。由於行爲會有怎樣的後果，完全受制於運氣女神的擺佈，於是產生了她對人類在功過感方面的影響。

第二節　論運氣的這種影響的程度

運氣的這種影響，效果是：第一，減弱我們對某些行爲的功過感，這些行爲雖然根源於最值得讚揚、或最值得責難的意圖，不過，卻未能產生它們所意圖的效果；以及，第二，增強我們對某些行爲的功過感，超過那些行爲所根源的動機與情感應該受到的感激、或怨恨，只因爲它們產生意外的快樂、或痛苦。

(1) 首先，我要說，無論某個人的意圖是怎樣適當與仁慈，或者是怎樣不適當與邪惡，然而，如果那些意圖並未產生效果，那麼，在前一種場合，他的功勞似乎並不圓滿，而在後一種場合，他的過錯也似乎並不完全。這種感覺出軌的現象，並不僅限於行爲的後果直接影響到的那些人。甚至公正的旁觀者也多少會有這種出軌的感覺。謀求幫助某個人的人，如果沒有成功，會被當成是他的朋友，並且似乎値得他的愛慕與關懷。但，不僅爲他奔走求助、而且實際上也爲他帶來幫助的人，卻會比較特殊地被當成是他的贊助者與恩人，並且有資格獲得他的尊敬與感激。我們往往會認爲，那個被幫助的人或許還有點兒道理覺得他自己可以和前述第一個人平起平坐；但，我們絕不可能體諒他的感覺，如果他不覺得自己比前述第二個人矮了一截。沒錯，人們通常會說，我們對努力想幫助我們的人，以及對實際幫助過我們的人，都同樣的感激。每一次有人想幫助我們，卻沒幫上忙時，我們總是會說這樣的話；但，這話，就像所有其他體面漂亮的話那樣，必須打些折扣，才能了解其眞意。沒錯，一個寬宏大量的人對沒幫上忙的朋友所懷有的感覺，和他對成功幫上忙的朋友所懷有的感覺，也許時常是幾乎相同的；而他越是寬宏大量，那些感覺就會越接近完全一致。對那些眞正寬宏大量的人來說，爲他們自己認爲値得尊敬的人所愛戴與尊敬，比他們可能期待從那些愛戴與尊敬獲得的所有實質好處，都更讓他們覺得快樂，因此，都更讓他們感激。所以，當他們失去了那些實質好處時，他們似乎只不過是稍微失去了一些不足掛齒的東西。然而，他們畢竟失去了某些東西。所以，他們的快樂，以及因此他們的感激，並非十分圓滿；因此，即便是最高貴與最善良的心靈，在沒幫上忙的朋友和成功幫上忙的朋友間，如果所有其他情況相同，還是會有一點點偏愛後者的情感差別。不止這樣，人類在這方面是這麼不公正，以致即使想要的好處實現了，然而，如果這好處不是經由特定某個恩人的幫助而實現的，他們往往也會認爲，對任何即使有這世界上最好的意圖、也不過只能幫助這世界改善一丁點兒的人，無須覺得特別感激。由於他們的感激在這場合被切割開來，分給各個對他們的快樂有過貢獻的人，所以，這些人任何一個似乎只該分得一小份感激。我們經常聽人們說：這樣的人確實是想幫助我們，而我們也確實相信，他爲了幫助我們，已經盡了他自己的一切能耐。然而，我們還是不必爲這好處而感激他；因爲倘若沒有別人同時的幫忙，不管他再怎麼努力，也不可能成功幫到我們。他們認爲，這一點考量，即便從公正旁觀者的立場來看，也應當減輕他們虧欠於他的恩情。至於那努力幫忙卻沒成功的人，他本人絕不會指望他想幫助的那個人對他心懷感激，而且也不會覺得他自己對他有什麼功勞，但，如果他成功地幫了忙，那他的指望與感覺就不同了。

甚至有一些長才與能力，由於某一偶發事件作梗而未能產生該有的效果，它們的功勞或價值，即便是對那些完全相信它們足以產生那些效果的人來說，也似乎多少有點兒不完美。由於朝中大臣的妒忌與阻撓、而未能在對敵國的征戰中取得某一重大利益的將軍，此後將永遠痛惜失去了那個大好機會。而他所以感到痛惜，也不完全是因國家喪失了這機會。他悲嘆他受到阻撓，以致無法完成一樁，在他自己眼裡，以及在其他每個人眼裡，原本將爲他個人的品格增添光采的行動。想到所有取決於他個人的，僅僅是他的計畫或構想而已；想到執行這計畫所需的，不過是大家必須齊心協力完成它；想到他被認爲在各方面都有能力執行這計畫；想到倘使他被允許繼續執行，成功是指日可待的；所有這些回想，即使都很正當，既不會讓他感到滿足，也不會讓其他人覺得滿意。他畢竟仍然未完成那一項計畫；即使他或許應當獲得籌謀該項宏偉計畫所應得到的一切讚許，他仍然少了實際完成一項壯舉的功勞。當某個人幾乎就要將某項眾所關切的公共事務處理到告一段落時，如果從他手中拿走他對那項公共事務的主導權，那將被認爲是最惹人不快的不義之舉。我們會認爲，由於他已經做了這麼多了，他應該被允許獲得結束那項公共事務的功勞。因此，有人反對龐培③（Pompey），說他不該在盧庫魯斯（Lucullus）取得一連串的勝利後加入戰局，並且取走了該歸功於另一個人的好運與英勇的桂冠。當盧庫魯斯未被允許繼續完成他的佈局與英勇已經使幾乎任何人都有能力去完成的那個征服時，甚至他自己的朋友也似乎認爲，他的光榮並不十分圓滿。當一位建築師的設計圖完全沒被執行，或者被改得面目全非，以致糟蹋了整個建築的效果時，他一定會感到懊惱沮喪。然而，所有取決於建築師的，只有他的設計圖而已。對優秀的鑑賞者來說，看到他的設計圖，就好像看到已經實際執行的成果那樣，便可完全領略他的全部天才。但，一張藍圖，即使對最爲賢明的人來說，也不可能像一棟富麗堂皇的建築那樣賞心悅目。他們從那一張藍圖中領略到的設計品味與才華，或許和他們從那一

③譯注：西元前七四年至六六年間，羅馬大將與執政官Lucius Licinius Lucullus率領軍隊攻打當時小亞細亞方面最大的強敵本都（Pontus，在今日土耳其北部）國王米特里達提（Mithridates）。早期相當成功，後來於西元前六八年遭遇挫折，引起兵變，西元前六六年被解除指揮權，由Pompey頂替。

棟建築看出來的一樣多。但，那些品味與才華在那兩種場合所產生的效果畢竟仍然大不相同，第一種場合令人喜悅的程度，絕不可能接近第二種場合有時候會引起的驚奇與讚嘆。我們也許會相信許多人說，他們的才華優於凱撒和亞歷山大；相信他們說，如果處在同樣的處境，他們將完成比凱撒和亞歷山大更偉大的壯舉。然而，另一方面，我們卻不會，像所有時代與國家的人民看待那兩位英雄人物那樣，以驚奇和欽佩的眼光看著他們。我們的冷靜判斷或許會更讚許他們的說法，但，他們畢竟少了偉大的事功，因此，也少了使我們目眩神迷的耀眼光芒。美德與才華卓越，甚至對那些承認確實有這種卓越存在的人來說，也不會產生和卓越的事功相同的效果。

如同未成功的行善企圖，其功勞，在沒有什麼感激心腸的人類眼中，似乎像前述那樣被失敗減少了，所以，未成功的作惡企圖，其過錯，也同樣被失敗減輕了。犯罪的計畫，不管多麼清楚地被確定證實，很少受到和實際犯行一樣嚴厲的懲罰。叛國罪也許是唯一的例外。這種罪行直接影響到政府本身的存在，所以，與任何其他罪行相比，政府自然比較不會寬恕它。在懲罰叛國罪時，君主怨恨的對象，是他自己直接遭到的傷害；在懲罰其他罪行時，他怨恨的對象，是他人所遭到的傷害。在前一種場合，他所發洩的，是他自己的怨恨；在後一種場合，他所發洩的，是他的同情感所體會到的、他的臣民的怨恨。在第一種場合，由於他是在審判他自己的事由，所以，他所判決的懲罰，往往比公正的旁觀者能夠讚許的，更為殘暴與血腥。而且在這種場合，他也會基於比較輕微的緣故而心生怨恨，不會總是像在其他場合那樣等到實際發生了罪行，甚至也不會等到企圖犯行。在許多國家，涉及叛國的合謀，即使在合謀之後，什麼事都還沒做、或嘗試要做，不只如此，甚至連涉及叛國的閒聊，也會受到和實際犯了叛國罪一樣的懲罰。在其他所有罪行方面，如果只有計畫而沒有任何後續的嘗試實施，很少受到任何懲罰，而且即使受到懲罰，也絕不會很嚴厲。沒錯，人們或許可以說，一項犯罪計畫，和一樁犯罪行爲，未必然隱含同一程度的惡意，所以不應當給予相同的懲罰。人們或許可以說，有許多事情，我們雖然有膽下定決心要去做，甚至有膽擬定計畫準備要去做，但當我們瀕臨要去做的那一剎那，卻覺得自己完全下不了手。但，當犯罪計畫已經連最後一個步驟也被執行完畢時，這個理由便不可能有任何立足點。然而，一個對他的仇人開了一槍但沒射中的人，很少有任何國家的法律會將他處死。根據蘇格蘭昔日的法律，即使他射傷了仇人，不過，除非在隨後一定時間內發生死亡，否則那位刺客是不會被處以極刑的。然而，對這種罪行，人類的怨恨情緒是這麼高亢，而任何膽敢顯示他自己做得出這種罪行的人，又是這麼嚴重地令他們心生恐懼，因此在所有國家，即使僅企圖犯下這種罪行，也應當視爲罪大惡極，應當處以極刑的。企圖犯下比較輕微的罪行，幾乎總是受到很輕的懲罰，有時候甚至完全不懲罰。一個小偷，如果他的手，在他從他鄰人的口袋裡拿出任何東西以前，就在那裡被抓到了，通常只受到喪失名譽的懲罰。如果在被逮之前，他有時間拿走一條手帕，那他將很可能被判處死刑。一個闖空門的竊賊，如果被發現架了一張梯子在他鄰居的窗戶上，但尚未進入屋內，是不會被處以重罪的刑罰的。企圖凌辱婦女，是不會被當作強姦罪懲罰的。企圖誘拐已婚婦女，完全不被懲罰，雖然誘拐婦女受到極嚴厲的懲罰。對只是企圖傷害我們的人，我們的怨恨很少強烈到足以支持我們對他同樣施加，如果他眞的傷害到我們時，我們想必會認爲，他該受的那種懲罰。在前一種場合，我們倖免傷害的喜悅，減輕了他的行爲讓我們感受到的殘暴；在後一種場合，我們遭到不幸的悲傷則增強我們的這種感受。然而，他眞正的過錯，在這兩種場合無疑是相同的，因爲他意圖犯下同樣的罪行；所以，在這方面，所有人類的感覺都有一種出軌的現象，因此，我相信，在所有國家的法律中，包括最文明的，以及最野蠻的，乃有前述那樣放鬆懲戒的現象。就文明民族而言，每當他們自然的義憤沒有受到罪行的後果激勵時，他們的仁慈，使他們傾向免除、或減輕懲罰。另一方面，就野蠻民族而言，當行爲沒有引起任何實際後果時，對於行爲的動機，他們往往是不會怎樣傷腦筋去追究的。

至於每一個，或者由於他本人的激情，或者由於壞朋友的影響，已經下定決心，甚至也許已經擬好計畫準備犯下某一罪行，卻很幸運地受阻於某一意外事故，以致無法犯行的人，如果他還有一點點良心留下來的話，無疑將終其餘生，把那一件意外事故當成一樁明顯重大的救贖。他想到它時，絕不可能不感謝上蒼曾經在他正要把自己推入罪惡的深淵時，在他正要使自己全部的餘生變成憎惡、自責、與懺悔的場景時，這麼欣然慈悲地阻止了他，也拯救了他。但，雖然他的雙手是無辜的，他卻深知他的內心同樣有罪，如同他已經實際執行了他這麼完全下定決心、要去執行的犯罪計畫那樣有罪。然而，想到那罪行沒執行，還是會使他的良心大感安慰，即使他知道那罪行所以沒執行，並非由於他本身有什麼美德的緣故，但，他仍然會認爲，他自己應該受到比較少的懲罰與怨恨；這意外的好運，減輕、或完全抹除了他所有的罪惡感。回想起他曾經是多麼有決心犯罪，除了使他認爲自己倖免於罪惡更爲了不起與更像奇蹟外，不會有其他的效果；因爲他仍然自以爲已經脫離了罪惡，所以，當他回想起他安穩的良心曾經瀕臨的危險時，他只會感到一陣子的恐懼，就像一個安全無虞的人，有時候回想起他有一次快要掉落一處懸崖的危險時，難免會恐懼得發抖那樣。

(2) 運氣的這種影響所產生的第二類效果，是增強我們對某些行爲的功過感，超過那些行爲所根源的動機與情感應該受到的感激或怨恨，只因爲它們產生意外的快樂或痛苦。可喜或可憎的行爲效果，時常會在行爲人身上，投下某種功勞或過失的影子，雖然他的意圖裡沒有什麼值得讚揚或責難的成分，或者至少沒有什麼值得我們通常會給予的那種程度的讚揚或責難。譬如，對於帶來壞消息的信差，我們甚至會覺得討厭，而相反的，對於給我們帶來好消息的人，我們則會心懷某種感激。一時之間我們會把他們兩人都當成是創造者，亦即，把其中一人當成是我們好運的創造者，把另一人當成是我們厄運的創造者，在某一程度內對待他們，彷彿他們就是實際引起那些或好或壞事件的人，雖然他們只不過是傳達那些事件消息的人罷了。第一個爲我們帶來喜訊的人，自然是某一暫時感激的對象：我們熱情誠摯地擁抱他，甚至在我們興奮的那一刻，樂於獎賞他，好像他對我們有顯著功勞似的。根據所有朝廷的慣例，帶來勝利消息的軍官有資格獲得顯著的職位晉升，所以，在外爭戰的將軍總是會挑選一個他最喜歡的軍官，去執行這麼令人愉快的差事。相反地，第一個使我們感到悲傷的人，正好同樣自然是某一暫時怨恨的對象。我們難免會以懊惱不快的眼神注視他；而粗魯野蠻的人，甚至往往會對他發洩他的情報所引起的忿怒。亞美尼亞（Armenia）國王，提格瑞尼斯（Tigranes），砍下某個倒楣信差的人頭，只因爲這信差第一個向他通報，有一大隊可怕的敵軍正在逼近④。以這種方式懲罰帶來壞消息的人，似乎很野蠻殘暴；然而，獎賞帶來好消息的信差，卻不至於讓我們感到不愉快；我們會認爲，那很適合王者慷慨恢宏的氣度。但，我們爲什麼會做出這樣的區別？畢竟，如果壞消息的信差沒有任何過錯，那麼，好消息的信差也就不會有任何功勞。這是因爲，要使我們認爲和樂與善意的情感表達是正當的，任何理由似乎都很夠充分；但，要使我們體諒不和樂與惡意的情感發洩，那就非得有最充實可靠的理由不可。

雖然一般來說，我們厭惡體諒不和樂與惡意的情感；雖然我們斷言，原則上我們絕不應該讚許它們獲得滿足，除非它們所針對的那個人，由於意圖邪惡與不公正，以致使他自己成爲它們的適當對象；不過，在某些場合，我們會放鬆這個原則的嚴格要求。當某個人的疏忽給另一個人造成某一非故意的損害時，我們通常會如此深切地同情受害者的怨恨，乃至讚許

④ 譯注：這位國王是前一注中本都國王米特里達提的盟友。逼近的敵軍是盧庫魯斯率領的羅馬軍隊。

他反過來對加害者施加某一或許可謂過分的懲罰；這懲罰遠遠超過，當加害者的過失沒有造成不幸時，原本似乎應當受罰的程度。

某一類疏忽，即使未給任何人造成損害，似乎也應當受到一些懲戒。譬如，如果某個人扔了一大塊石頭越過牆頭落到牆外的大街上，完全沒對可能路過的行人示警，也全不理會那塊石頭可能落在什麼地方，那他無疑應當受到一些懲戒。公共政策如果很精密，將會懲罰如此荒唐悖理的行爲，即使它未曾造成任何傷害。做出這種行爲的人，對他人的幸福與安全，展現出一種自大的藐視心態。他的行爲有一實在不正當的成分。他荒唐任性地將他的鄰人暴露在危險中，而任何一個神智正常的人都不想讓自己暴露在這危險中；他顯然對同胞應當受到怎樣對待毫無感覺，而這感覺正是公平正義與社會存在的基礎。所以，在法律上，嚴重的疏忽被視爲幾乎等於惡意的預謀⑤。當有任何不幸的後果由這樣不小心的行爲引起時，犯了這種不小心的人，往往會被當作仿佛眞的故意要造成那些後果似的，受到懲罰；他的行爲，雖然只是輕率與自大、理當受到些許懲戒，卻被視爲極端殘暴不仁、所以應當受到最嚴厲的懲罰。譬如，如果某人由於上面提到的那個不謹愼的行爲，意外地殺死了某個人，那麼，根據許多國家的法律，特別是蘇格蘭昔日的法律，他可能被處以死刑。雖然這樣的懲罰

⑤ 原作注：Lata culpa prope dolum est.（Gross negligence is nearly a trap.）

無疑過分嚴厲，卻未必完全不符合我們自然的感覺。我們對他行爲的愚蠢與不人道所感到的義憤，因我們對不幸受害者的同情而擴大加劇。然而，似乎沒有什麼會比把某個人送上絞刑臺，只因他輕率地投擲了一塊石頭到大街上，但沒傷害到什麼人，更令我們自然的「公平感」震驚。然而，在這場合他行爲的愚蠢與不人道，與前一場合完全相同；不過，我們的感覺仍然大不相同。考慮此一差異，或許可使我們了解，對於激發義憤，甚至是激發旁觀者的義憤，行爲的實際後果往往有多麼強烈的作用。在這種場合，如果我沒料錯，幾乎所有國家的法律都有很嚴酷的懲罰規定；而在相反的場合，如同我已經指出的那樣，則普遍有輕縱、或放鬆懲戒的現象。

另有一類疏忽，其中沒有任何不公正的成分。犯了這一類疏忽的人，對待他的鄰人猶如對待他自己似的，他無意傷害任何人，而且也絕不會自大地藐視他人的安全與幸福；然而，他的言行舉止沒有盡到他該盡的小心與謹慎，因此就這一點而言，應該受到某一程度的責備與非難，但不該受到任何懲罰。不過，萬一他的這種疏忽⑥使另一個人遭到了某些損害，我相信，根據所有國家的法律，他都負有賠償的責任。雖然這無疑是一項眞正的懲罰，而且如果不是因爲他的行爲引起了那個不幸的意外，原本也不會有什麼人會想到要對他

⑥ 原作注：Culpa levis.（trivial negligence）

施加這樣的懲罰；然而，法律的這項決定，所有人類無不自然覺得讚許。我們想，沒有什麼原則會比「一個人不應該爲另一個人的不小心而受害」更爲公正；因此，該受責備的疏忽所引起的損害，該由犯了這種疏忽的人負責賠償。

還有另外一類疏忽⑦，只是對行爲所有可能的後果，欠缺最爲焦慮不安的小心、與最爲瞻前顧後的謹慎。欠缺這樣仔細周到的費心注意，當沒有什麼不好的後果發生時，不但絕不會被視爲該受責備，反倒是這樣的注意會被視爲該受責備。什麼事都怕的那種膽小的謹慎，絕不會被認爲是一項美德，反而會被認爲比其他任何一種性格都更能使人喪失行動與辦事能力。然而，當某個人，由於欠缺這種過分的小心注意，湊巧給另一人造成損害時，他卻時常被法律強迫須賠償損害。譬如，根據阿奎里安法（Aquilian law）⑧，一個未能駕馭一匹意外受驚的馬而湊巧壓倒鄰人奴僕的人，必須負責賠償鄰人的損失。當發生這種意外時，我們往往會想，他原本不該騎這樣的馬；我們往往會認爲，他嘗試騎這樣的馬，是一項不可寬恕的輕率決定；雖然，如果沒有發生這意外，我們非但不會有這樣的想法，反而會在他拒絕騎那一匹馬時，認爲那是因爲他膽怯懦弱，是因爲他過分憂慮某些僅僅可能發生，但

---

⑦ 原作注：Culpa levissima.（very trivial negligence）

⑧ 譯注：這是羅馬十二銅表法（*the twelve tables*）之後約兩個世紀出現的有關侵權行爲（delicts）的基本法。

實際上沒必要去注意的事情。至於那個因爲發生了這種意外、而不由自主地傷害了另一個人的人，他自己似乎也會覺得，他對受害者有些過失，應當受罰。他會自然地、急忙趨前向受害者表示他關心所發生的事故，會盡可能向受害者賠禮認錯。如果他還有一些察顏觀色的能力，那他必然會希望賠償損失，並且盡他所能地安撫那種獸性的怨恨，那種他知道很容易在受害者心裡升起的非理性的怨恨。完全不道歉，完全不提出賠償，將被認爲是極殘忍野蠻的行爲。然而，爲什麼他比其他任何人都更應該道歉呢？既然他和其他任何旁觀者一樣無辜，那他又爲什麼被這樣從所有人類當中單獨挑出來，必須補償另一個人的壞運氣呢？這項責任要不是連公正的旁觀者，對於那另一個人心裡邊那種也許可視爲不正當的怨恨，也多少有一些縱容的同情，無疑絕不會強加在他身上。

第三節　論這種感覺出軌的終極原因

行爲的各種或好或壞後果，就這樣影響行爲人自己、以及他人的感覺；而主宰這世界的運氣女神，就這樣，在我們最不願意允許她有任何影響的地方，有了一些影響，並且在某一程度內，指導人類怎樣判斷他們自己、以及他人的品行。這世界根據結果而非意圖在品評每個人，是亙古以來的不平之鳴，也是培養美德的一大障礙。每個人都同意這則一般性的處世格言，即：由於結果並非取決於行爲人，所以，它不應該影響我們對行爲功過、或合宜與否的感覺。但，當我們遇上個別的具體事例時卻發現，我們的感覺很少在任何一個事例中，完全服從該則公正的處世格言。行爲所引起的後果幸運與否，不僅往往決定我們對行爲審慎與否的感覺，而且也幾乎總是會激起我們的感激或怨恨，左右我們對行爲意圖的功過判斷。

然而，當自然女神將此一感覺出軌的種子植入人類的心靈時，她似乎就像在所有其他場合那樣，意在謀求人類的幸福與完美。如果只要有傷害的意圖，或惡毒的情感，便足以引起我們的怨恨，那麼，對每一個我們懷疑、或相信他心裡懷有這種意圖或情感的人，我們必定會感到滿腔怒火難抑，即使那些意圖與情感從未化爲任何實際行動。感覺、思想、與意圖，將變成懲罰的對象；如果人類對它們所感到的義憤，和對實際行爲所感到的義憤一樣的高亢；如果在世人眼裡，尚未付諸行動的惡劣思想，似乎和惡劣的行爲一樣高聲要求報復，則每一個司法審判庭都將變成實質的宗教審判庭。每個人，無論他的言行舉止再怎麼無辜與謹慎，都不會有安全。因爲人們或許還會懷疑，他懷有邪惡的願望，邪惡的期待，以及邪惡的意圖；而只要這些願望、期待、或意圖引起的義憤，和邪惡的作爲是一樣的，只要邪惡的意圖受到和邪惡的作爲同一程度的怨恨，那麼，他仍將遭到同樣的懲罰與怨恨。所以，根據造物主的旨意，唯有產生實際的邪惡，或企圖產生實際的邪惡，從而使我們直接感到害怕的行爲，才是眾所公認、適合接受人類懲罰與怨恨的對象。雖然根據冷靜的理智分析，人類行爲的全部功過，皆源自人類心裡邊的感覺、意圖、與情感，但這些心裡邊的東西，卻全被上帝置於人類的每一種審判權限之外，只保留給祂自己永遠不會出錯的法庭審理。所以，「人類在今生只應當爲他們的行爲而受罰，絕不應當爲他們的意圖而受罰」，這個必要的正義原則，就是建立在人類的功過感中有這麼一種有益且有用的感覺出軌上，儘管乍看之下這種感覺出軌是這麼的荒謬悖理與不可思議。但，自然界的每一部分，只要觀察得夠仔細，都同樣展現造物主的庇祐眷顧，甚至在人類的軟弱與愚蠢中，也有神的智慧與仁慈，值得我們欽佩。

而這種出軌的感覺本身也不是完全沒有正面的效用；根據這種出軌的感覺，企圖效勞如果失敗，便顯得功德並不圓滿，更不用說徒有善意與祝禱。人，天生就是要有所作爲，天生就是要運用他的各種才能，以便在他自己和他人的外在環境中，促成各種似乎最有利於全人類幸福的改變。他不可以自滿於懶惰消極的善良；他不可以因爲他由衷祝禱全世界幸福，就自以爲是人類的好朋友。爲了使他鼓起全部的精神與元氣，使他繃緊每一根神經，以便促進她藉由他的存在想要達到的那些目的，所以，自然女神乃告誡他，除非他實際達到了那些目的，否則他自己、以及全人類，對他的所作所爲，是不可能完全感到滿足、或給予充分讚揚的。他天生就被告知，徒有善意的祝禱，而沒有善行的實際功勞，要激起世人的高聲歡呼、或自己的熱烈喝采，是不太有希望的。一個從未有過任何重要事功的人，縱使他的言談舉止無處不是展現他有最公正、最高尚與最慷慨恢弘的情感，縱使他所以沒有事功，只不過是由於他沒有機會效勞，他也仍然沒有資格要求很高的獎賞。我們即使拒絕獎賞他，也不至於遭到非議。我們仍然可以問他，你做過了什麼？你能做出什麼實際的功勞，使你有資格得到這麼重大的報答呢？我們尊重你，並且敬愛你；但，我們什麼也不欠你。獎賞那種純然因爲欠缺效勞的機會、而一直沒有發揮作用的潛在美德，把那些雖然可以說它多少有點兒應得、但絕沒有正當理由堅持得到的榮譽與高位，實際授與它，無疑是超凡入聖的仁慈才做得出的舉動。相反地，沒有任何外在的犯罪行爲，只因爲內在的情感，就受到懲罰，則是最傲慢野蠻的暴政。各種善良的情感最值得讚揚的時候，似乎是在它們儘早付諸行動時；要是等到如果再不付諸行動、就幾乎要變成是一種罪惡時，才付諸行動，那它們就不大值得讚揚了。相反地，惡毒的情感，在付諸行動之前，再怎麼深思熟慮，都絕不可能過於遲鈍，過於緩慢，或過於瞻前顧後⑨。

甚至，無意間造成的傷害，視爲同屬行爲人自己、以及受害人的不幸，也有相當重要的作用。每個人將因此被告誡，要尊重同胞的幸福，要戰戰兢兢地惟恐自己或許會不知不覺地做出了什麼傷害到他們的事情來，並且要害怕那種禽獸般的怨恨，亦即，要害怕，萬一自己不幸在無意間變成了使他們陷入災難的工具，自己將感覺到的那種隨時準備要對自己發洩的不合理怨恨。正如古時候的異教傳說中，已經奉獻給某位神明的聖地，除非是在神聖且必要的時候，否則不可以侵入，而侵入該聖地的人，即使他本人對侵入一事一無所知，從侵入

⑨譯注：簡單地說，就是行善需儘快，至少須及時，而作惡則須三思。

的那一刻起，他就變成是一個罪孽深重而必須贖罪的人（piacular），並且直到他提供適當的犧牲贖罪以前，他將遭到那位強大且無形的神明報復；所以，同樣地，每一個無辜者的幸福，都被自然女神的智慧指定爲屬於他個人的神聖禁地，四周被圍了起來，不准其他任何人接近；不可以被莫名其妙地踐踏，甚至不可以，在任何方面，被不知不覺地侵害，而毋須提供某些賠償，某些和此等非蓄意的侵害成比例的贖罪補償。一個仁慈的人，如果意外成爲另一個人身亡的原因，即使他絲毫沒有該受責備的疏忽，他也會覺得自己必須贖罪，雖然他沒犯罪。他會認爲，這意外是他生命中可能碰上的一個最大不幸。如果受害者的家庭很窮，而他自己的處境比較過得去，他會立即負起保護他們的責任，並且認爲他們即使沒有其他的功勞或價值，也有資格獲得他的疼惜與親切對待。如果他們的處境比較好，那麼，他就會盡力，以畢恭畢敬的態度，以各種表達悲傷哀悼的言行，以提供各種他想得到的、或他們容許的善意幫助，爲已經發生的不幸贖罪，並且盡可能安撫他們心裡那種，也許是自然的，但無疑是極其不公正的怨恨，那種因他對他們的嚴重冒犯，雖是無心的，而在他們心裡激起的怨恨。

在古代、以及現代的戲劇中，有一些最出色與最感人的場景，就是在表演某些清白無辜的人所感到的這種痛苦掙扎；這些人由於意外的緣故，做出了某些令人髮指的事；而這些事，如果是他們在知情的情況下蓄意做出來的話，原本將使他們公正地遭到最嚴厲的譴責。在古希臘劇場裡上演的伊迪帕斯（Oedipus）與喬卡斯達（Jocasta），以及在現代英國劇場裡上演的莫尼米亞（Monimia）與伊莎貝拉（Isabella），他們的痛苦掙扎全來自這種錯誤的罪惡感，如果我可以這麼稱呼它的話[⑩]。他們每一個都自覺罪孽深重、必須贖罪，雖然他們當中沒有一個絲毫有什麼罪。

然而，當某人不幸引起了某些不是他有意引起的壞事，或不幸未能促成他有意促成的那些善果時，儘管他似乎會出軌地感覺到所有他似乎不該感覺到的那些痛苦，但自然女神並未讓他的清白無辜完全沒有任何慰藉，或讓他的美德完全沒有獎賞。這時，他可以呼喚那一則公正的處世格言，亦即，「那些並非我們的作爲所能左右的結果，不應當減少我們應得的尊敬」，前來協助他。他可以鼓起他心靈中所有恢弘的器量與堅定的意志，竭力不以旁觀者現在看待他的那種眼光來看待他自己，而以旁觀者應該看待他的那種眼光，以他慷慨的意圖成功時、旁觀者將會看待他的那種眼光，甚至以他慷慨的意圖失敗時，如果人類的感覺完全是正直公平的，或甚至只是完全不自相矛盾的，旁觀者仍然應該看待他的那種眼光來看待他自

⑩ 譯注：這四個人全都在不知情的情況下違反了神聖的婚姻律。在Sophocles的*Oedipus Rex*一劇中，Oedipus，在不知道他兩人的血緣關係的情況下，娶了他母親Jocasta爲妻。在Otway的The Orphan一劇中，Monimia誤以爲她的小叔是她的丈夫而發生了床笫關係。在Thomas Southerne的*The Fatal Marriage, or The Innocent Adultery*一劇中，Isabella誤以爲她的丈夫死了而再婚。

己。比較正直慈悲的那一部分人類，會完全讚許他這樣努力在他自己內心裡尋求解脫。他們會發揮他們全部的寬宏大量，努力矯正他們自己心中這種出軌的感覺，並且會竭力以他那慷慨的意圖獲得成功時，他們無須任何這樣寬宏大量的努力、便自然會傾向採取的那種眼光，來看待他那慷慨、但不幸失敗的意圖。

第三篇　論我們品評我們自己的情感與行為的基礎，並論義務感

第一節　論自許與自責的原理

本講義的前兩篇主要討論我們品評他人情感與行爲的起因和基礎。我現在要更仔細地討論我們品評我們自身情感與行爲的起因和基礎。

我們自然而然地讚許、或反對我們自身行爲時所遵循的原則，似乎和我們對他人的行爲進行類似的品評時所遵循的原則完全一樣。我們讚許、或反對某個他人的行爲，乃是按照我們覺得，當我們設想自己處於他人的情況時，對於左右他人的行爲的情感與動機，我們能、或不能產生完全的同情。同樣地，我們讚許、或反對我們自己的行爲，乃是按照我們覺得，當我們設想自己處於他人的情況，並且彷彿是以他人的眼光、從他人的立場來看待我們的行爲時，對於影響我們行爲的那些情感與動機，我們能、或不能產生完全的同情。我們絕不可能觀察到我們自己的情感與動機，也絕不可能對它們做出任何批評，除非我們彷彿離開了我們自己的身體，努力從某個與我們有一段距離的地方來觀察它們。但，我們不可能做到這一點，除非我們努力以他人的眼光來觀察它們，或者說，除非我們努力像他人那樣觀察它們。因此，不管我們對它們做出什麼樣的批評，這批評必定總是暗中參照他人實際對它們有什麼樣的批評，或暗中參照他人在一定條件下對它們將會有什麼樣的批評，也就是說暗中參照我們認爲他人對它們應該會有什麼樣的批評。我們努力以我們認爲每一位公正的旁觀者都會採取的那種方式來審視我們自己的行爲。如果，在設想我們自己處於公正旁觀者的情況時，對於所有影響我們行爲的那些情感與動機，我們完全感到讚許，那麼，經由和此一假定存在的公正判官的讚許一起同感共鳴，我們就會讚許我們自己的行爲。如果情形相反，我們就會讚許那位判官的反對，從而譴責我們自己的行爲。

倘使眞有一個人能在某個獨居的地方長大成人，和他的同類完全沒有溝通接觸，那他就不可能想到他自己有什麼品格，不可能想到他自己的情感與行爲是否合宜、或是否有過失，不可能想到他自己心靈的美醜，如同他也不可能想到他自己的面貌是美、或是醜。所有這些都不是他能夠輕易看到的東西，都不是他自然會去關注的對象，而他也沒具備什麼鏡子，可以把這些東西映照出來給他看。但，如果把他帶進人類社會，那他便會立即獲得他從前所欠缺的鏡子。這鏡子就位在與他一起生活的那些人的臉色與行爲中，每當他們讚許、或反對他的情感時，這鏡子總是會清楚地留下相關的痕跡；而且也正是在這裡，他才首次觀察到自己的情感合宜與否，首次看到自己心靈的美醜。對一個自出生便一直是社會陌生人的人來說，他各種情感的投射對象，或者說，使他感到快樂、或痛苦的那些外在事物，會占去他全部的注意力。至於那些情感本身，那些對象所引起的各種慾望或憎惡，各種喜悅或悲傷，雖然是所有事物當中最直接貼近他的東西，卻幾乎絕不可能是他思考的對象。關於這些情感的念頭，絕不可能使他這麼感興趣，以至於要求他費心思量。考慮他的喜悅，不可能在他心中引起新喜悅，而考慮他的悲傷，也不可能在他心中引起新悲傷，雖然考慮那些情感的起因，也許時常會引起他的喜悅和悲傷。但，如果把他帶進人類社會，則他自己所有的情感將立即變成新情感產生的原因。他將觀察到人類讚許其中某些情感，但厭惡其餘的情感。在前一種場合，他將覺得歡欣振奮，而在後一種場合，他將覺得沮喪洩氣；他的慾望與憎惡，他的喜悅與悲傷，現在將時常產生新的慾望與憎惡，以及產生新的喜悅與悲傷：所以，這些情感現在將使他深感興趣，並且時常要求他給予最仔細的注意與思量。

我們第一次產生關於身體美醜的念頭，並非由我們自己的外形與容貌，而是由他人的形貌引發的。然而，我們很快便察覺到他人也同樣對我們品頭論足。當他們讚許我們的外表時，我們會覺得高興，而當他們似乎厭惡我們的外表時，我們會覺得不快。我們很焦急地想知道，我們的外表究竟是多麼値得他們非議、或讚許。我們審視我們全身上下每一部分，並且藉由把我們自己擺在一面鏡子前，或某種變通的辦法，盡可能努力從他人所在的距離，以他人的眼光來觀察我們自己。經過這樣一番檢視後，如果我們對自己的外表感到滿意，我們就比較能夠輕易承受他人最不留情面的惡評。相反地，如果我察覺到我們的長相是自然惹人厭惡的標的，則他們每一絲非難的表情，就會使我們感到無比屈辱與懊喪。一個還算英俊的人，會容許你取笑他身上任何一處小小的不勻稱；但，所有這樣的小玩笑，對一個眞正醜陋的人來說，通常是無法忍受的。然而，我們所以掛念我們自己外表的美醜，顯然只因爲這美醜對他人有影響。如果我們和社會沒有關聯，那麼，我們就完全不會在乎我們自己的外表是美、或是醜。

同樣地，我們的第一次道德批評也是針對他人的品行而發的；我們全會魯莽地說出我們對他人的品行有怎樣的感覺。但，我們很快便知道，別人對我們自己的品行也同樣是直言不諱的。於是，我們很焦急地想知道，我們究竟是多麼值得他們非難、或讚美，亦即，我們很想知道，在他們眼裡，我們是否必然就是他們所謂令人愉快、或惹人厭惡的傢伙。由於這個緣故，我們開始檢視我們自己的各種情感與作爲，開始藉由思索如果我們處在他們的位置將會怎樣看待那些情感與作爲，來揣測他們會怎樣看待那些情感與作爲。我們假定自己就是自己行爲的旁觀者，並且努力想像那行爲，依照此一觀點，在我們身上產生了什麼樣的感受。唯有透過這樣的鏡子，我們才能夠在某一程度內審視自己的行爲是否合宜。如果從這樣的觀點看來，我們的行爲使我們自己感到高興，那我們就會覺得相當放心。我們會變得比較不在乎他人的讚美，甚至在某一程度內藐視世人的非難；因爲我們心裡確信，不管怎樣遭到誤解、或訛傳，我們其實是他人讚許感自然且適當的對象。相反地，如果我們對這一點感到懷疑，那我們往往就會因這自我懷疑的緣故，而更急切地想要獲得他人的讚許，並且只要我們尚未自甘墮落到人們所謂不知羞恥的地步，則他人的非難一定會使我們倍感難受，而我們一想到人們的非難，也一定心情沮喪、精神渙散。

當我努力審視自己的行爲時，當我努力想要宣判它的是非對錯時，以及努力想要讚許、或譴責它時，在所有這樣的場合，我顯然是把我自己彷彿分割成兩個人；其中作爲審判者的那個「我」所扮演的角色，不同於另外那一個行爲被審判的「我」。第一個「我」是某個假想的旁觀者，他對於我的行爲的感覺，是我努力想要體會的感覺；爲了得到這種體會，我努力設想自己處在他的位置，並且努力思索，當我從他那個觀點來看待我自己的行爲時，我會有什麼樣的感覺。第二個「我」是某個行爲人，是我可以正當稱之爲「我自己」的那個人，而我正努力以旁觀者的角色，想要對該人的行爲做出某種審判意見。第一個「我」是審判者，第二個「我」是被審判者。正如原因與結果不可能在每一方面都相同，所以審判者與被審判者也不可能在每一方面都相同。

和藹可親與值得稱讚，或者說，值得敬愛與應受獎賞，是美德的主要特徵；而惹人厭惡與應受懲罰，則是邪惡的主要特徵。但，所有這些特徵都直接指涉他人的感覺。一個有美德的人，所以被稱爲和藹可親、或應受獎賞，不是因爲他是自己所敬愛、或感激的對象，而是因爲他在他人身上引起了這些感覺。意識到自己是這種讚許感的對象，是自然伴隨著美德的那種內在寧靜與自足的泉源，正如懷疑自己是他人非難的對象，會引來各種伴隨邪惡的苦惱。有什麼樣的幸福，勝過我們被人敬愛、並且知道我們值得被人敬愛呢？有什麼樣的不幸，比我們遭人怨恨、並且知道我們值得被人怨恨，更爲悽慘呢？

第二節　論喜歡受到讚美，相對於喜歡值得讚美；並論害怕受到譴責，相對於害怕應受譴責

人，天生不僅希望被愛，而且也希望自己可愛，或者說，希望自己是一個自然適宜被愛

的傢伙。他天生不僅害怕被人怨恨，而且也害怕自己可恨，或者說，害怕自己是一個自然適宜被人怨恨的傢伙。他不僅希望自己受到讚美，而且也希望自己值得讚美，或者說，希望自己是一個自然適宜受到讚美的傢伙，即使這傢伙沒受到任何人讚美。他不僅害怕受到譴責，而且也害怕自己應該受到譴責，或者說，害怕自己是一個自然適宜受到譴責的傢伙，即使這傢伙沒受到任何人譴責。

喜歡自己值得讚美，絕非完全源自喜歡自己受到讚美。這兩種情感原理，雖然它們彼此類似，雖然它們相關相連，並且時常混合在一起，不過，在許多方面，它們仍然是兩種明顯不同而各自獨立的原理。

對於品行爲我們所讚許的那些人，我們心裡自然懷有的那種喜愛與欽佩的感覺，必然使我們傾向希望自己也變成是那種愉快感覺的對象，希望自己也和我們最喜愛與欽佩的那些人一樣和藹可親與令人欽佩。好勝仿效的心理，也就是熱切希望我們自己勝過別人的心理，根本的來源，就在於我們對他人的卓越感到欽佩。但，我們不會僅滿足於我們像別人那樣受到欽佩。我們至少必須相信我們自己像別人那樣值得欽佩。爲了獲得此一滿足，我們必須變成是我們自己品行的公正旁觀者。我們必須以他人的眼光看待我們的自己的品行，或者說，必須像他人那樣看待它們。當我們從這個觀點看待它們時，如果它們看起來像是我們希望看到的那樣，我們便會感到快樂與滿足。而如果我們發現別人，當他們實際上以我們只能在想像中努力堅持的那種眼光來看待它們時，獲得與我們自己先前所見恰好相同的見解，我們的這種快樂與滿足將被大大地增強。他們的讚許必然會加強我們的自我讚許。他們的讚美必然會使我們更加堅定覺得我們自己值得讚美。在這個場合，喜歡值得讚美不僅絕非完全源自喜歡受到讚美；反倒是喜歡受到讚美，至少在相當大的程度內，源自喜歡值得讚美。

別人的讚美，如果不能視爲某種證明我們值得讚美的證據，那麼，這讚美無論多麼眞誠，也不可能帶給我們什麼快樂。由於無知或誤會而好歹讓我們得到的尊敬與欽佩，絕不可能使我們感到滿足。當我們察覺到我們不配享有這樣的尊敬與欽佩，察覺到一旦眞相大白我們便將面對截然不同的感覺時，我們的滿足絕不會是圓滿無缺的。某個人，如果爲了我們沒有做到的行爲而稱讚我們，或爲了於我們的行爲毫無影響的動機而稱讚我們，那麼，他所稱讚的，就不是我們而是別人。我們不可能從他的讚美獲得任何滿足。他的讚美要比任何譴責更讓我們感到羞辱與傷心難過，並且會不斷地使我們回想起最令人沮喪洩氣的那種回想，也就是想起我們應當是什麼樣的人，但實際上卻不是那樣的人。一個塗抹了厚厚的一層脂粉的女子，即使別人讚美她的膚色漂亮，想必不可能從中感受到多少虛榮。我們會預期，這讚美反而應當使她想起她的眞正膚色會在別人身上引起哪些感覺，並且使她爲了這懸殊的對比而更加感到羞辱難過。如果有人爲了這種毫無根據的讚美而感到高興，那無異證明她的個性至爲膚淺、輕佻、與軟弱。這種性格可正當稱爲愛慕虛榮；各種最荒謬卑鄙的惡習，各種矯揉造作與常見的虛言謊話，便是根源於此；要不是經驗告訴我們這些惡習實際上是多麼常見，否則任何人都應當會猜想，只要有一丁點兒的常識，便可以使人類免於這種愚蠢的惡習。一個愚蠢的說謊者，竭力在朋友間，以陳述子虛烏有的歷險經驗引起欽佩；一個妄自尊大的紈袴子弟，裝模作樣地擺出地位尊崇的架子，雖然他明明知道自己完全沒有正當資格享有那樣尊崇的地位；他們兩者無疑會因自以爲受到讚美而感到高興。但，他們所感到的虛榮是以這麼顯著的心理錯覺爲基礎，以至於他人實在很難想像，任何有理性的人怎麼可能被這種錯覺給矇騙了。當他們設想自己處於他們自以爲已經被他們欺騙得逞的那些人的位置時，只覺得對他們自己欽佩得不得了。他們不是以他們自知他們的朋友應該怎樣看待他們的那種眼光在看待他們自己，而是以他們相信他們的朋友實際怎樣看待他們的那種眼光在看待他們自己。他們淺薄、軟弱與愚蠢的個性，使他們永遠無法反省自己，使他們的眼光永遠無法回向他們自己，永遠無法採取他們自己的良心必定會告訴他們應該採取的那種見解，永遠無法看到一旦眞相大白時，他們在每個人眼裡將是多麼卑劣可鄙。

正如無知與無稽的讚美，讓我們感覺不到眞正的喜悅，讓我們感覺不到任何經得起嚴格檢驗的滿足，所以，相反地，即使我們實際上沒受到讚美，然而，當我們想起我們的行爲是那種値得讚美的行爲，或想起我們的行爲在每一方面都和人們自然且普遍會給予讚美與認同的那些標準與規則相符時，我們心裡往往會覺得眞正的舒坦。我們不僅喜歡受到讚美，而且也喜歡覺得我們自己已經完成了値得讚美的行爲。我們喜歡想起我們已經使自己變成是人類自然讚許的對象，即使實際上永遠不會有人對我們表示讚許；我們厭惡想起我們已經變成是人類應當譴責的對象，即使實際上我們永遠不會受到譴責。某個人，如果他心底明白自己嚴格遵守的那些行爲標準，根據一般經驗，通常會被欣然讚許，那麼，他在反省自己的行爲是否合宜時，一定會感到滿意。當他像公正的旁觀者那樣審視自己的行爲時，他將完全體諒所有影響他自己行爲的動機。他懷著愉快與讚許的心情回顧那行爲的每一個環節，即使世人將永遠不清楚他做過了什麼，他用來看待他自己的那種態度，也比較不會是他們實際用來看待他的那一種，而比較會是如果他們對實情有更充分了解的話，他們將用來看待他的那一種。他提前感受到他們在這種情況下將給予他的讚美與欽佩，亦即，他透過與他們的這些感覺同感共鳴而自己搶先讚美與欽佩自己。沒錯，這些感覺實際尚未發生，但，它們只因受阻於人們的不知情，所以才未發生；然而，他知道，這些感覺是他那種行爲自然且尋常的後果；他的想像力把這些感覺和他那種行爲緊緊地連結在一起；他已經習慣認爲，這些感覺作爲尾隨他那種行爲而來的報償，於理是自然，而於情則是合宜恰當。有些人志願拋棄生命，以求取某種他們今生再也無緣享受的名聲。然而，他們的想像力使他們提前感受到人們在他們死後將會給予他們的那種聲譽。他們永遠也聽不到的那些掌聲，似乎在他們的耳中迴響；他們永遠也感受不到其實際效果的那些欽佩與讚美的情緒，似乎在他們的胸中鼓動震盪，從他們的心中趕走所有自然的、與最強烈的恐懼，使他們渾然忘我地完成幾乎是人性所不能企及的偉大事蹟。但，這種直到我們不再可能享受到它的實際好處，才會給予我們的讚許；以及那種固然將永遠不會給予我們，不過，如果眞有辦法使世人適當了解我們行爲的眞實情況，他們將會給予我們的讚許；在這兩種讚許間，就事實而論，的確沒有什麼了不起的差別。如果前一種讚許時常產生這樣激烈的影響，那我們也就無須訝異後一種讚許總是被人們這麼看重了。

當自然女神爲社會造人的時候，她賦予他一種根本的願望，使他想要取悅他的同胞，並且賦予他一種根本的憎惡感，使他討厭觸怒他的同胞。她教他要在他們讚許他的時候覺得快樂，並且要在他們責備他的時候覺得痛苦。她使他們的讚許本身成爲最討好他與最令他覺得愉快的事情；並且使他們的譴責本身成爲最令他傷心難過與最惹他嫌惡的事情。

但，只希望得到同胞的讚許，以及討厭受到同胞的責備，將不足以使他適合他所以被造就的那個社會。因此，自然女神乃不僅賦予他一種願望，使他想要受到讚許，而且也賦予他另一種願望，使他想要當一個應該受到讚許的人，或者說，使他想要成爲他自己在他人身上所讚許的那種人。第一種願望只會使他希望自己看起來適合社會。若要使他渴望自己眞正適合社會，則他非有第二種願望不可。第一種願望只會促使他假裝自己具有美德，促使他隱瞞自己的敗德惡行。若要使他從心坎裡眞的喜愛美德，並且眞的憎惡敗德惡行，則他非有第二種願望不可。在每一顆造就優良的心靈裡，第二種願望似乎是這兩種願望中力道最強的。只有最軟弱且最膚淺的那些人，才會因獲得他們自知完全不應受的讚美而興高采烈。軟弱的人有時候會欣喜於這種讚美，而智者則無論在什麼場合都會拒絕這種讚美。儘管智者從他人的讚美中感覺不到什麼快樂，如果他知道在他受到讚美的場合沒有什麼值得讚美之處，不過，他卻時常極其樂意做他知道值得讚美的事，雖然他同樣清楚地知道，那值得讚美的事永遠不會得到讚美。對他來說，在不應受到讚許的場合，得到人們的讚許，絕不會是什麼重要的目標。對他來說，在眞正應當受到讚許的場合，得到人們的讚許，有時候也許不是一項頂重要的目標。但，對他來說，成爲值得讚許的傢伙，必定總是一項最重要的目標。

在不應受到讚美的場合希望得到、或甚至接受讚美，只可能是由於最可鄙的虛榮心在作祟。但，在眞正應當得到讚美的場合希望得到讚美，只不過是希望自己應該受到最基本的公平對待。所以，對智者來說，喜愛正當的名聲、或眞正的榮耀，只爲這名聲、或榮耀本身的緣故，而完全不計較他自己從中能獲得什麼實質好處，並非不該有的喜愛。然而，他有時候會刻意忽視，甚至藐視這種名聲與榮耀；而他最傾向於這麼做的時候，莫過於當他對自己行爲的每一個環節的合宜正當有最充分完整的信心時。在這種時候，他的自我讚許，不需要他人的讚許加持增強。只要有這正當的自我讚許就夠了，有了它便足以使他感到心滿意足。這自我讚許，如果不是唯一，也至少是主要能夠、或應該會使他感到焦慮掛念的目標。喜愛它，就等於是喜愛美德。

正如我們對某些人物自然懷有的那種敬愛與欽佩的情感，會使我們傾向希望我們自己也變成是那種令人愉快之情感的合適對象；所以，我們對其他某些人自然懷有的那種厭惡與輕蔑的情感，也許會更加強烈地，使我們傾向害怕想到自己或許在某些方面和他們相類似。在這樣的場合，與其說我們害怕想到自己被人厭惡與輕蔑，不如說我們害怕想到自己眞是那種可惡與可鄙的傢伙。我們害怕想到我們做了某些不得體的事，從而可能使我們自己成爲我們同胞的厭惡感與輕蔑感正當且合適的對象；即使我們有最充分的把握，可以高枕無憂地相信，實際上那些情感絕不可能宣洩在我們身上。一個已經把所有唯一能夠使他討人喜歡的那些行爲規則破壞殆盡的人，即使他有最充分的把握，確信他自己的所作所爲將永遠不爲人所知，這樣的信念對他也沒有一點兒用處。當他回顧自己的所作所爲，並且以公正旁觀者會採取的那種眼光回顧那些作爲時，他將發現自己完全無法體諒促成那些作爲的各種動機。一想到那些作爲，他便覺得面紅耳赤與窘迫不安，他必然會有一種很丟臉的感覺，彷彿他的所作所爲已經全攤在陽光底下，變成眾所周知，爲人所瞧不起似的。在這場合，他的想像力也同樣讓他提前感受到那種，若非由於與他一起生活的那些人的無知，否則他絕無可能避免的輕蔑與嘲笑。他仍然會覺得他自己是這種情感自然的投射對象，並且會因想到萬一這種情感實際宣洩在他身上他將感到的痛苦，而膽顫心驚。如果他所犯的，不是某種只會受到單純責備的過錯，而是某種會引起憎惡與怨恨的滔天大罪，那麼，只要他還保有絲毫的感性，就絕不可能在想到自己的罪行時，感覺不到所有這世上的憎惡、與悔恨所帶來的痛苦折磨；即使他能夠對自己保證他的罪行絕不會有人知道，甚至能夠使自己確信不會有什麼神明會報復他的罪行，他所感覺到的憎惡與悔恨，也仍將足夠使他的全部人生痛苦難堪，他仍會把自己視爲所有同胞的憎惡感與義憤感自然的投射對象；如果他的心靈尚未因習慣犯罪而變得毫無感覺，那他就絕不可能不會憎惡與驚愕地想到，萬一可怕的眞相曝光，人們將會用來看待他的那種態度，以及人們臉上與眼裡將會有的那種表情。受到驚嚇的良心不時感到的刺痛，是各種對內疚者畢生糾纏不休的惡鬼與復仇女神；這些惡鬼與復仇女神不會容許內疚者享有一刻的平靜與安息，時常會逼使他陷入萬念俱灰與心神渙散的境地；再怎麼自信神不知鬼不覺，也無法使他免於陷入這種可怕的處境；再怎麼排斥宗教信仰，也無法使他從這種可怕的處境完全解脫出來；除非他已陷入所有人生狀態中最邪惡與最不忍卒睹的那種狀態，亦即，除非他已經對榮辱與善惡毫無感覺，否則他絕不可能擺脫這種可怕的處境。一些性格最可憎的人，在執行最可怕的罪行時，是這麼從容冷靜與按部就班，甚至規避了所有犯罪的嫌疑，然而，他們有時候卻因他們的處境恐怖可憎，而被逼到自動領悟到一項任何人類的聰敏睿智也絕不可能探查得到的眞理。他們希望，通過公開承認他們自己的罪行，通過甘心接受受害者的怨恨，並且通過這樣滿足他們自知當受的那種報復心理，乃至通過他們自己的死亡，使他們自己，至少在他們自己的想像中，可以安心地接受人類自然的感覺；使他們自己能夠自認爲比較不値得憎惡與怨恨；他們但願在某一程度內爲他們的罪行贖罪，並且希望藉由這樣贖罪，使自己變成比較是同情、而不是憎惡的對象，甚至如果可能的話，希望能夠在得到所有同胞的饒恕下安心地死去。甚至想到，這樣的解脫，與他們在這樣醒悟前所感覺到的痛苦相比，也宛如是一種幸福。

在這種場合，甚至在那些不可能指望特別有什麼感性的人物身上，自知應受責備所引起的憎惡感，似乎完全征服了恐懼責備的心理。爲了減輕內疚所引起的自我憎惡感，爲了多少安撫他們自己良心的訶責，他們自願站出來，誠心接受他們自知罪有應得的譴責與懲罰，雖然他們原本可以輕易地規避這譴責與懲罰。

只有最輕浮與最膚淺的人，才會因獲得他們自知完全不應受的讚美而大爲欣喜。然而，甚至非常堅毅的人，在受到不該受的譴責時，往往也會感到痛心疾首。沒錯，即使是最普通堅毅的人，也很容易學會藐視某些時常在社會中流傳得沸沸揚揚，但由於它們本身的荒謬與虛僞，總是會在短短幾個禮拜、或幾天內逐漸消失的愚蠢流言。但，一個清白無辜的人，當他遭到嚴肅、但不實的指控，將某一罪行歸咎於他時，即使他比平常人堅毅，往往不僅會大感震驚，也會感到極端傷心難過；尤其是當那樣的指控很不幸地獲得某些機緣湊巧的間接情況支持，以致使它看起來可能有幾分眞實性時。他極感屈辱地發現，竟然有人會以爲他的品格是這麼卑鄙，以致認定他會犯下那樣的罪行。雖然他十分清楚自己無辜，不過，光是那樣的指控似乎便時常可以使他的品格蒙上一層不名譽與恥辱的陰影，甚至在他自己看來也是如此。另外，對如此粗暴不公的傷害，他所感到的正當忿怒，本身就是一種很痛苦的感覺，更何況他不僅往往不適宜，有時候甚至不可能發洩這種正當的忿怒。不會有什麼比無法排解的激烈怨恨，更使人感到痛苦。清白無辜者所可能蒙受的最殘酷不幸，莫過於遭到誣告，乃至被套上某一不名譽、或可憎的罪責，送到絞刑臺處死。在這種場合，他心裡的痛苦，往往大於那些實際犯了類似罪行而同樣遭受絞刑者心裡所感受到的痛苦。某些素行不良的匪徒，諸如普通偷雞摸狗與攔路強劫之輩，對於他們自己的行爲，往往不覺得有什麼卑鄙惡劣之處，因此從來不會感覺到良心的訶責。他們向來習於把絞刑視爲一種可能落在他們身上的命運，不會爲這種懲罰的公正與否費心傷神。所以，當他們遭到這種命運時，他們會覺得自己只不過不像其他同伴那樣幸運罷了，從而會自認倒楣地服從他們自己的命運；他們的心裡，也許除了由於畏懼死亡而產生的不安外，不會有其他不安；然而，我們時常看到，甚至這種下賤無恥的惡徒也能夠極其輕易並且徹底地克服死亡的畏懼。相反地，清白無辜者的心裡，除了由於畏懼死亡而可能產生的不安外，還會因他對自己受到不公平的對待感到義憤填膺而大受折磨。他極感憎惡地想到這懲罰將使他在死後留下罵名；他懷著極爲劇烈痛苦的心情，預見他的至親好友此後在想起他的時候，所感到的將不是惋惜與愛憐，而是感到丟臉，他們甚至將極端憎惡他那被認定爲不名譽的行爲；於是，包圍他的那種死亡陰影，看起來似乎比尋常地獄的自然顏色，更爲黑暗，也更爲陰鬱朦朧。爲了人類心靈的平靜，但願這種致命的意外，在任何國家都很少發生；但，實際上，在所有國家，甚至在司法制度一般來說還相當完善的某些國家，有時候也會有這種意外發生。不幸的卡拉斯①，一個比平常人更

①譯注：Jean Calas（一六九八～一七六二）原是法國一位喀爾文教派的信徒與商人。他的長子爲了取得律師資格原本決定放棄自家傳統的信仰，改信羅馬天主教，後來因深感後悔而自殺。但，他卻被控殺害他的長子，並且在沒有絲毫證據的情況下被判決有罪，而於一七六二年三月十日在土魯斯（Toulouse）被處決。後來經過伏爾泰（Voltaire）的奔走請願，他的案件終於在一七六五年三月九日獲得重審與平反。亞當史密斯曾於一七六四和一七六五年間在土魯斯逗留長達十八個月，對此一造成轟動的訴訟案件必定常有耳聞。

爲堅毅的人，雖然完全清白無辜，卻因被認定謀殺自己的兒子，而在土魯斯被刑輪打斷四肢後，投入火堆中燒死，他最後的一口氣，與其說似乎被他用來抗議懲罰的殘酷，不如說似乎被他用來抗議他所蒙受的冤枉將污辱他死後的名聲。在他的四肢被打斷，即將投入火堆燒死時，那位在行刑過程中照料他的法師，勸勉他懺悔犯了他所以被判處死刑的罪。卡拉斯說，我的神父，難道您眞能使您自己相信我是有罪的嗎？

對於陷入這種不幸的那些人來說，他們的視野，如果僅侷限於今生這樣卑微的人生觀，也許便無法提供他們多大的心理慰藉。他們被剝奪了每一樣能夠使他們的生存或死亡值得尊敬的東西。他們被判處了死刑，並且被詛咒永遠留下了罵名。唯有宗教信仰能夠提供他們些許有效的安慰。唯有宗教信仰能夠告訴他們說，只要全知全能的上帝讚許他們的行爲，無論人們對他們有什麼樣的想法都無關緊要。唯有宗教信仰能夠爲他們揭示另一個世界的觀點；一個比目前的世界更爲正直，更爲仁慈，也更爲公平的世界；在那裡，他們的清白無辜，只要時機一到就會獲得宣告，而他們的美德最後也將獲得獎賞。唯一能使僥倖得逞的邪惡感到膽顫心驚的那個偉大的原則，也同樣能爲遭到玷污與侮辱的清白無辜，提供唯一有效的慰藉。

和罪行比較重大的場合一樣，就一些比較輕微的過失而言，一個敏感的人，當他因被冤枉而獲罪時，傷心難過的程度，往往遠大於眞正犯錯的人因實際的內疚而感到的難過。一個水性楊花的女子，對一些有憑有據有關她風流韻事的臆測傳聞，甚至會覺得好笑。然而，對一個純潔無辜的處女而言，最荒唐無稽的同一類臆測傳聞，則無異是一記足以致命的中傷。我相信，我們可以斬釘截鐵地說，一個刻意做出可恥行爲的人，通常不會有多少羞恥感；而一個習慣做出可恥行爲的人，則幾乎不會有任何羞恥感。

當每個人，即使僅具有普通的悟性，都可如此輕易地藐視不應受的讚美時，爲什麼不應受的譴責，卻時常會使一些甚至是具有最健全與最佳判斷力的人，如此激烈地覺得傷心難過？這問題也許值得我們稍加思考。

我在前頭曾經指出②，痛苦，和反面的快樂相比，幾乎在所有場合，都是一種更爲尖銳深刻的感覺。前一種感覺把我們的心情壓低至我們平常或所謂自然的快樂狀態以下的程度，幾乎總是會遠大於後者可能把我們的心情提高到同一自然的快樂狀態以上的程度。一個有感受能力的人，因受到正當的譴責而感到羞愧難過的程度，往往大於他因受到正當的讚美而可能覺得愉快陶醉的程度。智者在所有場合都輕蔑地拒絕不應受的讚美；但，他時常猛烈地感受到不應受的譴責對他的不公平。他覺得，如果他自己默不作聲地接受人們因他沒有做到的事情而讚美他，如果他霸占了不屬於他的功勞，那他無異就是一個卑鄙的撒謊者，並且爲此應當受到因誤會而讚美他的那些人的輕蔑，而不是讚美。發現許多人認爲他有能力

② 譯注：參見本書第一篇第三章第一節第三段。

做到他實際沒有做到的事情，也許讓他很有理由感到些許快慰。他雖然可以感激朋友對他的抬愛，但如果他沒立即向他們說明眞相，他將會覺得自己犯了最卑鄙下賤的過失。對他來說，以旁人實際看待他的那種眼光來看待他自己，並不會給他帶來什麼快樂，如果他知道，當他們知道眞相時，他們將以很不一樣的眼光看待他。然而，個性軟弱的人卻時常陶醉於以這種虛妄欺瞞的眼光來看待自己。他霸占每一樁歸功於他的功勞，並且主張自己有許多誰也不會歸功於他的功勞。他裝作已經做了他實際從未做過的事情，裝作已經寫了別人所寫的文章，裝作發明了別人所發明的東西；因而做出剽竊與時常撒謊等等卑劣下賤的惡行。但，雖然任何人，只要具有普通見識，便不至於因爲別人認定他做了一件他從未做過的值得讚佩的行爲，而感覺到怎樣快樂，不過，頗有智慧的人，卻往往會因爲別人認眞責怪他犯下了某一件他從未犯過的罪行，而感覺到極大的痛苦。在這場合，自然女神不僅使痛苦一般變得比反面的快樂更爲尖銳深刻，而且也使這痛苦相對於快樂的尖銳深刻程度遠大於平常的程度。當他拒絕歸功於他的功勞時，誰也不會懷疑他的眞誠；可是當他否認他受指控的罪行時，也許有人會懷疑他的眞誠。他爲不實的指控所激怒，同時也爲發現有人竟然相信那不實的指控而感到屈辱與難過。他感覺到，他的品格不足以保護他。他感覺到，同胞非但不是以他焦急地渴望他們採取的那種眼光來看待他，反而認爲他做得出他受指控的那種不名譽的行爲。他十分明白自己並沒有犯錯；他十分明白自己曾經做過了什麼；但，或許任何人都不可能十分明白自己能做得出什麼。對每個人來說，他自己心靈的特殊構造容得下、或容不下什麼美好或醜惡的事物，也許多少是一個令他自己感到疑惑的問題。他的朋友與鄰居對他的信任與好評，比什麼都更能夠減輕他心裡這個最不愉快的疑惑；而他們對他的不信任與惡評，則比什麼都更能夠加重他的這個疑惑。他或許對自己很有信心，自信他們的惡評是錯誤的；但，他的自信殊少可能堅強到足以使他完全不受那種惡評的影響，或者說，足以使他在面對那種惡評時心裡保持泰然；他的感受能力越強，他的敏銳度越高，他的自信心越不足，則別人的惡評對他的影響便會越大，而他也就越不可能處之泰然。

必須指出的是，在所有場合，他人和我們自己的情感與判斷是否一致，對我們有多重要，端視我們對自己的情感的合宜性，以及我們對自己的判斷的正確性，有多麼不確定而定；我們自己越是感到不確定，則我們與他人的情感與判斷是否一致，對我們來說，就越重要。

一個感性的人有時候會覺得很不安心，惟恐自己太過屈服於某些甚至可以稱爲高貴的情感；譬如，在他自己或他朋友受到傷害時，他也許會擔心自己的義憤過於強烈。他心裡忐忑不安，害怕自己在只是熱心地想要伸張正義時，由於情緒太過激動而對其他某個人造成眞正的傷害；這個人，雖然並非無辜，但也許不像他最初所理解的那樣全然該受譴責。在這樣的場合，他人的意見，對他來說，就變得極其重要。對他那不安的心靈來說，他們的讚許是最有療效的安慰劑；而他們的不讚許則是最苦澀與最會產生劇痛的毒液。而當他對自己行爲的每一個環節都感到十分滿意時，他人的判斷，對他來說，往往就比較不重要。

有一些很高尚美妙的藝術作品，其卓越的程度只能由某種細膩微妙的品味給予鑑定，而鑑定的結果看起來也總是多少有些見仁見智。另外有一些藝術領域，其中作品的成功與否，或者容許清晰的論證，或者找得到令人心滿意足的判別證據。角逐卓越地位的藝術家，在前一種藝術領域裡，對公眾意見感到焦慮的程度，總是遠大於後一種領域裡的藝術家對公眾意見所感到的焦慮。

詩的美妙與否，是這麼屬於細膩微妙的品味鑑定問題，以致任何初試啼聲的年輕詩人幾乎都不可能確定自己的詩作是否美妙。所以，最使他欣然陶醉的，莫過於朋友、以及一般民眾讚許他的作品；而最使他深感羞辱難過的，則莫過於他們鄙薄他的作品。前一種情況確立，而後一種情況則動搖，他渴望對自己的作品懷抱的好評。經驗與成功也許遲早會使他對自己的判斷稍微多一些自信；然而，不管在什麼時候，他總是很容易因一般民眾的惡評而激烈地感到屈辱難過。對於他自己所創作的，也許是現存所有語言中最佳的悲劇作品《費德爾》，未能受到藝文界的好評，拉辛[③]感到如此厭惡，以至於他雖然正當盛年，並且正值創作能力的巔峰，卻斷然決定不再撰寫劇本。這位偉大的詩人經常向他的兒子訴說，最瑣碎的不當批評給予他的痛苦，總是遠大於最高與最公正的讚美給予他的快樂。對同一類極其細微

---

③ 譯注：Jean Baptiste Racine，十七世紀的法國詩人與悲劇作家。參見本書第一篇第二章第二節第四段。

的批評，伏爾泰④極端敏感也是盡人皆知的。波普⑤先生的《群愚史詩》堪稱是一座永垂不朽的紀念碑，標誌著這位最正直、同時也是最優雅和韻的英國詩人，怎樣因爲受到一些最低級與最不足掛齒的文人批評而大傷感情。格雷⑥（他兼有密爾頓⑦的莊嚴、以及波普的優雅和韻，如果他的著作再多一點，那麼，所有可以使他成爲也許是英語首席詩人的條件，他就一樣也不缺了），據說因爲有人拙劣地模仿他，做了一篇無聊且無禮的打油詩，諷刺他的兩篇最出色的頌，而感到如此傷心難過，以致後來他未再嘗試創作任何有份量的作品。那些以所謂華麗的散文寫作自誇的文人，其敏感的程度也有幾分近似詩人。

相反地，數學家對於自己所發現的定理是否眞實無誤與重要，可以有最充分完整的自信，因此經常不在乎一般民眾對他們的發現會有什麼樣的反應或風評。我有幸結識的兩位

---

④ 譯注：Voltaire（一六九四～一七七八），法國哲學家與文學家。

⑤ 譯注：Alexander Pope（一六八八～一七四四），英國詩人，以諷刺性的史詩*The Dunciad*（有人譯爲《笨伯記》或《群愚史詩》）聞名於世。*The Dunciad*不僅嘲弄充斥於當時的學究式文人（特別是發表*Shakespeare Restored*影射波普所編輯的莎士比亞文集不夠精確的Lewis Theobald）與打油詩人，也嘲弄所有時代各種常見的德性與知性癡態（Dulness），例如，愛慕虛榮、善妒、野心與銅臭味。

⑥ 譯注：Thomas Gray（一七一六～七一），英國詩人。

⑦ 譯注：John Milton（一六〇八～一六七四），英國詩人，《失樂園》（*Paradise Lost*）的作者。

最偉大的數學家，而我相信他們是當代最偉大的兩位數學家，格拉斯哥（Glasgow）大學的羅伯辛普生博士（Dr Robert Simpson）與愛丁堡（Edinburgh）大學的馬太史都華博士（Dr Matthew Stewart），似乎毫不介意他們最有價值的一些工作成果遭到一般無知民眾的忽視。據說牛頓爵士（Sir Issac Newton）的巨著《自然哲學的數學原理》（*Mathematical Principles of Natural Philosophy*），被一般民眾冷落了好幾年。那位偉人心裡的寧靜很可能從未因這個緣故而有片刻的中斷。自然哲學家，就他們不受輿論影響而言，與數學家幾乎相同，對於他們自己的發現與觀察結果有什麼價值，他們自己的判斷也多少享有類似的安穩與寧靜。

這些不同領域的文人，有時候也許會因爲他們的作品涉及公眾評價的情況，有前述這種重大差異，致使他們個人的品性多少有所不同。

數學家與自然哲學家，由於不受輿論影響，很少會受到什麼誘惑去拉幫結派，以便抬高他們自己的聲勢，或打壓他們對手的名氣。他們幾乎總是最和藹可親與天眞率直的人，彼此和睦相處，友善對待彼此的名譽，不會耍弄陰謀詭計以博取公眾的掌聲。當他們的工作成果獲得讚許時，雖然會感到高興，但當他們遭到冷落時，也不會大爲惱火或發怒。

就詩人、或以所謂華麗的寫作自誇的那些人來說，情形並非總是如此。他們很容易因內鬨分割成若干所謂文藝陣營；每一陣營往往公然拚命詆毀其他每一陣營的名譽，要不然就幾乎總是會秘密地予以打壓；它們各自運用所有卑劣的陰謀詭計與勸誘伎倆，企圖拉攏或迷惑輿論，使其偏愛自己陣營內成員的作品，並鄙薄敵對陣營的作品。在法蘭西，波洛瓦[8]和拉辛[9]不認爲這麼做有損他們自己的人格：他們帶頭組成一個文藝幫派，首先用來打壓基諾[10]和裴羅特[11]的名譽，後來又用來打壓豐特奈爾[12]和拉莫特[13]的名譽，甚至以一種極不尊重

---

⑧ 譯注：Nicolas Boileau-Despreaux（一六三六～一七四〇），法國詩人。十七世紀下半葉與十八世紀初期法國文壇古典與現代論戰中，古典陣營的一名主將。

⑨ 譯注：Jean Baptiste Racine，參見前注[3]。

⑩ 譯注：Philippe Quinault（一六三五～一六八八），法國劇作家。十七世紀下半葉與十八世紀初期法國文壇古典與現代論戰中，現代陣營的一名主將。

⑪ 譯注：Charles Perrault（一六二八～一七〇三），法國詩人。十七世紀下半葉與十八世紀初期法國文壇的古典與現代爭論中，現代陣營的另一名主將。

⑫ 譯注：Bernard le Bovier de Fontenelle（一六五七～一七五七），起初致力於詩作與劇作，被認爲表現平平，後來以寫作散文抒發科學的人生意義而成名。

⑬ 譯注：Houdar de La Motte（一六七二～一七三一），法國詩人與劇作家。

的親狎態度對待個性善良的拉封丹⑭。在英格蘭，和藹敦厚的艾迪生⑮先生也不認爲，這麼做是他那溫和謙遜的品格所不應爲的：他帶頭組成一個臭氣相投的小幫派，以打壓波普⑯先生逐漸上升的名氣。豐特奈爾⑰先生，在敘述法蘭西科學院（這是一個由數學家與自然哲學家組成的學術團體）院士的生平與性格時，經常有機會歌頌他們和藹質樸的個性；他甚至在某篇頌詞裡指出，這種個性，在他們當中是如此普遍，以至於它應當是那一整群文人，而不是其中某個人的特性。達朗貝爾⑱先生，在敘述法蘭西學院（這是一個由詩人與華麗的文

---

⑭譯注：Jean de La Fontaine（一六二一～一六九五），法國詩人。Louis Racine所寫的他的父親Jean Racine的傳記，提到莫里哀（Moliere，一六二二～一六七三，法國演員與喜劇作家）曾經抗議拉辛等人嘲弄拉封丹，並且提到拉辛等人習慣稱拉封丹爲「濫好人」（le bonhomme），因爲拉封丹個性天眞率直。

⑮譯注：Joseph Addison（一六七二～一七一九），英國評論家、詩人與政治家。

⑯譯注：即Alexander Pope，參見前注⑤。

⑰譯注：參見前注⑫。Fontenelle於一六九九至一七四〇年間擔任法蘭西科學院的秘書，寫了六十九篇科學院院士葬禮的追悼文（Eloges des academiciens）。

⑱譯注：Jean le Rond d'Alembert（一七一七～一七八三），法國數學家、物理學家與天文學家，並且在哲學、音樂和社會活動方面也有很多建樹，於一七七二年起擔任法蘭西學院的常任秘書，著有《法蘭西學院的歷史與成員》（*Historie des members de l'Francise*）一書，其中有關於一七〇〇至一七七二年間逝世的法蘭西學院院士的追悼文。

藝作家，或那些被認爲是這種人的人，所組成的團體）成員的生平與性格時，似乎不是這麼經常有機會做出這樣的評論，而他也未曾想要主張，和藹可親是他所歌頌的那一群文人的特性。

我們對自己的優點感到不確定，以及我們渴望對自己的優點有正面的評價，這兩種心理因素加起來，自然足以使我們渴望知道，別人對我們的優點有什麼樣的意見；使我們在聽到正面的意見時，感到非常高興，並且使我們在聽到反面的意見時，感到非常傷心；但，它們不應該使我們渴望爲了博取正面的意見、或避免反面的意見，而使出陰謀詭計。當某個人賄賂了所有聽審的法官時，最爲全體一致的法庭判決，雖然可以爲他贏得訴訟，但絕不可能使他相信自己有理；如果他純然只是爲了弄清楚自己有理而進行訴訟的話，那他就絕不該去賄賂法官。但，雖然他希望發現自己有理，他同時也希望贏得訴訟；所以，他賄賂了法官。如果別人的讚美對我們無關緊要，除了證明我們自己值得讚美，那我們就絕不會費力以不正當手段博取讚美。雖然別人的讚美，對智者來說，至少在不確定的場合，重要性主要在於，它是我們值得讚美的證明；但，它本身終究也有些重要性，所以，（在這種場合，我們的確不能稱他們爲智者，而只能稱之爲）品格遠高於普通水準的人，有時候也會企圖以很不正當的手段，去博取讚美、或避免譴責。

讚美與譴責，顯示別人對我們的品行實際有什麼樣對應的感覺；值得讚美與應受譴責，則是指別人對我們的品行自然應當有什麼樣對應的感覺。喜愛讚美，就是渴望我們的同胞對我們產生好感。喜愛值得讚美，就是渴望使我們自己成爲那些好感的適當對象。到此爲止，這兩種心理因素彼此相關與近似。在害怕譴責和害怕應受譴責間，也有同樣的相關與近似。

一個渴望做出、或實際做出某一值得讚美之行爲的人，大概也會渴望得到該行爲應得的讚美，有時候也許還會渴望得到比應得的更多的讚美。這兩種心理因素或渴望，在這場合是混合在一起的。前一種心理因素對他行爲的影響究竟有多大，而後一種心理因素的影響又有多大，也許往往連他自己也不知道。對別人來說，則必定幾乎總是如此。那些存心把他的行爲價值貶低的人，主要、或完全把他的行爲歸因於他純粹喜愛讚美的心理，亦即，歸因於他們所謂純粹的虛榮心。那些有意對他的行爲給予較正面評價的人，主要、或完全把他的行爲歸因於他喜愛值得讚美的心理；亦即，歸因於他喜愛人的行爲中那種眞正高尚與尊貴的成分；歸因於他不單是喜愛得到同胞的讚美與嘉許，而是喜愛值得同胞的讚美與嘉許。旁觀者的想像投射在他行爲上的色彩，究竟是前一種、還是後一種，取決於旁觀者個人的思考習慣，或取決於旁觀者對他懷有好感、或惡感。

有些脾氣不好、憤世嫉俗的哲學家，在批判人性時，所秉持的心態和某些脾氣暴躁的人在批判彼此的行爲時如出一轍：他們把每一項應歸因於喜愛值得讚美的行爲，全都歸因於喜愛讚美，亦即，全都歸因於他們所謂的虛榮心。我在下面將有機會說明他們的一些理論，因此，我在這裡不想停下來討論它們⑲。

很少有人能夠在他們自己私密的心底裡完全相信，他們自己已經達到了或做到了他們所以對他人感到欽佩，並且認爲值得欽佩的那些品性或行爲；除非，在同一時候，他們具備那些品性或做成那些行爲的事實，獲得普遍承認；或者，換句話說，除非他們實際得到了他們自認爲他們的品性或行爲應該得到的讚美。然而在這方面，人們彼此的差異相當顯著。有些人似乎不在乎別人讚美他們，只要他們在自己心裡完全相信自己已經達到了值得讚美的境地。而其他人看起來似乎比較不關心他們自己是否值得讚美，倒是比較關心別人是否讚美他們。

不會有人完全滿足、甚或勉強滿足，他自己的所作所爲已避開了一切應受譴責的過失，除非他也實際避開了人們的譴責或非議。有智慧的人也許往往會忽視別人的讚美，甚至在他最應該受到讚美的時候；但在所有影響重大的事情上，他一定會極其小心謹慎、盡力節制他的作爲，以便不僅要避免犯下任何應受譴責的過失，而且也要盡可能避免被任何人怪罪譴責。他絕不會爲了避免他人的譴責，而做出任何他覺得應受譴責的事情；譬如，疏忽任何他應盡的責任，或錯過任何機會去做任何他覺得實在值得大大讚美的好事。但，雖然有前述這

⑲ 譯注：參見本書第七篇第二章第四節有關曼德維爾（Mandeville）的討論。

些修正，他還是會極其焦慮謹愼地避免遭受譴責。對是否受到讚美，即使是在行爲應受讚美的場合，露出焦慮不安的樣子，通常只是某一程度性格軟弱的標誌，很少是具有大智慧的標誌。但，在想要避免沾惹任何譴責或非議的陰影上身的那種焦慮當中，也許沒有任何軟弱的性格，而往往有最值得讚美的精明審愼。

西塞羅⑳說：「有許多人藐視讚美，不過，卻爲了不公正的譴責而傷心難過至極；這實在非常矛盾。」然而，此一矛盾現象，似乎是建立在一些最不可能改變的人性原理上。

無所不知的造物主就這樣教導人，要他尊重同胞的感覺與批判；要他在他們讚許他的作爲時，或多或少覺得快樂，並且要他在他們非議他的作爲時，或多或少感到痛苦。祂使人成爲，如果我可以這麼說的話，人類直接的審判官；在這方面，就像在其他許多方面那樣，祂仿照祂自己的形象創造了他，並且指派他在這世界上擔任祂的代理人，要他監督同胞的行爲。而他的同胞也天生被教導，要承認他被賦予的這種權威與審判，要在受到他責備時，或多或少感到羞愧難過，並且要在獲得他讚美時，或多或少覺得高興。

雖然人被造物主命爲人類直接的審判官，但他不過是初審的審判官而已；他的判決可以被上訴到某個地位遠爲崇高的法庭，亦即，上訴到被審判者自己的良心所主持的法庭，上訴

⑳ 譯注：Cicero（西元前一〇六～四三），羅馬政治家、哲學家與演說家。

到假想中那位公正且充分了解情況的旁觀者所主持的法庭，上訴到被審判者胸懷裡的那個人，那個在他們內心審判與裁決他們行爲的大法官所主持的法庭。這兩個法庭的審判權威所賴以建立的原理，儘管在某些方面相關且近似，然而，實際上卻是分明不同的。外面的那個人所擁有的審判權威，完全基於我們喜愛實際的讚美，以及厭惡實際的譴責。而心裡面的那個人所擁有的審判權威，則是完全基於我們喜愛自己值得讚美，以及厭惡自己應受譴責；亦即，基於我們渴望自己具備或做出我們所以對他人感到敬愛與欽佩的那些品性與行爲，以及基於我們害怕自己具備或做出我們所以對他人感到厭惡與鄙視的那些品性與行爲。如果外面的那個人爲了我們未曾做過的行爲，或爲了未曾影響過我們的動機而讚美我們，那麼，裡面的那個人就會立即貶抑這種毫無根據的喝采原先或許會導致的那種驕傲與陶醉的心理；他會告訴我們說，如果我們接受了我們自己知道不應受的讚美，那就會使我們自己成爲可鄙的人。相反地，如果外面的那個人爲了我們未曾做過的行爲，或爲了未曾影響過我們的動機而譴責我們，那麼，裡面的那個人也會立即糾正這種錯誤的評判，並且使我們安心相信，我們絕非那種如此不公正地加諸我們身上的譴責的適當對象。但，在這場合，以及在其他某些場合，裡面的那個人有時候彷彿是被外面的那個人的疾言厲色給嚇呆了似的。有時候朝我們身上傾瀉而來的譴責，聲勢宛若排山倒海，把我們分辨什麼是值得讚美、以及什麼是應受譴責的自然感覺能力，似乎全給震懾得痴呆麻痺了；這時，裡面的那個人所做的那些判斷，雖然也許不至於完全扭曲變形、或顚倒黑白，然而，那些判斷的堅定穩固性往往會受到如此劇烈的撼動，以至於它們確保我們內心寧靜的自然功效往往會大部分遭到摧毀。如果同胞好像全都大聲怒斥我們，我們將幾乎不敢赦免自己。如果所有眞實旁觀者全體一致、並且激烈地做出不利於我們的評判，則即便是假想中那位公正旁觀我們所作所爲的人，當他要做出於我們有利的評判時，似乎也將滿懷畏懼與躊躇；因爲那些眞實旁觀者的眼睛與立場正是他在評判我們的行爲時想要盡力採納的。在這樣的場合，胸懷裡的這個半神半人的旁觀者，看起來像是某些詩人筆下的那些半神半人那樣，雖然含有部分神的血統，不過，卻也含有部分人的血統。當他的評判堅定穩固地接受那種分辨什麼是值得讚美、與什麼是應受譴責的感覺指揮時，他的舉動似乎與他身上神的血統相配：但是，當他默默地忍受自己被無知與軟弱的旁觀者的批判聲給嚇呆了時，他便洩露出他與人類的血緣關係，他的舉動也就似乎比較合適他身上屬於人的那一部分血統，而比較不合適神的那一部分血統。

在這樣的場合，忍辱受苦的人唯一有效的慰藉，就在於上訴到某個地位更爲崇高的法庭，上訴到照見一切的上帝所主持的法庭，祂的眼睛絕不會被矇騙，祂的判決絕不會被扭曲。當他自己心靈軟弱與消沉時，當胸懷裡的那個人驚悚動搖時，或者說，當自然女神所豎立的那個不僅要在這塵世守護他的清白，而且也要守護他內心寧靜的偉大守護者驚悚動搖時，能夠支持他站起來的，唯有靠他對上帝法庭的正直無誤還懷有堅定的信心，相信在這法庭前，他自己的清白無辜時機一到就會獲得宣告，而他自己的美德最後也將獲得獎賞。我們在塵世的幸福就這樣，在許多場合，倚賴我們對來世的卑微希望與期盼：這是一個深植於人性的希望與期盼；唯有它能夠支持人性堅守自身尊嚴的崇高理念；唯有它能夠爲人性照亮那不斷逼近、難免一死的陰沉前景，並且在有時候由於塵世的混亂而使人性遭遇到的一切最嚴重的災難中，維持人性的開朗。有一則教條說，有一個來世，在那裡，每個人將受到嚴正公平的審判，凡是德行與知性眞正相同的人，都將被排列在一起、享有同等地位；在那裡，今生由於時運不濟而無緣展現的那些卑微的才能與美德的擁有者；那些才能與美德，在今生，不僅不爲一般民眾所知，而且連他本人也幾乎不可能確信自己擁有，甚至胸懷裡的那個人也幾乎不敢，就那些才能與美德，爲他做出任何清楚明白的證詞；然而，在那個來世裡，那一點點沒沒無聞的價值所享有的地位，將等同於、有時候甚至高於，那些曾在今生享有最高名望的人、那些曾在今生藉助於處境優越而得以完成最光輝燦爛與最炫目耀眼的豐功偉業的人；這教條，在各方面是這麼值得尊敬，是這麼具有使軟弱的心靈獲得撫慰的效果，是這麼具有討人喜歡、吹捧人性莊嚴偉大的效果，以至於每一個有品德、但不幸對該教條起疑的人，都免不了會極其認眞、焦急地想要相信它。若不是一些最狂熱的信徒，要我們相信的那種將在來世裡實施的賞罰分配，太常和我們整體的道德感直接背道而馳，否則該教條就絕不可能遭到反對宗教者的嘲諷與訕笑。

我們全都聽過許多值得尊敬、但心懷不平的年長軍官埋怨說，殷勤獻媚的弄臣時常比忠實賣力的官員更獲青睞；隨侍在旁阿諛奉承，往往是比功勞或貢獻更爲方便、也更爲穩當的晉升捷徑；在凡爾賽宮或聖詹姆斯宮㉑獻媚一次，時常抵得過兩次率軍赴德國或法蘭德斯浴血征戰。但，前述這種被認爲甚至會使軟弱的塵世君主大受譴責的行徑，卻被視爲完美的神明當有的正義之舉；祈禱皈依的勤務，公開與私下禮拜神明，甚至被某些才德兼備的人士描述成唯一有資格在來世獲得獎賞、或免受懲罰的美德。祈禱與禮拜也許是與他們的處境最相配的美德，而他們本身也的確主要以它們見長；並且我們全都傾向高估自己品行優點的價值。雄辯且富於哲理的馬西永（Massillon）㉒，在爲卡第納（Catinat）㉓兵團的軍旗進行祈福儀式時，宣讀了一篇講義，其中有這一段講給軍官聽的話：「各位紳士，你們的處境中最可歎的情況是，在艱難痛苦的一生中，你們的各種勞役與勤務有時候比最嚴苛的修道院裡的修行生活更爲嚴格與苛刻；可是，你們所受的苦總是無補於你們的來世，甚至往往也無濟於你們的今生。可歎啊！在小小的道庵裡獨居的修道僧，在他不得不折磨肉體與迫使肉體服從精神的過程中，有一個肯定會有報酬的希望在支持他，而使主基督的軛變軟的那種恩典

㉑譯注：指法國與英國的朝廷。

㉒譯注：Jean-Baptiste Massillon（一六六三～一七四二），著名的法國宮廷牧師，於一七一七年被任命爲Clermont-Ferrand主教。

㉓譯注：Nicolas de Catinat（一六三七～一七一二），法國將軍與元帥，以人道與溫和對待敗北的敵軍聞名。一七〇一年統率法軍在義大利與薩伏伊（Savoy）大公國的軍隊交戰。

也在暗中撫慰著他。但，你們呀，在臨終的臥榻上，你們膽敢向主基督訴說你們的勞累，以及你們每天工作上所遇到的艱辛？你們膽敢懇求主基督賜予任何報償？在你們曾經做過的一切努力中，在你們曾經對自己做過的一切折磨傷害中，有什麼是主基督應該納入考量的？然而，你們一生中最寶貴的光陰已經奉獻給你們的職業，十年的軍旅生涯磨損你們身體的程度，也許遠勝於一生懺悔與禁慾苦修。可歎啊！我的主內兄弟，那些受苦的日子，只要有一天是奉獻給主基督的，也許便已經爲你取得了永生的幸福。只要有一項行動，本質上是痛苦的，而且是奉獻給主基督的，也許便已經爲你取得了選入天堂的恩典。而你們實際所做的這一切，全都徒勞無益地爲了這一生。」

像這樣拿修道院裡無益的禁慾苦修，來和戰場上可以使人變得高貴的艱辛與危險相比；像這樣推定，在神的眼裡，修道院裡一天或一小時的苦修，比戰場上光榮奮戰一生更有價值，這無疑違背了我們全部的道德感，違背了自然女神要我們用來規範我們的輕蔑或讚美的那一切原則。然而，就是這種心態，一方面把天國留給了僧侶與修道士，或那些在言行舉止上和僧侶與修道士相似的人，而另一方面卻把地獄留給所有歷代的英雄，所有政治家與立法者，所有詩人與哲學家，所有那些曾經在各種有助於人類基本生存、生活便利、或品味提升的技藝方面，有過發明、改良、或表現卓越的人，所有守護人類、開導人類、與嘉惠人類的偉人；對所有這些人，我們那種分辨什麼是值得讚美的感覺，自然會迫使我們欽佩與讚美他們擁有最偉大的功勞與最高貴的美德。這麼奇怪地應用那一則最值得尊敬的教條，如果有時候會使它遭到輕蔑與嘲諷，至少遭到本身對虔誠與沉思的美德也許沒有多大興趣或癖好的那些人的輕蔑與嘲諷，我們能感到訝異嗎？

第三節　論良心的影響與權威

雖然在一些特殊場合，自己良心的讚許，很少能夠使軟弱的人感到滿足；雖然假想中那個公正的旁觀者，那個容身在胸懷裡的偉人的證言，未必總是能夠單獨撐起軟弱者的信心；不過，在所有場合，良心的影響與權威仍然是很大的；而且也唯有向心裡面這位判官請教，我們才可能適當看清與我們有關的一切事物的形狀與大小；或者說，我們才可能在我們自己的利益與別人的利益間，做出適當的比較判斷。

如同對我們身上的眼睛來說，不同的物體看起來是大、或是小，與其說按照它們實際的尺寸而定，不如說按照它們與我們距離的遠近而定；所以，對我們心中那所謂自然的心眼來說，不同的物體看起來是大、或是小，也是按照同一原則而定；而我們大抵也是按相同的方式，矯正這兩種感覺器官的缺陷。在我現在的位置，一大片廣袤的草坪、樹林與遠處起伏的山巒，似乎只不過剛好佈滿了我書桌旁邊那扇小窗戶，而顯然極其不成比例地小於我所在的房間。我絕不可能在那些龐大的物體和我身邊的小東西間，做出公正的比較，除非我把自己，至少在想像中，移到一處不同的地方，好讓我站在幾乎相同的距離去觀測它們，從而對它們實際的大小比例做出某個判斷。習慣與經驗已經把我教會了如此輕而易舉地隨時這麼做，以至於我幾乎感覺不到我在這麼做；任何人都必須在某一程度內熟悉視覺理論，才會徹底相信，要不是他在想像中，根據事先掌握到的一點點有關那些遠處物體實際大小的知識，從而把它們膨脹放大了，否則在他看來，它們將會是何等渺小。

同樣地，對人性中原始自私的熱情來說，我們自己一項極其微小的利益得失，重要性會顯得大大超過某個與我們沒有特殊關係的他人至感關切的利益，並且會在我們身上引起遠比後者所引起的更爲強烈的喜悅或悲傷，以及更爲熱烈的渴望或憎惡。只要我們一直從我們原始自私的立場來度量他人的各項利益，它們便絕不可能和我們自己的利益取得平衡，也絕不可能制止我們做出任何有助於增進我們自己利益的事，不論對他人造成多麼嚴重的傷害。在我們能夠對那些彼此相反的利益做出任何適當的比較判斷之前，我們必須改變我們自己的立場。我們在觀測那些彼此相反的利益時，絕不可站在我們自己的立場、或站在他的立場，也絕不可用我們自己的眼睛、或用他的眼睛，而必須站在某個第三者的立場，並且使用該第三者的眼睛；這個第三者，不管是和我們、或是和他，都沒有特殊關係，因此可以不偏不倚地在我們和他之間做出公正無私的評判。在這裡，習慣與經驗也已經把我們教會了如此輕而易舉地隨時這麼做，以至於我們幾乎感覺不到我們在這麼做；而在這場合，我們也需要稍微回想一下，甚至需要具備一定程度的哲理修養，才會相信，要不是有那種能夠分辨什麼是合宜與正當的感覺，矯正了我們的情感中原本自然的不對等關係，否則對於我們鄰居至感關切的事物，我們將會是何等不感興趣，以及對於關係到他們的一切事物，我們將會是何等無動於衷。

且讓我們假定，中國這個大帝國，連同它那些多到不可勝數的居民，全都突然被一次地震給摧毀與埋沒了；且讓我們思考某個富於人道精神的歐洲人，一個和那一部分世界毫無關聯的歐洲人，在得知這個可怕的大災難後，會有什麼樣的感受。我想，起初，他會非常強烈地表示，他爲那一群不幸的人所遭遇的厄運感到悲傷，他會做出許多關於人生無常與幸福危如累卵的憂鬱評論，他會哀嘆一切人類的辛勞成果宛如虛幻的泡影，竟然可以在霎時間被這樣消滅得無影無蹤。如果他是一個喜歡冥思遐想的人，他或許還會進行多方面的仔細推敲，評論這個大災難對歐洲的商業活動，乃至全世界的貿易與產業，將產生什麼樣的影響。當所有這種巧妙的理論推測結束了以後，當所有這些人道的情感已經表達得差不多了以後，他就會像往常那樣自在與平靜地繼續從事他的工作、或追求他的快樂，繼續他的酣睡、或他的消遣，彷彿沒有這種意外發生似的。最不足掛齒的霉運，如果有可能落在他身上的話，將會導致更多眞正的焦慮與不安。如果他將在明天失去他的一根小指頭，他今晚就會睡不著覺；但，即使有億萬個他的同胞滅亡，只要他從未見過他們，他仍將極其沉穩安心地呼呼大睡；那難以數計的一大群人毀滅，顯然好像是一件比他自己這個微不足道的不幸更不會引起他關注的事情。然則一個有人道精神的人，爲了阻止這個微不足道的不幸臨到他自己身上，是否願意犧牲億萬個同胞的性命，即使他從未見過他們？人性對這種想法感到深惡痛絕的震驚，而這世界，即使在最墮落腐敗的情況下，也從未產生過任何能有這種想法的惡棍。但，究竟是什麼造成了這個差異？當我們被動的感覺幾乎總是這樣齷齪與這樣自私時，我們行動時的情感原理怎麼會經常是這樣慷慨寬宏與這樣高貴呢？當我們對於任何牽涉到我們自身的得失總是這麼感受深刻，而對於任何牽涉到他人的得失總是這麼無動於衷時，究竟是什麼因素促使慷慨寬宏的人在所有場合，以及猥瑣卑鄙的人在許多場合，爲了他人的較大利益而犧牲了他們自己本身的利益呢？能夠如此對最強烈的自愛衝動給予反制的那股力量，不是輕柔的人道關懷，不是自然女神在人心中燃起的那一點朦朧微弱的慈悲火花。在這種場合發揮作用的，是一股比較強烈的力量，是一種比較有力量的動機。它是理智，是原則，是良心，是安住在胸懷裡的那個人，是我們心裡面的那個人，是我們行爲舉止的偉大判官與仲裁者。正是他，在每當我們即將做出影響他人幸福的舉動時，以一種能夠使我們最放肆冒失的激情吃驚的聲音，向我們呼叫，要我們注意我們自己只不過是芸芸眾生中的一員，在任何方面都不比芸芸眾生其他任何一員更爲重要；並且要我們知道，當我們這麼不知羞恥與這麼盲目地重視我們自己而不顧他人時，我們將變成怨恨、憎惡與詛咒的適當對象。只有從他那裡，我們才得以知道，我們自己，以及任何有關於我們自己的事物，事實上是多麼的渺小，而且也唯有這個公正旁觀者的眼睛，才能夠糾正自愛的心理自然會產生的各種與事實不符的扭曲。正是他告知我們，慷慨寬宏的合宜，以及不公不義的醜惡；正是他告知我們，爲了更爲重大的他人利益而放棄我們自己最大的利益，是合宜的，而對他人造成最小的傷害以便爲我們自己謀取最大利益，則是醜惡的。在許多場合，不是對我們鄰人的愛，也不是對人類的愛，促使我們奉行那些神聖的美德；而是一種比較強烈的愛，是一種更有力量的情感，普遍在這種場合發生作用；亦即，是因爲我們愛光榮與高貴的品行，是因爲我們愛我們自己的品行莊嚴、高貴與卓越。

當他人的幸福與否，在某方面，有賴於我們怎樣作爲時，我們不敢像自愛也許會暗示我們去做的那樣，把自己個人利益置於眾人利益之上。我們心裡面的那個人會立即呼叫我們，說我們太過重視我們自己而太過輕視別人，說我們這麼做會使我們自己變成同胞藐視與憤慨的適當對象。而這樣的情感，並不僅侷限於那些特別慷慨寬宏與特別有美德的人。它深深地打動每一個還算合格的士兵，這樣的士兵會覺得，他將變成軍中同袍輕蔑鄙夷的對象，如果他被認定會畏怯危險，或被認定，當軍隊整體的利益需要他去冒險犯難或捨棄性命時，他會猶豫不前。

任何人絕不可以這樣看重他自己而不顧其他任何人，以至於爲了使他自己獲益而去傷害或損害他人，即使他自己所獲得的利益，遠大於他人所遭到的傷害或損害。窮人絕不可以詐騙或竊盜富人的任何財物，即使取得這財物對窮人有益的程度，遠大於損失這財物對富人所造成的傷害。在這場合，心裡面的那個人也會立即呼叫他，說他並不比他的鄰人更爲重要，說這樣不公正地偏愛自己，將會使他成爲人類藐視與憤慨的適當對象，以及成爲這種藐視與憤慨勢必使人們想要施加的那種懲罰的適當對象；因爲他這樣做已經違反了，若要維繫人類社會的安全與和平，社會成員就必須相當遵守的那些神聖規則中的某一條規則。不會有普通誠實的人，不覺得這種行爲內在的恥辱，以及這種行爲將永遠烙印在自己心中的那個不能消除的污點，比完全不是由於自己的過失，但可能臨到自己身上的最大外來災難更爲可怕；不會有普通誠實的人，沒在心坎裡感受到下面這一則偉大的斯多亞學派的格言所蘊含的眞理：一人不正當地剝奪另一人的任何東西，或不正當地憑藉另一人的損失、或不利的處境以增進他自己的利益，是比死亡、比貧窮、比痛苦、比各種可能影響他身體或處境的不幸，都更違背天理的事情。

沒錯，當他人的幸福與否，無論在哪方面，都不受我們行爲的影響時；當我們的利益和他們的利益完全分離，以至於在這兩種利益間既沒有關聯、也沒有競爭時，我們未必總是認爲，這麼有必要克制我們對我們自己的事務所感到的那種自然而且也許不適當的焦慮，或這麼有必要克制我們對他們的事務所感到的那種自然而且也許同樣不適當的冷漠。只要有最粗俗低級的教育，便可教會我們，在所有重要場合，秉持某種公正的態度對待我們自己和他人；甚至尋常的塵世商業買賣關係，也能夠把我們行動時的情感原理，修正調整到具有某一程度的合宜性。但，曾經有人說，唯有最爲矯揉造作與最爲精細講究的教育，才能夠矯正我們被動的情感中種種的不公平；而且也有人曾經宣稱，若想達成這個目的，就必須倚賴最嚴格的，以及最深奧的哲學訓練。

有兩派不同的哲學家試圖教導我們學習所有道德課程中最困難的這一課。其中一派努力想要增強我們對他人利益得失的感覺能力；另一派則努力想要減弱我們對自己利益得失的感覺能力。第一派哲學家要我們同情他人的程度，就像我們自然同情自己那樣。第二派哲學家要我們同情自己的程度，就像我們自然同情他人那樣。這兩派哲學家也許都已經把他們的學說，推展到大大超越自然合理與合宜的標準。

屬於第一派的是那些滿腹牢騷與鬱鬱不樂的道學家，他們始終不斷責備我們的幸福，說還有這麼多同胞仍過著悲慘的生活；他們認爲，我們成功時自然覺得的喜悅是邪惡的，因爲這喜悅沒想到每一刻都還有許多可憐人在各種悲慘的境遇中受苦，譬如，在貧困中煩惱消沉，在疾病中痛苦掙扎，在死亡的陰影下恐懼顫慄，及在敵人的侮辱與壓迫下過著水深火熱的生活。他們認爲，對種種悲慘的境遇感到憐憫，應該會使所有幸運者的快樂熄滅，並且使所有人類習慣於維持某種憂鬱沮喪的心情；儘管那些悲慘的境遇，我們從未見過，也從未聽過，我們卻無疑可以相信，它們隨時都在蹂躪許許多多我們的同胞。但，首先，這種對我們一無所知的不幸感覺到的同情，似乎極端到完全荒謬與不合理。拿全世界平均來說，我們每遇到一位蒙受痛苦或不幸的人，便找得到二十位成功快樂的人，或至少是處境還過得去的人。毫無疑問地，沒有任何理由，說我們應該和那個受苦的人一起哭泣，而不應該和另外那二十個人一同歡樂。其次，這種不自然的憐憫，不僅荒謬，而且也似乎全然不可能修行得到；那些假裝這種性格的人，通常只不過是在表面上裝出某種多愁善感的悲傷模樣，而心坎裡則完全不是那麼一回事，所以，他們那種虛假的憐憫，只不過使他們的臉色和對話顯得不適當地陰森與令人不愉快罷了。最後，這種德性，即使修行得到，也完全無濟於事，只會使具有這種德性的人心情悲傷而已。那些與我們素不相識或毫無關係，而且全然處在我們活動範圍外的人，無論我們怎樣關心他們的命運，都只會使我們自己心裡乾著急，對他們卻沒有任何實際幫助。我們爲月球上的世界感到煩惱有啥用呢？所有人類，即便是那些與我們距離極遙遠的人類，無疑都有資格獲得我們的祝福，而我們也自然會給予他們祝福；但，儘管如此，在他們遭逢不幸時，爲他們的不幸感到焦急不安，似乎不是我們應盡的義務。所以，那些我們幫助不到、也傷害不到的人，那些在各方面都距離我們如此遙遠的人，我們對他們的命運幾乎不怎樣關心，似乎是自然女神一個賢明的安排；我們要在這方面改變原來的心性，即使辦得到，也不可能因這種改變而獲得什麼好處。

從來沒有人批評我們，說我們對他人成功時的喜悅太過缺乏同情。只要妒忌沒有從中作梗，我們對成功者反而往往懷有失之過分的好感；同一派道學家，除了責備我們對不幸者缺乏足夠同情外，也責備我們往往太過輕率地欽佩、乃至幾乎五體投地地崇拜，那些幸運的人，有權勢的人，以及有錢的人。

另一派道學家，致力於減弱我們固有的那種，對與我們自身利害有特殊關係的事物，特別有感受的能力，以矯正我們被動的情感中種種自然的不公平；我們可以把古時候所有門派的哲學家都算進去這一派，特別是古時候的斯多亞派哲學家。根據斯多亞派哲學家的觀點，人應該把他自己視爲，不是某種獨立分離的個體，而是這世界的一個公民，是這浩瀚的大自然共和國當中的一個成員。爲了這個偉大的共同生活體的利益，他應該隨時甘願犧牲他那渺小的自我利益。他自身的利害得失，對他的情感所造成的影響，不應該大於這個浩瀚體系其他任何同等重要成員的利害得失，對他的情感所造成的影響。我們不應該以我們自私的激情動輒會對我們採取的那種眼光來觀看我們自己，而應該以這世界上其他任何一個公民會採取的那種眼光來觀看我們自己。發生在我們自己身上的那些利弊得失，我們應該視同宛如發生在我們的鄰人身上，或者換句話說，我們應該像我們的鄰人那樣看待發生在我們身上的利弊得失。艾彼科蒂塔斯㉔說：「當我們的鄰人失去他的妻子或他的兒子時，不會有誰不覺得這是一件人生固有的災難，一件完全按照常理發生的自然事件；但是，當同樣的意外發生在我們自己身上時，我們卻大聲哀嚎，彷彿我們蒙受了最可怕的不幸。然而，我們應該回想，當這意外發生在他人身上時，我們的情感是怎樣受影響的，而如果那時候我們的情感是那樣，則在這意外發生在我們自己身上時，我們的情感也同樣應該是那個模樣。」

有兩種不同的私人不幸，很容易使我們的情感逾越合宜的界限。屬於第一種的，是那些只間接影響到我們的不幸，這種不幸先影響到某些和我們特別親愛的人，譬如，我們的父母、我們的孩子、我們的兄弟姊妹、或我們的密友。屬於第二種的，是那些直接影響到我們

㉔ 譯注：Epictetus，約生於西元五〇年，約卒於一二〇年，希臘斯多亞學派的哲學家。

自己的身體、財富、或名譽的不幸，譬如，痛苦、生病、瀕臨死亡、貧窮、恥辱等等。

當遭遇到前述第一種不幸時，我們的情感無疑可能大大逾越嚴格的合宜性所容許的界限；但，我們的情感也同樣可能沒達到合宜的標準，而事實上也常常出現這樣的情況。一個人爲他自己的父親、或兒子的死亡或苦難，所感覺到的悲傷，如果沒有多於他爲其他任何人的父親、或兒子的死亡或苦難，所感覺到的悲傷，那他就會顯得既不是一個好兒子、也不是一個好父親。這樣不自然地不關心自家人，非但不會贏得我們的讚賞，反而會招來我們最強烈的非議。然而，在各種親屬的情感當中，有一些很容易因爲流於過分而惹人不快，而其餘則比較容易因爲失之不足而惹人不快。自然女神，爲了最爲賢明的目的，使父母對子女的溫柔慈祥，在多數人類身上，甚至也許是在所有人類身上，成爲一種比子女對父母的孝心更爲強烈的情感。人類的延續與繁衍完全倚賴前一種情感，而不倚賴後一種情感。在平常場合，孩子的生存完全倚賴父母的呵護。而父母的生存則很少倚賴孩子的呵護。所以，自然女神使前一種情感變得如此強烈，以至於它通常是不需要鼓舞，而是需要節制的；道學家很少致力於教誨我們，要如何對我們自己的子女，放縱我們的溺愛，放縱我們的過分眷戀，或放縱我們傾向在我們自己的子女與他人的子女之間給予前者不正當的偏袒，反而經常教誨我們要如何壓抑那樣的溺愛、眷戀與偏袒。相反地，他們勸勉我們要敬愛孝順我們的父母，而且要在他們年老時，適當地報答他們在我們的青幼年時期給予我們的親切呵護。十誡中，有戒條命令我們尊敬父母，卻沒有戒條提到我們必須愛我們的孩子。自然女神早已把我們充分準備好，去完成後面這一項任務。很少有人被指責，說他們假裝比實際更溺愛他們的子女。他們有時候倒是被懷疑，太過虛有其表地賣弄他們對父母的孝順。基於同樣的理由，寡婦誇張的悲傷，也被懷疑缺乏眞誠。這種親切的情感即使過分，如果我們能相信它的眞誠，我們也會給予尊敬；而即使我們可能不完全讚許它過分，我們也不至於會嚴厲譴責它。這種過分親切的情感看起來是值得讚揚的，至少在那些假裝這種情感的人看來，是值得讚揚的，而假裝本身就是這種看法的一項證明。

甚至過分顯現那些很容易以它們的過分而惹人不快的親切情感，雖然看起來該受責備，但絕不會令人討厭。我們責備為人父母者對孩子的溺愛與焦慮，怪罪這種溺愛與焦慮，除了一方面使為人父母者極端煩惱外，最後也很可能變成對孩子有害；但，我們很容易原諒這種溺愛與焦慮，絕不會對它感到怨恨或憎惡。但，欠缺這種通常流於過分的情感，卻總是顯得特別討厭。一個看起來對他自己的子女，不僅漠不關心，反而在所有場合都以不該有的嚴厲與粗暴對待他們的人，似乎是所有討厭的人當中最可憎的那種人了。合宜感絕對沒有要求我們，完全根絕那種自然會促使我們對最親近的那些人的不幸，感觸良深的特殊感覺能力；這種感覺能力的欠缺，反而遠比它的過分發達，更可能違逆合宜感。在這種場合，斯多亞學派的那種冷淡絕不適宜，而所有用來支持它的那些形而上的玄學詭辯，除了使紈袴子那種鐵石心腸變本加厲到十倍於其天生的麻痺與不適宜之外，很少會有什麼其他作用。某些擅於描寫愛情與友誼、以及所有其他私人與家庭情感細膩美妙之處的詩人與傳奇小說作家，例如，拉辛[25]、伏爾泰[26]、李察遜[27]、毛利渥克斯[28]、李科鉢尼[29]等人，在這方面，和季諾[30]、克里希布斯[31]、或艾彼科蒂塔斯[32]等斯多亞派哲學家相比，是更好的老師。

那種有所節制地同情他人的不幸，而又不至於使我們無法履行任何責任的感受能力；譬如，我們對亡友感到的那種憂鬱與深情的思念；如同格雷所寫的那種「暗裡爲珍愛者悲傷所帶來的刺痛感」[33]；絕非一些不愉快的感覺。雖然它們外表呈現痛苦與哀傷的容貌，它們內

㉕ 譯注：見前注③。

㉖ 譯注：見前注④。

㉗ 譯注：Samuel Richardson（一六八九～一七六一），英國著名的書信體小說作家。

㉘ 譯注：Pierre Maurivaux（一六八八～一七六三），法國喜劇和小說作家。

㉙ 譯注：Marie-Jeanne Riccoboni（一七一三～九二），法國著名的書信體小說作家。

㉚ 譯注：Zeno of Citium（西元前三三三～二六二），希臘哲學家，斯多亞學派的創始者。

㉛ 譯注：Chrysippus（西元前二八〇～二〇七），希臘哲學家，斯多亞學派的第三代領袖（西元前二三二～二〇七）。

㉜ 譯注：見前注㉔。

㉝ 譯注：出自英國詩人Thomas Gray（一七一六～七一）所寫的*Epitaph on Mrs. Clerke*，原文爲'A pang, to secret sorrow dear'。該句應爲'A pang, dear to secret sorrow'的詩韻倒裝。

裡全都銘刻著使人高貴的美德與自許的特徵。

那些直接影響到我們自己的身體、財富、或名譽的不幸，情形就不同了。在這方面，我們的過分敏感，遠比我們的欠缺感覺，更容易觸犯合宜感，而只不過在很少的幾個場合，我們才有可能犯了太過於接近斯多亞學派的那種冷淡與無動於衷的過失。

我曾在前面指出，對任何源自身體的情感，我們很少會有什麼同情感[34]。某個明顯的原因所導致的那種痛苦，例如，肌肉割傷或撕裂，也許是那種會使旁觀者興起最生動同情的身體感受了。其次，鄰人瀕臨死亡，也很少不會大大觸動旁觀者的情感。然而，在這兩種場合，和當事人所感覺到的相比，旁觀者的感觸是這麼的微弱，以至於當事人絕不可能因爲在蒙受痛苦時，看起來太過於輕鬆自在，而違逆了旁觀者的情感。

單單缺乏財富，或只不過是貧窮，不會引來多少同情。窮人的牢騷，經常是輕蔑，而不是同情的對象[35]。我們瞧不起乞丐，雖然他死皮賴臉的哀求也許可以從我們身上敲詐到一些施捨，但他絕對很少是我們眞正憐憫的對象。至於從富裕墜入貧窮，由於這變化通常會給當事人帶來最爲眞實的苦惱，所以，它很難得不會在旁觀者身上引起最爲眞誠的憐憫。以目前

[34] 譯注：參見本書第一篇第二章第一節。

[35] 譯注：參見本書第一篇第三章第三節第一段。

的社會狀態來說，雖然若不是當事人本身犯了某些過失，而且還是某些相當嚴重的過失，否則這樣的不幸是不太可能發生在他身上的；然而，他幾乎總是受到這麼多憐憫，以至於他很少被容許墜入最貧窮的狀態；反而通過朋友的協助，而且往往還獲得那些原本有很好理由埋怨他行徑魯莽的債權人寬容，使他幾乎總是得以維持某種雖然卑微、但還算過得去的平凡生活。對遭逢這種不幸的人，我們也許會輕易原諒某種程度的軟弱；可是，那些帶著最堅定不移的臉色，以最輕鬆自在的神情調整他們自己以適應新處境，那些似乎不會因為財富的改變而覺得丟臉，那些似乎不以他們的財富，而是以他們的品行支撐他們的社會地位的，總是最受我們讚許的人，而且一定會博得我們最高與最誠摯的欽佩。

在所有可能對一個清白無辜者的情感直接造成影響的那些外來的不幸當中，莫須有的名譽損失無疑是最大的不幸；因此，對所有能夠引起這種大不幸的事情，展現出相當程度的敏感，未必總是顯得難看、或令人覺得不愉快。當一位年輕人怨恨任何人，對他的品行、或他的名譽，胡亂施加不公正的汙辱時，即使這怨恨稍微過於激烈，我們也往往會因此而更加尊重他。一個清白的年輕淑女，為了某些關於她的無稽流言，而感到痛心蹙眉的神情，往往顯得十分惹人愛憐與可親。那些年紀比較大的人，由於對塵世的愚蠢與不公不義已有長期經驗，已經學會了對世人的非議或讚揚採取不理不睬的態度；他們忽略或藐視他人的造謠毀謗，甚至不願意紆尊降貴，顯現任何真正的忿怒，去抬高那些無聊造謠者的身價。這種冷漠的態度，完全建立在年紀比較大的那些人對自己經過多次磨練與屹立不搖的品格有堅定的自信心，然而並不適合出現在年輕人身上，因爲後者既不可能、也不應該有任何這樣的自信心。這種冷漠的態度，如果出現在年輕人身上，或許會被認爲是在預示，當他們年紀變得比較大時，對眞正的榮辱，將會有一種非常不適當的冷感。

就所有其他直接影響到我們自己個人的不幸來說，我們很少會因爲顯得太過無動於衷而觸怒了什麼人。我們時常感到愉快與滿足地回想起我們對他人的不幸頗有感覺能力。但，當我們回想起我們對自己身遭的不幸的感覺能力時，很少不會帶著幾分羞愧㊱。

如果我們仔細檢視日常生活中遇到的各種不同程度與等級的軟弱與自我克制，就很容易弄清楚，我們這種對被動的情感不公平程度加以克制的能力，必定不是從某種模稜兩可的辯證法所演繹出來的那些深奧難懂的理論中學到的，反而必定是來自於自然女神，爲了使我們學得這種、以及其他每一種美德，所確立的那個偉大的訓練法，訓練我們對那個眞實的、或假想的旁觀者的感覺，要有所顧慮。

㊱ 譯注：要了解這兩句似乎過於簡略的陳述的意思，讀者也許必須特別注意，那個回想起我們的感覺能力的「我們」有雙重的身分；它除了是回想的主詞之外，更是作爲回想者的我們的旁觀者；正在進行回想的「我們」覺得滿足或羞愧，取決於作爲旁觀者的「我們」對我們的感覺是否同情，或者說，取決於作爲旁觀者的「我們」的感覺是否和作爲回想者的「我們」的感覺一致。

一個年幼的小孩全無自我克制能力；無論他有什麼樣的情感，不管是害怕，是苦惱，或是生氣，他總是盡力藉由激烈的哭鬧，盡他所能地喚起他的保姆、或他的父母對他的注意。當他還在接受這些偏愛他的保護者看管時，他的怒氣是第一種，而且也許是唯一的一種，他被教導要加以節制的激情。他們時常爲了讓自己得以過得輕鬆自在些，不得不藉助噪音與威脅把他嚇到恢復平靜；這時，刺激他進行攻擊或搗亂的激情，受到那種提醒他必須注意自身安全的激情的節制。當他大到可以上學的年齡，或大到可以和同輩一起玩耍的時候，他很快就發現他們對他可沒有縱容的偏愛。他自然希望獲得他們的好感，並且希望避免他們的怨恨或藐視。甚至對他自身安全的顧慮也會教他這麼做；而他很快便發現，他沒有其他辦法可以做到這一點，除了不僅要把他的怒氣，而且也要把他的所有其他情感，節制到他的玩伴與同夥好像會覺得愉快的程度。他於是踏入了偉大的學習自我克制的學校，他學習變得越來越能克制他自己，並且開始要求他自己的情感遵守某種紀律，一種最爲長久的畢生修煉也很少足以學到十全十美的紀律。

在所有私人不幸的場合，譬如，在痛苦，在生病，或在悲傷的時候，最爲軟弱的人，當他的朋友，而更加肯定的是，當某個陌生人來拜訪他的時候，會立即想到他們對他的處境很可能會有的那種見解。他們的見解會轉移他對自己的見解的注意；他的胸懷，在他們和他晤面的那一刻，便多少會平靜下來。這效果是瞬間產生的，而且彷彿是機械反應那樣；但，在一個軟弱的人身上，這效果並不持久。他對自己的處境所持的見解，很快又返回到他身上。他像以前那樣縱容自己，恣意地嘆息、流淚、與慟哭；並且像一個尚未上學的孩子那樣，盡力想要在他自己的悲傷和旁觀者的同情之間製造出某種協調感，但不是通過節制他自己的悲傷，而是通過纏擾不休地要求旁觀者多給他一點同情。

在一個比較堅定的人身上，這效果稍微比較持久些。他會盡他所能地努力，專心採取訪客對他的處境很可能會採取的那種見解。同時，他會感覺到，他們在他這樣保持心情平靜時，對他懷有的那種敬意與讚許；雖然他新近遭受某一嚴重不幸的壓力，可是他爲自己感到的憐憫，看起來並沒有多於他們實際爲他感到的憐憫。他通過與他們的讚許同感共鳴而讚許起自己來，並且爲自己鼓掌喝采；他從這感覺中獲得的那種快樂支持了他，使他得以更從容地繼續這種寬宏大度的努力。在大多數時候，他會避免提及他自己的不幸；而他的訪客，如果他們的教養還算良好的話，也會留意避免說出任何話語使他想起他的不幸。他會以他平常採取的方式，並且在一些不相干的主題上，盡力娛樂他們；或者，如果他覺得自己夠堅強，足以嘗試提及他自己的不幸的話，他會盡力以他認爲他們能夠談論它的那種方式來談論他自己的不幸，他甚至會盡力使自己對這不幸的感觸，不會比他們能夠感觸到的更爲強烈。然而，如果他尚未十分習慣於自我克制的嚴苛紀律，他將很快厭倦這樣拘束自己。訪客逗留太久會使他感到筋疲力盡；而在訪客逗留期間的末了，他經常差一點就會做出，他在訪客離去的那一刻肯定會做出的那種動作，即放縱他自己的軟弱，表現出過分悲傷時的所有模樣。現代所謂優良的禮貌，對人性的軟弱極端縱容，因此，在某段期間內，禁止陌生人拜訪那些遭逢重大家庭變故的人，而只允許至親好友去拜訪他們。人們以爲，與後者晤面使當事人感到的拘束，要比與前者晤面時來得少些；因爲當事人有理由期待後者給予較爲寬容的同情，所以，比較能夠從容地適應後者的感覺。一些秘密的仇家，自以爲他們的這種身分尚不爲人所知，時常喜歡像最親密的摯友那樣盡早假慈悲之名登門弔慰。在這種場合，即使是世上最爲軟弱的人也會盡力保持他那剛毅的面容，並且出於對他們的惡意感到忿怒與輕蔑，會盡他所能地表現出一副極其愉快自在的模樣。

一個眞正剛毅堅定的人，一個賢明正直的人，一個被這一所自我克制的偉大學校徹底培育出來的人，一個在這個熙來攘往、追逐名利的塵世中，也許經歷過黨派鬥爭的歪曲與不義，經歷過戰爭的苦難與危險的人，在所有場合，對自己被動的情感，都保有這種克制力量；無論是獨自一人離群索居，或是在紅塵中送往迎來，他表露出幾乎相同的臉色，並且懷著幾乎同樣的心情。成功也好，失望也罷，在順境中也好，在逆境中也罷，在朋友面前也好，在敵人當前也罷，他時常不由自主地保持這種剛毅不拔的男子漢氣概。他從來不敢有一刻忘記公正旁觀者對他的情感與舉止將會做出的那種審判。他從來不敢委屈胸懷裡的那個人片刻沒得到他的注意。他總是習慣以這位駐在他心中的偉人的眼光，來看待一切關係到他自己的事物。這習慣對他來說已經變得十分熟悉親密。他經常不斷地練習，而事實上，他也不由自主地練習，不僅以這位可畏與可敬的判官爲榜樣，塑造、或盡力塑造他自己外在的行爲舉止，而且也盡他所能地，甚至以那位判官爲榜樣，塑造、或盡力塑造他自己內在的情感。他並非僅僅假裝懷有那個公正旁觀者的情感。他眞的採納了這種情感。他幾乎完全認同那個公正的旁觀者，他自己幾乎變成是那個公正的旁觀者，他的所有感覺，甚至很少不是遵照那個偉大的行爲裁判者所給的指示那樣去感覺的。

在這種場合，每一個審視自身行爲的人，所感到自我讚許程度的高低，完全與獲得那自我讚許所需的自我克制程度成正比。如果不太需要自我克制，那也就不該獲得很高的自我讚許。只是稍微擦傷自己手指頭的人，即使他立刻顯得已經把這個不足掛齒的不幸給忘記了，也沒有什麼資格讚揚他自己。一個被砲彈炸斷腿的人，如果其言行在片刻之後便恢復從前慣有的沉著冷靜，由於發揮了更高程度的自我克制，所以自然感覺到更高程度的自我讚許。就大多數人來說，當遭遇到這種意外時，他們私自對自己的不幸自然會有的那種見解，將會自動闖進他們的心房，給它塗上一層濃烈生動的色彩，把所有其他見解的念頭全都覆蓋掉。他們將感覺不到，也不可能注意到其他什麼東西，除了自己的痛苦與恐懼；不僅他們胸懷中那個理想旁觀者的評判，即使湊巧就在他們眼前的那些眞實旁觀者的評判，也將完全被他們忽略與漠視。

對於我們遭逢不幸時的卓越行爲，自然女神所給予的獎賞，於是完全與該行爲的卓越程度成正比。只要自我克制的程度相埒，她對痛苦與危難時的辛酸可能給予的唯一補償，也就完全和那痛苦與危難的程度成正比。征服我們的自然感覺所需的自我克制程度越高，這種征服所帶來的快樂與驕傲也就相對越大；這種快樂與驕傲的感覺是這麼的棒，以至於完全享受它們的人絕不可能全然不快樂。悲慘與不幸絕不可能進入完全自足的胸懷；斯多亞派的哲學家說，在遭逢像前述那樣的意外時，一個智者所感到的幸福，和他在其他任何情況下所可能感覺到的幸福，在每一方面，是不會有兩樣的；雖然這說法也許有點言過其實，但不可否認的是，完全享受他自己的自我讚揚，即使無法徹底消除他感覺到自己的不幸，至少也會大大減輕他感覺到的痛苦。

在這種一陣一陣突然襲來的苦惱感覺中，如果允許我這麼形容那些苦惱的話，我想，最爲賢明堅定的人，爲了保持他自己的平靜，也不得不做出重大，乃至痛苦的努力。他對自己的苦惱自然會有的那種私自的感覺，他對自己的處境自然會有的那種私自的見解，重重地壓迫著他，倘使不做出很大的努力，他便不可能專心採取那位公正旁觀者的感覺與見解。有兩種見解同時呈現在他的心田裡。他的榮譽感，他的自尊心，指示他全心全意採取其中一種見解。他自然的感覺，他的未經教誨與未經訓練的感覺，則不斷地把他的注意力拉向另一種見解。在這種場合，他不完全向胸懷中那位理想的人物認同，他還沒有完全變成公正旁觀自己行爲的人。這兩種不同見解，涇渭分明地並存在他的心裡，每一種見解都指示他做出和另一種見解的指示不同的行爲。當他遵循榮譽感與自尊心所指示的見解時，自然女神的確不會讓他沒有報酬。他會完整享有自己所給予的自我讚許，以及每一個坦率與公正的旁觀者將給予的讚揚。然而，根據她所定下的那些不變法則，他仍將蒙受痛苦；她所賜予的報酬，雖然相當可觀，卻不足以完全彌補那些法則所施加的痛苦。而如果足以彌補，那也不適當。如果她所賜予的報酬足以完全彌補那些痛苦，那麼，他便不會有什麼自利的動機去避免發生意外，即使這意外勢必減少他對自己、以及對社會的有用性；所以，自然女神的意思，基於她那像父母般對他個人、以及對社會的關懷，是要教他戒慎恐懼地提防發生所有這種意外。所以，他蒙受痛苦，並且在突發的痛苦掙扎中，儘管他不僅在神色上維持住剛毅，而且在判斷上維持住沉著冷靜，但要做到這些，卻需要他付出最大限度與最爲累人的努力。

然而，根據人性構造的原理，痛苦絕不可能持久；如果他熬過了一陣子痛苦，他很快便可不費吹灰之力地恢復享受他平常的寧靜。一個裝有一支木製義肢的男人，無疑蒙受了一種非常重大的不便，並且預見自己肯定會在餘生中繼續蒙受這種不便。然而，他很快便會完全像每一個公正的旁觀者那樣看待他自己的義肢；亦即，把它看成是一種並不會妨礙他享受所有平常獨處與社交樂趣的不便。他很快便向他胸懷中那位理想的人物認同，他很快就變成公正旁觀他自己處境的人。他不再哭泣，他不再嘆息，他不再像一個軟弱的人起初也許偶爾會感到的那樣，爲他自己的處境感到苦惱或悲傷。對於那位公正旁觀者的見解，他已變得如此徹底習以爲常，以致即使無須任何努力，更不用說盡力，他也絕不會想到要以其他任何見解，去審視他自己裝有義肢的不幸。

對所有人類來說，不管他們的永久處境變成什麼模樣，他們必然遲早會適應他們的永久處境；此一屢試不爽的必然性，也許會促使我們認爲，斯多亞派的哲學家至少在這一點上幾乎是完全正確的；亦即，在某一永久處境和另一永久處境間，就眞正的幸福來說，並沒有任何根本的差異；或者說，即使有什麼差異，那也不過剛好足以使某些永久處境成為單純選擇、或偏好的對象，但不至於使那些處境成為任何認眞或急切渴望的對象；同時使其他一些永久處境成為單純捨棄的對象，當作合適擱置在一旁、或規避的東西，但不至於使它們成為任何認眞或急切反感的對象。幸福在於心情的平靜與愉快。心情沒有平靜，便不可能有愉快；只要心情完全平靜，幾乎沒有什麼東西，不會令人覺得有趣。但，在每一種永久處境中，由於預期沒有改變，每一個人的心情，經過或長或短的一段時間後，便會回歸到它那自然與平常的平靜狀態。在順境中，經過一段時間後，它便會回跌到那個狀態；在逆境中，經過一段時間後，它也會上升到同一狀態。時髦且輕佻的羅如恩伯爵，被關在巴士底監獄裡一人獨處，經過一段時間後，便恢復足夠平靜的心情，能夠以餵養蜘蛛自娛㊲。一顆更為充實的心靈，也許不僅會更快恢復平靜，而且也會更快在它自己的思想中找到某種更好的點子自娛。

㊲ 譯注：Antonin Nompar de Caumont, comte de Lauzun（一六三三～一七二三）。這位仁兄據說曾因追求年紀比他大好幾歲，而且地位也高他好幾階的法王路易十四的堂姐為妻，而觸怒路易十四，以至於一六六五年被關在巴士底監獄裡長達六個月。一六八九年，他又因選擇結交不適當的女朋友而再一次被路易十四關進巴士底監獄。一六七一至一六八一年，他因為追求某位不該由他追求的富有的女繼承人，而被關在法國人占領的義大利Piedmont的Pinerolo要塞長達十年。

人生中的不幸與情感失調，似乎主要源自過度高估各種永久處境彼此之間的差別。貪心，過度高估貧窮與富裕之間的差別；野心，過度高估私人職位與公共職位之間的差別；虛榮心，過度高估沒沒無聞與聲名遠播之間的差別。一個醉心於任何這些過度熱望的人，不僅在他實際的處境中是不幸的，而且也往往想要擾亂社會的平靜，以便達到他癡心羨慕的處境。然而，最微不足道的觀察或許便可使他確信，一顆善良的心靈，在人生所有不同的平常處境中，可以是同等平靜的，同等快活的，同等滿足的。沒錯，有一些處境也許比其他處境更值得我們偏愛；但，絕對沒有什麼處境值得我們以這麼一種激烈的熱情去追求，以至於使我們違背了審愼或正義的法則；或者說，使我們葬送了我們未來心靈的平靜，使我們在回想起自己的愚蠢時感到羞愧，使我們由於厭惡自己的不公不義而感到極爲後悔。每當審愼的法則沒有指示我們，而正義的法則也不容許企圖改變我們的處境時，一個執意企圖改變處境的人，等於是在玩所有危險的遊戲中最沒有勝算的那種遊戲，並且等於是把所有家當都押在幾乎不可能贏得任何彩金的賭局上。古希臘時代伊比魯斯（Epirus）國王的那位寵臣對他主人的諫言，可適用於所有處在各種平常人生處境中的人。當這位國王向他一一敘述，按它們的適當順序，所有他打算進行的各項征服計畫，並且說完了最後一項計畫時，這位寵臣說，那麼，陛下接著打算做什麼呢？這位國王說，我接著想快樂地和朋友在一起，並且在酒酣耳熱之際，盡力做個好酒伴。於是，這位寵臣回答說，那麼，有什麼東西阻止陛下現在就這麼做呢㊳？在我們的無稽幻想能夠想到的那種最崇高燦爛的處境中，我們打算用來獲得我們眞正幸福的那些享樂，幾乎總是無異於，在我們實際的、即使卑微的處境中，我們隨時唾手可得的那些享樂。除了虛榮心與優越感的那些輕浮的樂趣外，在最卑微，乃至只有個人自由的處境中，我們也可找到其他每一種最崇高的處境能夠提供的享樂；而虛榮心與優越感的那些樂趣，很少能夠與心靈的完全平靜同時並存，但心靈平靜卻是所有眞正的與令人滿足的享樂的根本要素與基礎。再說，在我們想要達到的那種光輝燦爛的處境中，我們也並非總是確實能夠，像我們在我們亟欲拋棄的那種卑微的處境中那樣，安全地享受那些眞正的與令人滿足的樂趣。檢視歷史紀錄，回想你自己經驗範圍內發生的事實，用心想一想幾乎所有你曾經讀過、聽過、或記得的那些，在私人生活或公共生涯方面，大大不幸的人的所作所爲；於是，你將發現，他們絕大部分之所以不幸，乃源自他們不知道他們原本很幸福，不知道他們適合坐著不動、並且感到滿足。某位仁兄努力吃藥，企圖改善他那還算過得去的體質，他的墓碑銘文：「我原本很好，但我希望變得更好；結果我躺在這裡」，可以非常恰當地套用在所有貪心與野心落空時所帶來的痛苦。

㊳ 譯注：這一段King Pyrrhus和他的大臣Cineas之間的對話出自Plutarch（四六～一二〇，古希臘傳記作家）之*Parallel Lives*。

有些人也許會認爲這很奇特，不過，我相信這是一個很恰當的觀察，亦即，當處於那種容許某些補救的不幸時，大部分人的心情，不會像處於全然無可挽回的那種不幸時，那麼容易、或那麼普遍地恢復自然與平常的平靜。在後一種不幸中，主要是在所謂突發的陣痛中，或首次的痛苦襲擊中，我們才可能發現智者和軟弱者在情感與行爲上會有什麼樣明顯的差別。時間，這位偉大且無所不在的安慰者，終究會逐漸使軟弱者的心情安定下來，終究會使軟弱者一樣擁有智者基於尊嚴與男子漢氣概，而在一開始就會保持的那種一貫平靜的心情。前面舉出的那個裝有木製義肢的人，便是這樣一個明顯的例子。在兒女或親友死亡所造成的那種無可彌補的不幸中，甚至智者也會在某一段時間內縱容自己沉溺在某一程度、有節制的悲傷中。一個情感豐富但軟弱的女人，在這種場合，往往幾乎會徹底崩潰發狂。然而，時間，在或長或短的一段時期後，一定會使最軟弱的女人鎮靜下來，使她擁有和最堅強的男人同樣平靜的心情。在所有直接影響到自己的那些無法挽回的不幸中，一個智者，在一開始，便會盡力提前恢復、並且搶先享受某種平靜的心情，那種，他預見，在經過屈指可數的幾個月、或幾年後，時間終究一定會恢復給他的心情。

在那些按照事理容許、或似乎容許某種補救，但當事者的能力並不足以落實該種補救的不幸中，他爲了使自己恢復到從前的處境而進行的種種徒勞無益的嘗試，他因爲企盼那些嘗試成功而不斷焦慮，他因爲那些嘗試失敗而屢屢失望沮喪，是阻止他的心情恢復自然平靜的主要原因，並且往往會使他終生悽慘難耐；相反地，一個更大的不幸，如果純然無可挽回，當不至於給他的心情帶來兩個禮拜的紛亂不定。從朝廷紅人變成失寵下野，從掌握權勢變成無足輕重，從富甲天下變成一貧如洗，從自由自在變成身陷囹圄，從身強體壯變成身染某種長期揮之不去、慢性、甚且也許是無法治癒的疾病，在如此這般不幸的情況下，一個最不去抗爭的人，一個最容易、且最欣然默默接受命運降臨到身上的人，很快便會恢復他自然平靜的心情，並且會以最爲冷漠的旁觀者傾向採取的那種眼光，甚至也許以某種遠比這冷漠的眼光較不引起反感的眼光，去觀察他自己的實際處境中種種最令人不快的情況。黨同伐異與密謀算計，擾亂不幸失勢的政治家心中的平靜。過度冒險的商業計畫，發現金礦的夢想願景，妨礙破產倒閉者心中的平靜。經常策劃越獄的囚犯，不可能享受連監獄也可以提供給他的那種無憂無慮的安全。醫生所給的藥方，對無可救藥的病人來說，時常是最大的痛苦折磨。有一位僧人，爲了安慰卡斯提爾（Castile）[39]的喬安納（Joanna）女王，在她的丈夫菲利浦（Philip）逝世時，告訴她說，從前有一位國王，在他死後十四年，因他那傷心的皇后的禱告，又復活了；這一位僧人，以這一則傳奇故事，是不太可能使那位不幸的女王異常錯亂的心靈恢復平靜的。她盡力重複同樣的實驗，希望獲得同樣的成功；她長期抗拒埋葬他的丈夫，並且在他下葬後不久，便把他的屍體從墳墓裡挖出來，從此幾乎經常親自陪伴著

㊴ 譯注：從前在西班牙中北部的一個王國。

他，並且因瘋狂的期待而滿心焦急難耐地等待幸福的那一刻到來，等待她那心愛的菲利浦復活，來滿足她的願望。

我們對他人的感覺敏感，不僅絕非和自我克制的男子漢氣概互不相容，反而正是那種剛毅的氣概賴以建立的根本原理。完全是同一種情感原理，在我們的鄰人遭逢不幸時，促使我們同情他的悲傷；在我們自己遭逢不幸時，促使我們抑制自己因過度悲傷而發出悽慘落魄的嘆息。同一種情感原理，在他成功順遂時，促使我們祝賀他的喜悅；在我們自己成功順遂時，促使我們抑制自己因過度喜悅而顯得輕佻放縱。在這兩種場合，我們自己的情感或感覺合宜的程度，似乎完全和我們在體會和擁抱他人的情感或感覺時生動有力的程度成正比。

德行最完美無瑕的人，我們自然最敬愛的人，是這樣的人：他對自己原始自私的情感，擁有最完美的克制力；他對他人原始的、與同情的感覺，擁有最細膩敏銳的感受力。一個兼具所有和藹可親與優雅的美德，以及所有高貴可畏與可敬的美德的人，毫無疑問，必定是我們最高程度的愛與讚美的自然且適當的對象。

天生最適合學得這兩組美德中的前一組的人，也同樣最適合學得後一組。最能夠同情他人的喜悅與悲傷的人，也最適合學得對自己的喜悅與悲傷具有最完整的克制力。具有最細膩敏銳的慈悲性格的人，自然也是最能夠學得最高程度的自我克制的人。然而，他未必已經學得這樣的自我克制力；而事實上，他也往往尚未學得。他向來也許過著太過安逸平靜的生活。他也許從未經歷過激烈的黨派鬥爭，或從未蒙受過戰爭的苦難與危險。他也許從未嚐過上司的傲慢無禮，從未嚐過同儕的妒忌與惡意排擠，或從未嚐過屬下對他偷偷摸摸的傷害。當年老時，某一意外的命運變化或許會使他暴露在所有這些苦難傷害之下，它們全會對他造成莫大的衝擊。他的秉性傾向適合學得最完美的克己能力；但，他從未有機會學得這種能力。他向來缺乏機會練習與實踐這種能力；而沒有練習與實踐，任何德性都絕不可能相當穩固地確立起來。唯有苦難、危險、傷害、不幸，是我們能夠在其門下學習運用這種美德的老師。但，這些全都是任誰也不會自願投入其門下受教的老師。

最能夠順利培養溫和的慈悲美德的處境，和最適合形成嚴峻的克己美德的處境絕不相同。本身安逸自在的人，最能夠注意到別人的痛苦。而本身暴露在苦難中的人，則最立即、也最直接被要求，須注意並且控制他自己的感覺。在陽光和煦、萬籟俱寂的寧靜中，在簡樸達觀、平靜閒適的安逸中，溫和的慈悲美德最爲活躍興盛，並且很容易增進至最完善的程度。但，在這種處境中，最偉大與最高貴的自我克制力，卻沒有什麼練習的機會。在戰爭與黨爭的漫天烽火中，在群眾騷動與社會混亂的狂風暴雨中，自我克制的那種剛毅嚴酷的特質最爲活躍興盛，並且能夠培養得最爲成功。但，在這種處境中，即使最爲強烈的慈悲念頭，也必定時常受到壓制或忽略；而每一次忽略，必然傾向弱化慈悲的心腸。正如不求人饒命，時常是一個士兵的本分，所以不饒人性命，有時候也是他的本分；一個曾經好幾次不得不屈服於這樣令人不快的本分要求的人，他的慈悲心腸殊少可能不會顯著萎縮。爲了使自己覺得心安，他極容易學會看輕他常常不得不促成的那些不幸；這種會喚起最高貴的克己努力的情境，由於迫使人們有時候不得不侵犯他人的財產，乃至有時候不得不奪取他人的性命，總是傾向減少，甚至常常完全泯滅對他人財產與生命的神聖尊重，而這種尊重正是正義與仁慈的基礎。正因爲這個緣故，所以，我們才會如此經常在這世界上看到，一些很仁慈的人，非但沒有什麼克己的美德，反而很懶散並且優柔寡斷，很容易在遇到困難或危險時，感到氣餒而放棄追求最光榮的功績；相反的，也有一些具有最完美的克己美德的人，任何困難都不可能使他們沮喪，任何危險都不可能使他們膽寒，他們隨時準備不顧死活地從事最大膽且最沒有勝算的冒險事業，但，另一方面，他們的鐵石心腸似乎毫無正義感或慈悲心。

在獨處的時候，我們很容易對一切與我們自己有關的事物感覺過於強烈；我們很容易過分高估我們曾經做過的貢獻，以及我們曾經蒙受過的傷害；我們很容易因爲我們自己交到好運而興奮過度，以及因爲我們自己交到厄運而自暴自棄。和某個朋友交談，會使我們的心情平靜下來，而和某個陌生人交談，則會使我們的心情更加平靜。我們胸懷裡的那個人，我們的情感與行爲的那個抽象且理想的旁觀者，常常需要有眞實的旁觀者實際在我們身旁，才會從睡夢中醒過來，也才會想起他的責任；而且我們也始終是從某個眞實的旁觀者身上，從某個我們最不可能期待獲得什麼同情或寬容的旁觀者身上，才可能學到最完整的自我克制功課。

你正處於逆境嗎？那就千萬不要獨自一人待在暗處悲傷，也不要按照密友寬大的同情感來節制你的感傷；要盡快回到塵世與社會的陽光下，和陌生人生活在一起，和那些對你一無所知、或完全不在乎你的不幸的人生活在一起；甚至不要迴避和你的敵人混在一起；反而要給你自己一個快活的機會，要使他們幸災樂禍的喜悅感到嘔氣，要使他們覺得你是多麼不受你的不幸的影響，要使他們覺得你是多麼不在乎你的不幸。

你正處於順境嗎？那就千萬不要把你的好運所帶來的快樂，侷限在你自己家裡，侷限在你自己的朋友圈裡，他們也許是你的諂媚者，或侷限在冀望藉由攀附你的好運來改善他們自身運氣的那些人的圈子裡；要時常親近那些和你彼此獨立的人，那些能夠僅以你的品行，而不以你的運氣來評價你的人。不要尋求，也不要規避，不要強行闖入，也不要刻意逃離社會地位曾經高過你的那些人的社交圈，即使他們，在發現你現在的地位和他們一樣高，甚至也許更高時，或許會覺得傷感情。他們的傲慢無禮也許會使你在和他們交際時覺得太過難受；但，如果實際情形並不是這樣，那麼，請安心相信，他們是你可能找到的最佳交際對象；如果透過你那平易的態度與謙虛的舉止，你能獲得他們的好感與親切對待，那麼，你便可放心相信，你有足夠的謹慎謙遜，而你的好運也還未把你搞得昏頭轉向。

我們合宜的道德情感最容易腐化變質的時候，莫過於當寬容偏袒的旁觀者就在我們身旁，而冷靜公正的旁觀者卻離我們遠遠的時候。

就一個獨立國針對另一個獨立國的行爲來說，唯有中立國家的人民才是冷靜公正的旁觀者。但，他們位在如此遙遠的地方，以致幾乎看不見他們。當兩國敵對時，每個國民幾乎完全不顧另一國人民對他自己的行爲可能會抱持的看法與感覺。他只是全心全意渴望博得國人同胞的讚許；而由於國人同胞全都和他自己一樣受到同一含有敵意的激情的鼓舞，所以，他最能夠取悅他們的辦法，莫過於挑釁與觸怒他們共同的敵人。偏袒的旁觀者就在身旁，而公正的旁觀者則遠在天邊。所以，在戰爭與外交折衝中，正義的法律很少被遵守。誠實與公平交易幾乎完全被置之度外。條約被違背；而違約的行爲，如果透過這種行爲可以取得某些利益的話，很少會給違約者帶來什麼恥辱。一個大使，如果欺騙了某一外國的大臣，會受到讚美與鼓掌喝采。一個正直的人，一個不屑占別人便宜、或給別人占便宜的人，一個甚至認爲給別人占便宜比占別人便宜較不可恥的人；這樣的人，在所有私人交易中，是一個最受敬愛與最受尊重的人；然而，在那些公共交易的場合，他則會被認爲是一個傻瓜，一個不了解他的本行勾當的白痴；他總是會招致同胞的藐視，有時候甚至會招致他們的憎惡。在戰爭中，不僅所謂國際法常常被違背，而違背者（在面對他自己的同胞時）也絲毫不覺得，違背國際法於他自己的名譽有什麼了不起的損害（而他也只在乎同胞對他的評判）；而且那些法律本身，絕大部分在制定時，幾乎未顧慮到一些最普通也最淺顯明白的正義法則。無辜者，即使他們和有罪者有著某種關聯、或附屬於有罪者（而對於有這種關聯或附屬關係，他們本身也許是無可奈何的），不該因那種緣故而代替有罪者受苦或受罰，是最普通也最淺顯明白的一條正義法則。在最不正當的戰爭中，通常只有君主或統治者才有罪，臣民幾乎總是完全無辜的。然而，無論什麼時候，只要某個公共的敵人認爲這麼做符合他自己的利益，他便會在陸地上或海上奪取愛好和平的百姓的財產；他們的土地被糟蹋成荒野，他們的房子被焚毀，而他們本人，如果膽敢做出任何抵抗，就會遭到殺害或監禁；而所有這些戕害無辜的行爲，都完全符合所謂國際法的規定。

敵對黨派之間的憎恨，無論這些黨派的屬性是凡俗的、或是神職的，往往比敵國之間的憎恨更加猛烈；而他們彼此對待的行爲也往往更加殘暴。某些愼重其事的發起人所制定出來的所謂黨派法，時常比所謂國際法更加不尊重正義的法則。即使是最凶惡殘忍的愛國者也絕不會把這當作是一個嚴肅的問題提出來討論：是否該對敵國守信？但，是否該對反叛者守信？是否該對異教徒守信？卻時常是凡俗的與神職的著名學者與長老激烈爭辯的問題。我想，用不著多說，所謂反叛者或異教徒，只不過是一些可憐人，一些在事態演變到一定程度的暴戾時，不幸屬於力量比較弱小的那一派的可憐人。在一個被黨派鬥爭搞得混亂發狂的國家裡，無疑總是會有一些人，雖然通常只不過是很少數的幾個人，保持他們的判斷不受一般流俗的感染。他們充其量往往不過是零零星星的幾個孤獨的、毫無影響力的個人；這樣的人，由於他自己的正直，完全得不到任何黨派的信任，即使他是一個最有智慧的人，也必然因爲他的智慧，反而成爲社會中一個最無足輕重的人。所有這種人都遭到敵對雙方的狂熱黨徒藐視與嘲笑，甚至往往惹來他們憎恨。眞正的黨徒憎恨並且蔑視正直；而事實上，也沒有什麼惡癖能夠像正直的美德那樣有效地使一名黨徒喪失資格，使他無法從事眞正的黨徒所做的那些勾當。所以，眞實的、受尊敬的、和公正的旁觀者，在任何時候，都不會比敵對黨派進行激烈鬥爭時，位在更遙遠的地方。也許對那些互鬥的黨派來說，這樣的旁觀者幾乎不存在這宇宙中的任何一個地方。他們甚至把他們自己的一切偏見都歸給偉大的宇宙審判者，並且經常以爲，所有鼓舞他們自己的那些仇恨與執拗的激情，也同樣鼓舞著那個神聖的審判者。所以，在所有腐蝕道德情感的因素當中，黨性堅強和宗教狂信向來總是顯然最有影響力的因素。

關於自我克制這一課題，我只想再指出一點，即：一個遭逢最嚴重且最意外的種種不幸，而行爲舉止仍繼續保持不屈不撓與剛毅堅定的人，我們對他的欽佩，總是預先假定，他對那些不幸有很強烈的感覺，而且要征服或克制這感覺需要非常巨大的努力。一個對身體疼痛毫無感覺的人，即使以最完美無瑕的耐性與鎮定忍受了酷刑折磨，也不值得任何人鼓掌喝采。一個天生異常、不害怕死亡的人，即使在最可怕的危險環繞中保持住他的冷靜與沉著，也沒有資格爲此而聲稱他自己有什麼了不起的優點。塞尼加㊵有一段或許是過度放肆的話說，一個克己心極強的智者，在這方面，甚至比神來得優越；神的泰然自若，完全是自然所賜的恩典，是自然使祂免於痛苦；而智者的泰然自若，則是他自己修來的恩典，完全來自他自己、以及他自己的努力。

然而，對某些直接影響到他們自己的事物，某些人的感覺有時候是這麼強烈，以致完全

㊵ 譯注：Seneca（西元前四～西元六五），羅馬政治家、斯多亞派哲學家及悲劇作者。

不可能自我克制。任何榮譽感都不可能克制住這個人的恐懼，如果他是這麼軟弱，乃至在危險逼近時，他便昏厥過去、或陷入痙攣。這種所謂神經軟弱的毛病，是否不容許透過漸進訓練與適當教養而獲致一定的療效，也許頗值得懷疑。似乎可以確定的是，這種神經軟弱的人，絕不應該信任或委以重任。

第四節　論自欺的性質，並論概括性規則的起源與應用

要扭曲我們自己，對我們的行為做出不正直的評價，未必需要眞實公正的旁觀者站在遠方。即使他在附近，即使他就在眼前，我們自愛的激情，強烈不公平的程度，有時候也足以慫恿我們胸懷裡的那個人，做出一份和眞實情況所能批准的大不相同的評價報告。

在兩種不同場合，我們會檢視自己的行為，並且努力以公正旁觀者會採取的見解來審視它：第一，是在我們即將行動時；第二，是在我們行動之後。在這兩種場合，我們的見解都很容易偏袒我們自己；而且往往是在最不應當偏袒的關鍵時刻，最偏袒我們自己。

當我們即將行動時，熱烈的激情很少容許我們像一個中立者那樣坦率公正地考慮我們自己的行為。那時候在我們心底激烈攪動的那些情緒，使我們所看到的事物全變了樣；甚至當我們努力設想我們自己處在另一個人的位置，並且努力以他自然會採取的那種眼光來看待我們感興趣的那些事物時，我們極度興奮的激情，也會不斷地把我們召回到我們自己的

位置，而在這位置上，每一件事物看起來都被自愛扭曲並且放大。關於那些事物會以何種模樣呈現在那個人的眼裡，或者他對它們會採取何種見解，我們能夠領會的，如果我可以這麼說，不過是瞬間消失的驚鴻一瞥，即使這一瞥的印象能夠持久，也未必是完全公正的。我們甚至不能夠在瞥見的那一刻，完全擺脫我們特殊的處境所引發的滿腔熱情，更不用說能夠像一個公正的法官那樣，完全不偏不倚地考慮我們即將採取的行動。因此，正如馬爾布朗許[41]神父所言，所有激情，都會證明自己是正當的，而且只要我們繼續感覺到它們，它們便似乎都是合理的，似乎都是和它們的對象比例相稱的。

沒錯，當行動過後，由於刺激行動的激情已經沉澱，我們能夠比較冷靜地體會和擁抱中立旁觀者的感覺。以前我們很感興趣的東西，現在對我們來說，變得幾乎就像它始終對中立旁觀者那樣無關緊要；於是，我們能夠以他那種坦率正直的眼光來檢視我們自己的行爲。今日之我不再被同一種迷惑昨日之我的激情所煽動；當一陣突發的激情，像一陣突發的緊急情況那樣，完全平息或過去了以後，我們會彷彿是和胸懷裡那個理想人物同心同德似的，並且，正如在前一種場合，我們會以最公正的旁觀者那種嚴格的眼光來看待我們自己的處境，所以在後一種場合，我們也會以同一種嚴格的見解來看待我們自己的行爲。但，在這個

---

[41] 譯注：Nicolas Malebranche（一六三八～一七一五），法國哲學家。

時候，我們的判斷，和行動前的判斷相比，往往沒有什麼重要性可言；除了徒然無益的悲嘆與後悔，經常產生不了什麼效果；而且也未必可以確保我們未來免於犯同樣的錯誤。然而，即使在這場合，我們的判斷也並非十分坦率正直。我們對我們自己的品格所抱持的意見，完全取決於我們自己對我們過去所作所為的是非判斷。認為自己不好，是如此令我們不愉快，以至於我們時常會故意背過臉去，裝作沒看到那些也許會導致我們的判斷不利於我們自己的情況。人們說，他是一位很有膽量的外科醫生，當他在為自己施行手術時，他的手不會顫抖；同樣地，一個毫不猶豫地揭開自欺的神秘面紗，讓他自己的行為醜態完全暴露在他自己眼前的人，也很有膽量。我們常常不從這樣令我們不愉快的角度，來審視我們自己的行為，反而愚蠢且軟弱地努力重新加劇那些不公不義、曾經誤導過我們的激情；我們努力用計，設法喚起我們過去的憎惡與怨恨，並且重新激起幾乎已被我們遺忘的忿怒；甚至我們之所以為這種不幸的目的而努力，從而固執於不公不義，純粹只因為我們曾經不公正，只因為我們羞於見到、也害怕見到我們曾經不公正。

對於自己的行為合宜與否，人類的見解，不管是在行動時，或是在行動後，都是這麼的偏頗；要以某個中立旁觀者會採取的那種眼光來看待自己的行為，是這樣的難以辦到。然而，倘使在評判自己的行爲時，所憑藉的是某種特殊能力，例如，像所謂道德感㊷那樣的能力，倘使人類被賦予某種特殊的知覺能力，可以辨別各種情感的美醜；那麼，由於他們自己的情感最直接暴露在這種能力的視察範圍內，所以，這種能力對於自己的情感所做出的評判，會比對他人的情感所做出的評判更爲精確，因爲每個人的這種能力僅可能在一個比較遠的位置遙望他人的情感。

人類的這種自欺，人類的這個致命的弱點，是人生一半以上的混亂失調的根源。如果我們以他人看我們的那種眼光，或者以他人知道全部的事實時將會用來看我們的那種眼光，來看我們自己，我們大概免不了會有一番改過自新。否則我們絕對無法忍受我們所看到的那一幅醜惡的景象。

然而，自然女神並未聽任此一影響如此重大的弱點完全無法補救；她並未完全放棄我們任憑自愛所衍生的種種錯覺宰制。我們對他人行爲的持續觀察，會慢慢地導致我們在自己內心裡，就什麼是合宜適當的，或什麼是該避免的行爲，形成某些概括性的規則。他人的某些行爲使我們全身自然感到毛骨悚然。我們聽到周遭每個人表示對它們也同感厭惡。這個事實進一步鞏固，甚至刺激我們更加覺得它們醜惡。當我們看到別人對它們持有和我們一樣的見

㊷譯注：關於道德感的概念，參見本書第七篇第三章第三節。

解時，我們會很滿意我們對它們的見解適當。我們下定決心絕不犯同樣的過錯，絕不為了任何理由而使我們自己，因同樣的行為而成為眾人指摘的對象。我們於是自然而然地為我們自己定下一條概括性的規則：必須避免所有這樣的行為，因為它們會使我們成為可恨的、可鄙的、或應該受罰的對象，成為所有我們最害怕與最厭惡的那些情感的投射對象。另一方面，其他某些行為引起我們讚許，並且我們也聽到周遭每一個人對它們都同表讚許。每一個人都熱心表揚與獎賞它們。它們喚起所有我們天生最強烈渴望得到的那些情感；它們喚起人們的敬愛、感激、與讚美。我們變得很想做出同樣的行為；於是自然而然地為我們自己定下另一條行為規則：應該細心尋求每一個可以做出這種行為的機會。

概括性的道德規則就是這樣形成的。它們最終是建立在個別的實例經驗上，亦即，建立在我們的道德感，或我們自然的功過感與合宜感，在許多個別的行為實例中，讚許什麼、或不讚許什麼的經驗基礎上。我們最初所以讚許、或譴責某些個別行為，並非因為經過檢視，它們顯得符合或違背某一條概括性規則。相反的，任何一條概括性規則，都是透過實際經驗，發現所有屬於某一類的行為，或所有發生在某種情況下的行為，都受到讚許、或非難，而逐漸在我們心底形成的。對第一次目睹一樁殘忍謀殺行為的人來說，如果這樁謀殺行為是基於貪婪、妒忌、或不正當的忿怒而犯下的，而且受害者還是一個喜愛與信任謀殺者的人；當他眼睜睜地看著那位垂死的被害者死前的痛苦掙扎，當他聽到被害者，以即將斷氣的聲息，所悲嘆抱怨的，是他那位虛假的朋友多麼的背信與忘恩負義，而不是他所蒙受的傷害；要想像這樣一樁謀殺行爲是多麼可惡，他根本不需要煞費周章地思考：有這麼一條最神聖的行爲規則，禁止奪走任何一個無辜者的性命，而這一樁謀殺行爲顯然觸犯了那一條規則，因此是一樁非常應受譴責的行爲。他對此一罪行的憎惡感，顯然會立即興起，並且顯然會發生在他爲自己確立任何這種概括性的行爲規則之前。相反地，他後來可能確立的相關概括性規則，則是建立在，他一想到這樁謀殺案，以及其他每一樁屬於同一類的個別行爲時，必然會在他自己的胸懷裡興起的，那種憎惡感的基礎上。

當我們在歷史記載、或傳奇小說中，讀到有關慷慨的、或卑劣的行爲事蹟時，我們對前一種行爲會感到欽佩，而對後一種行爲則會覺得輕蔑，但，欽佩也好，輕蔑也罷，都不是源自我們想到，有一些概括性規則宣告，所有屬於前一種的行爲都是令人欽佩的，而所有屬於後一種的行爲都是該受輕蔑的。相反地，那些概括性規則，全都是以我們經驗過的各種不同行爲，在我們身上自然引起的那些不同的情感效應爲基礎而形成的。

可親的行爲、可敬的行爲、可惡的行爲，全都是會引起旁觀者對行爲者分別感到喜愛、尊敬、與憎惡的行爲。除了實際觀察什麼樣的行爲確實引起什麼樣的情感，不會有其他方式能夠形成什麼概括性規則，來決定什麼行爲是，或什麼行爲不是，喜愛、尊敬、或憎惡的對象。

沒錯，當這些概括性規則形成了以後，當它們普遍獲得人類一致的感覺承認與確立時，我們時常會訴諸它們作爲判斷的標準，辯論某些性質複雜且曖昧的行爲應當受到何種程度的讚美或譴責。在這些場合，通常會引用它們當作判斷人類行爲正當與否的最終基礎；此一情況似乎誤導了好幾位傑出的論述者，致使他們以這樣的一種方式架構他們的理論體系，彷彿認爲人類對於行爲正當與否的根本判斷，形成的方式就像法庭的判決那樣，首先考慮到概括性規則，然後再考慮到個別受審的行爲，是否落在相關概括性規則的適用範圍內㊸。

概括性的行爲規則，當已經因習慣性的反省而固定在我們心裡時，有很大的用處，可以在我們個別的處境中，就什麼是合宜適當的行爲，糾正自愛的心理可能做出的種種錯誤指示。一個盛怒的人，如果他只傾聽忿怒的指示，也許會認爲他的仇人即使死亡，也只不過是對他自以爲受到的那個傷害的一個小小的補償；而其實，那個所謂傷害也許只不過是一次極輕微的冒犯。但，他對他人行爲的觀察，已經教會他知道，所有這種血腥的報復會被認爲多麼可惡。除非他所受的教育非常奇特，否則他就會爲他自己訂下這麼一條不可違背的規則：在所有場合，戒絕血腥報復的行爲。這規則對他有權威性的影響，使他不可能犯下這一種暴行。不過，他自己的脾氣也許是這樣暴躁，以至於倘使這是他第一次考慮是否採取血腥報復的行爲，他無疑會斷定該行爲是頗爲合宜適當的，並且是每一個公正的旁觀者都會讚許的那一種行爲。但，過去的經驗銘刻在他心裡的，那種對行爲規則的敬意，會阻止他的激情

㊸譯注：作者在此闡釋「理智」在人類道德現象中眞正扮演的角色。請參考本書第二篇第一章末了之附註。

爆發，並且在他考慮什麼是他的處境中的適當行爲時，幫助他矯正自愛原本也許會提出的種種過於偏頗的見解。假使他竟然允許自己被激情搞得這麼心神恍惚，以至於違背了這一條規則，然而，即便是在這場合，他也不可能完全甩掉他對這一條規則經常懷有的那種敬畏的心理。在行動的那一刻，在激情上升到最高點的時候，一想到即將做出的行動，他就會猶豫不決與顫慄發抖；他暗中忸怩不安地覺得，他正在突破某些行爲規範，這些規範他曾在每一個冷靜的時刻立下決心絕不去侵犯，這些規範他從未見過其他什麼人侵犯了而不會引起最強烈的譴責，而他自己內心也有不祥的預感，覺得侵犯了這些規範，必定會很快的使他成爲同一種不愉快的情感投射的對象。在他能夠下定最後致命的決心之前，他蒙受極端疑惑與不確定的痛苦折磨；一想到要違背如此神聖的規則，他就心驚膽顫，而同時他那極端想要違背此一規則的強烈慾望，卻又不斷敦促與刺激著他。他不時改變他的主意；有時候他決心堅守他的原則，絕不遷就那股可能使他餘生因充滿悲慘的羞恥與悔恨而墮落腐敗的激情；於是，短暫的平靜占有他的心房，因爲當他如此決心不使他自己因違反原則而暴露在危險中時，他預見到他將享有的那種安全與寧靜。但，緊接在平靜的那一刻之後，那股激情又重新燃起，並且以新鮮的狂熱，驅使他犯下他曾在前一刻決心戒絕的行爲。這些頻繁的游移不定使他身心俱疲、精神渙散，最後出於某種絕望的心理，他跨出了最後致命且無可挽回的一步；但，他心中充滿著恐懼與驚訝，彷彿是一個飛也似的逃避敵人追趕的人，自己縱身躍下了一座懸崖，在那裡他有把握遇到，比任何在後面追趕他的東西可能帶給他的，更爲確定的毀滅。甚至在他行動時，他的情感已經是這樣波濤洶湧了；雖然那時他對自己的品行不端，無疑要比事後較沒感覺；在他行動後，當他的激情已經得到滿足、乃至饜足時，當他開始以別人往往會採取的那種眼光來判斷他已做出的行爲時，他將會實際感受到，像針刺那樣的自責與悔恨開始在攪亂與折磨他，而在此之前，他僅僅很不完整地預知會有這些難堪的煩惱。

第五節　論概括性道德規則的影響與權威，以及這些規則應當視爲神的法律

對概括性行爲規則的尊重，是可以恰當稱爲義務感的那種感覺，這是人類生活中最重要的一項原則，是大部分人類唯一能夠賴以指引自身行爲的原則。有許多人行爲很是端正合宜，在整個人生過程中避開了所有顯著的過失，然而，他們也許從未感覺到我們讚許他們的行爲所根據的那種（行爲背後該有的）合宜的情感；他們的行爲純粹是出於尊重他們所學到的一些已經確立的行爲規則。一個受到他人重大恩惠的人，也許，由於性情天生冷淡，只不過感覺到一丁點兒感激之情。然而，如果他曾受過良好的道德教育，他一定會時常記得，那些意味著缺乏這種情感的行爲，看起來是多麼的醜惡討厭，而相反的行爲看起來又是多麼的和藹可親。所以，雖然他心裡沒有任何感激的熱忱，他也會努力做出彷彿有這種熱忱的行爲；他會努力對他的恩人，表達所有最強烈的感激可能指示他表達的那些敬意與殷勤。他會經常拜訪他；他會對他畢恭畢敬；他每次談到他的時候，絕不會不在口頭上表示對他極爲

尊敬，表示受了他的許多恩惠。而且，他會謹愼地掌握每一個機會，爲他自己過去受到的照顧，做出適當的回報。再說，他所有這樣的動作，也許沒有任何虛僞、或該受責備的欺瞞成分，也沒有任何自私的意圖想要得到新的恩惠，更沒有任何意思想要哄騙他的恩人或社會大眾。他行爲的動機，也許不過是基於尊重已經確立的義務規則，基於認眞嚴格地想在各方面都按照感恩的法則行動。同樣地，一個妻子，有時候對她的丈夫，也許沒有一丁點兒和他們之間的關係相配的那種溫柔關懷的感覺。然而，如果她曾受過良好的道德教育，她將會努力做出彷彿她有那種感覺的行爲，她會盡量地小心謹愼、殷勤體貼、忠實眞摯，所有稱作夫婦愛的那種情感可能促使她做出的那些細心照料，她一樣也不缺。這樣的一位朋友，以及這樣的一位妻子，的確不是最好的朋友，也不是最好的妻子；雖然他們兩者也許都有最認眞與最嚴格的願望，想要履行他們的每一份義務，不過，他們一定會在許多細膩微妙的環節上犯錯，他們一定會錯過許多施恩示好的機會，而這些機會如果他們心中懷有他們的處境應該有的那種情感，絕不可能忽略。雖然不是最佳的朋友與妻子，然而，他們也許是次佳的朋友與妻子；如果某種對概括性行爲規則的敬意已經深深烙印在他們的心底裡，那麼，他們倆在履行他們的基本義務方面，一定不會有什麼缺失。除非是那些機遇最幸運、性格被塑造得最完美的人，否則任誰也不可能隨時使自己的情感與行爲分毫不差地適合所有最細微的處境差異，任誰也不可能在所有場合都做出最細膩且最精確的合宜動作。構成大部分人類的那種粗劣的泥土，不可能加工塑造到這樣完美的地步。然而，透過訓誡、教養與榜樣，幾乎可以在任何人心裡銘刻上某種對概括性行為規則的敬意，使他的一舉一動尚可稱為端正合宜，並且使他在整個人生過程中避免犯下任何顯著的過錯。

如果對概括性行為規則沒有這種神聖的尊重，這世上便不會有很可靠的人。一個有原則與榮譽感的人和一個卑鄙小人，他們之間最根本的差別，就在於心裡有沒有這種尊重。前者在所有場合都毅然堅定地固執他的處世規則，在整個人生過程中保持同一行為方針。後者的行為，則是多變與不可預測的，完全看他心頭一時湊巧浮現出什麼樣的興致、傾向或興趣而定。不止如此，所有人類的心情事實上是這樣的變幻無常，因此倘使沒有這種尊重，一個在所有冷靜的時刻，對行為合宜與否，感覺最細膩敏銳的人，也許時常會在一些最微不足道的場合，被當時的心情牽引而做出異常荒謬的行為，甚至我們幾乎不可能編派什麼正經的動機來解釋他為何這麼做。譬如，你的朋友來拜訪你的時候，你的心情湊巧是這樣的不對勁，以至於倘使接見了他，會使你覺得不愉快：對你目前的心情來說，他的謙恭有禮，很可能看起來是一種無禮的干擾；如果你對這時出現在你心頭的那些對事對物的見解讓步，即使你忍住你的脾氣沒有發作，你對他也將會有冷淡與輕蔑的舉動。使你不至於這樣粗魯失禮的原因，沒有別的，正是那種對一般禮貌與親切待客規則的尊重；這種規則禁止對客人粗魯失禮。你以往的經驗教你學會的那種對一般行為規則的習慣性尊敬，使你能夠在所有這樣的場合做出幾乎同等合宜的舉動，並且防止所有人類都難免會有的那些起伏不定的心情變化，對你的行為產生任何明顯的影響。但，如果人們完全不顧這些概括性規則，甚至連這麼容易遵守，而且一般人也幾乎不會有什麼正經的動機去違反的那些保持和氣有禮的義務，都將這麼經常地違反了，那麼，那些遵守起來時常是這麼的困難，而且一般人也往往有許多這麼強烈的動機去違反的，譬如堅持正義、眞實、貞潔、或忠誠等等的義務，又將伊於胡底呢？然而，人類社會的最基本存在，靠的正是人類還相當遵守這些義務；如果對那些重要的行爲規則，人類沒有普遍心懷某種程度的尊敬，則人類社會將土崩瓦解、消失得無影無蹤。

這種尊敬被某種想法進一步加強；這種想法，首先是由自然女神銘刻在人們的心中，後來又被論證與哲學雕琢得更爲深刻；這想法認爲，那些重要的道德規則是神的命令與法律，而遵守它們則是人類應盡的義務，並且神最後會獎賞順從義務者，同時懲罰違反者。

我說，前述想法或顧慮，首先似乎是由自然女神銘刻在人們心裡的。人類天生傾向把所有他們自己的感覺與激情歸附到一些神秘的存在身上；這些神秘的存在，無論究竟是什麼，在任何一個國家，碰巧都是人們信仰畏懼的對象。人們沒有其他什麼性質，也想不出其他什麼性質，可以歸附到這些神祕的存在身上。這些神秘不明但想像以爲有情有知的存在，這些可以想像但不可見的存在，在人們心裡的形象，必然和人們實際經驗過的那些有情有知的存在有幾分類似。在異教迷信盛行的那種蒙昧無知的年代，人類在構思他們的神明概念時，似乎不是特別的費心講究，以至於不分青紅皀白地把所有人性的情感全都歸附到那些神明身上，連最不可能給我們人類帶來榮譽的那些情感，諸如色慾、食慾、貪婪、嫉妒與報復等等也不例外。所以，他們不可能不把那些爲人性大大增添光輝，那些似乎把人性提升到有幾分近似神明的完美，那些對美德與仁慈的愛好，以及對邪惡與不義的憎恨等等的情感與特質，歸附到他們對其卓越的性格至感欽佩的那些神明身上。一個受傷害的人，會祈求朱比特[44]見證他所受的傷害，並且絕不會懷疑，那位神明在看到他所受的傷害時，一定會感受到那一種連人類中最爲卑賤的人旁觀該傷害實施時也會爲之激動的義憤。而一個傷害他人的人，則會覺得他自己是人類厭惡與憎恨的適當對象；他自然會有的畏懼感，會引領他把同一種厭惡與憎恨的情感，歸附到那些令人敬畏的神明身上；這些神明的顯靈，他不可能規避，而祂們的力量，他也不可能抵抗。這些自然而然的希望與畏懼，以及疑慮，被人類的同情心四處散播，並且被教育增強；各種神明普遍被描述成，並且被相信是，人道與慈悲的獎賞者，以及背信與不義的復仇者。於是，宗教，即便是形式上最爲粗糙簡陋的那種宗教，就這樣早在人爲的論證與哲學興起以前，便已賦予道德規則以某種約束力量了。對神明的畏懼應當這樣強迫人們服從自然的義務感，對人類的幸福來說，實在太重要了，以至於自然女神並沒有放任這檔事不管，任它等待與仰賴緩慢與不確定的哲學研究帶來有力的支持。

然而，人爲的論證與哲學研究，當它們後來興起時，卻鞏固了自然女神早一步設下的那些根本的安排。無論我們認爲我們的那些道德能力是建立在什麼基礎上，無論是建立在某種

---

[44] 譯注：Jupiter，羅馬神話中的主神，爲天界的主宰，相當於希臘神話中的宙斯（Zeus）。

局部修正過的理性基礎上，或建立在某種稱爲道德感的原理上，或建立在我們天生其他某種根本性能上，有一點是無可置疑的，那就是，那些道德能力是給我們今生在世引領我們的行爲之用的。它們隨身佩帶著最明顯的權威徽章，表徵它們被安置在我們心中，是要作爲最高裁決者，裁決我們的一切行爲，監督我們的一切感覺、激情與欲望，判斷一切行爲、感覺、激情與欲望當中的每一種，應該縱容、或克制到什麼程度。在這方面，我們的那些道德能力，絕不像某些論述者曾經宣稱的那樣，是處在和我們其他天生的能力與慾望同等地位的，說它們並沒有被賦予更多的權力去約束後頭這些能力與慾望，正如後頭這些能力與慾望，也並沒有被賦予更多的權力去約束它們；說沒有其他任何一種能力或原始的性能，可以評判另一種能力或性能的好壞。愛不可以評判恨，而恨也不可以評判愛。那兩種激情也許彼此對立，但絕不可能正當地說，它們彼此讚許、或不讚許對方。但，對我們天生所有其他原始的性能給予責備或讚揚，卻是我們此刻正在討論的那些能力特有的職責。它們也許可視爲某種以其他那些原始性能爲對象的感覺能力。每一種感覺能力的地位，對它自己的對象來說，是至高無上的。就顏色的美醜來說，沒有上訴改變眼睛判決的可能；就聲音的協調與否來說，沒有上訴改變耳朵判決的可能；而就味道的可口與否來說，也沒有上訴改變味覺裁判的可能。這些感覺能力中的每一種，是它自己的對象的最終裁判者。凡是滿足味覺的，都是甜美的；凡是取悅眼睛的，都是漂亮的；而凡是撫慰耳朵的，都是協調的。那些性質中每一種的最核心價值，就在於它調整到適合取悅它所對應的那種感覺能力。同樣地，決定什麼時候耳朵應該被撫慰，什麼時候眼睛應該被滿足，什麼時候味覺應該被取悅，什麼時候我們天生其他每一種性能應該滿足、或抑制到什麼程度，則是我們道德能力的權利。與我們的道德能力相宜的，便是適當的、正確的與端莊的行爲；反之則是錯誤的、不適當的與不端莊的行爲。我們的道德能力讚許的那些情感，便是優雅合宜的情感；反之則是不雅的與不宜的情感。這些所謂正確的、錯誤的、適當的、不端莊的、優雅的、不宜的等等字眼，僅僅是用來形容什麼取悅了、或惹惱了我們的道德能力。

由於這些道德能力顯然是天生要作爲統領原理節制人性的，所以，它們所制定的那些規則，應當視爲神的命令與法律，而且是由神安置在我們心中的那些代理人發佈的。所有概括性規則通常稱爲法律：譬如，各種物體，在傳遞運動時，所遵守的那些概括性規則，稱爲運動的法律。但，我們的那些道德能力，在讚許或譴責任何受它們審查的情感或行爲時，所遵守的那些概括性規則，也許有更好的理由稱爲法律。它們與那些正當稱爲法律的東西（即，君主所制定的那些用來指導臣民如何立身處世的概括性規則），有更大的相似性。和後者一樣，它們也是指導人們如何自主行爲的規則：它們，毫無疑問地，是由某位合法的上司規定的，而且也附帶有獎賞與懲罰的約束力。在我們心裡的那些神的代理人，從來不會忘記，以我們內心的羞愧折磨，以及自我譴責，來懲罰違反它們的行爲；而另一方面，那些代理人也總是會，以我們內心的寧靜、滿足、以及自豪，來獎賞順從它們的行爲。

有數不清的其他考量可以用來佐證前述結論正確無誤。人類以及其他一切具有理性的創造物的幸福，似乎是造物主最初在創造他們時所想到的目的。任何其他目的，似乎都配不上我們必然會歸附於祂的至高無上的智慧與超凡入聖的仁慈；我們經由抽象思考祂的無限完美而獲致的這個見解，在檢視大自然的各種事功之後，益發獲得證實，因爲大自然的那些事功似乎全都要用來增進幸福，並且防止發生不幸。如果我們按照我們的道德能力所下達的命令在行動，我們必然是在遵從最有效的方法去增進人類的幸福，因此，在某一意義上可以說，我們是在與神合作，並且盡我們所能地促進神的計畫。相反地，如果我們不按照我們的道德能力所下達的命令行動，那麼，我們似乎多少是在妨礙造物主爲了這世界的幸福與完美所定下的計畫，並且，如果我可以這麼說，是在表明我們自己或多或少是神的敵人。因此，我們自然而然會在前一種場合期待祂賜予我們特別的恩惠和獎賞，並且在另一種場合畏懼祂的報復與懲罰。

還有其他許多理由，以及其他許多自然的原理，全都傾向對我們加強證實，並且反覆對我們灌輸同一有益的教誨。如果我們考慮一下這世間在分配外在的成敗時通常所遵循的那些規則，那我們就會發現，儘管這世界一切看起來亂糟糟，然而，甚至在這裡，每一種美德還是自然會獲得屬於它自己的適當報酬，還是會獲得最適合鼓勵與促進它的那種報酬；而且這又是如此確然，以至於想要完全使它的希望落空，還非得有極其異乎尋常的各種情況湊巧一齊發生不可。什麼是最適合鼓勵勤勞、節儉與審慎的那種報酬？無非是各種事業上的成功。然則這些美德是否可能在整個人生過程中竟然沒獲致相應的成功呢？財富與外在的榮譽是它們的適當報酬，而要它們得不到這種報酬卻是幾乎不可能的。什麼是最適合促進言行誠實、公正與仁慈的那種報酬呢？無非是與我們相處的那些人的信任、尊敬與喜愛。仁慈的人並不想成爲偉人，而是想要爲人所愛。誠實與公正的人所喜悅的，並非自己富有，而是被人信任與相信，而這些報酬，那些相應的美德幾乎總是會獲得。某一非常特殊不幸的情況，也許會導致某個好人被人懷疑犯了一件他完全做不出來的罪行，並且因這個緣故，使他的餘生極其不公平地遭到世人厭惡與憎恨。他可以說因爲遭遇到這種意外而失去他的一切，儘管他秉性誠實公正；同樣地，一個小心謹愼的人，儘管他的顧慮極端周詳，也可能因爲遭遇到地震或洪水而倒閉破產。然而，第一種意外也許比第二種意外更加罕見，也更加背離人間世事演變的常理；而仍然千眞萬確的是，想要獲得與我們相處的那些人的信任與喜愛，也就是說，想要獲得誠實、公正與仁慈等美德主要盼望的報酬，爲人誠實、公正與仁慈確實是一種可靠，並且幾乎不可能失敗的方法。某個人也許很容易在某一特定的行爲上遭人誤解；但，他殊少可能在他的一般行事作風上遭人誤解。一個清白無辜的人也許會被人懷疑作錯了某件事；然而，這種情形很少發生。相反地，他慣常的行事作風已經確立的清白評價，在他眞的犯錯時，往往會引誘我們爲他開脫罪責，儘管有很堅強的理由推測他犯了錯。同樣地，一個惡棍，也許在某一特定的惡行上，由於他在其中的作爲不爲人所知，而逃過了譴責，甚或得到了掌聲。但，絕不會有習慣經常作惡的人，不會被幾乎所有人知道他是一個惡棍，並且不會經常被懷疑有罪，甚至在他事實上完全清白無辜的時候。就惡行與美德能夠藉由人類的感覺與意見來給予懲罰或獎賞這一點來說，它們兩者，根據一般事理，甚至在這世間都得到了比正確無私的公平所要求的更多的獎懲。

但，成功與失敗在這世間的分配通常所遵循的那些規則，從這種冷靜和豁達的觀點來看，雖然顯得完全和人類在這世間的處境相配，不過，它們卻和我們某些天生自然的情感絕不相配。我們天生對某些美德的愛慕與欽佩是這樣的強烈，以至於我們想要授予它們各式各樣的榮譽與獎賞，甚至包括那些我們必須承認是其他某些品行的適當報酬，而爲我們所愛與所欽佩的那些美德又未必總是附帶有那些品行。相反地，我們對某些惡行的厭惡是這樣的強烈，以至於我們想要在它們身上堆積各式各樣的羞辱與不幸，連那些專屬於非常不同的某些品行的自然後果也不予排除。寬宏大量，慷慨大方與光明正大，得到我們如此高度的欽佩，以至於我們希望看到它們被冠以財富、權力與各式各樣的榮譽，而這些都是審愼、耐勞與勤勉的自然結果；但，前面那些美德卻未必和後頭那些品行不可分割地連在一起。另一方面，欺詐、撒謊、殘忍與凶暴，在每一個人的胸懷裡激起這樣強烈的輕蔑與厭惡，以至於如果我們看到它們有時候因爲所附帶的勤勉與耐勞的品行，而擁有它們在某一意義上可以說應當擁有的那些好處，我們會覺得義憤難抑。一個勤勞的惡棍耕作土地；一個懶惰的好人聽任土地荒蕪。誰該收割作物？誰該挨餓？誰該生活富裕？自然而然的事理，會做出有利於那個惡棍的決定；而人類天生自然的情感，則會做出有利於那個好人的決定。人們認爲，前者即使有那些優良的品行，但它們幫他取得的那些好處，大大超過了它們應得的報酬，而後者即使有一些怠慢疏忽之處，但它們自然爲他帶來的那種窮困，對它們的懲罰未免太過於嚴厲了；人類的法律，是人類情感的結論，它使勤勞且審慎顧慮未來的叛國者的生命與財產遭到沒收，而對不顧未來且粗心大意的好公民，卻以特殊的報酬，獎賞他們的忠誠與愛國心。人，就是這樣被自然女神引導，在某一程度內，修改了她自己原本已經做出的那種獎懲分配。她爲了這個目的而引導他遵循的那些規則，和她自己所遵循的規則並不相同。她授予每一種美德、以及每一種惡行，最適合鼓勵前者、以及抑制後者的那種準確的獎賞與懲罰。她只注意這個考量，幾乎不理會美德與惡行在人們的情感中似乎具有的那些不同程度的是非功過。相反地，人只考慮後頭這一點，並且努力要使每一種美德或每一種惡行的報酬或報應，變得和他自己對它懷有的那個程度的喜愛與尊敬、或輕蔑與厭惡，準確地比例相稱。她所遵循的規則適合她，而他所遵循的那些規則也適合他；但，這兩種規則都是被設計來促進同一偉大的目的的，都是被設計來促進這世界的秩序，以及人性的完美與幸福。

但，雖然人被這樣用來改變自然的事態發展趨勢，如果任其自然，將會做出的那種獎懲分配；雖然像詩人筆下的諸神那樣，他不斷嘗試以特別的手段介入，祖護美德，反抗惡行，並且像諸神那樣，盡力撥開射向正直者的箭，並盡力加速毀滅之劍揮向邪惡者；然而，他絕不可能使這兩者的命運變得完全符合他自己的情感與願望。自然的事態發展趨勢不可能完全受制於人的虛弱努力：這宛若湍流的自然趨勢太急也太猛，人根本無力阻擋；引導這種趨勢的那些自然的規則，儘管似乎是爲了一些最賢明與最良善的目的而設立的，然而，有時候它們所產生的結果卻震驚了人的一切自然的情感。大團體當然勝過小團體；那些以愼謀遠慮，以及做好所有必要的準備，去從事某一事業的人，當然會勝過那些對抗他們，但毫無遠慮與準備的人；每一個目的當然只能藉由自然女神所確立的那些特定手段來取得，這個規則不僅本質上似乎是必要與不可避免的，而且爲了鼓舞人類的勤勉與專注，甚至也是有用與恰當的。然而，當暴力與計謀，由於這個規則，勝過誠實與公正時，有什麼潛在每一位旁觀者心中的義憤不會被激起呢？有什麼爲無辜者的受苦而感到的悲傷與憐憫不會被激起呢？有什麼針對壓迫者的得逞而感到的強烈忿怒不會被激起呢？我們既悲傷又忿怒邪惡所造成的傷害，但時常發現我們完全無力糾正它。當我們對在這塵世找到任何能夠遏阻不義之徒得逞的力量感到灰心絕望時，我們自然會祈求上蒼，希望偉大的造物主自己在來世落實，所有祂爲了引導我們今生的行爲而賦予我們的那些原始的情感，激勵我們嘗試甚至要在這塵世落實的那種獎懲分配；希望祂會完成祂自己曾經這樣鼓舞我們著手執行的計畫；希望祂在來世會按照每一個人今生的所作所爲給予應得的報酬。我們就這樣被引領，不僅被人性中各種弱點、各種希望與各種恐懼所引領，而且也被人性中最高貴與最優秀的那些天賦秉性所引領，被愛好美德、與厭惡邪惡不義等高貴的情操所引領，而相信有一符合我們情感要求的未來世界。

「這與神的偉大相稱嗎？」雄辯且富於哲理的喀勒蒙主教[45]，以他那種熱情洋溢的、反諷誇大的，乃至有時不甚端莊的想像力說：「這與神的偉大相稱嗎？如果聽任祂所創造的世界普遍處於這麼亂糟糟的狀態？如果聽任邪惡者幾乎老是勝過公正者；聽任無辜者被篡奪者推翻了王位；聽任父親成為某個違反人性的兒子野心的犧牲品；聽任丈夫在殘忍與不忠的妻子擊殺下斷氣身亡？難道神應該在祂那偉大崇高的位置看著這些悲慘的事件，把它們當作奇異怪誕的消遣娛樂，而毋須分擔任何責任？因爲祂是偉大的，所以祂就應當是軟弱的，或不公正的，或殘忍的嗎？因爲人們是渺小的，所以就應當容許他們胡作非爲而不予懲罰，或德行貞潔而不予獎賞嗎？噢，神啊！如果這是你這至高存在的特質；如果我們如此誠惶誠恐崇拜的就是這樣的你；那我便不再能夠認你爲父，爲我的保護者，爲我悲傷時的安慰者，爲我軟弱時的支柱，爲我忠誠時的獎勵者。於是，你將不過是一個懶惰與荒誕的暴君，一個犧牲人類以滿足傲慢自大的虛榮心的暴君，一個從虛無中創造了人類，只爲了要使他們，在自己閒暇時、以及心血來潮時，爲自己的消遣娛樂效勞的暴君。」

當那些判定行爲是非功過的概括性規則，終於這樣被認爲是某個全能的存在確立的法

[45] 譯注：指Jean-Baptiste Massillon（一六六三～一七四二），著名的法國宮廷牧師，於一七一七年被任命爲Clermont-Ferrand主教。作者在本篇第二節末了時也曾引用馬西勇的傳道講詞。

律，而這個全能的存在又在監視著我們的行爲，並且將在某個未來的世界裡獎賞遵守它們，同時懲罰違逆它們的行爲時；從這樣的考量，它們必然會獲得一種新的神聖意義。我們對神的意志的尊重，應當是我們行爲的最高準則；這一點，凡是相信神存在的人，都不可能懷疑。甚至在不想服從祂的念頭當中，似乎便已含有最令人毛骨悚然的不妥成分了。對人來說，反抗或忽視神以其無限智慧和無限力量下達給他的那些命令，是多麼的徒然無益，多麼的荒謬悖理啊！不尊敬他的創造者以其無限仁慈命令他遵守的那些訓誡，即使違背它們不至於受到任何懲罰，那也是多麼的怪異，多麼的不虔誠與不知感恩啊！我們的合宜感因此獲得最強烈的自利動機的充分支持。如果想到，儘管我們也許可以規避人們的觀察，或者儘管我們的身分地位超出人類的懲罰能力之外，然而，我們的所作所爲總是逃不過神的監視，而且任何不公不義的行爲總是會受到這位偉大的復仇者的報復懲罰；這樣的想法是一個能夠使最頑固執拗的激情受到抑制的動機，至少對那些由於經常深思熟慮而已經變得很熟悉這個想法的人來說，確實是如此。

宗教信仰就這樣驅使人們遵守自然的義務感；也因爲這緣故，對於那些似乎深刻懷有宗教情操的人，人類通常會比較信任他們的誠實正直。他們認爲，這種人的行爲，除了受到節制其他人的那些行爲規則的約束外，還多了一層束縛。對行爲合宜以及名譽的顧慮，對他自己以及別人胸懷裡是否有掌聲喝采的顧慮，他們認爲，是對有宗教信仰的人，以及一般世人，有同樣影響的動機。但，前一種人還處於另一種約束之下，他絕不會蓄意採取任何行動，除非他覺得彷彿完全暴露在最後將按照他的所作所爲獎懲他的那位偉大的上司眼前。因此，人們對他的行爲的規則性與正確性有比較多的信賴。每當自然的宗教信仰情操沒受到某種卑鄙下流的黨派鬥爭的熱情腐蝕敗壞時；每當宗教信仰要求的首要義務，是履行一切道德責任時；每當人們沒被教導，要把無聊的宗教儀式，視作比公正與仁慈的行爲更爲要緊的宗教義務，乃至以爲，透過奉獻、儀式，以及無益的祈求，他們能夠與神磋商達成允許他們詐欺、背信與行兇的交易時，那麼，這世界在這方面的判斷無疑是正確的，並且有正當的理由對具有宗教信仰的人，加倍信任他的誠實正直。

第六節　在哪些情況下，義務感應當是我們唯一的行爲原則，以及在哪些情況下，它應當獲得其他情感動機的協同

宗教信仰爲實踐美德提供這樣強烈的動機，並且以這樣有力的約束，保護我們免於邪惡的誘惑，致使許多人認爲，宗教信仰是唯一値得讚賞的行爲動機。他們說，我們既不應該因爲感激而獎賞，也不應該因爲憤怒而懲罰；我們既不應該基於自然的親情而在我們的子女無法自立時給予保護，也不應該基於同一種親情而在我們的父母年老虛弱時提供支持。在我們的胸懷中，所有對特定對象的愛都應該撲滅，而由一個大愛取代所有其他的愛，這個大愛就

是對神的愛，就是渴望使我們爲祂所喜，並且渴望在各方面都按照祂的意志指引我們的行爲。我們不應該因爲感恩而圖報，不應該因爲樂善而好施，不應該因爲愛我們的國人而愛國，也不應該因爲愛人類而行慷慨公正。在履行所有這些不同的義務時，指引我們行爲的唯一原則與動機，應該是我們覺得神命令我們履行那些義務。我不想在這裡花時間特別檢討這個見解；我只想指出，我們不應指望可以發現有哪一派的教友一方面會懷抱這個見解，而另一方面卻宣佈他們自己所信奉的宗教認爲，正如以我們全部的心，以我們全部的靈魂，以我們全部的力量，去愛我們的主、我們的神，是我們的第一條訓誡，所以，愛我們的鄰人如同愛我們自己，是我們的第二條訓誡；我們所以愛我們自己，無疑是爲了我們自己的緣故，而不只是因爲我們被命令要愛我們自己。說義務感應該是指引我們行爲的唯一原則，絕不是基督教的教訓；基督教只是像哲學，以及，沒錯，像一般常識所指示的那樣，認爲義務感應該是主要的與決定性的原則。然而，下面這個問題也許值得討論：在哪些情況下，我們的行爲應該主要或完全出自某種義務感，或出自對概括性行爲規則的顧慮；以及在哪些情況下，某種其他的感覺或情感應該存在，同時贊成我們的行爲，並且應該發揮主要的影響力。

這問題的答案，也許不可能非常精確，不過，它似乎取決於兩種不同的情況；第一，取決於在所有對概括性規則的顧慮之外，促使我們採取行動的那種感覺或情感，究竟是自然宜人討喜的，抑或是醜惡討厭的；第二，取決於概括性規則本身，究竟是嚴格與精確的，抑或是鬆散與不精確的。

第一，我們的行爲，在何種程度內應該出自我們心中的情感，或完全應該出自我們對概括性規則的顧慮，我認爲，將取決於那情感本身，究竟是自然宜人討喜的，抑或是醜惡討厭的。

所有慈愛的情感鼓舞我們做出的那些優雅可敬的行爲，出自那些情感本身的程度，應該不亞於出自任何對概括性行爲規則的顧慮。一個施恩者會認爲他自己簡直沒獲得報答，如果受他幫助的那個人，在報答那些幫助時，僅僅是基於某種冷冰冰的義務感，對他本人沒有絲毫敬愛的感情。一個丈夫對最爲溫馴的妻子也會有所不滿，如果他認爲她的溫馴沒有別的原因，除了因爲她顧慮到身爲人妻的義務。一個兒子即使在所有孝道責任上毫無缺失，然而，如果他缺乏身爲人子應當懷有的那種摯愛的敬意，他的父母便很有理由抱怨他的冷漠。而一個兒子也不可能對一個父親十分滿意，如果這個父親，雖然履行了身爲人父的所有義務，不過，卻絲毫沒有一般父親通常會有的那種慈愛的情感。對於所有這些慈愛和樂的情感，令人覺得愉快的是，看到義務感比較是用來約束，而不是用來激勵它們，比較是用來阻止我們做得太過分，而不是用來鼓舞我們做我們應該做的事。看到一個父親不得不抑制他自己對子女的溺愛，看到一個朋友不得不爲他自己天生的慷慨大方設限，看到一個受人恩惠的人，不得不約束他自己心中過於熱血澎湃的感激，會讓我們覺得愉快。

對於狠毒與不和樂的激情，應該遵守的處世格言則是相反的。我們在獎賞他人時，應該出於我們自己心裡的感激與慷慨，沒有任何遲疑，也沒有必要思考獎賞是多麼合宜；但，我們在懲罰他人時，卻總是應該心存猶豫，並且比較是出於覺得懲罰是合宜的，而不是出於任何想要報復的壞脾氣。沒有什麼比一個這麼做的人行爲更爲優雅了：他對種種最重大的傷害所以感到怨恨，看起來比較是因爲他覺得它們應受怨恨，覺得它們是怨恨的適當對象，而不是因爲他自己猛烈地感覺到這種不愉快的激情；他像一位法官那樣，只考慮一般的規則，只根據規則來決定每一特定的罪行應該受到什麼樣的報復；他在執行規則時，比較不可憐他自己曾經蒙受的痛苦，而比較同情犯人即將蒙受的痛苦；他即使在忿怒中也還記得慈悲，並且想要以最溫和善意的方式解釋規則，想要在不違背常識的情況下給予犯人最坦率正直的仁慈所能容許的一切減刑輕判。

正如自愛的情感，根據我們在前頭已經討論過的㊻，在其他方面，占有某一介於和樂與不和樂的感情之間的中間位置，所以，它們在這裡也一樣占有某一中間的位置。追求我們私人感興趣的那些對象，在所有普通、瑣細與尋常的行爲場合，比較應該是出於對那些要求有這種行爲的概括性規則的顧慮，而不是出於我們個人對那些對象本身懷有什麼樣喜愛的激情；但，在比較重要與特殊的行爲場合，如果我們所追求的對象本身看起來沒在我們心裡激起什麼顯著的熱情，那我們一定會顯得笨拙、乏味與不雅。只是爲了賺取或節省一先令，就

㊻ 譯注：參見本書第一篇第二章第三至第五節。

焦慮不安，或者就大費周章地定下計謀，這對最庸俗的零售商來說，也會降低他在所有鄰居眼中的地位。即使他的處境是這麼的卑賤，對任何這樣瑣細的事物，爲了它們本身的緣故而這樣的在意，也不應該在他的行爲中出現。他的處境也許要求最嚴格的節約與最一絲不苟的勤勉；但，那種節約與勤勉精神的每一次發揮，必須不是出於他對那一次的節省或利潤看得特別的重，而是出於他看重那個極端嚴格規定他必須有這樣行事作風的概括性規則。他今天的節儉，不應出自他希望保有他藉此將可省下的那特定的三分錢，而他今天開店做生意，也不應出自他喜愛他藉此將可賺到的那特定的十分錢；不管是今天的節儉，或開店做生意，都應該出於他對某一概括性規則的尊重，這規則，以最爲不寬容的嚴格精神，爲他規定了這個待人處世的方針。一個吝嗇鬼和一個一絲不苟地節儉與勤勉的人，他們之間的性格差異就在於此。前者焦慮不安地關心瑣細的事物，而且僅爲了那些事物本身的緣故；後者也很注意那些事物，不過，只是因爲他已經爲自己定下了那樣的處世方針。

至於比較特殊與比較重要的那些私欲對象，情形則完全不同。任何人在追求這些對象時，如果沒對它們本身懷著幾分認眞的熱情，那他就會顯得志氣卑劣。我們瞧不起一個對征服或保衛外省一點兒也不焦急的君主。一個民間的紳士，如果當他無須使用任何卑鄙或不正當的手段也可以取得一份產業或甚至重要的公職時，卻不努力去爭取，那麼，我們對他是不會懷有多少敬意的。一個國會議員，如果對他自己的選舉一點也不熱心，會被他的朋友視爲完全不值得依戀而予以拋棄。甚至一個工匠也會被他的鄰人看成是一個猥瑣懦弱的傢伙，如果他不自己振作起來爭取某一份他們所謂份外的活兒，或爭取某一樁不常見的好買賣。活潑進取的人與遲鈍守舊的人，兩者之間的差別，就在於有沒有這種志氣與熱情。那些重大的私欲對象，其得失完全改變個人的身分地位，是正當稱爲雄心的那種熱情的對象；這種熱情，如果維持在審愼與正義的範圍內，總是爲世人所欽佩，甚至當它逾越這兩種美德的界限，當它不僅不正當而且也過分放肆時，有時候還具有某種詭異的偉大性質，令人爲之迷惘傾倒。因此，世人普遍景仰英雄與征服者，甚至欽佩政治家，因爲他們的計畫大膽、目標遠大，儘管全無正義可言；例如，像紅衣主教李奇留（Richlieu）和德里茲（de Retz）㊼的那些計畫。貪婪的目標與雄心的目標，它們之間的差別，僅在於是否偉大。一個守財奴熱中於半毛錢的程度，並不亞於一個滿懷雄心壯志的人熱中於征服一個王國的程度。

第二，我們的行爲，在何種程度內，應該完全出自我們對概括性規則的顧慮，我認爲，將部分取決於那些規則本身究竟是嚴格與精確的，抑或是鬆散與不精確的。

幾乎所有美德方面的概括性規則，譬如，提示審愼、慈悲、慷慨、感激、友善等美德分別該有何等相應作爲的那些概括性規則，在許多方面是這麼的鬆散與不精確，容許這麼多例

㊼ 譯注：Jean François Paul de Gondi，Cardinal de Retz（一六一四～七九），法國神學家。在本書第一篇第三章第二節，曾經被引述過。

外，並且需要這麼多修正，以至於即使我們相當尊重它們，我們的行爲也幾乎不可能完全遵照它們。常見的那些提示我們該怎樣審愼的俗諺格言，由於有普遍的經驗做基礎，也許是能夠爲「行爲審愼」定下的最佳概括性規則。然而，裝作全然一字不差地遵照它們，肯定會顯得迂腐可笑、荒謬至極。在我剛才提到的那些美德當中，提示感激該有什麼作爲的那些概括性規則也許是最精確的，所容許的例外情形也許是最少的。在我們受人照顧後，我們應該儘早做出等値的回報，或者如果我們有能力的話，做出更多的回報；表面上，這似乎是一條相當簡單明瞭的規則，而且也幾乎沒有例外的餘地。然而，只消最爲粗淺的斟酌考量，便可發現這條規則其實極爲鬆散與不精確，並且容許數以萬計的例外。如果你的恩人在你生病時照顧你，你是否應該在他生病時照顧他？或者你能用另一種回報方式來實踐感激的義務？如果你應該照顧他，那你應該照顧他多久？和他照顧你的時間一樣長，或更長，那究竟要長多久？如果你的朋友在你落難時借錢給你，你是否應該在他落難時借錢給他？你應該借給他多少？你應該在什麼時候借給他？現在，或明天，或下個月？一次借給他多久？顯然不可能定出什麼概括性規則，爲任何這樣的問題，分別在所有不同情況下，提示一個確切的答案。他的性格和你的性格，他的處境和你的處境，也許是這麼天差地別，以至於即使你心中充滿感激，你仍可很恰當地拒絕借給他半毛錢：而相反地，你也許願意借給他，或甚至借給他十倍於他借給你的金額，但你仍可恰當地被指控是心腸最黑、最忘恩負義的人，沒有盡到你該負的義務的百分之一。然而，由於在各種慈善的美德指示我們應該盡到的一切義務中，感激的義務也許是最爲神聖的，所以提示這種義務的概括性規則，正如我在前頭所言，也是最爲精確的。至於分別爲友善、仁慈、好客、慷慨等等，提示該有什麼相應作爲的那些概括性規則，那就更加模糊與不確定了。

但，有一種美德，相關的概括性規則，以極高的精確度，標明所要求的每一項外在的行爲。這美德就是正義。正義的規則極爲精確，其中沒有例外或修正的餘地，除了那些可以被限定得像規則本身那樣精確的例外與修正，而那些例外與修正通常也的確是和規則一起源自同一組原則。如果我欠某人十英鎊，那麼，正義會要求我應該在約定的時候，或當他要求還錢的時候，分毫不差地還給他十英鎊。我應該做什麼事，應該做到何種程度，應該在什麼時候和什麼地點做，亦即，正義的規則所要求的行爲，其全部的性質和相關情況，全都被精確地標明與固定住。所以，過於嚴格遵守審愼的或慷慨的一般規則，固然會顯得不雅與作態賣弄，嚴格遵守正義的規則卻不會顯得迂腐。相反地，正義的規則應該受到最神聖的尊敬；這種美德所要求的那些行爲，實踐得最爲合宜恰當的時候，莫過於當實踐的動機，主要是對那些要求實踐的規則，懷有某種宗教信仰般虔誠尊敬的時候。在實踐其他美德時，引領我們如何行爲的，比較應該是某種合宜的念頭，比較應該是我們對某種行爲的特殊旨趣有所領略，而不是顧慮到什麼精確的格言或規則；我們更應該顧慮的，是規則的目的與原理，而不是規則本身。但，關於正義，卻不是這樣。最不會在正義的規則中推敲琢磨、尋隙閃躲的人，最固執堅定地遵照正義的規則本身行事的人，是最值得欽佩、最可以信賴的人。雖然正義的規則旨在防止我們傷害我們的鄰人，但違反正義的規則本身往往便是一種罪行，儘管我們能夠拿某一理由當藉口，辯稱某一特定違背規則的行為不會造成傷害。任何人，即使只在他自己心裡，開始這樣狡辯的那一刻起，往往就已變成是一個惡棍了。一旦他想要稍微偏離那些不可褻瀆的戒律，一旦他不想徹底忠實、積極地固守正義的規則，他就不再值得信任，不再有人能肯定什麼樣的罪惡是他做不到的。一個小偷會以爲他自己沒有爲惡，當他從富人那裡偷了他自認爲富人即使沒了也不會難過，甚至富人或許永遠也不會知道被偷的某樣東西。一個姦夫會以爲他自己沒有爲惡，即使他糟蹋了朋友的妻子，只要他隱瞞姦情，未讓她的丈夫起疑，因此未擾亂她家裡的和平。一旦我們開始對這樣的琢磨巧辯與文過飾非讓步，那就不會有什麼無法無天的罪行是我們做不出來的了。

正義的規則，可以比作文法規則；其他的美德規則，可以比作評論家對什麼叫作文章的莊嚴優美，所定下的規則。前者是準確的、精密的，以及不可免的。後者則是鬆散的、模糊的，以及曖昧的；這種規則比較像是在爲我們應該追求的完美提示某一概念，而不是什麼確實可靠、不會出錯的指示，供我們用來達成完美。正如任何都人可以學會根據規則寫出合乎文法的文章，完全不會出錯；所以，他也許可以被教會怎樣做出公正的行爲。但，不會有什麼規則，我們只要遵守，便可以絕無謬誤地寫出優美或莊嚴的文章；儘管有一些規則，在某一程度內，可以協助我們修正與確定我們原來對什麼是文章的完美所想到的一些模糊的念頭。同樣地，也不會有什麼規則，只要我們學會運用，便可以絕無謬誤地在一切場合做出審慎的，恰當慷慨的，或適當仁慈的行爲：儘管有一些規則，在許多方面，可以協助我們修正與澄清我們原來對這些美德所想到的一些不甚完備的念頭。

有時候，當我們極其嚴肅認眞地想要做出値得讚許的行爲時，卻因爲弄錯了適當的行爲規則，以致那個本該引領我們獲得讚許的原則反而誤導了我們。在這種情況下，如果指望人們完全讚許我們的行爲，那是枉費心機的。他們不可能認同那個對我們造成影響的荒謬的義務感，也不可能讚許任何出自那個義務感的行爲。然而，這樣一個被錯誤的義務感背叛，或者說，被所謂錯誤的良知出賣，以致犯錯的人，在他的性格與行爲中，還是有一些値得尊敬的成分。無論他被誤導犯下了怎樣致命的錯誤，對慷慨和仁慈的人來說，他仍然比較是憐憫，而不是忿怒或怨恨的對象。他們悲嘆人性是如此的愚鈍，爲我們招來如此不幸的錯覺，儘管我們極其眞誠地努力追求完美，努力想要按照可能引領我們達到完美的最佳原則行動。錯誤的宗教信念，幾乎是能夠使我們自然的情懷，嚴重產生這樣顚倒錯亂的唯一原因；那個使義務規則具有至高權威的原則，獨自便能夠使我們對義務規則的概念遭到顯著的扭曲。在所有其他場合，普通常識便足以引領我們的行爲，即使達不到最優雅合宜的層次，至少和那個層次不會距離太遠；只要我們認眞想要行善，我們的行爲，大體上，肯定總是値得稱讚的。首要的義務規則是服從神的旨意，這是人們全體一致的想法。但，關於神的旨意要我們遵守哪一條特定的誡律，人們的想法往往彼此差異很大。所以，在這一點，人們彼此應當有最大的寬容與忍耐；雖然爲了保護社會，罪行必須被懲罰，無論罪行的動機是什麼，然而，當罪行顯然是出自錯誤的宗教義務觀念時，則在懲罰它們時，一個善良的人總是會心懷不忍。對那些犯下這種罪行的人，他絕不會懷有他對其他罪犯所懷有的那種義憤，反而會在懲罰他們的那一刻，對他們那種不幸的堅定與恢宏，感到痛惜，有時候甚至感到欽佩。對出自這種動機的罪行，我們應該有什麼感覺，在伏爾泰先生所創作的一部最美妙的悲劇《穆罕默德》中，有很好的描述。在那部悲劇中，有兩位最爲天眞善良的青年男女，他們的性格，除了使他們益發受我們鍾愛的那種缺點外，亦即，除了他們彼此喜愛對方外，沒有其他任何缺點，然而，他們卻誤信了某種虛僞的宗教，以致在最強烈的信仰動機促使下，犯下最可怕的謀殺罪，使人性徹底爲之震驚動搖。有一位年高德劭的長者，曾經極其溫柔慈祥地呵護過他們兩人，而儘管他公然反對他們的宗教，他們兩人對他仍極爲崇敬與尊重，並且他事實上是他們的父親，雖然他們不知道這一點。然而，有人向他們指出，他是神特意要從他們手中收到的犧牲品，他們受命必須殺死他。當即將執行此一罪行時，他們受盡兩股情感力量之間的爭鬥所可能產生的一切煩惱與痛苦的折磨，一方面是宗教的義務絕不可規避的念頭，另一方面則是，對他們即將殺害的那個人，因他的年紀，他們滿懷憐憫、感激與尊敬，而因他的仁德，他們又滿懷愛意。這一段劇情是曾經被搬上任何舞台的戲劇表演中，最有趣而且或許也是最具教育意義的一個場景。然而，義務感最後戰勝了所有人性中比較和藹可親的柔弱傾向。他們執行了他們受命執行的那項罪行；但，立即發現他們自己的錯誤，以及使他們受騙的那種詐術，並且因爲感到極端的憎惡、懊悔與惱怒而發狂。痛惜是我們爲不幸的塞依德（Seid）與波蜜拉（Palmira）所懷有的感覺，而對每一個被宗教如此這般誤導的人，我們也應該懷有同樣的傷感，不過，我們必須確定，確實是宗教誤導了他，而不是宗教被他拿來當藉口，以掩蓋人性中某些最卑劣不堪的激情。

正如任何人都可能因爲遵循錯誤的義務感而犯錯，所以自然的感覺有時候也可能占優勢，並且引領人們做出與錯誤的義務感相反的正當行爲。在這種場合，我們不可能不樂見我們認爲應該得勝的動機得勝，雖然當事人本身是如此軟弱昏庸，以致竟然認爲該動機原本不該得勝。然而，由於他那正當的行爲是個性軟弱而非堅持原則的結果，我們絕不會給予該行爲任何接近百分之百的讚許。一個頑固偏執的天主教信徒，當他在聖巴爾多祿茂（St Bartholomew）大屠殺[48]中，因爲突發的慈悲而變得如此軟弱無力，以致放過了某些不幸的新教徒的性命，儘管他認爲自己負有摧毀他們的義務；這樣的人似乎沒有資格得到熱烈的掌聲，亦即，得不到當他是以百分之百自我讚許的心情，做出同一慈悲慷慨的行爲時，我們應該會給予他的那種熱烈的掌聲。我們或許會對他性情中的慈悲成分表示欣慰，但我們仍然會懷著某種遺憾的心情看待他；這種遺憾的心情和完整無瑕的美德應得的讚美，完全是

---

⑱ 譯注：指發生於一五七二年八月二十四日法國巴黎天主教徒屠殺雨格諾教徒（Huguenots）的慘案。當天爲耶穌十二門徒之一聖巴爾多祿茂的紀念日。

相互矛盾的。同樣的評論也適用於所有其他的情感。我們不會厭惡看到它們獲得適當的發揮，即使當事人受到某種錯誤的義務感的影響而企圖抑制它們。一個很虔誠的教友派信徒（Quaker）㊾，是不致令我們感到不愉快的：如果在他的一邊臉頰受到掌摑時，他非但沒把另一邊臉頰湊上去任人掌摑，反而完全把他平素照字面理解的那一則救世主基督的訓誡忘光光，以致給了那個侮辱他的莽漢一頓好打當作教訓。我們會開心地笑說，他倒是很有氣魄，並且會因此而更喜歡他。但，我們絕不會尊敬他；我們的尊敬似乎該留給一個，在類似的場合中，對什麼是適當的行爲有一正當的感覺而爲所當爲的人。任何行爲，如果沒帶有自我讚許的情感，那就不配稱爲有品德的行爲。

㊾ 譯注：教友派信徒信奉絕對和平主義。

第四篇　論效用對讚許感的影響

第一節　論合用的外表賦予所有工藝品的美，並論這種美的廣泛影響

效用是美的一個主要根源，這一點，每一個對美的本質有所研究的人都曾經指出過。一間房屋，它的方便合用，和它的整齊對稱一樣，會使觀者覺得愉快。而當他注意到它並不方便合用，他心裡難過的程度，不會亞於當他看到對應的窗戶形狀不同，或看到大門沒正確開在房屋的中間。任何安排或機器，如果合適產生預定的目的，它的這種合適性，會賦予整個安排或機器某種合宜或美的性質，並且使我們一想到它便覺得愉快，這一點是如此顯而易見，任何人都不會沒注意到。

效用所以令人覺得愉快的原因，最近也有一位聰明靈巧又和藹可親的哲學家①指出來。這位哲學家把最深邃的思想和最優雅的表述結合在一起，他具有特別幸運的才幹，能以最完整明晰的見解，加上最生動活潑的辯才，處理最爲深奧的課題。根據他的見解，任何物體的效用，藉由不斷向它的主人暗示它合適用來增進的那種歡樂或方便，而使他覺得愉快。他每一次注視它，就會想起該歡樂或方便；這物體就這樣變成一個永久滿足與快樂的泉源。旁觀

---

① 譯注：指David Hume, *A Treatise on Human Nature*, II.ii.5，以及*Enquiries concerning Human Understanding and concerning the Principles of Morals*, V.ii。

者透過同情作用，體會主人的情感，也必然會以同樣愉快的觀點看待該物體。當我們拜訪大人物宏偉華麗的府第時，我們心裡禁不住會興起，如果我們自己是主人，擁有如此巧妙獨創的容身處所，我們將享受的那種滿足。同樣的道理也可以說明，爲什麼看起來不方便使用，會使任何物體變得令人不愉快，不管是對它的主人或是對旁觀者來說。

但，就我所知，還沒有什麼人注意到，這種合適性，或者說，任何工藝品的這種巧妙設計，竟然往往比它預定要產生的那個目的更受珍視；亦即，爲了獲得某種方便或歡樂而在手段上做出的精確整備與安排，竟然時常比這方便或歡樂本身更受重視，儘管所有手段上的整備安排，全部價值似乎就在於獲得這方便或歡樂。然而，這樣的情形其實極爲常見，這一點可以在成千上萬的實例中看出。這樣的實例，有些固然是無足輕重，但有些則涉及最要緊的人生事務。

當某個人走進他的房間，發現椅子全都橫七豎八立在房子中央，便對他的僕人生氣，他也許會受不了看到它們繼續亂糟糟的杵在那裡，而寧可不厭其煩地親自動手把它們各就各位全擺回椅背靠牆的位置。這個新安排全部的合宜性，在於使室內的地面空曠起來，比較方便他走動。爲了獲得此一方便，他寧可給自己添麻煩，而這麻煩又比沒有這個方便時他可能蒙受的一切麻煩還要大；沒有什麼會比他一進門就往其中一把椅子坐下更輕鬆容易，而當他大費周章地忙完椅子的事情後，他很可能也不過是同樣一屁股往其中一把椅子坐下。所以，他想要的，看起來，與其說在於走動上的方便，不如說在於增進該方便的那個安排佈置。然而，終究是該方便，使那個安排佈置得他歡心，並賦予它全部的合宜性與美。

同樣地，一只手錶，如果每天慢上兩分多鐘，會被一個對手錶十分好奇在意的人鄙棄。他賣了它，也許只得兩枚金幣，然後花五十枚金幣，買了另一只每兩禮拜不會走錯一分鐘的手錶。然而，手錶的唯一用途，是讓我們知道時刻，讓我們免於錯過約會時間，或免於因不知道某一特定時刻是幾點幾分而蒙受任何不便。但，對這種機器這麼愛挑剔的人，卻不見得總是比其他人在赴約時更爲分毫不差地守時，或基於其他緣故而更爲焦慮不安地想要精確知道什麼時候是幾點幾分。他所感興趣的，與其說在於獲知時刻，不如說在於那一部用來獲知時刻的機器本身的合適完美。

有多少人把金錢揮霍在沒啥作用的玩物上以致傾家蕩產？這些玩物的愛好者所感興趣的，與其說在於效用，不如說在於產生效用的器具本身設計合適巧妙。他們的每一個口袋全都塞滿了各式各樣的小玩意兒。他們挖空心思設計出別人衣服上沒見過的口袋，以便攜帶更多的小玩意兒。他四處走動時，全身滿載著那許多小玩意兒，在重量上，並且有時候在價值上，不會輸給賣貨郎平常扛在身上的那只行李箱，其中有些東西有時候或許還小有用處，但所有那些東西無論什麼時候即使沒得用也無所謂，而且它們全部加起來的效用，無疑也不值得爲它們忍受載重的疲累。

並非只是在有關這些無足輕重的事物時，我們的行爲才會受這個原則影響；在最嚴肅與最重要的一些私人生涯乃至公共領域的志業追逐上，這個原則時常是背後的主要動機。

一個窮人家的兒子，由於老天爺動怒而賦予野心，以致當他開始環顧四周圍，便對富人的處境讚嘆起來。他發現他父親的茅舍太小了，不適合他容身，並且幻想如果安頓在一座邸第裡，他應當會覺得更輕鬆自在。他對自己不得不徒步走路，或不得不忍受馬背上的顛簸疲累，感到不悅。他看到那些身分地位高於他的人坐在馬車上被搬來搬去，便想像如果能坐在其中一輛馬車中，他旅行時的不便肯定會比較少。他覺得他自己天性懶惰，最好盡可能少自己動手服侍自己；並且斷定，爲數眾多的僕役侍從將可爲他省去許多麻煩。他以爲，一旦他得到了所有這些東西，他將可心滿意足地坐著不動，恬靜地享受暗地裡細細品味自己處境的幸福與寧靜所帶來的快樂。他被這種幸福的遐想給迷住了。在他的幻想中，這種幸福彷彿是某種高人一等的存在的生活，而爲了得到這種幸福，他從此永遠獻身於追逐富貴。爲了獲得富貴所提供的各種生活上的方便，在他致力勤勉的第一年，甚至第一個月，他甘心忍受的身體疲累與心靈折騰，比他畢生因爲缺乏富貴而可能蒙受的身心疲累與折騰還要多。他用功學習，以便在某一需要耗費心力的專門職業中出人頭地。他以最不屈不撓的勤勉，夜以繼日地努力取得勝過所有競爭者的各種才幹。他接著努力使那些才幹爲眾人所知，並且以同等的勤勉，四處爲那些才幹乞求每一個運用發揮的機會。爲了此一目的，他巴結奉承所有的人；他服務自己所憎恨的人，逢迎諂媚自己所鄙視的人。他畢生追求某種造作高雅的安頓身心的理想，儘管爲了這理想，他犧牲了某種他隨時唾手可得的眞正寧靜，這理想他也許絕不會達到，而且即使在他極端年邁時終於達成了，他也將發現，無論在哪一方面，它都不比他所放棄的那種卑微的安全與滿足更爲可取。於是，在生命只剩下最後的渣滓，在他的身體已被辛勞與疾病折損消耗殆盡，在他回想起他自己所杜撰的仇人的不義，或朋友的背信與忘恩負義，使他遭遇到的數以千次的傷害與失望，而感到痛心與氣惱時，他終於開始覺悟到，富貴只不過是沒啥效用的小玩意兒，並不比玩具愛好者的收納箱，更合適用來取得身體的安逸或心靈的平靜；而且富貴也就像收納箱那樣，對隨身攜帶它四處走動的那個人來說，所造成的麻煩，勝過它可能帶來的一切方便。而財富與收納箱對比，其實也沒有其他眞正的差異，除了前者所提供的各種方便，略微比後者所提供的那些方便，更爲顯著可見。大人物的邸第、花園、馬車配備與僕役侍從，全是每個人一眼便可瞧出有什麼便利的東西。它們不需要麻煩它們的主人對我們解說它們有什麼效用。我們很容易自動領會其效用，並且透過同情作用，享受它們合適爲他提供的那種滿足，從而給予讚美。但，一根牙籤、一枝耳挖、一把指甲剪，或任何其他類似的小玩意兒，它們的妙用何在，就不是這麼顯而易見。它們的便利性或許同樣偉大，不過，卻不是這麼醒目，我們不是這麼容易領會它們的主人將有什麼樣的滿足享受。所以，和富貴的華麗氣派相比，它們是比較不合理的虛榮話題，而富貴的唯一優勢也僅在於此。要滿足人類如此天生喜愛的優越感，富貴比較有效。對一個獨自在荒島上過活的人來說，比較有益於他的幸福與享受的，究竟是一座宮殿，抑或是通常可在收納箱裡發現的一組方便使用的小器具，也許是一個很難確定的問題。沒錯，如果他住在人群中，那就沒得比了，因爲在這種場合，就像在其他一切場合那樣，我們比較在意的，經常是旁觀者的感覺，而不是主要當事人的感覺；亦即，我們比較重視的，經常是主要當事人的處境在旁人眼裡顯得如何，而不是當事人的處境在他自己眼裡顯得如何。然而，如果我們追問旁觀者，為什麼他這麼讚美推崇有錢人與大人物的處境，我們將發現，箇中原因與其說在於他認為他們享有高人一等的安逸或歡樂，不如說在於他認為他們擁有無數造作高雅的精巧物品，可以增進那種安逸或歡樂。他甚至不認為他們真的比別人幸福快樂；但，他認為他們擁有比較多可以取得幸福快樂的手段。而那些手段的整備精巧與美妙，適合它們的預定目的，正是引起他讚美的主要原因。但，在病弱無力、年老疲憊時，富貴的空洞虛榮，如果曾有什麼樂趣可言，那也已完全消失不見。對一個處在這種狀態的人來說，從前曾吸引他去辛苦追逐的那些名利，不再有什麼可取之處。他暗自詛咒野心，徒然惋惜年輕時的安逸與懶散，感嘆這些已永遠消逝的逸樂，後悔他愚蠢地犧牲了這些逸樂，只為了追逐那種，當他終於得到時，也不可能真正滿足他的東西。富貴，對每一個人來說，看起來就是這樣一幅悽慘的景象，如果沮喪或疾病迫使他靜下心來仔細觀察他自己的處境，並且思考他自己的幸福究竟欠缺什麼。在這時候，權勢與財富會露出它們的本質，顯示它們不過是碩大無比、異常費力的機器，設計來給身體提供少許碎屑的便利，但構成這些機器的許多發條與零件極其精緻纖細，必須受到最小心翼翼的呵護照料才可維持在堪用的狀態，而儘管我們給予無微不至的照料，它們也隨時就會轟然崩塌粉碎，並且在它們崩塌瓦解時，壓碎不幸擁有它們的主人。它們是龐大無比的構造物，需要花費一生的辛勞方能建造起來，卻隨時有崩塌之虞，隨時會把住在裡面的人壓垮，而當它們還沒崩塌時，雖然可以使他免於一些小小的不方便，卻不能保護他免於任何比較惡劣的風雪侵襲。它們擋得住夏天的陣雨，卻擋不住冬天的暴風雪，並且讓他始終像從前那樣，有時候甚至比從前更嚴重地，暴露在焦慮、恐懼、悲傷，以及疾病、危險和死亡等等的不幸中。

雖然在生病或情緒低落時，這種對每個人都不陌生的沮喪哲學，會這樣徹底瞧不起那些偉大的欲望目標，但當我們身體比較健康、心情比較開朗時，我們肯定會以比較愉快的觀點看待它們。在痛苦與悲傷時，我們的想像力，似乎被限縮、囚禁在我們自身裡，然而在安逸與成功時，它卻會自動膨脹、擴大到我們周遭的每一件事物上。這時候，大人物的邸第，以及其中那盡善盡美的合適佈置，就會叫我們喜歡得著迷；我們讚嘆每一樣東西都是那麼合適增進他們的舒服，預防他們感到缺憾，滿足他們的希望，排遣與紓解他們種種最瑣碎的欲望。如果我們單獨考慮所有這些東西所能提供的那個眞正的滿足，亦即，如果我們把這滿足，和合適增進這滿足的那種安排的美妙，切割開來分別看待，那麼，這滿足肯定總是會顯得極其微不足道、不值得掛懷。但，我們很少會以這麼抽象超然的眼光看待那滿足。在我們想像中，我們自然會把它，和它所賴以產生的那個安排、機器或布置的組織秩序，以及其規則協調的運轉狀態，搞混在一起。當我們是以這麼複雜的觀點在考量富貴的那些樂趣時，我們便會覺得那些樂趣是某種宏偉、美麗與高貴的東西，十分值得我們爲了得到它們而經常如此輕易付出的那一切辛勞與焦慮。

幸好自然女神是如此這般的哄騙了我們。正是此一哄騙，激起了人類的勤勉，並使之永久不懈。正是此一哄騙，最初鼓舞了人類耕種土地，構築房屋，建立城市與國家，並且發明與改進了各門學問與技藝，以榮耀和潤飾人類的生命；正是此一哄騙，使整個地球的表面完全改觀，使原始的自然森林變成肥沃宜人的田野，使杳無人跡與一無是處的海洋，不僅成為人類賴以為生的新資源，而且也成為通往世界各國的便捷大道。由於人類的這些勞動，地球已經被迫加倍提高她的自然生產力，並且維持為數更多的居民。即使有這麼一個既驕傲又無情的地主，當他望著自己的那一大片廣闊的田地，完全沒想到同胞的需要，只想到他本人最好吃光那一大片田地裡的全部收成，那也只是白費工夫的幻想罷了。「眼睛大過肚子」這句庸俗的諺語，在他身上得到最為充分的證實。他肚子的容量，和他巨大無比的欲望完全不成比例；他的肚子所能接受的食物數量，不會多於最卑賤的農民肚子所接受的。他不得不把剩餘的食物，分配給那些以最精緻的方式，烹調他本人所享用的那一丁點食物的人，分配給那些建造和整理他的邸第，以供他在其中消費那一丁點食物的人，分配給那些提供和修理各式各樣沒啥效用的小玩意兒，以妝點他的豪華生活氣派的人；所有這些人，就這樣從他的豪奢與任性，得到他們絕不可能指望從他的仁慈或他的公正得到的那一份生活必需品②。土地的

② 譯注：同樣的主題也出現在作者的《國富論》第一卷第二章〈論促成分工的原理〉：「我們每天有得吃喝，

產出物，無論在什麼時候，都幾乎維持了它所能維持的居民人數。有錢人只不過從那一堆產出物中挑出最珍貴且最宜人的部分。他們所消費的數量，不會比窮人家多多少；儘管他們生性自私貪婪，儘管他們只在意他們自身的便利，儘管從他們所雇用的數千人的勞動中，他們所圖謀的唯一目的，只在於滿足他們本身那些無聊與貪求無厭的欲望，但他們終究還是和窮人一起分享他們的經營改良所獲得的一切成果。他們被一隻看不見的手③引導而做出的那種

並非由於肉商、酒商或麵包商的仁心善行，而是由於他們關心自己的利益。我們訴諸他們的自利心態而非人道精神，我們不會向他們訴說我們多麼匱乏可憐，而只說他們（和我們交易）會獲得什麼好處」（見謝宗林、李華夏合譯，台北先覺出版之《國富論》第三十頁）。這一點可以佐證《國富論》與《道德情感論》是一脈相承的，不存在所謂「兩個亞當史密斯」的問題。

③ 譯注：作者在其他兩處地方使用「一隻看不見的手」（an invisible hand）這個後來變得非常著名的辭句：其一在《國富論》第四卷第二章〈論限制從外國進口國內能夠生產的產品〉，其二在一篇名叫〈天文學的歷史〉的論文中。作者在〈天文學的歷史〉裡說，膽小無知的先民以「看不見的手」解釋一些「不規則」的自然現象，略謂先民以為這些現象是相關神祇有意干預自然規律的結果。但，在本書和《國富論》裡，作者卻是在論述社會經濟行為所呈現的某種獨立於個人意志之外的規律時，將「看不見的手」用來指陳此等規律所以形成的「動因」或「力量」（上帝的安排）。無論真正的意義為何，「看不見的手」都只是一種比擬用語，不具有科學啓發意義。

生活必需品分配，和這世間的土地平均分配給所有居民時會有的那種生活必需品分配，幾乎沒什麼兩樣；他們就這樣，在沒打算要有這效果，也不知道有這效果的情況下，增進了社會的利益，提供了人類繁衍所需的資源。當上帝把這世間的土地分給少數幾個權貴地主時，祂既沒有忘記也沒有遺棄那些似乎在分配土地時被祂忽略的人。最後這些人，在所有土地的產出中，也享受到他們所需的那一份。就眞正的人生幸福所賴以構成的那些要素而言，他們無論在哪一方面，都不會比身分地位似乎遠高於他們的那些人差。在身體自在和心情平靜方面，所有不同階層的人民幾乎是同一水平、難分軒輊的，而一個在馬路邊享受日光浴的乞丐，則擁有國王爲之奮戰不懈的那種安全。

同一原理，亦即，對體系安排的同一熱中，對秩序之美，以及對技巧與機關設計之妙的同一珍視，往往也足以使那些有助於增進公共福祉的制度或設施得人歡心。當一個愛國者努力改善任何一部分公共政策時，他的所作所爲，未必純粹出自同情那些將因此而獲益者的幸福。一個熱心公益的人所以推動修繕道路的工作，通常不是因爲他同情運貨商和車夫。當立法機構設立獎勵金和其他鼓勵措施，以促進亞麻布或毛織布製造業的發展時，這舉措很少純粹出自同情那些便宜或精細布料的穿用者，更不用說純粹出自同情布料的製造者或布商。公共政策的完善，以及貿易與製造業的擴張，本身就是高貴莊嚴的目標。沉思默想這些目標，使我們開心，凡是有助於促進它們的措施，我們都感興趣。它們是偉大的統治體系的主要環節，藉助於它們，政治機器的各個齒輪似乎運轉得比較圓融順暢。我們以看到或想到如此美麗雄偉的一個體系的完美爲樂；我們會焦慮不安，直到我們排除了任何可能干擾或妨害此一體系規律運轉的障礙，即使是最不可能造成干擾或妨害的那些障礙，我們也不會放過。然而，所有政府組織體制的價值，全在於它們是否有助於增進它們所統治的那些人民的福祉。增進人民的福祉，是它們唯一的用處與目的。不過，由於某種「體系熱」作祟，以及某種對技巧與機關設計的熱中，我們重視手段的程度，有時候似乎更甚於目的，而我們所以熱心想要增進同胞的幸福，與其說因爲我們對他們的幸福與否有什麼直接的感覺或同情，不如說因爲我們想要完善或改進某個美麗與井然有序的組織體系④。有一些人，他們有很強烈的愛國心，但在其他方面，卻顯得對人類的情感非常不敏感。相反地，也有一些極爲仁慈的

④ 譯注：關於「體系熱」（spirit of system）的進一步論述，請見本書第六篇第二章第二節最後三段。指出「體系熱」的存在與影響，可以說，是亞當史密斯在道德哲學方面跳脫前輩（尤其是David Hume）影響的一個最重要的創新見解。「體系熱」在當今的經濟學界的影響尤爲極端。諾貝爾經濟學獎得主Ronald Coase，曾在其得獎的演講文中，慨嘆他所提出的交易成本理論，雖然讓他得獎，卻沒吸引到多少追隨者予以發揚光大；他說，有人認爲那是因爲他的理論不具「可操作性」（operational），他不解其義，不過，Oliver Williamson曾說，這可能是指他的理論未形成體系（system）。另外，也有人抱怨當今所謂數理經濟學模型，說它們美則美矣，但不切實際。眞知灼見式微，而外表漂亮、內涵空洞的模型卻吸引眾多學子的注意，正是某種「體系熱」作祟所致。

人，似乎完全沒有愛國心。每個人，在他熟識的朋友當中，都可以找到這兩種人的例子。有誰會比那位全球馳名的俄國立法者⑤更沒有人性，或更有愛國心？相反地，大不列顛的詹姆斯一世，雖然生性和樂善良，然而，他對自己國家的光榮或利益，似乎完全沒有什麼感覺。你想喚起一個看起來幾乎毫無雄心壯志的人奮發向上嗎？如果你向他敘述有錢有勢的人是多麼幸福；如果你告訴他，他們通常有遮蔭避雨的屏障，得免日晒雨淋，他們很少挨餓，他們難得受凍，他們很少感到厭倦無聊或缺乏什麼東西，那麼，你往往將白費工夫。無論你怎樣口若懸河、舌燦蓮花，這種勸勉他的話語，對他幾乎不會有什麼影響。如果你真想成功打動他的心，那就必須向他敘明，在他們的邸第裡，各個房間的佈置與安排是多麼便利；就必須向他說明，他們的整套馬車配備是多麼優雅合宜，並且必須對他指出，他們的僕役侍從總共有多少人、分成多少階級，以及分別擔負些什麼職務。如果真有什麼話可以說動他，那就是這種敘述說明了。然而，所有這些東西，也不過是有助於遮蔭擋雨，有助於他們免去挨餓受凍，免去匱乏與厭倦無聊。同樣地，如果你想把公德心灌輸到某個似乎對國家利益毫不在乎者的心中，那麼，你往往將白費工夫，如果你告訴他，在一個治理優良的國家裡，人民會享有哪些優越的好處；如果你告訴他，他們將住得比較好，穿得比較好，吃得比

⑤　譯注：指俄國的彼得大帝（一六七二～一七二五）。

較好。這些理由通常不會給他很深的印象。你將比較可能說動他，如果你向他敘述這些好處得以實現的那個偉大的公共政策體系，如果你向他解釋，這體系分成好幾個部分，其間有什麼聯繫與依存關係，它們彼此怎樣互相服從，以及它們整體怎樣有益於社會幸福；如果你向他說明，這體系怎樣可以引進到他自己的國家，目前究竟是哪些因素阻礙這體系在那裡生根，那些障礙怎樣可以移除，以及統治機器中所有個別的齒輪怎樣可以運轉得更爲圓融順暢，彼此不會相互磨擦，或相互妨礙各自的運轉。在聽了這樣的一番說教後，很少有人不會覺得自己心裡頭有某一程度的愛國熱正在擾動。他至少會在聽到的那一刻，覺得想要移除那些障礙，想要使如此美麗、如此井然有序的一部機器可以動起來。沒有什麼比研究政治學，亦即，研究各種不同的公民政府體系，以及其利弊得失，研究我們本國的政治體制、它的處境、它和各個外國的利害關係、它的貿易、它的國防、它爲哪些不利的情況所苦、它可能遭遇到哪些危險、怎樣移除那些不利的情況，以及怎樣預防那些危險等等，更有助於增進愛國心了。因此，各種政策研究，如果公正、合理又可行的話，可以說，是所有理論工作中最有用的研究了。甚至那些最拙劣、最糟糕的政策研究，也並非完全沒有它們的效用。它們至少有助於激發人們的公德心與愛國情，鼓舞他們找出種種增進社會幸福的辦法。

第二節　論合用的外表賦予人的性格與行爲的美，並論這種美在何等程度內可以視爲讚許該性格或行爲的一個根本要素

人們的性格，和各種機巧的設計裝置以及公民政府的各種制度設施一樣，或許適合增進，也或許適合阻擋個人以及社會整體的幸福。審愼、公正、積極、果敢堅決和酒色不沾的性格，不僅會使具有這種性格的人，而且也會使每一個和他有關係的人，有希望獲得成功與滿足。相反地，魯莽、自大、懶惰、優柔寡斷和貪戀酒色的性格，不僅很可能使個人遭致毀滅，也很可能殃及所有和他有所關聯的人。前述第一種性向，至少擁有一切可能歸屬於，爲了增進最愉快的目的而發明出來的，最完善的機器設備的那種美麗；而第二種性向，則擁有一切歸屬於最笨拙不當的設計裝置的那種醜陋。有什麼統治設施，比得上人民普遍具有智慧與美德，那樣有助於增進人民的幸福？一切統治措施，不過是智慧與美德不足的一個不完美的補救辦法。所以，凡是能夠基於政府的效用而歸屬於政府的美麗，必定以遠爲優越的程度屬於智慧與美德。相反的，有什麼公共政策，比得上人民種種的敗德惡行，那樣有效導致破壞與毀滅？拙劣的政府統治，所以會產生毀滅性的影響，完全是因爲它沒有充分提防人民的道德敗壞可能造成的危害。

各種不同的性格，從它們各自的有用性或不利性，似乎得到的這種美醜差別，很容易以

某種獨特的方式，迷住那些以抽象超然的觀點研究人類行爲的學者。當一個哲學家費心研究仁慈爲什麼受到讚許，或殘忍爲什麼受到譴責時，他未必總會在自己心裡，以非常清澈分明的方式，觀想任何一樁特定殘忍或仁慈的行爲；他通常滿足於那些性質的一般名稱使他想起的那種模糊含混的念頭。但，只有在個別事例中，各種行爲的合宜與否，以及它們的功與過，才會清晰可辨。只有在考慮特定實例時，我們才會清楚地察覺到我們自己的情感和行爲人的情感是否相一致，或是不調和；或者說，才會在雙方的情感相一致時，清楚地感覺到對他興起一股心意互通的賞識，而在雙方的情感不調和時，清楚地感覺到對他興起一股不能同情的憤慨。當我們以抽象概括的方式思考美德與邪惡時，它們賴以引起這幾種情感的那些性質似乎大多消失不見了，因此，這幾種情感本身也變得比較不清晰可辨。相反地，美德的幸運傾向，和邪惡的致命後果，似乎因此而更爲突出可見，彷彿那些傾向與後果全都自動站起來彰顯自己，把美德或邪惡的所有其他性質全都比下去了。

首先解釋效用爲什麼令人愉快的那一位聰明靈巧又和藹可親的理論家⑥，對前述那種抽象超然的觀點是如此的著迷，以致把我們對美德的讚許，全部歸因於我們看到有用的外表所賦予的美麗。他指出，任何心性，除非對本人或他人是有用的或是可喜的，否則就不會被視

⑥譯注：指前述之David Hume。

作美德，或受到讚許；而任何心性，除非具有相反的傾向，否則就不會被視作邪惡，或遭到非難。沒錯，自然女神，爲了使我們的讚許與非難，不僅有利於我們個人，而且也有利於社會，似乎已經如此巧妙地調適了我們的這些情感，以致在最嚴格的檢查後，我相信，可以發現，實際的情形的確到處正如那位理論家所言。但，我仍要斷然地說，我們所以讚許或非難某種心性，根本的或主要的原因，絕不是在於看到它是有用的或有害的。讚許或非難的感覺，無疑會因爲看到有用的或有害的傾向所賦予的那種美麗或醜陋，而更爲增強、更爲生動。但，我仍然要說，讚許或非難的感覺，無論就其源頭或就其本質來說，皆不同於這種美麗或醜陋的感覺。

首先，對美德感到讚許，和我們讚許一棟方便且設計完善的建築時會有的那種感覺，似乎不可能是同一種感覺；或者說，我們似乎不可能，除了據以讚賞某個五斗櫃的那種理由外，沒有其他讚賞某個人的理由。

第二，仔細檢查將會發現，任何心性的效用，很少是我們的讚許感的初始源頭；讚許的感覺，總是含有某種和效用感明顯不同的合宜感。在所有被當作美德而受到讚許的心性上，包括那些，根據該理論體系⑦，最初因爲被認爲對我們本身有用而受到讚賞的心性，以

⑦ 譯注：指David Hume的理論。

及那些因爲對他人有用而受到尊重的心性，我們都可以觀察到這一點。

對我們本身最有用的那些心性，首先當推優越的理智和理解力，我們根據這種能力，可以辨別我們一切行爲的未來影響，並且預見這些影響可能導致的各種利弊得失：其次是自我克制力，這種能力使我們得以戒絕目前的歡樂或忍受目前的痛苦，以便在未來某個時候享受更大的歡樂或避免更大的痛苦。這兩種心性結合起來，就是所謂審愼的美德，在一切美德當中，就以這種美德，對我們個人最爲有用。

關於這些心性中的第一種，前文⑧曾經指出，優越的理智和理解力最初是因爲正當、準確、符合眞理與事實而得到讚許，不光只是因爲有用或有利。最偉大與最受欽佩的人類理智發揮，主要展現在一些比較深奧的學問上，特別是高等數學方面。但，那些學問的效用，無論是對個人或是對公眾來說，卻不是很明顯，而且要證明它們有用，所需進行的研討，一般人也未必很容易領悟。所以，使它們受到眾人讚美與欽佩的因素，起初並非它們的效用。而且也很少會有什麼人特別強調它們有此一性質，除非是到了不得不對某些人的叱責汙辱有所回應的時候；後一種人不僅本身完全不愛好這種崇高的發現，而且還努力毀謗它們，說它們毫無用處。

⑧ 譯注：參見本書的第一篇第一章第四節第四段。

同樣地，我們賴以約束我們目前的慾望，以便在另一個場合獲得更充分滿足的那種自我克制力，因爲它的合宜而受到讚許的程度，和它因爲有用而受到讚許的程度，可以說不分軒輊。當我們克制自己的慾望時，對我們的作爲產生影響的那些情感，似乎完全和旁觀者的情感相一致。旁觀者沒感覺到我們目前的慾望對我們的誘惑。對他來說，我們將在一個禮拜或一年後享受的那個快樂，和我們在這一刻享受的快樂，完全一樣誘人。所以，當我們爲了目前的快樂而犧牲未來的快樂時，我們的作爲，在他看來，就會顯得極端荒謬與毫無節制，從而他也就不可能體會那些對我們的作爲產生影響的情感。相反地，當我們戒絕目前的快樂，以便獲得未來更大的快樂時，當我們的所作所爲，彷彿對遙遠的目標，相對於緊貼著我們感官的目標，同樣感興趣時，由於我們的情感完全和他本身的情感相一致，他絕不可能不讚許我們的行爲；而且由於他根據經驗知道，難得有人能夠自我克制到這樣的程度，所以，他肯定會懷著顯著的訝異與欽佩，看待我們這樣的作爲。對於堅定不移地厲行節儉、勤勞與專心致志的人，每個人都自然會感覺到的那種崇高的敬意，便是源自於此；即使這樣的行爲，只是爲了發財，沒有別的目的。一個這樣的人，他的剛毅不拔，以及他爲了獲得重大但遙遠的好處，不僅放棄眼前的一切快樂，而且忍受最大的身心勞苦，必然會博得我們的讚許。顯然支配著他的作爲的那種關於他的利益與幸福的看法，完全符合我們對同一利益與幸福自然會有的看法。在他的情感和我們本身的情感間，存在著最完全的對應一致，同時，根據我們對普通人性弱點的經驗，這樣的對應一致，是我們所不能合理預期的。所以，我們不僅讚許，而且在某一程度內也欽佩他的作爲，認爲他的作爲值得高度讚揚。而唯一能夠支持行爲人堅守這種行爲方針的，也正是這種值得讚揚與尊敬的意識。對我們將在十年後享受的那種快樂，相較於可以在今天爲我們所享受的那種快樂，我們是這麼的不感興趣；前一種快樂所激起的情感，相較於後一種快樂很容易引起的那種強烈的情感，自然是這麼的微弱，以致前一種情感的力量，絕不可能和後一種情感的力量相抗，除非它得到合宜感的奧援，亦即，除非我們意識到，如果我們採取前一種作爲，我們將值得眾人的讚許與尊敬，而如果我們採取後一種作爲，我們將變成眾人輕蔑與嘲笑的正當對象。

仁慈、公正、慷慨、以及公德心，是對他人最有用的一些心性。仁慈與公正的合宜性何在，已在前文某個場合⑨解釋過，那裡也說明了，我們對這兩種心性的尊敬與讚許，怎樣取決於行爲人和旁觀者在情感上的調和一致。

慷慨與公德心的合宜性，所賴以建立的原理，和公正的合宜性相同。慷慨和仁慈不同。這兩種心性，乍看之下似乎焦孟不離彷彿同類，卻未必屬於同一人。仁慈是女性的美德，而慷慨則是男性的美德。女性一般比男性更爲溫柔，但很少像男性那樣慷慨。「女性罕有顯

⑨譯注：參見本書的第一篇第一章第三節第一段。

著捐獻的行爲」⑩，這是民法文獻中的一則評語。仁慈只不過在於，以旁觀者的身分，對主要當事人的感覺懷有敏銳的同情，以致爲當事人的痛苦感到悲傷，爲當事人的受傷感到忿怒，以及爲當事人的幸運感到高興。最仁慈的一些行爲，不需要自我犧牲，不需要自我克制，也不需要奮力發揮合宜感。仁慈的行爲，只不過是做出敏銳的同情自然會鼓舞我們去做的那些事。但，慷慨就不同了。我們絕說不上慷慨，除非在某方面我們喜愛其他某個人甚於我們自己，或犧牲我們自己的某一重大利益，以成全朋友或上司的某一同樣重大的利益。某個人放棄他有權利得到的職位，儘管這職位是他的雄心壯志所追求的偉大目標，只因他認爲另一個人的服務貢獻更有資格得到該職位；某個人不顧他自己的性命去保衛他的朋友，只因爲他認爲他朋友的性命比他的性命更重要；這兩個人的行爲都不是出於仁慈，或因爲他們對於關係到他人的事情感覺比較敏銳，而對於關係到他們自己的事情比較沒感覺。他們倆在考量那些不相容的利益時，都不是秉持在他們自己眼裡它們看起來如何的那種自然的觀點，而是秉持在他人的眼裡它們看起來如何的那種克己的觀點。對每一個旁觀者來說，這個他者的成功或存活，也許會比他們的成功或存活，更爲正當誘人；但，對他們自己來說，絕不可能是如此。所以，當他們爲了這個他者的利益而犧牲他們自己的利益時，他們是在使他們自己

---

⑩ 原作注：Raro mulieres donare solent（Women rarely make donations）.

適應旁觀者的情感，並且恢弘大器地努力按照，他們覺得任何第三者都必定自然會想到的那些見解來行動。一個捨身保護長官的士兵，對於長官的不幸身亡，他本身或許也不會有什麼特別悲傷的感觸，如果那位長官的死完全不是他自己的過錯造成的；而如果他自己不幸碰上的一個很小的不如意，也許會使他感覺到一股更爲強烈的悲傷。但，當他努力保護長官，以便博得讚賞，並且使公正的旁觀者對支配他進行保護行動的原則感到讚許時，他覺得，對每一個人（除了他自己）來說，他自己的性命，和他長官的性命相比，彷彿是滄海一粟那樣微不足道，同時他也覺得，當他爲了長官的性命而犧牲自己的性命時，他的行動十分恰當，完全符合每一個公正的旁觀者都自然會懷抱的那種見解。

至於更爲偉大的愛國行動，情形也是一樣。當一個年輕的軍官，爲了替他的君主取得某一瑣碎的新領土，而不顧他自己的性命時，這並不是因爲新增的那一丁點兒版圖，對他自己來說，是一個比保全他自己的性命更爲可喜可取的目標。對他來說，他自己的性命價值，無限大於他爲他所效忠的國家所征服的某個王國的全部領土。但，當他比較這兩目標的相對價值時，他並不是站在他自己私人自然會採取的那個立場，而是站在他所效忠的那個國家全體人民的立場。對全民來說，戰爭勝利至爲重要，而個人的性命則無足輕重。當他採取全民的立場看待問題時，他會立即覺得，他絕不可能過於浪費自己的鮮血，如果他所流的每一滴血都有助於達成這麼有價值的目的，爲國家贏得戰爭。他的英勇氣概就在於，他這樣以合宜的義務感，擋住了所有自然的情感中最強烈的那種傾向。有許多誠實的英國人，在他們私人的崗位上，如果損失了一枚金幣，所感到的心情煩亂，遠比他們爲英國損失了米諾卡島（Minorca）所感到的更爲嚴重；然而，如果他有能力保衛那座要塞，他將寧可犧牲他自己的性命千百次，也不願意眼睜睜地看著它，由於自己的過錯，而落入敵人的手中⑪。當羅馬史上第一位布魯特斯⑫，因爲他自己的兩個兒子陰謀背叛正在成長中的羅馬自由，而把他們牽出去接受死刑時，設使他只顧慮到自己私人的感受，那麼，他便可以說爲了滿足一種比較微弱的愛，而犧牲了一種顯然比較強烈的愛。對於親生兒子的死刑，相比於羅馬因爲缺乏這麼偉大的一個警戒榜樣而可能蒙受的所有不幸，布魯特斯自然應當懷有更多的同情。但，他不是以父親的觀點，而是以羅馬公民的觀點，在看待他們。他如此徹底地同情後面那個角色的感覺，以致完全不顧存在於他自己和他們之間的親子關係；對一個羅馬公民來說，即使貴爲布魯特斯的兒子，如果拿來和羅馬最小的利益相比，也顯得不足掛齒。在這些，以及所有其他同類的例子當中，我們所以對這種行爲感到欽佩，與其說因爲我們看出這種行爲的

---

⑪譯注：這段話顯然是依據英國海軍上將John Byng（一七〇四～五七）的故事而寫。一七五六年五月，在所謂七年戰爭開始時，John Byng在英屬Minorca（西班牙西部一島嶼）外海縱放一支法國艦隊，並且未解救島上被法軍圍攻的守備部隊。John Byng後來受到軍法審判，被處以死刑。

⑫譯注：根據傳說，Lucius Junius Brutus於西元前五〇九年逐出羅馬的獨裁者Tarquinius Superbus，締造了羅馬共和國，並獲選爲共和國的首任執政官。據說他的兩個兒子陰謀使獨裁者復辟，因而被他判處死刑。

效用，不如說因爲我們覺得這種行爲不僅合宜，而且是出乎意料之外的合宜，因此，是偉大、尊貴與崇高的合宜。這種行爲的效用，當我們認眞予以考慮時，無疑會以一種新的美麗屬性歸附給這種行爲，因此會更加使這種行爲得到我們的讚賞。然而，主要是一些喜好沉思臆測的人，才會察覺到這種美麗的屬性，最初使大多數人自然覺得這種行爲值得讚賞的，絕不是這種性質。

値得一提的是，當讚賞的情感完全源自察覺到這種效用之美時，這種讚賞的情感便和他人的情感完全沒有任何關係。所以，假使某個人在和社會完全隔絕的情況下長大成人，如果眞有這種可能的話，則他自己的各種行爲，或許仍然會因爲它們有助於他的幸福或不便，而受到他本人的讚賞或非難。他或許會在審愼、節慾和良好的行爲上察覺到這種效用之美，並且在與此相反的行爲上察覺到醜陋：在前一種場合，當他在觀察自己的氣質與性格時，或許會懷著我們在打量一部設計優良的機器時所感到的那種滿足；而在後一種場合，或許會懷著我們看到一部笨拙粗陋的機器時所感到的那種厭惡與不滿。然而，由於這些美醜的感受，全然是一種品味鑑賞的問題，因此具有這種感受能力所隱含的一切脆弱性與微妙性（眞正稱爲品味的那種鑑賞能力，便是建立在這種感受能力精確正當的基礎上），所以，它們很可能不會受到一個淒涼獨處的人怎樣的注意。即使它們偶爾被他察覺到，但在他和社會發生聯繫之前，它們對他的影響，與和社會發生聯繫後，它們將會對他產生的影響，也絕不會相同。在他和社會發生聯繫之前，當他察覺到這種醜陋時，他不會因爲內心感到羞愧而垂頭喪氣；而當他意識到與這種醜陋相反的美感時，他也不會因爲暗地裡覺得精神勝利而得意洋洋。他不會因爲覺得自己在後一種場合值得獎賞而興高采烈，也不會因爲懷疑自己在前一種場合應受懲罰而擔心戰慄。所有這樣的情感都預設當事人事先有其他某個人存在的念頭，這個人是感覺到這些情感的當事人自然的審判官；因爲唯有藉由對這個審判者就他的行爲所做出的各種裁決產生同情，他才可能感受到自我讚揚時的勝利喜悅，或自我譴責時的挫折羞愧。

第五篇　論社會習慣與時尚對道德讚許與譴責等情感的影響

第一節　論社會習慣與時尚對美醜概念的影響

除了已經列舉的那些因素外，還有其他一些因素，不僅對人類的道德情感有不可忽視的影響，而且也是許多不規則與不一致的道德褒貶意見在許多不同時代與國家流行的主要原因。這些因素包括社會習慣（custom）與時尚（fashion），它們的影響範圍也兼及我們對各種美醜的判斷。

如果我們經常看見兩個物體一起出現，我們的想像力會形成一種習癖，很容易從其中一個物體想到另一個物體。當第一個物體出現時，我們期待另一個物體也將跟著出現。它們自然而然地使我們想起它們彼此，我們的注意力很容易從其一攀援至另一。儘管在它們的結合當中，除了習慣之外，完全沒有眞正的美，然而，當習慣已經這樣把它們聯繫在一起時，我們會覺得它們的分離具有某種不合宜性。當其中一個出現時，如果沒有它常見的同伴相隨，我們會認爲它很不雅觀。我們沒看到某個我們期望看到的東西，我們的習慣性想法被此一失望給攪亂了。例如，三件一套的服裝看起來會像缺少什麼似的，如果它們沒有配上通常會伴隨它們出現的那種裝飾品，無論這裝飾品怎樣瑣碎；我們甚至會在它們少了一顆臀部位置的鈕釦時，覺得它們難看或不雅。當它們的結合具有任何自然的合宜性質時，習慣會增強我們對這種合宜的感覺，從而使它們的分離看起來更加令人厭惡。那些習於見到物品高雅精緻的人，對凡是難看或笨拙的物品，會感到更爲強烈的厭惡。當它們結合在一起其實並不自然合宜時，習慣會減少、或完全消除我們對這種不合宜的感覺。那些習於見到各種東西散亂無序的人，會喪失所有整齊或優雅的感覺。有些家具或衣服的式樣，在陌生人看來顯得荒謬可笑，然而，習於使用它們的那些人卻不會覺得有什麼不妥。

時尚不同於社會習慣，或者不如說，時尚是一種特殊的社會習慣。每個人身上穿的衣裳，不是時尚，但，有地位或名望的那些人身上穿的，卻是時尚。權貴人士那種優雅、從容、與威風凜凜的儀態舉止，和他們的衣裳慣有的貴重與華麗結合在一起，使他們偶爾穿上的那個式樣，被賦予了某種優美的性質。只要他們繼續穿上這個式樣，在我們的想像中，該式樣就會和某種優雅華麗的念頭聯繫起來，而因爲有此一聯繫，即使該式樣本身其實很平凡普通，看起來也會具有某種優雅華麗的氣氛。然而，一旦他們拋棄了它，它就會立即失去從前似乎擁有的一切優美，而且由於如今只被下階層人民穿用，它看起來便多少具有屬於下階層的那種卑鄙難看的性質。

全世界的人都承認，衣裳和家具的式樣，完全受社會習慣和時尚的支配。然而，這兩項因素的影響，絕不僅限於如此狹窄的範圍，而是自然會擴展到所有可以在任何方面予以品味鑑賞的事物，包括音樂、詩詞與建築。衣裳和家具的式樣經常不斷改變，五年前受到眾人喜愛的式樣，今天看起來卻滑稽可笑；實際的經驗使我們確信，某些式樣之所以流行，主要是、或完全是拜社會習慣與時尚所致。衣服和家具所使用的材料不是很耐久。一件精心設計的上衣，穿了一年之後便褪色走樣，不再能夠傳播當初縫製時所依據的那個式樣，繼續作爲當令的時尚。家具式樣改變的速度，沒有衣裳那麼快；因爲家具通常比較耐久。然而，經過五、六年後，家具式樣通常也會有一番全面性的變革，每個人在他的一生中，都可以看到這方面的時尚式樣改變許多次。其他一些工藝作品，比衣裳和家具都更爲耐久，因此，如果創作巧妙的話，也許可以在更長的一段時間內，持續傳播它們當初所掀起流行的時尚式樣。一棟精心構造的建築也許可以屹立好幾個世紀；一種美麗的風格，也許會被某種藝術流派傳承下來，連綿不斷，經過好幾個世代；一首絕妙好詩，也許和天地共長久；所有這些東西都可存在好幾代，持續使當初建構它們時所依據的那個特別風格，或所依據的那個特別品味與特色，成爲流行的風格與品味。很少有人有機會在他們的一生中，看見任何這些藝術中的流行式樣，發生什麼重大的變化。很少有人，對古代異國所流行的各種不同的風格式樣，有如此深入的經驗與認識，以致完全安心接受它們，或能夠在它們和本國當代所流行的風格式樣間，做出公正的優劣評斷。所以，很少有人願意承認，社會習慣或時尚，對他們自己怎樣評斷那些藝術品的美醜，有很大的影響；反而以爲，所有他們認爲那些藝術創作所應遵守的各種規則，全都是本於理性與自然，而不是本於社會習慣或偏見。然而，只須稍微點撥一下，便可使他們承認實際的道理正好相反，使他們確信，社會習慣與時尚對衣裳和家具的影響，並不比對建築、詩詞、和音樂的影響更爲絕對。

例如，可有什麼理由說，陶立克式（Doric）柱頭只適用在長寬①比爲八比一的柱子上；愛奧尼亞式（Ionic）渦形柱頭只適用在長寬比爲九比一的柱子上；柯林斯式（Corinthian）葉形柱頭只適用在長寬比爲十比一的柱子上？所有這些專屬的柱頭形式看起來所以合宜，除了社會習慣使然之外，不會有其他原因。已經習於見到某一特殊比例的柱子和某一特殊形式的柱頭連在一起的眼睛，如果沒看到它們連在一起，會覺得不舒服。五種柱型②中的每一種，都有特殊的柱頭裝飾，不得以其他任何裝飾頂替，否則一定會觸怒每一個對建築規則稍有涉獵的人。誠然，某些建築師認爲，古人在爲每一種柱型搭配合宜的柱頭裝飾時，所展現的判斷力是這麼的細膩絕妙，以至於再也不可能找到其他同等合適的柱頭裝飾了。然而，儘管這些柱頭形式確實極其賞心悅目，但若要說唯有那些柱頭適合長寬比例是那樣的柱子，或在那些社會習慣確立之前，找不到其他五百種柱頭同等適合長寬比例是那樣的柱子，那就未免有點兒難以想像。然而，當社會習慣已經確立了某些特殊的建築規則以後，只要這些規則並非全然不合情理，則想要以其他一些只是同樣好看的，或甚至就優雅美

---

① 譯注：寬，指直徑。

② 譯注：十八世紀於英國流行的柱型，除了前述的三種古希臘式柱型外，還有塔斯卡尼式（Tuscan）和混合式（Composite）等兩種古羅馬式柱型。

觀而言，稍微自然優於它們的規則，去取代它們，卻會顯得荒唐可笑。某個人會顯得荒唐可笑，如果他穿了一套十分與眾不同的衣服出現在眾人眼前，即使他的那一套標新立異的服裝本身非常優雅或方便。同樣地，一棟房子的裝飾，如果十分不同於社會習慣與時尚所規定的那種式樣，似乎也含有同一種荒唐可笑的成分，即使這標新立異的裝飾本身稍微優於一般常見的式樣。

某些古代的修辭學家認爲，一定的韻律，本質上，只適用在一定種類的著述裡，因爲該韻律自然會散發出那種應該在該類著述裡占主導地位的性質、情感或感覺。他們說，某一種韻律適合莊重的著述，而另一種韻律則適合輕鬆的著述，兩種韻律如果互換，他們認爲，那就很不恰當。然而，現代的經驗似乎與此一原則背道而馳，雖然此一原則本身看起來很可能是正確的。在英文中所謂諷刺詩的韻律，在法文中卻是英雄詩的韻律。拉辛③（Racine）的悲劇和伏爾泰（Voltaire）的《亨利王頌》（La Henriade）所使用的韻律，幾乎和「讓我聽聽您對這重大抉擇的意見」④相同。相反地，法文中的諷刺詩韻律，卻很像英文中的十音節

③ 譯注：參見本書第三篇第二章。

④ 譯注："Let me have your advice in a weighty affair." 這是以《格利佛遊記》（*Gulliver's Travels*）聞名於世的英國諷刺作家Jonathan Swift（一六六七～一七四五）所寫的諷刺詩"*The Grand Question Debated. Whether*

英雄詩韻律。由於社會習慣使然，讓某國人民興起莊重、崇高與嚴肅想法的那種詩韻，在另一個國家卻會讓人民聯想起輕鬆、隨便與滑稽的念頭。在英文裡，不會有什麼著作，比運用法文中的亞歷山大（Alexanderine）詩韻寫成的悲劇，更爲荒唐可笑；相反地，在法文裡，也不會有什麼著作，比運用十音節的英雄詩韻寫成的悲劇，更爲荒唐可笑。

在寫作、音樂或建築等各種藝術領域中，傑出的藝術家會使以往確立的藝術模式發生重大的變化，並且引進新的時尚式樣。正如一個地位崇高又和藹可親的人，他所穿著的衣裳自然得人歡心，而且無論怎樣奇異怪誕，很快便會受到眾人讚美與模仿；所以，一個傑出的藝術大師，他的顯赫地位也會使他的奇異怪誕受人歡迎，並且使他的特色，在他所從事的那門藝術中，成爲時尚的風格。由於模仿某些音樂與建築大師的奇特作風，義大利人在音樂與建築方面的品味，在過去這五十年內，經歷了重大的變化。昆悌良（Quintilian）⑤責備塞尼加（Seneca）⑥，說他敗壞了羅馬人的品味，說他引進了一種輕浮的秀麗，取代了莊嚴的理

Hamilton's Bawn should be turned into a Barrack or a Malt-House" 起頭的第二行。注意原詩每行各有十二音節。

⑤ 譯注：Marcus Fabius Quintilian，西元第一世紀的羅馬修辭學家與評論家。

⑥ 譯注：Seneca（西元前四~西元六五），羅馬政治家、哲學家及悲劇作者。

性與陽剛的雄辯。薩勒斯特（Sallust）和塔西特斯（Tacitus）也受到其他一些人的指摘，說他們和塞尼加一樣敗壞了羅馬人的品味，雖然敗壞的方式有所不同。據說，他們使某種寫作風格大行其道，這種風格雖然極其簡潔、優雅、意味深長，甚至極富詩意，不過，卻是不自在、不單純、不自然，並且顯然是最費勁的與最刻意的矯揉造作。一位作家必須具備多少偉大的品質，才能使他的一些眞正的缺點這樣討人喜歡？在提高一國人民的品味這樣的稱頌之後，評論家所能給予任何一位作家的最高禮讚，也許是指摘他敗壞了一國人民的品味。就我們自己的語言來說，波普先生（Mr. Pope）⑦和斯威夫特博士（Dr. Swift）⑧已經各自把一種不同於以往的寫作風格引進到所有以韻文寫成的作品裡，前者的風格目前風靡於長韻文，而後者則風靡於短韻文。巴特勒（Butler）⑨的離奇有趣，已經讓位給斯威夫特的平易近人。德萊敦（Dryden）⑩的散漫自由，以及艾迪生（Addison）⑪的正確得體，但往往冗長且平淡無力，不再是人們模仿的風格。目前所有長韻文的創作，都模仿波普先生那種神經

⑦ 譯注：參見本書第三篇第二章。

⑧ 譯注：即前注④提到的Jonathan Swift。

⑨ 譯注：Samuel Butler（一六一二～八〇），以戲仿英雄詩體諷刺清教徒的詩作Hudibras聞名於世。

⑩ 譯注：John Dryden（一六三一～一七〇〇），英國詩人、劇作家及評論家。

⑪ 譯注：Joseph Addison（一六七二～一七一九），英國散文家及詩人。

過敏的嚴謹風格。

社會習慣與風尙的影響範圍，並不僅限於各種工藝作品。我們對於各種自然物體的美醜判斷，也同樣受到它們的影響。有多少不一樣，甚至相反的形狀，在各種不同的動物身上，被認爲是美麗的？在某種動物身上受到愛慕的那些體型比例，完全不同於在另一種動物身上受到珍視的那些比例。每一類動物，都有獨特的一個受到讚許的形態，都有一種屬於它自己那一類的美麗，明顯不同於其他每一類動物的美麗。正是基於此一緣故，所以，巴菲爾（Buffier）[⑫]神父，一位博學多聞的法國耶穌會教士才斷言，每一物體的外型之美，全在於該物體具有它所屬的那一類物體中最常見的那個形狀與顏色。因此，就人類的體型來說，每一部分相貌之美，就在於某一中庸的形狀，和其他各式各樣難看的形狀間隔一樣遠。例如，美麗的鼻子，既不會太長，也不會太短，既不會太挺直，也不會太彎曲，而像是居於所有這些極端的形狀中間似的，和這些極端的形狀中的任何一個差異的程度，小於這些極端的形狀彼此之間的差異。自然女神每次在塑造人類的鼻子時，原本瞄準的目標，似乎正是這個中庸的形狀，然而實際上，她幾乎每次都射偏了，偏離的方式有千百種，就是很少準確地命中目標；不過，所有那些偏離的形狀，仍然酷似那個目標。當我們按照某個模型描繪

⑫ 譯注：Claude Buffier（一六六一～一七三七）。

許多張圖畫時，雖然所有這些圖畫也許會在某些方面和該模型不相像，不過，它們各自和該模型相似的程度，肯定大於它們彼此相似的程度；該模型的一般特色，肯定會出現在這些圖畫的每一張中；最奇特怪異的圖畫，肯定是那些和該模型最不像的；而且雖然很少有哪一張圖畫絲毫不差地複製該模型，不過，描繪得最爲準確的那些圖畫，和描繪得最爲草率的那些圖畫，它們之間的相似度，仍將大於後者彼此之間的相似度。同樣地，每一種生物中最美的個體，具有該種生物的一般外型構造中一些最明顯的特徵，因此和其他大部分屬於同一種生物的個體最爲相似。相反地，怪物或十分畸形的個體，總是最奇特怪異的，總是和它們所屬的那一種生物的大部分個體相似的程度最小。因此，每一種生物中，美麗的個體，雖然就某一意義來說，極其希罕，因爲很少有哪一個個體絲毫不差地長成這個中庸的模樣，然而，就另一個意義來說，美麗的個體卻是最常見的，因爲所有偏離美麗的東西，和美麗的相似度，大於它們彼此之間的相似度。所以，巴菲爾神父認爲，就每一種生物來說，最爲習見的那種形狀，就是最美的形狀。也因爲如此，所以，在我們能夠判斷任何一種物體的美醜，或知道其中最爲常見的中庸形狀是個什麼樣子之前，我們必須對該種物體有一定程度的實際審視經驗。判斷人類美醜的能力，無論怎樣細膩敏銳，也無助於我們判斷花、馬、或其他任何一種生物的美醜。同樣地，就任何一種生物來說，在不同的氣候地帶，以及不同的風俗與生活方式下，由於它會從那些風土環境獲得某種不同的一般形態，所以，關於它的美醜標準也會有所不同。摩爾人判斷駿馬的標準，和英國人判斷駿馬的標準，並不盡然相同。關於人類體型與面貌的美醜，不同的民族有什麼不同的看法。在幾內亞海岸，膚色潔白是一種令人震驚的畸形。厚唇與扁鼻才是美。在某些民族，一雙下垂到肩膀的長耳朵，是普受愛慕的對象。在中國，一位淑女的腳如果大到適宜用來行走的話，那她就會被看成是奇醜無比的怪物。某些北美洲的野蠻民族，在他們幼兒頭顱周圍綁上四塊木板，如此在那些頭顱還很柔軟時，把它們擠壓成幾乎是正方形。歐洲人對此一社會習慣的荒謬野蠻大感驚奇，某些傳教士認為，那些民族特別愚蠢，所以才盛行這種社會習慣。但，當他們在譴責那些野蠻民族時，卻沒有反省，歐洲的淑女，在過去將近一世紀的期間內，不斷地努力把她們那自然圓滾滾的美麗身軀擠壓成同一種四方形，直到最近這幾年才停止。儘管大家都知道此一作法會導致許多扭曲變形與疾病，然而，由於社會習慣使然，此一作法，在某些也許是這世界曾經見過的最文明的民族中，卻受到人們欣然讚許。

這就是那位博學多聞又極富創意的神父，關於美的本質，所提出的理論；據他所言，凡是美的東西，它的全部魅力，似乎源自它的形象，和它所屬的那一類東西使我們習以為常的印象相符。然而，我還是無法被說服相信，我們的美感，甚至我們對外在美的感覺，完全建立在習以為常或司空見慣的基礎上。就任何形狀而言，它的效用，亦即，它適合產生它被打算用來產生的一些好處，顯然會使它具有可取之處，使它無須仰賴社會習慣的讚許，便可得到我們的喜愛。某些顏色，比其他顏色更為討喜，當我們第一次見到它們時，便覺得眼睛比較舒服。光滑的表面，比粗糙的表面更為討喜。富於變化的形狀，比冗長單調的一成不變更惹人喜歡。連成一氣的變化，其中每一個新出現的變化似乎都由前一個變化帶出來的，而且其中所有鄰接的部分彼此似乎具有某種自然的關係，比一堆沒有關聯的物體，支離破碎、亂無秩序的湊在一起，更爲討喜。但，雖然我無法接受社會習慣是美的唯一原理這樣的主張，不過，我卻可以承認此一巧妙的理論含有一定程度的眞理，亦即，我承認，第一，任何東西的外部形狀，如果十分反常，十分不像我們在同一類的東西中所習慣見到的那個形狀，那它便幾乎不可能美得使我們覺得愉快；第二，任何東西的外部形狀，如果社會習慣始終不變地讚許它，如果我們已經習慣在每一個屬於同一類的個體身上看到它，那它便幾乎不可能醜到使我們覺得厭惡。

第二節　論社會習慣與時尚對道德情感的影響

既然我們對各種美醜的感覺，是如此顯著地受到社會習慣與時尚的影響，那也就不可能指望，我們對行爲美醜的感覺，會完全不受這兩種因素的左右。然而，它們在這方面的影響，似乎遠小於它們在其他方面的影響。也許沒有什麼外在物體的形狀，無論怎樣荒謬奇怪，是社會習慣無法使我們甘心忍受的，或是時尚無法使它變成甚至受人歡迎的。但，像尼祿（Nero）⑬或克勞迪（Claudius）⑭那樣的性格與行爲，任何社會習慣都無法使我們甘心忍受它們，任何時尚也都無法使它們變成受人歡迎；前者將始終是畏懼與憎惡的對象；而後者將始終是輕蔑與嘲笑的對象。我們的美醜感覺所倚賴的那些想像力因素，本質是這麼的細膩與纖弱，以至於很容易被社會習慣與教育改變。但，道德讚許與非難的情感，卻是建立在最強烈與最旺盛的人性熱情基礎上；它們也許會稍微受到彎曲，但絕不可能完全被扭曲顚倒。

但，雖然社會習慣與時尚對道德情感的影響，確實不是這麼的大，不過，它們在這方面的影響，和它們在其他方面的影響，性質仍然十分類似。當社會習慣與時尚和自然的是非褒貶原則相一致時，它們會提高我們的道德情感的敏銳度，使我們更加厭惡任何接近邪惡的事物。那些不是在普通所謂好的，而是在眞正好的師友環境中，被教養出來的人；那些在他們所尊敬的與日常交往的師友身上，習慣見到的，無非是公正、謙遜、仁慈、與端正合宜的

⑬ 譯注：Nero（三七～六八），羅馬皇帝（五四～六八），以迫害基督教徒而在歷史上惡名昭彰。

⑭ 譯注：Tiberius Claudius Drusus Nero Germanius（一〇～五四），羅馬皇帝（四一～五四），天生體質孱弱，在內政與外交上雖頗有建樹，但與元老院關係不睦，加上宮闈失和，他的第一位妻子因密謀推翻他而被他處死，而他最後則在有關繼位人選的鉤心鬥角中，被他的第二位妻子以毒蘑菇湯毒死。

人，對於凡是看起來不符合這些美德規範的行爲，一定會比其他人更感震驚。相反地，那些不幸在暴戾、放蕩、撒謊與不義的環境中被教養出來的人，雖然不至於完全不覺得這種行爲不合宜，不過，對這種行爲的可怕與罪大惡極，或對這種行爲應受的報復與懲罰，他們肯定完全沒有感覺。他們自幼便已熟習這種行爲，習慣已經使他們對這種行爲見怪不怪，他們很可能會把這種行爲看成是正常的爲人處世之道，看成是可以或必須採取的生存方式，以免爲人過於正直而受騙。

時尚，有時候也會使一定程度的行爲不檢受到好評，甚至反常地，不贊成一些值得尊敬的性格。在查理二世統治期間⑮，某一程度的放蕩，被認爲是受過品格教育的特徵。根據那時候流行的想法，那樣放蕩的行爲，和慷慨、誠實、寬宏、忠貞等等連在一起，並且足以證明那樣放蕩的人，是個紳士，而非清教徒。相反地，態度嚴謹，舉止端莊，卻完全不流行，並且在那時候流行的想法中，嚴謹與端莊，是和裝模作樣、狡猾、僞善、低俗等等連在一起的。對那些思想膚淺的人來說，大人物的各種惡習，無論什麼時候都是討人喜歡的。他們從那些惡習，不僅聯想到鉅富的光采，也聯想到許多他們認爲身分地位高於他們自己的人一定具備的高人一等的美德，包括自由獨立的精神、坦率、慷慨、仁慈、與優雅有禮。相

⑮ 譯注：西元一六六〇～八五年間。

反地，下階層民眾的那些美德，包括近乎吝嗇的節儉、不辭辛勞的勤勉、以及嚴格遵守各種規矩，在他們看來，則是卑鄙與令人厭惡的。他們從那些美德，不僅聯想到它們通常所屬的那種身分地位的卑賤下流，也聯想到許多他們認爲通常會與它們一起出現的重大惡習，諸如，某種卑劣無恥、畏怯膽小、心地不良、撒謊虛僞與小偷小竊的性向。

職業與身分地位不同的人，由於平常親近的對象很不一樣，因此習慣感受到的情緒也很不一樣，所以自然會形成很不一樣的性格與態度。我們對於每一種職業與身分，都期待在一定程度內看到，那些，根據經驗判斷，屬於該種職業與身分的習性與態度。但，正如在每一種物體當中，我們特別喜歡那中庸的形狀，這形狀的每一部分與特徵，最正確地吻合自然女神似乎爲那種物體制定的一般標準；所以，在每一種身分地位當中，或者如果允許我這麼說，在每一種人當中，我們特別喜歡的那些人，在他們身上，那種通常和他們所屬的身分地位相伴的性格，既不會太多，也不會太少。我們說，一個人應該看起來像他的行業與職業；不過，拘泥賣弄行業或職業性格的人，卻不討人喜歡。同樣地，各個不同的生命階段，也各有適當的舉止態度。在老年人身上，我們期待看到他的年老體衰、他的長期經驗，以及他那用舊磨損的感覺，似乎使他顯得既自然又可敬的莊重與鎮靜；而在年輕人身上，因爲經驗告訴我們，一切有趣的事物，在年輕人那些柔嫩與缺乏經驗的感覺上，都自然會留下強烈的印象，所以，我們期待看到靦腆敏感、與高采烈與朝氣活潑。然而，這兩種年紀中的任何一種，或許都很容易具有太多這些屬於它的特徵。年輕人的賣弄輕佻，和老年人的冷酷無情，同樣不討人喜歡。俗諺說，最討人喜歡的年輕人，他們的行為中，有一點老年人的樣子，而最討人喜歡的老年人，他們的行為中，還保有一點年輕人那種活潑的朝氣。然而，任何一種年紀，或許都很容易具有太多屬於另一種年紀的特徵。極端冷靜，與死板拘禮，出現在老年人身上，或許會受到寬恕，但出現在年輕人身上，則會受到嘲笑。在年輕人身上會受到縱容的輕佻、草率與虛榮，會使老年人顯得可鄙。

我們根據社會習慣歸給各種不同身分與職業的那些特殊性格與態度，有時候也許含有一種與社會習慣無關的合宜性；亦即，我們應該會因為它們本身的緣故而讚許它們，如果我們把分別對各種不同身分與職業自然會有影響的那些情況全部納入考量的話。個人行為的合宜性，所依憑的不是行為適合他的處境中特定哪一個情況，而是適合所有那些，當我們設身處地為他著想時，我們覺得，自然會要求他注意的情況。如果他顯得如此全神貫注於其中某一個情況，以致完全疏忽其餘情況，我們便不會讚許他的行為，認為並不適合他的處境中的所有情況，以致我們無法完全苟同；雖然對主要吸引他注意的那個情況，他所表達出來的那種情感，也許不超過，如果出現在一個無須分心注意其他任何情況的人身上，我們應該會完全同情，並給予讚許的程度。例如，一個沒有任何公職在身的父親，在失去他的獨子時，或許可以表現出某一程度的悲傷與柔弱而不致遭人非議，但，同樣的情感，如果出現在一位率領軍隊作戰的將軍身上，當個人的光榮，以及國家的安全，需要他投注大部分注意力時，那就不可寬恕。由於職業不同的人通常應該會專注於不同的事物，所以，他們自然也應該變得習慣於感受到不同的情緒；當我們用心體會他們在這方面的處境時，我們一定可以理解，每一樣事物，自然應當按照它一般激起的情緒和他們既定的脾性相符與否的程度，而強弱不同地影響他們的情感。我們不可能期待一位牧師，對不正經的世俗享樂與消遣，會有和軍官一樣熱烈的感受。一個以提醒世人牢記等候著他們的那個可怕的未來爲其特殊職業的人；一個要宣告每一樁偏離義務規則的行爲會有什麼致命後果的人；一個要以身作則爲最嚴正的宗教信仰樹立榜樣的人，他所傳遞的信息種類，似乎不是輕佻或輕率的使者適合傳遞的那一種。他的心思，想必經常被極其莊嚴與神聖的念頭所盤據，以致沒有多餘的空間去感受那些吸引放蕩與快活的人全神貫注的無聊事物。所以，我們會毫不猶豫地覺得，社會習慣歸給這個職業的那種舉止態度中，自有一種與社會習慣無關的合宜性；並且覺得，沒有什麼會比我們習慣在他的行爲中期待看到的那種莊重、嚴肅、與遠離一切塵囂的簡樸性格，更適合一個牧師。這些想法是如此的淺顯明白，應該不會有什麼人這麼不知體諒別人，以致完全未曾偶爾想到這些，或未曾自忖這就是他自己所以對神職人員慣有的性格覺得讚許的原因。

其他一些職業慣有的性格，合宜的基礎，就不是這麼顯而易見；對於這些性格，我們的讚許，似乎純粹基於習慣，沒有獲得任何前述那種揣度思量的佐證或加強。例如，我們根據社會習慣，把快活、輕佻、活潑隨性，以及一定程度的放蕩，這樣的性格，歸屬於職業軍人。不過，假使我們認眞考慮什麼性情或氣質最適合這種情況的話，我們或許很可能斷定，最嚴肅審慎的氣質最適合他們，因爲他們的生命經常暴露在極端危險中，因此他們應該比別人更常想到死亡及其後果。然而，此一情況，很可能正是爲什麼相反的性情在軍人當中這麼普遍的原因。要克制死亡的恐懼，以便鎮靜凝神地審度死亡，所需的努力是如此的巨大，以致那些經常面對死亡的人發現，把他們自己的思緒完全轉移到死亡以外的念頭上，把他們自己包裹在漫不經心與不在乎的安全假象中，以及爲了這個目的，投身於各種娛樂和放蕩的行徑，對他們來說，比較容易。對喜好沉思或抑鬱寡歡的人來說，軍營實在不是一個適合他的場所。沒錯，那種氣質的人往往是非常堅決的，並且能夠奮力不屈不撓地果敢面對最不可避免的死亡；但，當他面對的，雖非迫在眉睫，不過卻是持續不斷的危險時，當他不得不長期發揮一定程度的努力視死如歸時，他的心力將因此而消耗殆盡，他的性情將變得如此消沉，以致感受不到任何幸福與歡樂。相反地，那些輕佻快活與漫不經心的人，那些完全用不著努力視死如歸的人，那些完全下定決心絕不考慮他們的未來，那些下定決心要在不斷的享樂與消遣中，把他們對處境的所有憂慮全部忘掉的人，就比較容易忍受這種情況。每當一個軍官，不論由於什麼特殊緣故，沒有理由預期自己會遭遇什麼不尋常的危險時，便往往會失去他的性格中那種輕佻快活與浪蕩輕率的成分。一支城市衛戍部隊的指揮官，通常是一個和他以外的市民同胞一樣不太喝酒、一樣謹小愼微、一樣吝嗇節儉的傢伙。同樣地，太平的日子一久，軍人與一般市民之間的性格差異，往往也會跟著變小。然而，軍人的平常處境，還是會使快活輕佻，以及一定程度的放蕩，如此鮮明地成爲他們當中常見的性格；而我們的想像習慣，也如此緊密地把這種性格和這種身分聯繫在一起，以致我們往往會瞧不起任何因爲氣質或境遇特殊而無法養成這種性格的人。我們嘲笑某個城市衛兵的臉色莊重謹愼，因爲這臉色是如此不像他的同袍。他們自己似乎也常常以他們本身的言行舉止循規蹈矩爲恥，並且爲了避免偏離他們的職業形象，他們喜歡裝出一副絕非他們本性的輕浮模樣。不管是什麼樣的舉止態度，只要我們習慣在某一有體面的職業中看到它，在我們的想像中，該舉止態度就會變得和那個職業如此緊密地聯繫在一起，以致每當我們看到它們當中的某一個，便期待會遇到另一個，而一旦期待落空，就會遺憾沒有看到我們預期發現的東西。我們覺得困窘，手足失措地僵住，不知道怎樣和這樣的一個怪人，一個顯然在假裝不屬於我們習慣認爲他屬於的那種職業的怪人攀談。

同樣地，不同時代與國家的不同處境，往往使生活在其中的大多數人民養成不同性格。對各種程度的人品性質，他們的感覺，也許是覺得應予譴責，或是覺得値得欽佩，無論如何，會隨著各種人品性質，在他們自己的國家與時代，常見的那個程度而有所不同。在俄羅斯會獲得高度尊重的那個程度的客氣有禮，甚或還會視爲娘娘腔的諂媚，但在法國宮廷裡卻會被視爲粗魯野蠻。在一位波蘭貴族身上，會被認爲過分吝嗇的那個程度的節儉，在一個阿姆斯特丹公民身上，會被視爲揮霍無度。每一個時代與國家的人民，都會把他們在自己所尊敬的那些人身上常常看到的那個程度的各種性質，看成是各該種才幹或美德的中庸之道。而由於他們的處境不同，使他們或多或少習慣見到不同程度的各種人品性質，所以在他們看來，各種人品性質的中庸之道便有所不同，從而他們覺得最爲正確合宜的那種品行也就隨之而異。

在文明的民族中，以仁慈為基礎的各種美德，獲得培養的程度，大於以克己和禁慾為基礎的美德。在未開化的野蠻民族中，情形剛好相反，各種克己的美德，得到比各種仁慈的美德更多的培養。在謙恭有禮的文明時代，人民普遍享有安全與幸福，沒有多少機會磨練培養藐視危險，以及耐心忍受辛勞、飢餓與痛苦的美德。貧窮很容易避免，所以，不在乎貧窮，幾乎不再是一種美德。禁絕享樂的欲望，變得比較沒那麼必要，心靈比較可以隨意放鬆，並且在所有享樂事項上，縱容各種自然的傾向。

在野蠻民族中，情形則完全相反。每一個野蠻人都接受某種斯巴達式訓練，並且迫於處境的需要，都慣於忍受各種困苦。他經常處於危險，時常面對極端的飢餓，並且常常死於完全缺乏食物。他的處境，不僅使他習於忍受各種危難困苦，而且也教他絕不可流露出那危難困苦可能激起的任何情感。他不可能期待，對於這種軟弱的情感，同胞會給予任何同情或縱容。在我們能夠好好憐憫他人之前，我們自己必須多少享有一些輕鬆自在。如果我們自己的不幸使我們極端感到苦惱，我們便不會有閒工夫去注意我們鄰人的不幸；而所有野蠻人都太過於忙著應付自己的各種匱乏與需要，以致不太會去注意他人的匱乏與需要。所以，一個野蠻人，不論他的苦惱屬於什麼性質，絕不指望周遭的人會同情他，並且因為這個緣故，他也不屑暴露自己的真感情，容許最微小的軟弱徵候逸出他的掌握。在他心中翻騰的情感，無論怎樣狂暴強烈，絕不允許擾亂到他臉部表情的平靜，或他行為舉止的鎮定。據說，北美洲的那些野蠻人，在所有場合，都擺出極其冷漠的態度，並且會覺得他們自己很丟臉，如果他們在任何方面顯得克制不住自己的情感，不管是因爲愛，或因爲悲傷，或因爲怨恨。他們在這方面的寬宏大度與自我克制，幾乎超過歐洲人的想像。有人或許會預期，在地位與財富人人平等的這個地方，男女雙方的情投意合，應該是婚姻的唯一考量，而且應該毫無保留地受到尊重與縱容。然而，正是在這樣的地方，所有婚姻，無一例外，都由父母決定，而且一個年輕人會認爲自己將永遠羞於見人，如果他顯露出，哪怕只有一丁點兒，他喜歡某個女子甚於其他女子，或沒有表現出，對於什麼時候結婚，以及和什麼人結婚，他完完全全不在乎的樣子。人在愛情中的軟弱，在仁慈有禮的時代，受到如此大方的縱容，然而，在野蠻民族中，卻被視爲最不可寬恕的懦弱。甚至在結婚後，男女雙方似乎還會爲某種結合感到羞恥，只因那結合是建立在如此骯髒的一個必要性基礎上。他們不住在一起，只偷偷地互相探視，兩人各自繼續住在他們自己的父親家裡。在所有其他地方都是清白無咎而被允許的那種兩性公開的同居，在這裡卻被認爲是最下流與最沒有男人氣概的縱慾好色。而且他們也不只對這種愉快的情感施加這樣絕對的自我克制。他們時常，在所有他們同胞的注視下，以最無動於衷的表情，沒有表現出絲毫的忿怒，忍受傷害、叱責，與最下流的侮辱。當一個野蠻人不幸成爲戰俘，並且照例，從他的征服者口中聽到死刑宣判時，他不會有任何情緒表現，並且在宣判後，甘心忍受最可怕的凌虐折磨，絕對不會發出任何嘆息，或表露出其他任何情感，除了藐視他的敵人。當他被綁住肩膀吊在慢火上烤的時候，他嘲笑他的凌虐者，告訴他們說，他自己過去在凌虐那些落入他手中的他們同胞時，手段怎樣比他們更爲巧妙、更富有創意。在他已經被燒焦燙傷，並且在他全身所有最脆弱敏感的部位，被千刀萬剮了好幾個小時之後，爲了延長他的不幸，他通常被允許一陣短暫的喘息時間，從火刑柱上被釋放下來。他利用此一喘息的空隙，談論所有無關緊要的課題，詢問家鄉的消息，似乎對什麼事都很在乎，就是不在乎他自己的處境。在旁觀看的那些人，也顯露出同樣的冷感麻痺；對於眼前這麼可怕的一幕景象，他們似乎一點感覺也沒有；他們幾乎不去看那個囚犯，除了當他們幫忙凌虐他的時候。在其他時候，他們抽菸聊天，任何常見的事物都是他們消遣逗樂的話題，就是不會聊到他們眼前凌虐囚犯的景象，彷彿那回事沒在進行似的。據說，每一個野蠻人，一進入年輕時期，便開始爲這個可怕的結局預作心理準備。爲了這個目的，他作了一首他們所謂的死亡之歌，一首當他落入敵人手中，並且在他們的百般折磨下，即將斷氣時，他要唱的歌。這首歌的內容，全在侮辱他的凌虐者，以及宣示他對死亡與痛苦一點兒也不在乎。他在所有不尋常的場合都會唱這首歌，當他要出去打仗時，當他在戰場上遇到他的敵人時，或每當他決心要顯示，他已經爲最可怕的不幸，作好了心理準備，人力絕不可能使他退縮，或改變他的心意。所有其他地方的野蠻民族，也同樣藐視死亡與苦刑折磨。任何一個來自非洲海岸的黑奴，在這方面，所擁有的那個程度的高貴肚量，常常不是他那卑鄙的主人齷齪的靈魂想像得到的。命運女神對人類最殘忍的一次作弄，莫過於使那些英雄民族遭受到連歐洲監獄都不想收容的一群廢物的宰制，這群卑劣的傢伙，既沒有他們所來自的那些國家的美德，也沒有他們所前往的那些國家的美德，他們的輕浮、殘忍和卑鄙，是這麼理所當然地應該使他們遭到被征服者的鄙視。

每一個野蠻人的鄉俗與教育，都要求他必須學會的這種英勇不屈的剛毅，不是那些在文明社會中長大與生活的人所需具備的性格。這些文明人，當他們痛苦時，如果出聲訴苦；當他們遭遇困難時，如果悲傷嘆氣；如果他們縱容自己因爲愛情而軟弱，或因爲生氣而心神不寧，他們通常不難獲得原諒。這些軟弱的表現，被認爲和他們性格中的根本部分無關。只要他們沒有縱容自己激動到做出任何違反正義或仁慈的事情來，他們的名譽便不會有什麼太大的損失，即使他們原本安詳寧靜的面目被稍微弄皺了，或他們原本沉著冷靜的談吐舉止稍微受到攪亂。一個有人情味與文明優雅的民族，比較能夠感受他人的情感，比較容易體諒熱情洋溢與多愁善感的行爲，也比較容易原諒少許過分的行爲。主要當事人也察覺到這一點；既然對他的裁判的公正有把握，他便縱容自己比較強烈地表達情感，並且也比較不擔心因爲情緒過於激動而遭到蔑視。我們在朋友面前，比在陌生人面前，更敢於嘗試表現我們的情感，因爲我們預期前者會比後者給我們更多包容。同樣地，文明民族的禮儀所容許的行爲，比野蠻民族所認可的禮儀更爲熱情洋溢。前一種人民，以朋友之間的開放心胸，互相打交道；後一種人民，則是以陌生人之間的含蓄態度，互相打交道。法國人與義大利人，這兩支歐洲大陸最文明優雅的民族，在所有頂多只是有趣的場合，所展現的那種熱情爽朗，會使剛到那兩國旅行的陌生人大感訝異；那些外來的旅客，由於是在感覺比較遲鈍的民族中教育長大的，從未在他們自己的國家看過任何類似的例子，所以無法體會那種熱情洋溢的行爲。一個年輕的法國貴族，如果被拒絕編入某個軍團，會在宮廷眾目睽睽之下失聲哭泣。杜包（Du Bos）[16]（男修道院）院長說，一個義大利人，在被判罰鍰二十先令時的情緒表現，比一個英國人被判死刑時更爲激動。西塞羅[17]，在羅馬極其優雅有禮的時代，可以在整個元老院和全體人民的面前，盡情哭出他心中的一切悲哀苦澀，而不覺得丟臉；他顯然在每一次演說終了時，幾乎總是這麼做。較早也較粗鄙的羅馬時代的那些演說家，按照當時的禮儀習慣，不太可能如此情緒激動地表達他們自己的情感。我想，如果大小西庇阿（the Scipios）[18]、

---

⑯ 譯注：Jean-Baptise Du Bos（一六七〇～一七四二）。

⑰ 譯注：Marcus Tullius Cicero（西元前一〇六～四三），羅馬政治家、哲學家與演說家。

⑱ 譯注：Publius Cornelius Scipio Africanus Major（西元前二三六～一八三），以及他領養的孫子Publius Cornelius Scipio Aemilianus，'Africanus Minor'（西元前一八五～一二九），羅馬執政官、將領，並且分別是第二次和第三次布匿（迦太基）戰爭的羅馬英雄。

萊利烏斯兄弟（the Laeliusses）[19]和大加圖（the elder Cato）[20]等人，也在眾人面前流露這麼多的柔情，肯定會被視爲不自然與不合宜的矯情。這些古代的英勇戰士，能夠把他們自己的意思表達得條理分明、嚴謹莊重、智慮通達；但據說，他們對於那種在西塞羅誕生前數年由格拉古兄弟（the Gracchi）[21]、克拉蘇（Crassus）[22]、蘇爾皮奇烏斯（Sulpitius）[23]等人率先引進羅馬政壇的雄壯激昂的演說術完全陌生。這種熱情洋溢的雄辯術，不管成不成功，在法國和義大利，都已經風行好長一段時間了，只在最近才開始引進到英國。文明與野蠻民族各自要求的克己程度，差異是這麼的大，以致他們據以判斷行爲合宜與否的標準，也有很大的差別。

---

⑲ 譯注：Gaius Laelius 和他的兒子Gaius Laelius Sapiens，羅馬執政官與將領，其政治和軍事生涯分別和大小西庇阿有緊密的關係。

⑳ 譯注：Marcus Porcius Cato the elder（西元前二三四～一四九），羅馬政治家與斯多亞派哲學家，於西元前一八四年擔任羅馬監察官，據說出奇的嚴苛。

㉑ 譯注：Tiberius Sempronius Gracchus（西元前一六四～一三三，於西元前一三三年當選護民官），以及其弟Gaius Sempronius Gracchus（死於西元前一二一，於西元前一二三和一二二年當選護民官）。

㉒ 譯注：Lucius Licinius Crassus（西元前一四〇～九一）。

㉓ 譯注：Publius Sulpicius Rufus（西元前一二四～八八，於西元前八八年當選護民官）。

這種差異導致其他許多比較不是那麼根本的差異。文明優雅的民族，因爲習於在某一程度內抒發各種自然的感受，因此變得坦率、開放與誠實。相反地，野蠻民族，由於必須克制或掩飾各種激情，必然養成撒謊與欺瞞的習慣。所有熟悉野蠻民族的人都注意到，在亞洲、非洲、或美洲的那些野蠻人，同樣不可理解，而且當他們想要隱藏事實時，不管怎樣審訊盤問，都不可能從他們口中得知。不論怎樣巧妙設計詰問，都不可能從他們口中套出實情。不論怎樣拷打逼供，都不可能使他們吐出任何他們不想招供的眞話。而且野蠻人的情感，雖然絕不會以任何外顯的情緒表達出來，而是隱藏在感受者自己的心中，然而，那些情感卻全都上升到最高昂激烈的程度。雖然他幾乎沒露出任何忿怒的徵兆，然而他的報復，當他終於忍不住時，卻總是血腥可怕的。最輕微的冒犯，便會使他怒火中燒、近乎顚狂。他的臉色與談吐，的確仍然沉著冷靜，他的心情，看起來像是完全平靜似的，但，他往往會做出最狂暴猛烈的行動。在北美民族中，這樣的事例並非不常見：一些年紀輕輕的女子，只是被她們的母親稍微叱責了幾句，便投河自盡，而且她們採取這種極端行動的時候，完全沒顯露任何激情，也沒說什麼話，除了說「你將不再有一個女兒」。在文明民族中，人們的情感通常不會這麼猛烈或這麼不顧死活。他們時常比較擾嚷吵鬧，但很少會造成什麼嚴重的傷害；他們擾嚷吵鬧的目的，似乎經常只是爲了使旁觀者承認他們有道理這麼激動，以及爲了獲得旁觀者的同情與讚許。

然而，社會習慣與時尚，對人類道德情感的所有這些影響，和它們在其他一些場合所產生的影響相比，實在微不足道；而且這些因素，並不是在一般品行合宜與否方面，而是在某些特殊的習俗合宜與否方面，使我們的道德判斷產生最嚴重的顛倒錯亂。

社會習慣教我們讚許的那些，分別由職業與身分地位不同的人所具有的，不同的舉止態度，和眞正重要的事情沒有關係。無論是老年人或年輕人，無論是牧師或軍官，我們都同樣期待他們誠實公正；我們只在一些不是很重要的事情上，預期他們有不同的性格特徵。而且關於這些不是很重要的事情，常常也有某個未被注意的情況，而一旦受到注意，將可向我們證明，社會習慣教我們歸給每一種職業的性格，當中含有與社會習慣無關的合宜成分。所以，假使是這樣，我們便不能抱怨人類自然的情感受到嚴重的扭曲顚倒。雖然不同民族的習俗，在他們各自認爲值得尊敬的性格中，對同一種人品性質，要求具備的程度不同，然而，甚至這裡所牽涉的，最壞也只不過是，某一美德的責任有時候會被過度引申，以致稍微侵犯到另一美德的管轄範圍。波蘭人那種殷勤好客的鄉野風俗，也許對節儉持家的美德稍微有點侵犯，而荷蘭人所尊敬的節儉，也許對慷慨好客的美德稍微有點侵犯。野蠻人被要求具備的那種剛毅，減少了他們性格中的仁慈；而在文明民族中必備的那種敏銳的感受能力，也許有時候會消減性格中的剛毅堅定。大體而言，不論是哪一個民族，在其中生根的那種行事作風，通常大致可以說，就是最適合其民族處境的品行風格。對於一個野蠻人來說，最適合他處境的性格，是剛毅堅定；而對於一個要在很文明的社會裡生活的人來說，最適合他處境的性格，則是感受細膩。所以，甚至在這裡，我們也不能抱怨人類的道德情感受到嚴重的扭曲顚倒。

所以，在所有背離自然合宜的標準，而仍獲得社會習慣認可的事項中，最嚴重的那些，並非有關行爲舉止的一般風格。在某些特殊習俗上，社會習慣的影響，時常對善良的道德，造成更爲嚴重的破壞，並且往往能夠使一些特殊舉措變成合法無罪，儘管那些舉措衝垮了最簡單明瞭的是非對錯原則。

例如，有什麼行爲會比傷害一個嬰兒更爲殘忍野蠻？它的無力自助，它的純潔無害，它的天眞可愛，甚至會引起敵人的憐憫，而連嬰幼兒也不放過，則被認爲是一個忿怒與殘忍的征服者最狂暴凶殘的行爲。然則對一個甚至連狂暴的敵人都不敢去冒犯的嬰兒，也下得了手傷害的父親或母親，我們該認爲他或她必定是一副什麼樣的心腸呢？然而，把嬰兒拿到野外遺棄，亦即，謀害新生的嬰兒，卻是一項在幾乎所有古代的希臘城邦，甚至包括文明優雅的雅典，都被允許的習俗；每當父母的處境不方便撫養小孩時，遺棄小孩，任它餓死，或讓野獸果腹，被認爲不是一種罪過，沒有人會給予譴責。這項習俗可能起源於最野蠻的野蠻時期。在那最早期的社會，人們的想法起初被塑造成對該項習俗不以爲怪，而連綿不斷、始終不變的社會習慣，則在後來使他們感覺不到它的罪大惡極。我們現在看到這項習俗仍然盛行於所有野蠻民族；它在那種最粗野最幼稚的社會狀態下，無疑比在其他任何社會狀態下較爲可以原諒。野蠻人的處境，常常是這樣的極端窮困，以至於他自己經常陷入極端飢餓的困境，他往往會死於完全匱乏，他常常無法同時維持他自己和他的孩子的生存。所以，在這種情況下，如果他拋棄他的小孩，我們應該不會感到訝異。一個在逃避無法抵抗的敵人追擊的人，如果扔下他的幼兒，因爲它會拖累他的逃亡，的確是可以原諒的；因爲，如果企圖守護它，他將只能期待得到和它死在一起的安慰。所以，在這種社會狀態下，如果允許爲人父母者獨自判斷他自己是否有能力養育他的孩子，那也不該使我們太過訝異。然而，在古希臘時代的後期，同一殺嬰的習俗，卻是基於一些非緊急利益或方便的見解而獲得容許的，但，那些見解絕不可能是辯解殺嬰的好理由。從未間斷的社會習慣，到了這個時候，已經如此徹底認可這個習俗，以致不僅含糊籠統的處世格言容忍這個野蠻的特權，甚至一些應該比較合理、比較正確的哲學理論，由於被根深柢固的社會習慣導入歧途，乃至在這個場合，如同在其他許多場合那樣，非但沒有譴責殺嬰的習俗，反而提出許多牽強附會的所謂公共效益的理由，支持這個令人毛骨悚然的陋習。亞里斯多德談到它的時候，是把它當作地方民政長官在許多場合應予鼓勵的行爲。慈悲的柏拉圖也持同樣的看法，儘管他的所有著作似乎全都洋溢著對人類的愛，然而，我們卻沒看到他在什麼地方明白譴責此一習俗。如果對於一個如此可怕的違背人道的惡習，社會習慣都能給予認可，那我們便大可相信，幾乎不會有什麼特別粗暴的陋習是它無法認可的了。我們聽到人們每天說，這樣的一件事幾乎人人都在做，而他們似乎認爲，這種事實足以辯解任何本質上最不正當也最不合理的行爲。

有一個顯而易見的理由，可以解釋爲什麼社會習慣，儘管會使我們對一般品行的道德判斷受到扭曲，但情形絕不會像某些特殊習俗的合宜與否，被它扭曲顚倒得那樣嚴重。因爲，絕不可能會有這麼嚴重扭曲道德的社會習慣。如果社會中人常見的品行風格，和我剛才提到的那種可怕的惡習，屬於同一種類，這樣的社會絕不可能須臾存在。

第六篇　論好品格

引　言

無論是對哪一個人，當我們思量他的品格時，我們自然會從兩個不同的方面著手；首先，我們思量它對他本人的幸福有什麼影響；第二，我們思量它對他人的幸福有什麼影響。

第一章　論個人的性格中影響自身幸福的那一面，或論審愼

身體的保全與健康，似乎是自然女神首先建議每一個人須注意的事項。飢餓與口渴時的欲求，以及苦、樂、冷、熱等等愉快或不愉快的感覺，可以想成是自然女神以她自己的聲音所傳達的各種訓示，指導每個人，爲了前述這個目的，應該選擇什麼，以及應該避免什麼。在個人年幼時，受託照顧他的那些人，首先教他學習的一些功課，大部分也傾向同一目的。他們的主要目標，在於教導他如何避免身體受傷害。

當他日漸長大時，他很快便知道，要提供手段滿足那些自然的欲求，要得到快樂並避免痛苦，要得到適意的、並避免惱人的冷熱溫度，必須花一些心思與遠慮。保全和增加所謂他的身外財富的那一門技藝，精髓就在於適當督導與運用這種心思與遠慮。

雖然身外財富的種種好處，起初所以受我們青睞，是爲了供應我們身體各種必需品與便利品，然而，只要我們存在這世間稍微久一點，便不可能不會察覺，我們的同輩尊敬我們的程度，或者說，我們在社會中的名望與地位，大大倚賴我們擁有，或被認爲擁有，多少身外的財富。渴望成爲我們同輩尊敬的適當對象，或者說，渴望在我們同輩中值得並享有一定的名望與地位，也許是我們所有慾望中最爲強烈的那一種；因此，我們所以想得到財富想到心焦，多半是這種慾望刺激所引起的，而比較不是爲了供應我們身體各種必需品與便利品，因爲要供應這些東西總是很容易。

我們在同胞中的地位與名望，也大大倚賴我們的品行，或者說，倚賴我們的品行在同胞的心目中自然會喚起的信任、尊敬與善意；一個有美德的人，也許希望他的地位與名望完全仰賴他的品行。

注意個人的健康、財富、地位與名望，這些據說是人今生在世的舒適與幸福所主要仰賴的條件，是那個通常稱爲「審慎」的美德應盡的職責。

前文曾經指出①，當我們從一個比較好的處境淪落到一個比較差的處境時，我們感受到的痛苦，大於當我們從一個比較差的處境上升到一個比較好的處境時，我們所可能感受到的

①譯注：參見本書第一篇第三章第一節第八段。

快樂。因此，安全是審慎的首要目標。審慎的美德，反對暴露我們的健康、財富、地位或名譽於任何危險中。它比較傾向小心守成，而不是冒險進取，比較處心積慮想要保全我們已經擁有的好處，而不是大膽敦促我們獵取更多財富。在增加我們的財富方面，它向我們推薦的，主要是一些不會遭致任何損失或危險的方法，包括：在我們的本行或專業上，努力學得眞正的知識與技巧，勤勉刻苦地運用那些知識與技巧，在我們的一切開銷方面勵行節儉，乃至一定程度的吝嗇。

審愼的人總是嚴肅認眞地研究學習，想要眞正了解自己聲稱了解的東西，而不單是爲了說服他人相信他了解；他的各項才智也許未必很耀眼出色，但總是完全眞實無欺。他既不會企圖像一個狡猾的騙子那樣使用奸計欺騙你，也不會企圖像一個假裝博學的人那樣擺出一副傲慢的架子欺騙你，更不會像一個膚淺無恥而自命不凡的人那樣信口開河地欺騙你。他甚至不會誇示他眞正擁有的那些本領。他的言談既單純又謙虛，他厭惡所有誇大吹噓的伎倆（儘管他知道，其他人經常使用這種伎倆）強迫推銷他們自己，以奪取公眾的注意和名聲。他自然想要大大仰仗他自己堅實可靠的知識與本領在他的本行中闖出名號；但，他不會總是想要巴結某些小聯誼會或小社團，以博取他們的好感；在一些比較高級的藝術和學科方面，這種小聯誼會或小社團是這麼時常自詡爲藝術或科學價值的最高裁判者；而且他們還認爲，互相吹捧他們自己圈內人的本領與優點，並詆毀任何可能和他們競爭的人、事、物，是他們份內的工作。如果他的確允許自己和某個這樣的團體打交道的話，那也純粹是爲了自衛，不是想要欺騙大眾，而是想要阻止那個團體，或其他某個同類團體，藉由喧嚷起鬨、耳語流言或陰謀詭計，使大眾受到欺騙矇蔽，於他不利。

審慎的人始終是誠實的，他一想到虛僞被看穿時，必然會使他自己爲人所不齒，便感到極端厭惡。但，他雖然始終是誠實的，卻未必是坦率與公開的；雖然他說出口的全是眞話，但未必認爲自己有義務，在沒被適當詢問要求時，說出全部的眞話。正如他在行動上小心翼翼，所以他在言語上也含蓄保留；他絕不會貿然或沒有必要地發表自己對任何人、事、物的看法。

審慎的人，雖然未必以最細膩敏銳的感性見長，但，總是很能夠和他人建立友誼。但，他的友誼不是那種對涉世未深、年輕、寬宏大度的心靈來說，看起來那麼甜美的愛情，也不是那種熾熱、激烈、但常常瞬息即逝的感情。他的友誼，是一種對少數幾個經過重重的考驗後，精挑細選出來的人生伙伴，平靜、穩固、忠實的依戀；在這些人生伙伴的選擇上，引導他的，不是如痴如醉的對閃耀功績與成就的輕率崇拜，而是冷靜沉著的對謙遜、謹慎與善行的眞誠尊重。他雖然很能夠和他人建立友誼，但未必很想隨便和一般人交際。他很少和那些以狂歡逗趣的閒聊著稱、喜愛飲宴作樂的社交團體來往，更少在那些社團中成爲主角。這些社團的生活方式，或許太常和他戒酒的規律起衝突，或許會中斷他堅定的勤勉，會妨害他嚴格的儉約。

雖然他的談吐未必很活潑逗趣，卻總是完全不得罪人的。他討厭想到自己有任何脾氣暴躁或粗魯無禮的過失。他絕不會魯莽僭越任何人，並且在所有普通場合，願意擺低姿態，把自己擺在同輩的下方而不是上方。不管是在舉止或在談吐上，他都是一個嚴格遵守規矩的人，並且以一種幾乎是宗教信仰般一絲不苟的虔誠細心，尊重所有已經確立的社會禮節和儀式。在這方面，他所立下的榜樣，往往比一些才氣與本領遠遠比較了不起的人物所立下的好很多；這些了不起的人物，從蘇格拉底（Socrates）和亞里斯迪布斯（Aristippus）②到斯威夫特博士（Dr. Swift）③和伏爾泰（Voltaire），從馬其頓的菲利浦（Philip）和亞歷山大大帝（Alexander the Great）④到俄羅斯的彼得大帝（the great Czar Peter），各個時代都有，他們太常以非常不適當地蔑視，甚至傲慢自大地鄙棄所有平常的生活與談吐禮儀，來彰顯他們自己的偉大，因此，爲那些希望和他們相似的人，立下最有害的榜樣，後者太常自滿於模仿他們的荒唐放蕩，反而未曾企圖學到他們的任何優點。

---

② 譯注：Aristippus of Cyrene（西元前四三五～三五五），蘇格拉底的門徒，後來建立昔蘭尼（Cyrenaic）哲學門派，勸行並鼓吹「享樂主義」（Hedonism）。

③ 譯注：Jonathan Swift（一六六七～一七四五），英國諷刺作家，《格利佛遊記》（*Gulliver's Travels*）的作者。

④ 譯注：Philip II of Macedon（西元前三八三或三八二～三三六）及其子Alexander the Great of Macedon（西元前三五六～三二三）。

審慎的人，當他勤奮工作並且節儉不懈時，當他堅定不移犧牲眼前的安逸與歡樂，以期或許能夠在某個較爲遙遠但也較爲長久的期間中享受更大的安逸與歡樂時，公正的旁觀者，以及公正旁觀者的代表，也就是他心裡面的那個人，總是會以完全讚許的眼光，支持並且獎賞他。公正的旁觀者自己不會因他所觀察到的那些人現在的勞累而覺得精疲力竭；對於各種正在他們心中蠢動、糾纏不休地呼喚、央求滿足的欲望，他自己也沒有親身的感覺。對他來說，他們現在的處境，和他們將來可能的處境，幾乎是同一回事；他幾乎是從同樣遠的位置在觀察那些處境，而且也幾乎對它們有同樣的感受。然而，他知道，對主要當事人他們來說，它們看起來絕不一樣，而且他們對它們的感受自然也很不一樣。所以，當他看到他們的所作所爲，彷彿他們對他們自己現在的和將來的處境，有著和他對它們幾乎一樣的感受時，也就是當他看到那種使他們得以有這種表現的克己美德適當地發揮時，他便禁不住要給予讚許，甚至喝采。

量入爲出的人，自然會滿意他自己的處境，因爲這處境，透過連續不斷的財富累積，儘管每次的數目都不是很多的累積，正一天天變得越來越好。於是，他得以逐漸放鬆節儉與勤勉的嚴格與刻苦程度，並且，由於感受過從前缺乏安逸與歡樂的辛苦，對這樣逐漸增加的安逸與歡樂，感到雙倍的滿足。他一點也不渴望改變這麼舒服的一個處境，不會去尋求新的事業和冒險，因爲這或許會危及，而不大可能增加，他實際享有的安穩平靜。如果他著手進行什麼新的企劃方案或事業，那也很可能事先已有很好的協調與準備。他絕不會因爲迫於任何需要而不得不草率或被逼從事新的企劃方案或事業，反而總是會有時間與空閒，沉著冷靜地深思熟慮新的企劃或事業所有可能的後果。

審慎的人不願意承受任何不是他的本分要求他承受的責任。他不會汲汲於與他無關的事務；他不是一個好管閒事的人；他不會自命爲顧問或參議，說一些沒人要求的意見。在盡其本分所容許的範圍內，他只過問他自己的事情，他對許多人希望得到的那種愚蠢的滿足感，即希望從看起來對他人怎樣處裡他們自己事務有些許影響力，而似乎得到的那種自以爲重要的滿足感，完全不感興趣。他反對參與任何黨派爭議，壓根兒討厭黨爭，並且未必很主動地想聽野心勃勃的聲音，即使那野心稱得上崇高偉大。當被指名要求時，他不會拒絕服務他的國家，但，他不會勾結黨羽、組成壓力團體，逼迫國家接受他的服務；如果國家大事被其他某些人管理得好好的，而不需要麻煩他自己承擔管理的責任，他將會覺得比較愉快。在他的心底裡，享受不受干擾的安穩平靜，討他喜歡的程度，不僅好過野心成功時，可能得到的一切虛榮，而且也好過最偉大與最豪爽的行動完成時，所得到的那種眞正踏實的光榮。

總而言之，審愼，當只導向照顧自己個人的健康、財富、地位與名望時，雖然被認爲是一種很値得尊敬，甚至在某一程度上，是一種和藹可親的品質，然而，它絕不會被認爲是一種最令人鍾愛，或最使人尊貴的美德。它會博得一定程度的冷靜尊重，但似乎沒有資格接受很熱烈的敬愛或讚美。

賢明的行爲，當導向一些比照顧個人健康、財富、地位與名望更偉大高貴的目的時，經常稱爲，而且也很適當地稱爲審慎。我們談論偉大的將領、偉大的政治家與偉大的立法者的審慎。在所有這些場合，審慎和許多更偉大、更了不起的美德結合在一起，包括英勇的氣概、廣博與強烈的慈悲心，以及對正義法則的神聖尊敬，並且所有這些品性，還獲得適當程度的克己美德的支持。這種比較高級的審慎，當達到最高層次的完美境界時，必然含有卓越不凡的技巧、才幹，以及習慣或性向，能夠適應每一個可能的情況，使一舉一動都完美合宜。它必然以所有知性方面的長處，以及所有德行方面的優點，都達到最高層次的完美爲前提。它是最好的頭腦加上最好的良心。它是最完美無瑕的智慧結合最完美無瑕的德性。它很接近阿卡狄米亞學派（Academical）或逍遙學派（Peripatetic）⑤賢人的性格，就好像比較低級的審慎很接近伊比鳩魯學派（Epicurean）⑥賢人的性格那樣。

單純的不審慎，或單純的缺乏照顧自己的能耐，對慷慨與慈悲的旁觀者來說，是憐憫的對象；對感覺比較不敏銳的那些旁觀者來說，則是忽視，或最壞是蔑視的對象，但絕不會是憎惡或憤怒的對象。然而，當它和其他一些惡行結合在一起時，卻會極端加重那些惡行原本就有的醜名與恥辱。狡猾的惡棍，他的機敏靈巧，雖然沒能使他免於遭人強烈懷疑，

⑤ 譯注：分別指在Academia講學的柏拉圖，以及在Lyceum閒行講學的亞里斯多德。

⑥ 譯注：指Epicurus（西元前三四一～二七〇），希臘哲學家，信奉享樂主義。

畢竟使他得以免於遭到懲罰或明顯的揭發，因此，太常使他在這世界獲得他一點兒也不值得的縱容。笨拙愚蠢的惡棍，由於缺乏這樣的機敏靈巧，以致被定罪並被懲罰，則是世人普遍憎惡、蔑視與取笑的對象。在重大的罪行經常被放縱不罰的國家，各種最殘酷凶狠的行爲變成幾乎司空見慣，不再能夠讓人民感覺到那種在嚴格執法的國家人們普遍感覺到的厭惡。在這兩種國家，什麼叫作不公平，也許是一樣的；但，什麼叫作不審愼，往往大不相同。在後一種國家，重大的罪行顯然是重大的愚蠢行爲。在前一種國家，重大的罪行卻未必被認爲是愚蠢的行爲。義大利在十六世紀的大部分期間中，暗殺、謀殺、甚至是背判信賴的謀殺，在較高階層的人們當中，幾乎已經變得司空見慣。凱撒布吉亞（Caesar Borgia）⑦邀請四位在他附近的小國君主（這四位君主全都分別擁有他們自己的小獨立國和小軍隊），到塞尼卡格尼亞（Senigaglia）⑧出席友誼大會，但，當他們到達時，他便立即把他們全部殺死。此一無恥的行爲，雖然在那充滿罪惡的時代，的確沒得到社會的讚許，但似乎對那位行兇者的名譽也沒有什麼不好的影響，更不用說導致那位行兇者的滅亡。那滅亡發生在若干年後，而且是由於一些和此一罪行完全不相干的原因。當凱撒布吉亞幹下此一罪行

⑦譯注：Caesar Borgia（一四七六～一五〇七），羅馬教皇亞歷山大六世的私生子，陰謀家。

⑧譯注：今名Senigallia，在義大利中部，濱亞得利亞海。

時，馬基維利（Machiavel）⑨（即使就他所處的那個時代的標準來說，他無疑也不是一個道德最善良的人）正擔任佛羅倫斯共和國的公使，被派駐在凱撒布吉亞的宮廷裡。他爲這罪行寫了一個很周詳的報告，用字遣詞非常乾淨俐落、優雅單純，就像他的所有其他著作那樣。他很冷靜地談論這罪行；對凱撒布吉亞用以幹出這罪行的機巧靈敏，表示喜歡；對那四位受難者的輕易中計與懦弱，表示不齒；對他們的不幸橫死，一點兒也不憐憫；對行兇殺害他們的人的殘忍與虛僞，一點兒也不覺得憤慨。偉大的征服者的狂暴與不義，時常受到人們愚蠢的讚嘆；小偷、小盜、與不起眼的殺人犯的狂暴與不義，卻總是受到蔑視、嫌棄、甚至極端厭惡。前一種行爲，雖然它們是千百倍的比較邪惡與有害，然而，當它們成功時，卻往往被當作是最英勇恢弘的豐功偉業。後一種行爲，卻總是被人們，懷著反感與憎惡，視爲最低賤且最沒有價值的那一種人，才做得出的愚蠢行爲和罪行。前一種行爲的不義，無疑至少和後一種行爲的不義一樣的重大；但，前者的愚蠢與不審愼，顯然沒有這麼的重大。一個邪惡卑鄙、但有才幹的人，時常在這世上享有比他應當得到的更多的好名聲。一個邪惡卑鄙的笨蛋，卻總會被認爲是所有人類中那最可憎也最下賤的人。正如審愼，加上其他一些美德，是最高貴的人品；所以，不審愼，加上其他一些惡行，是最低劣的人品。

⑨ 譯注：Nicolo Machiavelli（一四六九～一五二七），義大利佛羅倫斯的外交家及政治家，主張爲達目的可不擇手段。

第二章　論個人的性格中影響他人幸福的那一面

引　言

每一個人的性格，就能夠影響他人幸福的那一面而言，必定是由於具有傷害或施惠於他人的傾向，才會產生這種影響的。

在公正旁觀者的眼中，對企圖或實際犯下不義表示適當的忿怒，是我們唯一可以對他人的幸福做出任何傷害或擾亂的正當動機。傷害或擾亂他人幸福，如果是出自其他任何動機，那它本身就是違背正義的行爲，自應運用社會強制力予以遏止與懲罰。每一個國家或聯邦的智慧，都盡其所能地力圖運用社會強制力，在服從其權威的人民當中，遏阻他們彼此傷害或擾亂彼此的幸福。爲了這個目的所確立的那些規則，構成每一個國家或聯邦的民法和刑法。那些規則實際或應該建立在哪些原則基礎上，是某一門特別的學問探討的主題，這門學問顯然是所有學科中最爲重要的，但在此之前，也許是最少鑽研講習的，這門學問叫作自然法理學；關於這門學問，我在此不想進行任何深入的探討，因爲那不屬於本書的主題範圍①。把絕不在任何方面傷害或擾亂我們每一位同胞的幸福，甚至在沒有任何法律保護得了他

① 譯注：參見本書最後一段，即第七篇第四章最後一段的說明。

的那些場合也一樣，當作神聖的宗教信仰般給予尊重，這樣的胸懷，是完全純潔公正者的性格構成要素；這種性格，當發展到某一細膩關懷的層次時，本身總是很值得尊敬，甚至顯得莊嚴神聖，而且幾乎不可能沒有其他許多美德相伴，包括對他人富有同情心，富有慈悲親切之心，以及富有樂善好施之心。這是什麼樣的性格，大家都已充分明瞭，不需要多加說明。在這一章裡，我將只努力說明，自然女神爲我們的善行分配，或者說，爲我們非常有限的行善能力的運用與方向，似乎已經規劃好的那種先後輕重的順序，究竟建立在什麼基礎上：首先說明自然女神依何種先後順序把哪些個人託付給我們關懷照顧；接著說明自然女神依何種先後順序把哪些社會團體託付給我們幫助。

我們將發現，在其他每一方面指導她如何作爲的那一種正確的智慧，也同樣在這方面指導她的推薦順序；她的那些推薦，或強或弱的程度，總是和我們的善行究竟有多少必要性，或者說，和我們的善行實際會有多少助益成正比。

第一節　論自然女神依何種先後順序把哪些個人託付給我們注意照顧

就像斯多亞派哲學家（the Stoics）常說的那樣，每一個人都被自然女神首先且主要託付給他自己照顧；每一個人無疑，在每一方面，都更適合也更有能力照顧他自己，甚於照顧其他任何人。每一個人都更顯著地感覺到他自己的快樂與痛苦，甚於感覺到他人的快樂與痛苦。前一種感覺是原始的感覺；後一種感覺，則是通過深思或同情那些原始的感覺而衍生出來的印象。前者可以視爲本體，而後者則是這本體的影子。

在他自己之後，他自己的家庭成員，那些通常和他生活在同一屋子裡的人，包括他的父母、他的小孩、他的兄弟姊妹，自然是他最溫暖的情感對象。他們自然是，而且通常也是，對他們幸福與否，他的作爲必定最有影響的那些人。他比較習慣和他們產生同感共鳴。他比較知道每一件事情可能讓他們有什麼樣的感受，他對他們的同情，比他對其他絕大部分人可能會有的同情，更爲正確與堅決。簡單地說，他對他們的同情，比較接近他對自身處境的感覺。

而且，每個人的這種同情心，以及各種依存於這種同情心的親情，也被自然女神更強烈地導向他的小孩，甚於導向他的父母。他對前者的溫柔慈愛，似乎通常是一種比他對後者的尊敬與感激，更有活力的原始性能。我們在前面曾經指出②，就自然而然的事理而言，小孩子的生存，在他們剛來到這世界的某段時日裡，完全仰賴父母的照料；但，父母的生存並不必然仰賴子女的照料。在自然女神的眼中，小孩子似乎是比老年人更爲重要的對象，喚起遠爲強烈，同時也遠爲廣泛的同情。它應當喚起這樣的同情。小孩子的前途是不可限量的，或

② 譯注：參見本書第三篇第三節第十三段。

至少是希望無窮的；但，就普通情形來說，在日薄西山的老年人身上，是沒有什麼可以期待或指望的。童稚的柔弱，即使對殘忍冷酷的人來說，也會觸動他們的惻隱之心。然而，老年的羸弱，只有對正直與慈悲的人來說，才不會是蔑視與厭惡的對象。就普通情形來說，死了一個老年人，不會有什麼人深感痛惜；但，死了一個小孩子，很少不會有某個人爲之心碎。

最早的人生友誼，在心靈最容易感受到友情時自然結交的友誼，是兄弟姊妹之間的那種友誼。當他們還留在同一家庭時，他們的心意相通、和睦共處，是家庭平靜與幸福的必要條件。他們能夠給彼此帶來的快樂或痛苦，比他們能夠給其他絕大部分人帶來的還要多。他們的處境，使他們互相的體諒與同情，對他們的共同幸福極端重要；而由於自然女神的智慧安排，同一處境使他們不得不彼此和解適應，也使他們彼此之間的體諒同情變得比較習慣常見，因此，也使他們彼此之間的同情變得比較強烈、比較鮮明、比較確定。

兄弟姊妹在各自分開成立他們自己的家庭後，他們的下一輩自然會被繼續存在於父母輩之間的友誼聯繫起來。下一輩之間的情投意合，會給父母輩之間的友誼增添更多愉快的享受；而下一輩之間的傾軋不和，則會擾亂父母輩之間的友誼。然而，由於下一輩很少生活在同一家庭裡，所以他們對於彼此的重要性，雖然勝過他們對於其他絕大部分人的重要性，卻遠遠不如兄弟姊妹對於彼此的重要性；他們彼此之間的體諒同情，由於比較沒有必要，所以也比較不習慣常見，因此，也就比例地變得比較微弱。

堂、表兄弟姊妹的兒女，由於更少聯繫，對彼此的重要性於是變得更小；當親屬關係越來越疏遠時，親屬之間的友情會逐漸減弱、變淡。

所謂親愛之情或親情（affections），實際上無非是習慣性的同情。我們關心我們稱之為「我們的親愛感」的那些對象的幸福或痛苦；我們盼望增進他們的幸福，並防止他們受苦；這種關心與盼望，實際上，或者是習慣性的同情感，或者是那種同情感必然會引起的種種感覺。由於親屬通常生活在一些會自然產生習慣性同情的情境中，所以，一般人期待他們之間應該有某一適當程度的親愛感。我們通常發現事實上的確有這種親愛感；所以，我們自然期待應該有這種親愛感；因此，當我們在任何場合發現沒有這種親愛感時，我們會更覺得震驚。於是確立了這樣一條概括性的道德規則：彼此之間有某一程度的親屬關係的人們，總是應該按照某個模樣相親相愛，而如果他們之間的情感關係是另外一種模樣，則其中必定有非常不妥當的成分，有時候甚至是某種邪惡的成分。對子女全無溫柔慈愛的父母，對父母全無孝順尊重的子女，會被認為是怪物，不僅是人們憎惡的對象，而且也是人們恐怖的對象。

即使在某些特例中，種種通常會產生那些所謂自然親愛的情況，也許由於某一意外的緣故而沒有出現，然而，對前述那一條概括性道德規則的尊重，往往也會在某一程度內代替那些親愛，並且產生某種，雖然和那些親愛不完全相同，但非常相似的情感③。一個父親往往會比較不那麼喜愛他的小孩，如果由於某一意外的緣故，這個小孩自小便和他分開，直到長大成人，才回到他的身邊。這個父親對他的這個小孩，往往會比較沒有溫柔慈愛的感情；而這個小孩對他的父親，往往也會比較不那麼孝順尊重。兄弟姊妹，如果分別在相距遙遠的地方養育長大，彼此親愛的情感也同樣會有變淡的傾向。然而，對於守分與正直的人來說，對前述那一條概括性道德規則的尊重，往往會產生某種，雖然和那些自然的親愛絕不相同，不過，卻非常相似的情感。甚至在他們分開的時候，父子間，或兄弟姊妹間，也絕非彼此漠不關心。他們全都認爲彼此是他們應該對其付出，也應該自其獲得某種親愛的人；他們天天盼望有朝一日，在某一情境中，享受那種理當早已在像他們這樣密切相關的人們中間自然形成的友誼。在他們相逢以前，不在身邊的兒子，或不在身邊的兄弟，往往是最受鍾愛的兒子，或最受鍾愛的兄弟。他們從未犯錯，或者，他們即使曾經犯錯，那也是好久以前的事了，因此，那過錯早就被忘記，被當作某種天真無邪、不值得擱在心上的惡作劇。他們聽到的每一則關於彼此的故事或評價，如果是由秉性還算敦厚善良的人傳達的，總是非常的討人喜歡，非常的叫人中意。一個不在身邊的兒子，或一個不在身邊的兄弟，不同於其他平常的

③ 譯注：參見本書第三篇第四節第七至十二段，以及第七篇第三章第二節第六段。

兒子或兄弟；而是完美無缺的兒子，或完美無缺的兄弟；對於將來和這樣的兒子或兄弟親切交談時會有什麼樣的幸福享受，他們總是懷著最浪漫的希望與想像。當他們相逢時，一開始總是懷著如此強烈的意願，很想在心中立即孕育出家人的親愛所由構成的那種習慣性的同情，以至於他們往往幻想他們真的已經懷有那種同情，並且宛如已經懷有那種同情似的彼此對待。然而，時間與經驗恐怕常常會使他們的幻想破滅。當他們彼此變得比較熟悉時，他們往往會在對方身上看到種種出乎意料之外的習慣、氣質與性向，而對於這些新發現的習慣、氣質與性向，由於他們彼此缺乏長久習慣性的同情，亦即，缺乏真正所謂家人的親情所由構成的那種實質要素與基礎，他們現在無法從容適應。他們過去從未生活在幾乎必然會促成彼此從容適應的處境中，因此，儘管他們現在也許由衷地想要裝出彼此從容適應的樣子，但他們實際上已經是連這一點也無法做到。他們的日常會話與交往，很快變得比較不是那麼讓他們彼此覺得愉快，因此，也很快變得比較不是那麼頻繁。他們也許會繼續生活在一起，彼此交換所有絕對必要的幫忙，並且在其他每一場合，彼此表面上也很親切地問候致意。但，那種誠摯的心情歡暢，那種甜美的心意相通，那種推心置腹的坦然自在，那種在長期親密相處的人們對話交往中，自然會有的親情交融的幸福，他們卻很少能夠充分享受到。

然而，也只有對守分與正直的人來說，概括性的道德規則才會有甚至是這麼薄弱的權威。對浪蕩揮霍和虛榮自負的人來說，概括性的道德規則，完全被置之度外。他們是這麼的絕不尊重它，以至很少談到它，除非拿來當作最下流嘲笑的對象；這種自小長期的分隔，一定會使他們彼此百分之百徹底疏遠。就這種人來說，對概括性道德規則的尊重，頂多只會產生某種冷淡、假裝的禮讓殷勤（這和眞正的關心，只有一種非常薄弱的表面相似性）；甚至連這一丁點假裝的尊重，也通常會因爲最輕微的冒犯失禮，或最瑣細的利益衝突，而完全消失不見。

在法國和英國，男孩子在離家很遠的大型學校接受教育，年輕人在離家很遠的大學或學院接受教育，年輕的淑女在離家很遠的女修道院和寄宿學校接受教育，似乎已經，在中上流社會階層中，使家庭倫常，從而也使家庭幸福，遭到最根本的傷害④。你想教你的兒女孝順父母，親切友愛兄弟姊妹嗎？那就把他們安置在不得不成爲孝順的兒子，不得不成爲親切友愛的兄弟姊妹的環境中，亦即，就在你自己家裡教育他們吧！他們可以每天從父母親住的房子，出門到公學校上課，如果這是恰當而且有益的，但是，千萬一定要讓他們住在家裡。這樣，對你的尊敬，必定總是會對他們的行爲產生某種非常有用的約束；而你對他們的尊重，對你產生的約束，也經常並非毫無用處。無疑地，任何可能從所謂學校教育學到的

④ 譯注：參見本書作者另一本著作《國富論》（謝宗林譯，台北先覺出版社，二〇〇五年）第五卷第一章第三節之二：論青少年教育機構所需的經費。

東西，都彌補不了那幾乎必然被學校教育消滅掉的東西於萬一。家庭教育是自然女神的設置；而學校教育則是人爲的設計。哪一種教育可能是最有智慧的？答案是什麼，無疑不待多言。

在某些悲劇和傳奇故事中，我們看到許多溫馨動人的場景或段落，建立在所謂血緣的力量上，或者說，建立在近親，甚至在他們知道他們有任何血緣關係之前，據說對於彼此應當會懷有的那種奇妙的親切感。然而，這種血緣的力量，恐怕只存在於那些悲劇和傳奇故事。甚至在悲劇和傳奇故事中，血緣的力量也從未被認爲會出現在任何親屬關係上，除非是那些自然應當在同一家庭裡養育長大的親屬間，亦即，除非是在父母與兒女間，或是在兄弟姊妹之間。要是認爲在堂（表）兄弟姊妹間，甚或在伯母、叔母、姑媽、姨媽或伯父、叔父、姑丈、姨丈，和侄子或姪女間，也會有任何這種神祕的親切感，那肯定就太荒唐無稽了。

在（狩獵、游牧與農耕等人民生活大體上自給自足的）鄉村國家裡，以及在所有法律權威單獨不足以使每一位國民享有充分安全的國家裡，同一家族中所有不同的支系通常選擇住在彼此鄰近的地方。他們的聯合，經常是他們共同的安全防衛所必要的。他們每一個人，從地位最高貴的到地位最卑下的，對於彼此都或多或少有些重要性。他們的和諧相好，會使他們必要的聯合更加堅強；他們的傾軋不和，總是會減弱，甚至也許會摧毀這必要的聯合。他們彼此之間的交往，比他們和任何其他部族成員的交往更爲密切。同一部族中，即使是關係最遠的成員，也仍可主張他們彼此有某些關聯；因此，在其他一切情況都相同時，他們有理由期待獲得，比那些不敢有這種主張的人該得的，更爲顯著的特殊照顧。在沒有多少年以前，在蘇格蘭高地地區，宗族的首領向來認爲他那一族裡最窮的人是他自己的堂（表）兄弟或親戚。韃靼人、阿拉伯人、土庫曼人（Turkomans），據說也有同樣廣泛關照親屬的情形；我相信，其他民族對於親屬的關照，如果他們的社會狀態接近蘇格蘭高地族在大約是本（十八）世紀初的那種狀態，也應該會有類似的情形。

在商業發達國家，法律權威隨時完全足以保障甚至是地位最卑賤的國民，同一家族的子孫，由於沒有這種共同防衛的動機相聚在一起，自然會追隨個人的利益或興趣，而各自分開，散居到各地。他們很快不再對彼此有什麼重要性；在經過兩三代以後，他們不僅完全失去彼此的關心，而且也完全不記得他們的共同來源，完全不記得他們的祖先之間有什麼關聯。在每一個商業化國家，隨著這種文明狀態建立得越久、越完善，人們對遠親的關心，會變得越來越淡薄。英格蘭的商業文明建立得比蘇格蘭久，也比較完善；因此，遠親在蘇格蘭比在英格蘭更受重視，雖然在這方面，兩國的差異正一天天變得越來越小。沒錯，在每一個國家，顯赫的權貴總是自豪地記住並且承認他們彼此之間的關聯，不管這關聯是多麼的遙遠。把顯赫的親戚記在心裡，對於他們每一個人的家族自尊，很有一些逢迎吹捧的功效；這種記憶所以被這麼小心周到地保存下來，既不是出於親情，也不是出於任何類似親情的東西，而是出於所有自負的虛榮當中最輕浮也最童騃的那一種。倘使有某個身分比較卑微，但也許血緣顯然比較接近的族人，斗膽地向這些大人物提起他和他們的家族關係，他們幾乎一定會告訴他，說他們是拙劣的宗譜專家，關於他們自己的家族歷史，他們所知少得可憐。我們恐怕不可指望，所謂自然的親情，在那種階層的人物身上，會有任何不比尋常的擴展發達。

我認爲，所謂自然的親情，比較是父子之間道義相連的結果，而非他們所謂血脈相連的產物。沒錯，一個妒忌的丈夫，如果認爲孩子是他妻子不忠的產物，儘管他和那孩子在道義上相連，儘管那孩子一直在他家裡接受養育，他也經常會以憎恨與厭惡的態度對待那個不幸的孩子。那孩子是一段最令人難堪的外遇經驗的永久紀念物，標誌著他自身的恥辱，和他家族的不名譽。

彼此包容適應的必要性或便利性，經常會在心地善良的人們中間產生一種友誼，這種友誼，和生來就在同一家庭裡生活的那些人中間發展出來的友誼，並無二致。辦公室裡的同事，生意上的合夥人，彼此稱兄道弟；而事實上，他們也經常覺得彼此彷彿是眞兄弟。他們的心意相通、和睦共處，對於他們每一個人都很有好處；而且，如果他們是相當有理性的人，他們自然也願意彼此和睦妥協。我們期待他們應該這麼做；而他們的齟齬不和，則是一樁小醜聞。古代羅馬人以「necessitudo」這個字表達這種依戀的情感，這個字，從語源學的觀點來說，似乎意指這種情感是迫於處境的必要（necessity）而發展出來的。

甚至像住在同一鄰里這樣微不足道的情況，也多少會有同一種效果。對於一個我們天天看到的人，如果他從未得罪過我們，我們會尊重他的面子。鄰居可以爲彼此帶來方便，但也可以爲彼此帶來麻煩，他們如果算得上是好人，自然會有彼此妥協的意願。我們期待他們和睦共處；而與鄰居爭鬥交惡，則是一種很不好的性格。因此，有一些小幫忙，在我們提供給任何與我們沒有鄰里關係的人之前，普遍認爲應該先提供給我們的鄰居。

這種自然的情感包容與同化傾向，亦即，我們這種自然的傾向於盡可能使我們自己的意見、原則與情感，和我們在必須經常與其交往共處的那些人身上看到的那些根深柢固的意見、原則與情感，盡量相容乃至相同，是導致「近朱者赤」與「近墨者黑」這兩種效應的原因。一個經常和有智慧與有美德的人交往的人，即使他本人沒變成有智慧或有美德的人，至少也會禁不住對智慧與美德懷有一定的敬意；一個經常和浪蕩墮落的人交往的人，即使他本人沒變得浪蕩墮落，至少也必定會很快失去他對浪蕩墮落的行爲原先感覺到的一切厭惡。我們常常看到家族性格的相似性連續傳遞了好幾個世代，也許有一部分是由於此一傾向，此一使我們自己，和我們必須經常與其交往共處的那些人，融和同化的情感傾向。不過，家族性格，就像家族容貌那樣，似乎也有一部分是由於血脈相連的緣故，而不完全是由於情義相連的緣故。至於家族容貌的相似性，無疑完全是由於血脈相連的緣故。

但是，在對某一個人的各種依戀當中，那種完全基於尊敬與讚許他的品行善良，並且通過長期結識與許多經驗而更加堅固的依戀，顯然是最爲高尚的。這種友誼，不是起於某種勉強的同情，不是起於某種爲了方便與妥協的緣故而刻意裝出、久而久之變成習慣的同情；而是起於一種自然的同情，起於一種不由自主的感覺，覺得爲我們所依戀的那些人，是自然的尊敬與讚許的適當對象；這種友誼只可能存在於品格高尙的人們當中。只有品格高尙的人，才能夠對彼此的品行感覺到一種完全的信賴，這種信賴使他們能夠隨時放心相信他們絕不可能彼此冒犯或被冒犯。惡行總是反覆無常的，唯有美德是恆常有規則、守紀律的。以愛好美德爲基礎的依戀，正因爲它無疑是各種依戀中最高尙的，所以，它同樣也是最幸福的，以及最爲持久與堅固的。這種友誼，無須侷限在單一個人身上，而是可以放心地擁抱所有那些，與我們長期親近相熟，並且因此，對於他們的智慧與美德，我們能夠完全信賴的人。有些人把友誼侷限在兩個人身上，他們似乎混淆了友誼的理智信賴和愛情的愚蠢妒忌。年輕人那種倉促、沉迷與愚蠢的親密關係，通常建立在某種脆弱的、與高尙的行爲完全無關的性格相似性上，也許是建立在他們嗜好相同的研究、相同的娛樂、相同的消遣，或建立在他們一致讚許某一奇特、通常不被人採納的原則或意見；因奇想突發而開始，也因奇想突發而結束的那些親密關係，不管他們在持續期間表面上是多麼和樂愉快，絕不配擁有神聖莊嚴的友誼之名。

然而，在所有被自然女神指出來等候我們給予特別幫忙的那些人當中，似乎不會有什麼人，比我們已經領受其恩惠的那些人，更應當得到我們的幫忙[5]。爲了使人類適合互相親切

⑤ 譯注：參見本書第二篇第二章第一節第三段。

幫忙，因爲這對他們的幸福是如此的有必要，自然女神在塑造人性時，使每一個人成爲他自己曾經親切幫過的那些人特別親切幫忙的對象。即使受惠者的謝意未必和施惠者的恩惠相稱，不過，施惠者應受獎賞的感覺，亦即，公正的旁觀者所感受到的那種同情的感激，將總是和施惠者的恩惠相稱。對於受惠者忘恩負義的卑劣作風，旁觀者普遍的義憤，有時候甚至會普遍提高施惠者應受獎賞的感覺。仁慈的人絕不會完全失去他的仁慈所結的果實，即使他未必能在他應當採集到果實的那些人身上採集到果實，他也幾乎一定可以從他人身上採集到，而且往往還要多十倍呢。親切仁慈必然會生出親切仁慈；如果爲我們的同胞所愛，是我們的雄心壯志所追求的偉大目標，那麼，要達成此一目標，最確實可靠的辦法，就是以我們的行動證明我們眞心愛我們的同胞。

在那些或者因爲和我們的親戚關係，或者因爲個人的品德，或者因爲過去的幫忙，而被自然女神託付給我們幫忙照顧的人之後，緊接著被她指出來的那些人，沒錯，確實不是要等候我們的友誼相助，而是要等候我們的仁慈注意和善心幫忙；那些人因他們的處境非比尋常而受到特別注意；他們是非常幸運的和非常不幸運的人，是有錢有勢的人和貧窮可憐的人。社會階級的差別⑥，以及社會的和平與秩序，大部分是以我們對有錢有勢者自然會懷有

⑥ 譯注：參見本書第一篇第三章第二節。

的那種尊敬爲基礎而建立起來的[⑦]。救助與慰藉人間苦難，則完全仰賴我們對貧窮與不幸者的憐憫與同情。社會的和平與秩序，甚至被自然女神認爲比救助貧窮與不幸更爲重要[⑧]。因此，我們對權貴人士的尊敬，極易失之太過；我們對貧窮不幸者的同情，極易失之不足。道德家總是勸勉我們要多一點慈悲與憐憫。他們警告我們不要迷戀權貴。沒錯，這種迷戀力量是這麼的強大，以至於有錢者與有勢者常常比有智慧者與有美德者更受尊重。自然女神已經很聰明地判定，社會地位的差別，以及社會的和平與秩序，建立在顯而易見的出身與財富差異上，要比建立在看不見的、並且時常不確定的智慧與美德差異上，更爲穩固。絕大部分社會下階層群眾，即使他們沒有什麼分辨的眼光，也能夠充分看清楚前一種差異，而有智慧與有美德的人，即使擁有明察秋毫的識別能力，有時候也需要費盡千辛萬苦才能分辨出後一種差異。在前述所有那些推薦的先後順序上，自然女神的仁慈智慧，是同樣的顯而易見的。

這裡也許無須特別指出，兩個或更多個會激起親切仁慈的原因結合在一起，會加強親切仁慈的情感。當妒忌心沒在作祟時，我們對權貴人士自然會懷有的那種親切偏愛之情，將

⑦ 譯注：非常有趣的相關論述，請參見本書作者另一本著作《國富論》（謝宗林譯，台北先覺出版社，二〇〇五年）第五卷第一章第二節：論司法經費。

⑧ 譯注：參見本書第二篇第二章第一節。

會因爲他除了權貴之外還擁有智慧與美德而大大增強。倘使有這樣的一位權貴，儘管他擁有這樣的智慧與美德，卻陷入災難，陷入位尊權重者往往比別人更容易遭遇到的那些危險與困厄中，那麼，對他的命運，我們關心的程度，肯定會比對一個有相同美德但身分地位比較卑微者的命運，更爲深切許多。仁慈善良與寬宏大度的國王或王子遭逢種種災難，是悲劇和傳奇故事中最有趣的主題。如果他們靠著盡力發揮他們的智慧與英勇氣概而終於脫離那些災難，並且完全恢復他們以往的尊貴與安全，我們肯定會禁不住給予他們以最熱烈甚至過度的讚美。我們爲他們的苦惱所感到的悲傷，我們爲他們的成功所感到的喜悅，似乎會結合起來，加強我們對於他們的地位與品格，自然會懷有的那種偏心的讚美。

當前述那些不同的行善情感湊巧把我們往不同的方向拉時，要依據任何明確的規則，決定在什麼情況下我們應該順從某一種情感，以及在什麼情況下我們又應該順從另一種情感，似乎是完全不可能辦到的事。在什麼情況下，友誼應該對感激讓步，或感激應該對友誼讓步；在什麼情況下，我們應該按下所有自然的親情，即便是最強烈的父子親情，而優先考慮我們上級長官的安全，因爲整個社會的安全時常有賴於那些上級長官的安全；又在什麼情況下，即使我們允許自然的親情勝過對上級長官的安全顧慮，也不會有什麼不合宜；這些必須完全留給我們心裡面的那個人，那個存在於想像中的公正旁觀者，那個裁判我們的行爲對錯的偉大判官與裁決者來決定。如果我們把自己完全擺在他的立場上，如果我們眞的用他的眼睛來看待我們自己，就像他實際看待我們那樣，並且用心虔誠地傾聽他對我們的建議，那麼，他的聲音絕不致欺騙我們。我們將不需要仰賴任何決疑學的規則來引導我們的行為⑨。要拿這種規則去適應情況、性格與立場上所有不同的細微差異和變化，亦即，要適應各種雖然不是完全無法察覺，但由於太過微妙纖細，往往完全無法明確界定的差異與分別，經常是辦不到的。在伏爾泰所編的《中國的孤兒》⑩那一部感人的悲劇中，當我們欽佩札姆蒂（Zamti）的寬宏大度，因為他願意犧牲他自己兒子的性命，以保全他昔日所效忠的君主和所服侍的主人家族唯一倖存的弱小子遺，我們不僅原諒，而且也愛上艾達美（Idame）那種心軟的母性慈悲，雖然她為了從韃靼人的魔掌中，贖回她那被刻意送入虎口的嬰兒時，險些洩露了她丈夫的重要秘密。

第二節　論自然女神依何種先後順序把哪些社會團體託付給我們幫助

指導哪些個人依何種先後順序託付給我們善行照顧的那些原則，也同樣指導各種社會團體託付給我們善行照顧的先後順序。首先且主要託付我們善行照顧的，是我們的善行對它們

⑨ 譯注：關於決疑學的（casuistic）規則，請參見本書第七篇第四章第七至三十五段。

⑩ 譯注：改編自中國元朝紀君祥根據春秋時代的傳說所作的雜劇《趙氏孤兒》。

極為重要，或也許極為重要的那些團體。

我們在其中出生，在其中受教養，並且一直在其保護下生活的國家或主權國，一般來說，是我們的行為善惡，對於其幸福或悲慘，能夠有什麼顯著影響的社會團體中，最偉大的那一個。因此，它是自然女神極力推薦給我們關心的社會團體，或者說，它是我們天生最在意的社會團體。不僅我們自己，而且所有讓我們感到最親切的對象，我們的子女、我們的父母、我們的親戚、我們的朋友、我們的恩人，所有我們最喜愛與最尊敬的那些人，通常都包含在這個團體中；並且他們的幸福與安全也多少有賴於這個團體的幸福與安全。所以，它自然為我們所鍾愛，不僅基於我們所有自私的情感，也基於我們所有的私人情誼。鑒於我們自己和它的連結，它的幸福與光榮似乎為我們自己帶來某種光采。當我們拿它和其他同類團體相比時，我們會以它的優越為榮，如果它在任何方面不如其他同類團體，我們多少會感到屈辱。所有它在昔日產生過的著名人物（這裡所以僅限於昔日產生的，是因為對於我們當代的那些著名人物，妒忌的心理有時候也許會使我們有一點點討厭他們），包括它的勇士、它的政治家、它的詩人、它的哲學家，以及各種作家與文人等等，我們傾向以最偏心讚美的眼光看待他們，並且（有時候非常不公正地）把他們排在其他任何國家所產生的同類人物之上。一個愛國者，若為了國家的安全，或甚至只為了國家的虛榮，而犧牲他的性命，他的行為會被認為極端正確合宜。他像似以公正旁觀者自然且必然會採取的那種眼光，在看待他自己，把自己視為不過是廣大群眾中的一份子，在那公正判官的眼中，不見得比其他任何份子更爲重要，反而有義務隨時爲了比較多份子的安全、便利，或甚至虛名，而犧牲與奉獻他自己。但是，雖然這犧牲看起來是這麼完全的正當與合宜，我們卻知道，要做出這犧牲是多麼的困難，以及能夠做出這犧牲的人是多麼的少。所以，他的行爲，不僅激起我們全心全意的讚許，也激起我們至高的驚奇與欽佩，並且似乎值得最了不起的美德應得的一切讚美。相反地，一個叛國者，一個在某一特殊處境中，自以爲能夠藉由出賣祖國的利益給祖國的敵人，以增進自己渺小的個人利益的人；一個完全不顧他心裡面的那個人的判斷，而這麼可恥且這麼卑鄙地，犧牲所有和他有所關聯的眾人的利益，獨厚他自己個人的人，則被認爲是所有惡棍中最可憎的惡棍。

對我們自己國家的愛，常常使我們傾向懷著最爲惡意的嫉妒與猜忌的心理，看待任何鄰國的興隆與壯大。各自獨立但相互毗鄰的國家，由於沒有共同的上級機關來裁決它們的爭議，全都時時刻刻處在彼此恐懼與彼此懷疑的環境中。每一個君主，由於不指望從他的鄰國得到多少公正的對待，也傾向以同樣少的公正回報他的鄰國。對於國際法的顧慮，或者說，對於一些獨立國家宣稱或自以爲有義務，在彼此的交往中，遵守的那些規則的尊重，往往和純粹的裝腔作勢沒有什麼兩樣。我們天天看到那些國家，只爲了爭奪一丁點兒利益，或受到一丁點兒挑釁，便或者規避，或者直接違背那些規則，完全不覺得羞恥或難爲情。每一個國家彷彿都可以在任何鄰國逐漸增強壯大的力量中，預見自己將被征服的命運；卑鄙的國家歧視原則，往往建立在高貴的愛國情操之上。大加圖（the elder Cato）[11]每次在羅馬元老院演講，不管主題是什麼，終了時，據說總會來上一句，「我還是認爲迦太基[12]應該被毀滅」；一顆強壯但粗糙的心靈，在被激怒到幾乎發狂時，自然會這樣詛咒那個使自己的國家如此深受傷害的外國，來表達野蠻的愛國情操。西庇阿・納西加（Scipio Nasica）[13]用來結束他的每一次演講的句子，聽說是比較仁慈的「我還是認爲迦太基不應該被毀滅」；這是一個心胸比較開闊文明的人，一個甚至對宿敵的繁榮興盛，在這宿敵已經被削弱至對羅馬不再有什麼威脅時，不覺得反感的人，才會有的慷慨言詞。法國與英國也許各自都有一些理由害怕對方的海軍和陸軍的力量增強；但是，就它們任何一國來說，嫉妒對方國內的幸福與興旺，嫉妒對方的土地栽培優良、各種製造業進步、商業發達、港口與碼頭繁多且安全、人民在所有文化藝術與學問方面樣樣精通，無疑有損它們兩個這樣偉大國家的自身尊嚴。這些方面的進步改良，全都眞正改善了我們生活所在的這個世界。人類因之而受益，人性也因之而

---

⑪ 譯注：Marcus Porcius Cato the elder（西元前二三四～一四九），羅馬政治家與斯多亞派哲學家，於西元前一八四年擔任羅馬監察官，據說出奇的嚴苛。

⑫ 譯注：終於在西元前一四六年爲羅馬所滅。

⑬ 譯注：西元前一三八年的羅馬執政官。

更顯高貴。在這些進步改良上，每一個國家，不僅應該各自努力企圖超越群倫，而且基於對全人類的愛，也應該促進，而非阻撓鄰國力爭上游。這些進步改良全都是各個國家彼此競相仿效，而不是各個國家彼此歧視或妒忌的適當對象。

對我們自己國家的愛，似乎不是源自於對全人類的愛。前一種情感，和後一種情感完全不相干，而且前者似乎有時候甚至會使我們傾向做出違背後者的舉動。法國的人口也許接近英國人口的三倍。所以，在包含全人類的偉大社會中，法國的繁榮成功，應該是一個遠比英國的繁榮成功更爲重要的目標。然而，倘使有哪一位英國國民，基於這個理由，竟然在所有場合重視法國的繁榮成功甚於重視英國的繁榮成功，那他肯定不會被認爲是英國的好公民。我們愛我們的國家，並非把它當作只不過是全人類社會的一部分來愛，我們是因爲它本身的緣故而愛它，和任何有關全人類社會的考量完全不相干。設計出人類情感系統，以及其他每一部分天性系統的那個智慧，似乎認爲，要增進全人類社會的利益，最好的辦法是，把每一個人的主要注意力導向全人類社會中的某一特定部分，這部分不僅最在他的能力範圍內，也最在他的理解範圍內。

國家歧視與憎恨很少延伸至鄰近的國家之外。我們或許會非常懦弱愚蠢地稱法國人爲我們的天敵；而他們或許也會同樣懦弱愚蠢地認爲我們是他們的天敵。但，不論是他們，或是我們，對於中國或日本的繁榮興盛，都不會懷有任何嫉妒的心理。然而，對這樣遙遠的國家，我們的善意也殊少可能發揮什麼了不起的作用。

發揮出來時，通常會有些大用的公益心或公德心，而且對象也最爲廣泛的，是某些政治家的那種公益心，他們爲相鄰或相距不是很遠的國家籌劃並組成同盟，以便在他們折衝的國際勢力範圍內，保持所謂的權力平衡，或保持普遍的國際和平與寧靜。然而，那些籌劃與執行這種盟約的政治家實際所圖的，除了他們各自國家的利益之外，很少有什麼別的目的。是的，有時候，他們的心胸確實比較寬廣些。根據德里茲樞機主教⑭（這是一個不會過分輕易相信他人有美德的人），法國參與孟斯德（Munster）條約⑮談判的全權代表阿沃伯爵⑯，願意犧牲自己的生命，以便透過該條約，恢復歐洲普遍的和平。威廉國王⑰似乎懷有一股眞正的熱情，很希望看到歐洲大部分主權國家保持自由與獨立；這股熱情也許因他特別討厭法國而受到很大的刺激，而當時法國也恰好是歐洲各主權國家自由與獨立的主要威脅。此一仇視法國心態，有一部分似乎傳給了安妮女王⑱的第一任內閣。

---

⑭ 譯注：Jean François Paul de Gondi，Cardinal de Retz（一六一四～七九），法國神學家。在本書第一篇第三章第二節，以及第三篇第六節，曾經提過。

⑮ 譯注：指一六四八年結束歐洲三十年戰爭的所謂Westphalia和約。

⑯ 譯注：Claude de Mesmes，comte d'Avaux（一五九五～一六五〇），法國外交家。

⑰ 譯注：指英王William III（一六五〇～一七〇二）。

⑱ 譯注：Queen Anne（一六六五～一七一四），在位期間一七〇二～一四。

每一個主權國家，內部都分成許多不同的社會階級與團體，各自有其特殊的權力、特權與豁免權。每一個人自然比較喜愛他自己所屬的那一個階級或團體，甚於喜愛其他任何階級或團體。他自己的利益，他自己的虛榮，他的許多朋友和伙伴的利益與虛榮，通常和他所屬的那個階級或團體有很密切的關係。他自然熱中於擴張他自己所屬那一個階級或團體的特權與豁免權；他自然熱中於保衛那些權利免受其他任何階級或團體的侵犯。

就任何國家來說，所謂它的政體（constitution），乃取決於它內部分成哪些不同的社會階級與團體，以及那些階級與團體分配到哪些個別的權力、特權與豁免權。

任何國家政體的穩定性，取決於每一個別階級或團體維護它自己的那些權力、特權與豁免權免受其他階級或團體侵犯的能力。每當有任何從屬部分的身分與地位，相對於其他從屬部分的身分與地位，被抬高或壓低時，相關國家的政體必然多少會有些改變。

所有階級與團體都依存於那個讓它們獲得安全與保障的國家。它們全都從屬於那個國家，並且全都只在對那個國家整體的繁榮與保全有所裨益的從屬關係中，獲得安頓與確立；每一個階級或團體中最偏心的成員也承認這是事實。然而，往往卻很難說服他相信，國家的繁榮與保全需要他自己的那個階級或團體，在權力、特權與豁免權方面，多少做出一些讓步。這種偏頗的心態，雖然有時候也許是不公正的，卻不見得因此便一無是處。它制止創新的精神。它傾向於保存一國內部各個階級與團體之間那個已經確立的平衡；雖然有時候它像似妨礙政體進行一些在當時也許是很流行且很受歡迎的改革，然而，它實際上卻有助於整個國家體制的穩定與永存。

在普通場合，我們的愛國心，似乎含有兩股不同的情感：一是，對那個已實際確立的政體或統治型態，懷有一定程度的尊敬；二是，眞心渴望，盡我們所能，使我們同胞過著安全、體面與幸福的生活。不願意尊重法律，也不願意服從民政長官的人，不是一個公民；而不願意盡他所能增進全體同胞福祉的人，則無疑不是一個好公民。

在和平寧靜的日子裡，那兩股情感通常並行不悖，導向同一行爲。要維持我們的同胞生活安全、體面與幸福，最方便划算的方法，似乎顯然是支持已經確立的政體；只要我們看到該政體實際上使同胞得以繼續過著安全、體面與幸福的生活。但是，在人民怨聲載道、黨派爭鬥不已與社會混亂時，那兩股不同的情感也許是拉往不同的方向，而甚至智者也會被攪得傾向於認爲，那個就現狀而言顯然已無法維持公共安寧的政體或統治型態，必須進行某些改革。然而，在這樣的場合，一個眞正的愛國者，要判斷什麼時候應該支持並且盡力重建舊體制的權威，以及什麼時候應該對比較大膽但往往也比較危險的創新精神讓步，也許常常需要發揮最高的政治智慧。

國外戰爭與國內黨爭是愛國心兩個最佳展現的時機。在與外國的戰爭中，報效國家取得勝利的英雄，滿足了全國人民的希望，因此，是全國人民感激與讚美的對象。在國內黨派傾軋不和時，彼此爭鬥的那些黨派的領袖，即使受到一半同胞讚美，通常也會受另一半同胞詛咒。他們所扮演的角色，以及他們個別貢獻的價值，通常顯得比較含糊與可疑。因此，那種因國外戰爭而取得的光榮，幾乎總是比那種能夠在國內黨爭中取得的光榮，更爲純正道地，也更爲燦爛耀眼。

然而，黨爭勝利的那一派的領袖，如果有足夠的權威說服自己的那一派黨徒，以行動展現適度的容忍與節制（他時常不會有這樣的權威），那麼，有時候可以爲國家提供一項，遠比最偉大的戰爭勝利和最廣袤的領土征服，更爲根本，也更爲重要的服務。他可以重建並且改善政體，他可以搖身一變，從扮演某一黨派的領袖那樣非常可疑與曖昧的角色，變成扮演所有角色中最偉大與最高貴的角色，亦即，扮演偉大國家的改革者與立法者；並且，以暗藏在他所建立起來的那些制度裡的智慧，在他身後連續許多世代，確保國家內部的平靜和全體同胞的幸福。

在內訌的喧囂混亂中，某種熱中主義或理論體系的精神（spirit of system）⑲很容易主動和那種以博愛爲基礎，以眞正關懷同情我們的某些同胞可能遭遇到的種種不便與困苦爲基

---

⑲ 譯注：關於這種精神的心理源頭，請參見本書第四篇第一節第十一段。注意我在那裡把'system'譯爲「體系」。熱中鐘錶之精良運轉，與熱中某一主義或學說理論架構之完善，是同一種熱中系統或秩序的精神。在此以「主義或理論體系」翻譯'system'，主要著眼於作者，或許是因爲想到法國大革命中有不少重要人物迷戀所謂理性主義（Rationalism），才有本節第十一段至最末一段那樣的論述。

礎的愛國心攪和在一起。這種熱中主義的精神通常會凌駕那種比較溫和的愛國心，主導後者的動向；總是會鼓舞它，常常會把它煽動到甚至瘋狂著迷的地步。心懷不滿的那一派黨徒的領袖，很少不會提出某一看似可行的改革計畫，他們會宣稱，這計畫不僅將消除與緩和目前大家抱怨的種種不便與困苦，而且也將永遠杜絕任何類似的不便與困苦復發的可能性。因此，他們常常主張重新塑造政體，主張在某些最根本的部分改變原來的政治體制，儘管在舊體制統治下，一個偉大帝國的子民，也許在前後連續好幾個世紀的時間內，曾經享有和平、安全、甚至光榮。絕大部分的該派黨徒，雖然對該所謂理想的體制全無經驗，不過，由於在領袖極其能言善道的本事下，它被描繪得五彩繽紛、眼花撩亂，因此，他們通常會沉迷陶醉於它那虛構的美麗。至於相關領袖本身，雖然起初可能除了自我誇大之外沒有別的意思，但他們當中許多人卻終於成爲他們自己的詭辯的受騙者，變得和追隨者當中那些最軟弱與最愚蠢的人一樣，醉心渴望實現這個偉大的改革。即使那些領袖保持他們自己的頭腦免於這種狂熱，而他們通常也的確是這樣清醒，然而，他們卻未必膽敢辜負追隨者的期待；反而常常不得不違背他們自己的原則與良心，做出彷彿他們也受到同一錯覺迷惑的舉動。該黨派拒絕所有暫時舒緩的辦法、所有折中調節的方案、所有合理的和解調停，這樣激越的行爲，由於要求得太多，反而常常什麼都得不到；而那些原本只要稍加調節修正，或許便可大部分消除與舒緩的種種不便與困苦，則依舊留下來，完全沒有什麼補救的希望。

愛國心完全是由博愛與仁慈所喚起的那種人，甚至對於個人的既得權力與特權，也會給予尊重，而對於構成國家政體的那些主要階級與團體的既得權力與特權，他所給予的尊重就更多了。即使他覺得某些既得權力與特權多少被濫用了，他也將使自己滿意於舒緩那些，如果沒使出巨大的暴力，便往往無法予以消滅的濫權行爲。當他無法以道理和勸誘征服那些根深柢固在人們心中的偏見時，他將不會企圖以暴力使他們屈服；而是會虔誠地遵守那一則被西塞羅（Cicero）公正地稱爲神聖的柏拉圖箴言：絕不對他的國家使用暴力，就像絕不對他的父母使用暴力那樣。他將使他的各種治理國家的安排，盡可能適應國人各種根深柢固的習慣與偏見；他也將盡可能補救，因爲欠缺國人討厭服從的那些管制規定，而可能產生的種種不便。當他無法建立正確的體制時，他將不會以改良錯誤的體制爲恥；反而會像梭倫（Solon）[20]那樣，當他無法建立最好的法律體系時，他將致力於建立他的國人所能容忍的最好的法律體系。

熱中主義或理論體系的人，相反地，往往自以爲很聰明；他往往是如此醉心於自己的那一套理想的政治計畫所虛構的美麗，以致無法容忍現實和那一套理想的任何部分有一絲一毫的偏離。他埋頭苦幹，一心只想把那套理想的制度全部完完整整地建立起來，完全不顧各種巨大的利益，或頑強的偏見，可能會起來反對該套制度。他似乎以爲，他能夠像下棋的手在

⑳ 譯注：Solon（西元前六三八～五五九），古代雅典的立法者，爲古希臘七賢人之一。

安排棋盤上的每顆棋子那樣，輕而易舉地安排一個大社會裡的各個成員。他沒想到，棋盤上的那些棋子，除了下棋的手強迫它們接受的那個移動原則之外，沒有別的移動原則；但是，在人類社會這個巨大的棋盤上，每一顆棋子都有它自己的移動原則，完全不同於立法機關或許會選擇強迫它接受的那種原則。如果那兩種原則的運動方向剛好一致，人類社會這盤棋，將會進行得既順暢又和諧，並且很可能會是一盤快樂與成功的棋；但，如果那兩種原則的運動方向恰好相反或不同，那麼，人類社會這盤棋，將會進行得很悽慘，而那個社會也就必定時時刻刻處在極度混亂中。

某種概括性的，或甚至是系統性的，關於什麼是盡善盡美的政策與法律體制的理念，對於引導政治家的思想與見解，可能無疑是必要的；但，一個政治人物，如果堅持建立，而且是堅持立刻且不顧一切反對地建立那個理念似乎要求做到的每一樣事物，那他必定常常是自大傲慢到無以復加的地步了。這樣的堅持，等於是要把他自己的判斷樹立爲是非對錯的最高標準；等於是自以爲是全國唯一聰明且值得尊敬的人；等於是自以爲同胞全都應該委屈他們自己來配合他，而不是他應該配合他們。正因爲如此，所以，在所有政治理論家當中，就以主權國的君主顯然最具危險性。這樣子的傲慢自大，對他們來說，是極其稀鬆平常的事。他們絕不會懷疑自己的判斷具有無比的優越性，所以，當這些傲慢高貴的改革者紆尊降貴，沉思默察那個託付給他們治理的國家的政體時，他們很少看到其中有什麼不對勁的事物，比得上有時候也許會反對他們的意志貫徹實行的一些障礙那樣的不順眼。他們不會把柏拉圖所提的那一則神聖箴言放在眼裡，並且會認為國家是為他們而設，而非他們自己是為國家而設。所以，他們的改革行動的最大目標，便是要消除那些障礙；便是要削弱貴族階級的權威；便是要拿走各個城市與省分的特權，以及要使國內最偉大的那些個人和最有勢力的那些階級團體，變得和那些最軟弱的與最無足輕重的個人與團體一樣地無力反抗他們的命令。

第三節　論博愛

雖然我們的有效善行，殊少可能延伸至任何比我們自己的國家更廣闊的社會；我們的善意，卻沒有任何範圍的限制，可以包含整個無限的宇宙。我們無法想像任何清白無辜且有感覺的生命，他的幸福是我們不希望看到的，或者對於他的不幸，在我們深刻清楚地想像這不幸的時候，我們是不會覺得有些反感的。沒錯，想到某個雖然有感覺但為非作歹的生命，自然會激起我們的憎惡；但，在這場合，我們的那股惡意，其實是我們博愛的心腸在發揮作用。那股針對他的惡意其實出自某種同情，出自我們對其他一些清白無辜且有感覺的生命的不幸與怨恨所感到的同情；那些生命的幸福遭到他蓄意破壞。

這種博愛的心腸，不論是多麼的高尚與寬大恢宏，對任何人來說，很可能是一個使他無法眞正快樂起來的原因，如果他沒有徹底堅定地相信，全世界所有居民，不管是最卑賤的或最高貴的，全都受到指揮一切自然活動的那個偉大、仁慈與全知的神直接的照顧與保護；並且相信，這個偉大的神決意，以其自身各種永恆完美的才藝，隨時在這世界上維持最大可能的幸福量。相反地，對這種博愛的心腸來說，懷疑這世界也許沒有天父的垂愛關注，必定是所有沉思中，最令人感傷憂鬱的；由於想到在這龐大無比與無限的宇宙中，所有他未發覺的地方，除了充滿無窮無盡的不幸與悲慘之外，沒有別的好事。極端幸運成功的所有光芒，也絕不可能照亮如此可怕的想法必然會蓋在他心頭上的那一層憂鬱的陰影；相反地，在一個賢明有德的人身上，最折磨人的逆境中的一切悲傷難過，也絕不可能使他那種必然會從堅信「仁慈睿智的天父存在」這樣的信念中湧現的喜悅完全枯竭。

賢明有德的人隨時都不會反對自己的私人利益被犧牲掉，以成全自己所屬階級或團體的公共利益。他也隨時都不會反對，該階級或團體的利益被犧牲掉，以成全它所屬國家或主權國的更大利益。所以，他同樣也不會反對，所有那些比較次要的利益被犧牲掉，讓全世界獲得更大的利益，亦即，成全那個包含一切有感覺與有理性的生命、並且由神親自管理與指揮的偉大社會的利益。如果他習慣且徹底堅定地相信，這個仁慈與全知的神，絕不可能容許受祂指揮治理的那個體系，發生任何不是爲了全體的善而必需的局部的惡，那麼，他必定會把所有可能臨到他自身，臨到他的朋友，臨到他所屬社會團體，或臨到他的國家的那些不幸，看作是爲了全世界的繁榮幸福所必需的，因此，不僅是他應該認命順從的，而且也是他自己，如果他事先知道所有事物的相互依存關係的話，原本應該誠心誠意地希望發生的。

對偉大的宇宙主宰的意志，懷著這麼寬大恢宏的認命順從，無論從哪一方面來看，似乎並未超出人性所及的範圍。優秀的士兵，既愛戴又信賴他們的將軍，在邁向那種他們絕不期待生還的孤立無援的崗位時，他們所展現的神態，常常比邁向某種既沒有困難也沒有危險的崗位時，更爲快活與敏捷。在邁向後一種崗位時，他們感覺不到其他的情感，除了平常出任務時那種單調乏味的感覺；在邁向前一種崗位時，他們覺得他們正在做人類所可能做出的最高貴的努力。他們知道他們的將軍肯定不會命令他們邁向這樣的崗位，如果這不是整個軍隊的安全或戰爭的勝利所必需的。他們興致勃勃地犧牲他們自己渺小的身體，以成全一個較大的身體的幸福與興隆。他們情深意切地和他們的同志訣別，誠摯地祝福同志一切幸福順遂；然後，不僅甘心順從地，而且常常發出最歡欣鼓舞的呼喊聲，大步邁向他們被指派前往的那個致命的，但也是輝煌榮耀的崗位。但，不會有任何軍隊的指揮官，比指揮宇宙的那個偉大的主宰，值得更多無限的信賴，或值得更熱烈與更熱誠的摯愛。當遇上最大的公共或私人災難時，一個賢明的人應該認爲，他本身，或他的朋友，或他的同胞，只不過是被神安排在宇宙中這個悲慘絕望的位置上；他應該認爲，如果不是爲了整體的善而有必要如此的話，他們就不會受到這樣的安排；他應該認爲，他們應盡的義務，不僅是應該謙卑地甘心順從此一命運的安排，而且也應該盡力敏捷愉快地擁抱此一命運的安排。一個賢明的人無疑應當能夠做到一個優秀的士兵隨時準備做到的事情。

相信神存在，並且相信亙古以來祂的仁慈與智慧，就一直這麼設計與指揮著宇宙這部龐大無比的機器，以便不管在什麼時候，都產生最大可能的幸福量；這樣的信念，無疑是所有人類冥想的課題中，顯然最爲莊嚴崇高的那個。其他每一個冥想課題，和它相比，必然顯得猥瑣卑鄙。一個我們認爲主要是從事這種崇高的冥想工作的人，極少可能不是我們至爲尊敬的對象；即使他的一生完全投注在冥想上，我們也常常會懷著某種宗教般的虔敬看待他；這種尊敬，甚至比我們看待最主動積極且對全體國民最有用的公僕時，所懷抱的那種敬意，還高出許多。馬卡斯安東尼納斯（Marcus Antoninus）[21]的《冥思錄》，由於主要在思索這個課題，對於他的品格之所以普遍受到讚美，也許比他公正、慈悲與仁愛的統治，所留下來的各種事務處理紀錄全部加起來，還更有貢獻。

然而，管理宇宙這個偉大體系的運作，以及照料一切有理性有感覺的生命，讓他們普遍獲得幸福，是神的工作，而不是人的工作。人被分派到一個比較卑微的工作部門，一個和他力量薄弱的程度，以及和他理解範圍狹隘的程度，顯然比較相配的工作部門；那就是照料他自己的幸福，以及照料他的家人、他的朋友和他的國家的幸福；忙於冥想那個比較崇高的課題，絕不是一個理由，可以辯解他對那個比較卑微的分內工作的疏忽；他不可以使自己受到

[21] 譯注：即Marcus Aurelius（西元一二一～一八〇），西元一六一～一八〇年的羅馬皇帝，Antoninus是他登基時自加的名號，是著名的斯多亞派哲學家。他的《冥思錄》（Meditations），寫於他人生最後的十年，他死後才發表。

阿維迪烏斯卡西烏斯（Avidius Cassius）㉒據說曾經對馬卡斯安東尼納斯提出的，也許不是公平的指控；指控他說，當他忙於哲學上的思索，並冥想宇宙的繁榮時，他忽略了羅馬帝國的繁榮。愛好沉思的哲學家，他的空想，無論怎樣崇高，也不太可能在最輕微的現實責任方面，彌補他的任何疏忽。

㉒ 譯注：羅馬帝國東部駐軍的指揮官，煽動份子，曾自立爲羅馬皇帝，旋即被刺身亡（西元一七五）。

第三章　論克己

一個遵照嚴格的審愼、嚴正的公平與適當的慈善等規則而行爲的人，也許可以稱爲德行完美的人。但，僅擁有最完美的規則知識，將不足以使他的行爲確實遵照規則。他自己的各種情感常常會誤導他；有時候逼迫他，有時候慫恿他，違背他自己在所有冷靜清醒的時刻所讚許的一切規則。最完美的知識，如果沒有最完美的克己或自我克制的工夫加持，未必會使他的言行正當合宜。

古代一些最好的道學家似乎認爲，逼迫或慫恿我們的那些情感，可以分爲兩類：一是那些即使要抑制一時片刻也需要大大努力自我克制的情感；二是那些若要抑制一時片刻甚或某一短暫期間並不怎樣困難的情感；但，由於這些情感幾乎是不斷地在引誘我們，因此，在我們一生中，往往會誤導我們做出一些重大的偏差行爲。

恐懼與忿怒，以及其他某些和它們混在一起或連在一起的情感，構成第一類情感。愛好安逸、愛好享樂、愛好讚美，以及愛好其他許多自私的滿足，構成第二類情感。過度的恐懼與狂暴的忿怒，常常很難抑制，甚至要抑制一時片刻也難。愛好安逸、愛好享樂、愛好讚美，以及愛好其他許多自私的滿足，要抑制一時片刻甚或某一短暫期間總是很容易；但，由於它們不斷地引誘我們，因此，常常會誤導我們做出許多我們後來很有理由覺得羞恥的懦弱行爲。前一類情感，常常可以說，逼迫我們，而後一類情感則慫恿我們，偏離我們的本分。對前一類情感的克制，被前頭提到的那些古代道學家稱爲剛毅、男子漢或恢宏的氣概、意志堅強；對後一類情感的克制，則稱爲節制、端莊、謹愼、穩健。

對這兩類情感中任一類的克制力，可以說，有兩種屬於它的優美。除了從它的效用，亦即，從它使我們的行爲得以在所有場合遵照審愼、公平與適當慈善的規則，而得來的那種優美的光澤之外，還有一種與它的效用無關，純粹是它自身所散發出來的優美光澤，因此，就它本身而言，似乎値得一定程度的尊敬與讚美。在克制第一類情感的場合，這種克制力的堅強與高貴，會激起一定程度的尊敬與讚美。在克制第二類情感的場合，這種克制力的一貫不變、始終如一與永不間斷的規律性，會激起一定程度的尊敬與讚美。

某個人，如果在面臨危險時，在受到酷刑拷打時，在死亡逼近時，保持一貫平靜的心情，並且絕不容許自己的一言一行流露出任何與最冷漠的旁觀者不完全一致的情感，那他必然會博得高度的讚賞。如果他是爲了伸張自由與正義而受苦，或是爲了表達對人類的愛，以及對自己國家的愛而受苦，那麼，我們爲他的痛苦所感到的最親切的憐憫，對他的迫害者的不義所感到的最強烈的忿怒，對他爲善的意圖所感到的最溫暖的同情感激，以及最強烈地意識到他的功勞應受獎賞的感覺，全都自動會和對他的恢宏大度的讚賞合併在一起，並且常常會使這種讚賞的感覺，興奮昂揚到了至高程度的狂愛與崇拜的地步。在古代和近代的歷史上，那些讓人特別有好感與深情懷念的英雄人物，有許多是爲了伸張眞理、自由與正義而在斷頭臺上喪命，而且他們在那裡的表現也一如他們平常那樣的自在從容與莊嚴尊貴。倘若蘇格拉底的對手容許他悄悄死在他自己的床上，那麼，這位偉大的哲學家，即使有名，名氣恐怕也絕不會有那萬丈光芒，讓後世萬代瞻仰起來覺得炫目耀眼。在英國歷史方面，當我們瀏覽維爾杜（Vertue）和郝布拉肯（Howbraken）的雕版所印製的那些名人的人頭肖像時，我相信，幾乎沒有什麼人不會覺得，那一把雕刻在某些最著名的人頭下方，象徵他們被砍了頭的斧頭，譬如，雕刻在湯瑪斯摩爾爵士（Sir Thomas More）、華特拉雷爵士（Walter Raleigh）、威廉羅素勛爵（Lord William Russell）、阿爾傑農希德尼（Algernon Sidney）等人的肖像下方的那把斧頭，在相應人物身上灑下的那一層眞正莊嚴感人的光輝，遠勝過有時候會伴隨著他們的人頭一起出現的那些瑣碎的家族徽章紋飾，可能給他們增添的一切光采①。

這種恢宏大度的表現，爲品格所增添的光輝，並不僅限於清白無辜且有德行的人。它甚

---

① 譯注：作者在此顯然想到一本附有文字說明的版畫書：*Thomas Birch, The Heads of Illustrious Persons of Great Britain, engraven by Mr. Houbraken, and Mr. Vertue. With their Lives and Characters (1743)*。那些被列舉出來的人全遭到處決：湯瑪斯摩爾於一五三五年因叛國罪而遭處決，華特拉雷於一六一八年因謀反英王詹姆士一世而遭處決，威廉羅素和阿爾傑農希德尼，因涉及所謂The Rye House陰謀而於一六八三年同時遭處決。

至會爲一些罪大惡極的罪犯性格吸引到一定程度的好感；當某個強盜或攔路搶劫的匪徒被帶上斷頭臺，並且在那裡表現得很端莊堅定時，儘管我們完全讚許他受到的懲罰，我們常常也會禁不住悲嘆，惋惜一個擁有這樣恢宏高貴的精神力量的人，竟然做得出這樣卑鄙的滔天大罪。

戰爭，不僅是學得，而且也是發揮這種恢宏大度的偉大訓練所。死亡，正如我們所說，是恐怖之王；一個已經戰勝死亡恐懼的人，不太可能在面臨其他任何自然的災禍時亂了他的方寸。在戰爭中，人們變得熟悉死亡，因此，必然會被治好性格懦弱與一般新兵菜鳥懷有的那種死亡的恐怖憎惡症。他們會認爲死亡只不過是生命的喪失，會認爲死亡不是什麼特別值得憎惡的對象，就好像生命有時候也許不是什麼特別值得渴求的對象那樣。而且，他們也從經驗得知，許多看似重大的危險，實際上並不像表面上看起來的那樣重大；反而只要勇敢一點、積極一點與鎮靜一點，就常常會有很大的可能性，光榮地從起初看似絕望的那些情境中脫身。因此，死亡的恐懼大大降低，而死裡逃生的信心或希望，則大大提高。他們學會比較願意面對危險，變得比較不急著想要逃離危險，變得比較不容易在身處危險時失去心中的鎮靜。正是這種對危險與死亡的習慣性藐視，使軍人的職業變得高貴，並且賦予這職業某種，在人類自然而然的認知中，高於其他任何職業的地位與尊嚴。巧妙成功地履行軍職，以報效國家，似乎是任何時代最受愛戴的那些英雄人物品格中最突出的特徵。

偉大的征討攻伐，即使違反一切公平正義的原則，即使完全棄絕人道，有時候也會使我們覺得有趣，甚至爲那些最卑鄙的、指揮這種征討攻伐的人物，博得一定程度的某種尊重。我們甚至對某些海盜的大膽行徑也很感興趣；我們抱著某種尊敬與讚賞的心情，閱讀一些最卑鄙人物的故事，這些人，爲了追求某些罪大惡極的目的，所忍受的艱辛，所克服的困難，以及所遭遇的危險，也許遠大於普通歷史課本所敘述的任何艱難險阻。

克制忿怒，在許多場合，一般認爲不如克制恐懼那樣的恢宏與高貴。適當表達公正的義憤，構成古今許多最壯麗堂皇也最令人激賞讚嘆的雄辯文章。狄摩西尼斯[②]猛烈抨擊馬其頓的菲利浦二世的四篇演說文（The Philippics），以及西塞羅（Cicero）猛烈抨擊卡特林納黨徒（Catilinarians）[③]的四篇演說文，它們的優美，全來自於高貴合宜地表達了這種情感。但，這種公正的義憤，其實不過是被適當約束與調節至公正的旁觀者能夠同情體諒的那個程度的忿怒。超出這個程度而狂暴喧嚷的忿怒，總是令人討厭與不舒服的，並且會使我們比較同情遭受忿怒的人，而不是宣洩忿怒的人。在許多場合，寬恕的高貴性，甚至高於最完全合宜的忿怒。當得罪人的那一方已經做出適當的認錯表示；或者，即使沒有任何這樣的表示，當公共利益要求最不共戴天的仇敵應該聯合起來執行某項重要任務時，被人得罪的那一

② 譯注：Demosthenes（西元前三八四～三二二），古希臘演說家及政治家。

③ 譯注：指由Lucius Sergius Catilina（西元前一〇六～六二）領導的陰謀顛覆羅馬共和政體的黨徒。

方，如果能夠拋下所有憎恨，並且能夠推心置腹、誠摰對待曾經使他痛心疾首的那一方，那麼，他似乎應當值得我們最高的讚美。

然而，克制忿怒，卻未必總是會被認爲這樣的了不起。恐懼是一種和忿怒相反的感覺，並且常常是抑制忿怒的動機；而在這種場合，動機的卑鄙性質，會減去抑制忿怒的所有高貴性質。忿怒鼓舞攻擊行動，而且放縱忿怒，有時候也像似在展示頗有膽量超越恐懼。放縱忿怒有時候是虛榮心追求的一個目標，而放縱恐懼絕不會是虛榮的目標。愛慕虛榮與意志懦弱的人，當他們與他們的下屬，或與那些不敢抵抗他們的人相處時，常常喜歡裝出一副很誇張易怒的模樣，並且自以爲這是在展示所謂的氣魄。一個好逞威風的人，會編造出許多他自己如何傲慢無禮的不實故事，以爲藉此可以使自己在聽眾眼中變得，如果不是比較可親與可敬，至少比較不可小看。近代的風俗，由於讚許決鬥的陋習，在某些場合，甚至可以說，鼓勵私人雪恥復仇；這種風俗也許大大有助於，使因爲恐懼而抑制忿怒變得，比這抑制原本或許會被認爲的，更加可鄙。在對恐懼的克制中，總是有某種尊貴的成分，不管那克制是基於什麼動機。對忿怒的克制，卻不是這樣，除非完全是基於保持端莊、尊嚴與合宜的意識，否則就絕不會是完全討人喜歡的。

遵照審慎、公平與適當慈善的規則而行爲，在沒有什麼誘因不這麼行爲的場合，似乎沒有什麼了不起的功勞。但，在極大的危險與困難中，冷靜愼重地行爲；虔誠地遵守神聖的正義規則，儘管有某些極其重大的利益在引誘我們違背那些規則，也儘管有某些極其重大的損害威脅在慫恿我們不顧那些規則；絕不容許我們心中的慈悲，因我們曾經慈悲對待過的某些人心懷惡意與忘恩負義，而受挫或沮喪；這樣的性格，無疑具有最崇高的智慧與美德。自我克制的修養工夫，不僅本身就是一項偉大的美德，而且所有其他美德也似乎是從它這裡獲得它們的主要光采。

對恐懼的克制力，和對忿怒的克制力，總是偉大高貴的力量。當這些克制力接受正義感和慈悲心指使時，它們本身不僅是偉大的美德，而且還增添了相關美德的光輝。然而，它們有時候接受很不一樣的動機指使；在這種場合，它們雖然仍舊是偉大與可敬的，不過，卻可能是極端危險的。最大無畏的勇氣也許會用來進行最不正當的陰謀。在重大的挑撥激怒中，表面的平靜與好脾氣有時候也許隱藏著最堅定與最殘忍的復仇雪恥的決心。這種掩飾所需的精神力量，雖然總是而且必然會染上虛偽的卑鄙性質，然而，卻常常很受許多見識不凡的人物推崇。凱薩琳麥第奇④的矯情掩飾，時常受到學識淵博的歷史學家達維拉⑤歌頌讚

---

④ 譯注：Catherine of Medicis（一五一九～一五八九），法國國王亨利二世的王后，一五五九年後歷任三代王位的攝政王與首席顧問，主導法國政局長達三十年，不擇手段地維護皇室權力。

⑤ 譯注：Enrico Caterino Davila，十七世紀義大利著名的歷史學者，*Historia delle guerre civili di Francia*（一六三〇年）《法國內戰史》的作者。

揚；後來被封爲首任布里斯托（Bristol）伯爵的迪各比勛爵⑥的矯情掩飾，受到嚴肅正直的克拉雷敦勛爵⑦歌頌讚揚；被封爲首任沙夫茲伯里（Shaftesbury）伯爵的艾胥禮⑧的矯情掩飾，受到賢明的約翰洛克先生歌頌讚揚。甚至西塞羅（Cicero）也似乎認爲這種虛情假意的性格，雖然的確不是最高貴的性格，不過，卻未必不適合某種能屈能伸的爲人處世方式；他並且認爲這種方式，儘管不是很光明磊落，不過，整個看起來，也許是可以得到讚許的，並且是可敬的。他以荷馬的尤里西斯（Ulysses）⑨、雅典的狄米斯托克利⑩、斯巴達的來山

⑥譯注：John Digby（一五八〇～一六五三），英國外交家。

⑦譯注：Edward Hyde（一六〇九～七四），1st Earl of Clarendon，英國保皇派政治家與歷史學者，*History of the Rebellion and Civil Wars in England*（一七〇二～四）《英國內戰史》的作者。

⑧譯注：Anthony Ashley Cooper（一六二一～八三），英國政治家，英王查理復辟時期（一六六〇～一六八八）輝格黨的領袖，哲學家與作家約翰洛克（John Locke）的庇護者。

⑨譯注：爲荷馬（Homer）的史詩「奧德塞」（Odyssey）的主角奧地修斯（Odysseus）的拉丁文名字。

⑩譯注：Themistocles（西元前五二四～四六〇），雅典海上霸權的締造者，西元前四九三年雅典的執政官。

德[11]，以及羅馬的馬卡斯克拉薩斯[12]等人爲例說明這種性格。這種陰暗深沉的虛假性格，最常發生在社會極端混亂的時候，發生在黨派激烈鬥爭與內戰如火如荼的時候。當法律已經大部分失去效力時，當只靠完全的清白無辜無法確保自身安全時，自衛的考量迫使大部分人民不得不訴諸機巧靈便，巧言令色地假意奉承湊巧在當下占優勢的那一方黨派。而且，這種虛假的性格也常常有最冷靜且最堅定的勇氣相伴。這種性格的適當發揮，必須以這種勇氣爲基礎，因爲虛假一旦被發現，結果通常是必死無疑。這種性格也許會加劇，但也可能會減輕，湊巧處於劣勢而被迫必須採取這種性格的那些黨派心中猛烈的仇恨；雖然這種性格有時候可能是有用的，不過，它至少同樣容易是極端有害的。

對比較不猛烈狂暴的情感的克制力，似乎遠遠比較不可能用來達成任何有害的目的。節制、端莊、謹愼與穩健，總是和藹可親的，並且殊少可能導向任何不好的目的。可親的貞節之德，以及可敬的勤勞節儉之德，正是從穩健不懈地發揮這種比較溫和的克己工夫中，得到所有屬於它們的那種沉穩的光澤。所有那些滿足於走在平民卑微的人生道路上、平靜樸素地

---

⑪ 譯注：Lysander（西元前？～三九五），古希臘的軍事與政治家，在伯羅奔尼撒（Peloponnesian War）戰爭中爲斯巴達奪得最後的勝利。

⑫ 譯注：Marcus Crassus（西元前一一五～五三），古羅馬共和國的財政專家與政治家。

過活的人，他們的品行也是從同一原則得到大部分屬於它的那種美麗與優雅；這種美麗與優雅，和戰爭英雄、政治家或立法者那些比較了不起的行爲所散發出來的那種美麗與優雅相比，雖然遠遠比較不耀眼，卻未必比較不惹人喜歡。

本書已在好幾處不同的地方交代過自我克制的性質，因此，我認爲，關於前述那些美德的細節，已經沒有再詳加討論的必要。此刻我將僅指出，就各種不同的情感來說，合宜點所在的位置，亦即，可以獲得公正旁觀者讚許的那個強弱程度，各不相同。就某些情感來說，過分比不足較不討厭；就它們來說，合宜點的位置似乎比較高，或者說，比較接近過分而非比較接近不足。就其他某些情感來說，不足比過分較不討厭；就它們來說，合宜點的位置似乎比較低，或者說，比較接近不足而非比較接近過分。屬於前一種的，是旁觀者最容易同情的那些情感，而屬於後一種的，則是旁觀者最不容易同情的那些情感。此外，屬於前一種的那些情感，對於主要當事人來說，直接的感覺或感觸是愉快的；而屬於後一種的，其直接的感覺或感觸則是不愉快的。我們通常可以斷言，旁觀者最易於同情，因此，合宜點的位置可以說比較高的那些情感，是那些讓主要當事人直接覺得多少有點愉快的情感：而相反地，旁觀者最不易於同情，因此，合宜點的位置可以說比較低的那些情感，是讓主要當事人直接覺得多少有點不愉快或甚至痛苦的情感。此一通則，就我觀察所及的範圍內，絕無任何例外。只消少數幾個例子，便可充分解釋此一通則，並且證明它眞實無誤。

有助於人們彼此和樂團結的情感傾向，譬如，仁慈、親切、自然的親情、友愛、尊敬等等情感傾向，有時候可能流於過分。然而，這一類情感傾向即使過分，也會使當事人成爲人人覺得有趣的對象。即使我們責備它，我們仍然會懷著憐憫，甚至懷著親切看待它，絕不會討厭它。我們爲它感到遺憾，多於爲它感到生氣。對當事人來說，即使他過分放縱這一類情感，在許多場合，他自身的感覺不僅是愉快的，而且是非常甜蜜的。沒錯，在某些場合，特別是當過多的這一類情感，就像我們太常看到的情形那樣，導向某些不值得的對象時，的確會給當事人帶來不少眞正令他傷心的苦惱。然而，即使在這樣的場合，一個心地善良的人，也會以強烈憐憫的心情看待他，並且會對那些因爲他的軟弱與輕率而喜歡蔑視他的人，感到最強烈的義憤。相反地，當這類情感傾向不足時，亦即，當所謂的鐵石心腸，使某人感覺不到他人的感覺與苦惱時，也會使他人感覺不到他的感覺與苦惱；他的鐵石心腸，把他隔絕在全世界的友誼之外，所以，也把他隔絕在最好與最舒服的社交享受之外。

驅使人們彼此分開，因此，可以說，傾向拆散人類社會連繫的情感，譬如，忿怒、怨恨、嫉妒、敵意、報復等等情感，則相反地，比較容易以其過分，而非以其不足觸怒他人。任何人如果過分懷有這一類情感，不僅會使他自己的心情惡劣難過，而且也會使他成爲他人嫌惡的對象，有時候甚至是他人極端厭惡的對象。這一類情感傾向的不足，很少會受到責備，然而，它可能還是一種缺憾。缺乏適當的義憤，在男人的性格中，是一項最根本的缺陷，並且在許多場合，會使一個男人不能保護他自己或他的朋友免於侮辱與不當的傷害。甚至有一種原始的性情，雖然在流於過分與方向不適當時，會變成醜惡可憎的嫉妒，然而，它本身也可能因爲失之不足而變成一種缺點。嫉妒是一種這樣的情感：它懷著惡意的反感看待他人實至名歸當之無愧的優越地位。然而，某個人，如果在重大的志向上，溫順地容忍不配享有優越地位的人超越他，那麼，他便活該被公正地譴責爲小器卑鄙、自甘下流。這種軟弱的性情通常是出於懶惰，有時候是出於心地善良，出於討厭抗爭、熙攘與懇求，但有時候也是出於某種考慮欠周的寬宏大度，誤以爲它永遠能夠繼續藐視那種它當時這麼藐視，所以，才這麼輕易放棄的利益。然而，隨著這種軟弱而來的，通常是很深的遺憾與後悔；而起初看似有幾分寬宏大度的性情，最後卻常常變成一種最爲惡意的嫉妒，變成一種憎恨，憎恨他人比自己優越，儘管這種優越一旦被他人得到，他人便常常可能，正因爲已經得到的緣故，變成實在有資格享有。如果我們想要舒服地生活在這世界上，那麼，保衛我們的尊嚴與地位，在所有場合，和保衛我們的生命或財富，是同樣有必要的。

我們對自己所遭遇到的危險與艱難敏感的程度，就像我們對自己所遭遇到的挑撥敏感的程度那樣，遠比較容易以其過分，而非以其不足觸怒他人。沒有什麼性格比懦夫更爲可鄙；也沒有什麼性格，比大膽面對死亡，並且在最可怕的危險中保持鎮靜沉著的人，更受人欽佩。我們尊敬以剛毅堅定的態度忍受痛苦甚至酷刑折磨的人；如果他屈服於痛苦與折磨，埋首於無謂的叫喊與娘娘腔的悲嘆，我們對他便不會有什麼敬意。焦躁易怒的性情，對每一件小小不順心的意外，感覺過於敏銳，這種性情，不僅會使他自己的心情惡劣難過，也會使他成爲他人討厭的對象。平靜沉著的性情，不僅不容許它的平靜，因爲遭到某些小損傷，或因爲遇到尋常人生道路上難免會有的某些小霉運，而受到攪亂；反而，當各種天災與人禍在這世間肆虐時，期待並且甘心忍受一點點來自這兩方面的痛苦；這種性情，不僅對本人來說，是一種神賜的恩惠，而且也可給所有他的同伴帶來自在與安全。

我們對自己個人的損傷與不幸敏感的程度，雖然通常過於強烈，但也同樣有可能過於微弱。一個對自己的不幸沒有什麼感覺的人，對他人的不幸，必定總是更沒有什麼感覺，因此，更不會想要減輕他人的不幸。一個對自己所受的傷害沒有什麼憤慨感覺的人，對他人所遭受的傷害，必定總是更不會有什麼憤慨的感覺，因此，更不會想要保護他們或替他們報仇。懵懵懂懂地對人生各種大事沒有感覺，必然會使我們完全喪失敏銳認眞注意我們自己的行爲是否合宜的能力，亦即，必然會使我們完全喪失那種構成美德眞髓的注意力。當我們不在乎我們自己的行爲會產生什麼樣的後果時，我們對我們自己的行爲合宜與否，便不可能會有什麼焦慮不安的感覺。一個對臨到他頭上的大災難所帶來的痛苦，以及對加諸他身上的不當傷害本身的卑鄙下流，有充分完整的感覺，但對他自己的人格尊嚴需要他採取什麼樣的作爲，感覺尤爲強烈的人；一個不自暴自棄，絕不任憑外在的處境自然會在他心裡激起的那些沒有紀律的激情擺佈，而是完全按照常駐在他心裡面的那個偉人、那個偉大的半神半人，所指示與讚許的那些經過抑制與矯正的情感，支配他自己的一言一行的人；唯有這樣的人，才是眞正有美德的人，才是眞正值得我們喜愛、尊敬與欽佩的對象。沒情感的麻木不仁，和以尊嚴感與合宜感爲基礎的那種尊貴的剛毅、那種崇高的自我克制，不僅是截然不同的兩種性質，而且在夾雜有前一種性質的場合，後一種性質的價值也會按照夾雜了前一種性質的多寡而成比例地黯然失色，甚至在許多時候會完全消失。

但，雖然對個人的傷害，以及對個人的危險與艱難，完全缺乏感覺能力，會在這種情況下，減去自我克制的全部價值，不過，這種感覺能力卻很可能過於敏銳，而事實也常常就是這樣。當合宜感，或者說，當心裡面的那個判官的權威，能夠控制這種極端的敏感時，那個權威無疑必定顯得很高貴、很偉大。但，奮力發揮那個權威，很可能過於疲累；它很可能有太多的事情要處理而應付不來。某個感覺敏銳的人，透過巨大的努力，也許可以做出完全恰當的行爲，但，兩種性情之間的鬥爭，或所謂內心的交戰，很可能過於激烈，以致全然不可能和內心的平靜與幸福並存。一個聰明的人，如果被自然女神賦予這種過於敏銳的感覺能力，如果他這過於強烈的感受性沒被早期的教育與適當的鍛鍊弄得夠遲鈍夠堅硬的話，那麼，他肯定會在義務感與合宜感允許的範圍內，盡量迴避他並非十分適合的那些職業和情況。一個體質纖弱無力，以致對傷痛、辛苦以及各種身體上的疼痛過於敏感的人，不應該魯莽地擁抱軍人的職業。一個對傷害過於敏感的人，不應該輕率地參與黨派鬥爭。即使合宜感強烈到足以克制所有那些敏感性，內心的寧靜也必定總是會在強烈的掙扎克制中受到攪亂。在這種混亂中，內心的判斷未必始終能夠保持平常的敏銳與精確；因此，雖然他很可能始終想要適當地行動，卻常常輕率魯莽地做出令他自己在餘生中永遠感到羞恥的行爲。有些勇猛大膽，亦即，神經有些剛強、體質有些堅硬，不管是天生的或是練成的，對所有需要奮力發揮自我克制的場合來說，無疑是進場之前的最佳準備。

雖然對每一個人來說，要把他的性情塑造成這樣的剛強與堅硬，戰爭與黨爭無疑是最好的學校；雖然要治好他身上與這剛強堅硬相反的軟弱毛病，戰爭與黨爭是最好的藥方；可是，如果很不湊巧地，在考驗的日子來到之前，他尚未完全學會這門課，或這藥方尚未有足夠的時間發揮療效，考驗的結果也許就不會是很令人愜意。

我們對人生中各種娛樂與享受敏感的程度，同樣地，也可能以其太過，或以其不足觸怒他人。然而，在這兩者當中，太過敏感似乎比敏感不足較不那麼令人討厭。不管是對旁觀者或是對主要當事人來說，強烈的喜悅傾向，無疑比一副對各種消遣娛樂的事物都覺得乏味的冷感模樣，更爲可喜。年輕人的歡欣快活，令我們陶醉；甚至小孩子的嬉戲好玩，也令我們神往；但，太常在老年人身上看到的那種死板乏味的嚴肅莊重，卻很快會令我們厭煩。沒錯，當這種喜悅的傾向沒受到合宜感的約束時，當它於時間或地點，於當事人的年紀或處境不適宜時，當如果放縱它，他將疏忽他的利益或他的責任時；它確實理當被譴責爲過分，理當被譴責爲不僅於個人有害，而且也於社會有害。然而，在大部分這樣的場合，主要該怪罪的，與其說是喜悅的傾向太強，不如說是合宜感和責任感太弱。一個年輕人，如果對各種於他的年紀很自然且很相宜的消遣和娛樂完全不感興趣，如果他只談他的學業或他的工作，其他的都一概不談，那麼，他就會被視爲拘謹迂腐而遭人嫌惡；即使他戒絕一切不適當的嗜好，我們也不會稱讚他，因爲對一切嗜好，不管好壞，他似乎原本就不怎樣感興趣。

自我尊重的性情可能過於強烈，但也同樣可能過於微弱。看重自己是如此的令自己愜意，而看輕自己則是如此的令自己不愜意，以至於，對當事人自己來說，某一程度的過分自尊自重，無可置疑的，必定遠遠比不上任何程度的缺乏自尊自重那樣的令他不快。但，對公正的旁觀者來說，我們也許可以這麼說，情況必定顯得大不相同；對旁觀者來說，少一點自尊自重，必定總是不如過分的自尊自重那樣的令他不快。而毫無疑問的，對我們的朋友，我們遠遠比較時常抱怨他們過分自尊自重，而不是時常抱怨他們缺乏自尊自重。當他們對我們擺架子，或在我們面前誇耀他們自己時，他們的自尊自重傷了我們自己的自尊自重。我們自己的自尊自重與虛榮，促使我們責備他們的自尊自重與虛榮，而對於他們的言行舉止，我們也不再是什麼公正的旁觀者。然而，當同一群朋友容忍任何第三者在他們面前擺出不該有的一副高人一等的樣子時，我們不僅會責備他們，而且常常還會看不起他們，認爲他們沒志氣。相反地，當他們在另一群人當中稍微出一點風頭，僭越某一在我們看來和他們的優點並不相配的高位時，雖然我們可能不完全讚許他們的作法，我們常常還是會大致覺得開心；而且，如果嫉妒沒有在其中作祟的話，我們對他們所感到的不高興，幾乎總是會比，當他們容忍他們自己的評價，在他人的眼中，跌落到他們的適當位置以下時，他們必定會令我們感到的不高興少很多。

在評估我們自己的優點，在判斷我們自己的品行時，有兩種不同的標準是我們自然會拿來和我們做比較的⑬。其中一種是絲毫不差的合宜與完美的理想；這當然是就我們每個人都能夠領悟到的那個理想而言。另一種是在這世上通常可以達到的，而且我們大部分的朋友和同伴，以及我們大部分的對手和競爭者，也很可能已經實際達到的，那個多少有些近似該理想的層次。我們極少（我傾向認爲該說，我們絕不會）在嘗試判斷我們自己的品行時，沒有分別給予這兩種不同的標準或多或少的注意。但，不同的人，甚至同一人在不同的時候，分給這兩種標準的注意力，常常是很不平均的；他的注意力，有時候主要導向前一種標準，而有時候則主要導向後一種標準。

當我們的注意力導向第一種標準時，我們全體當中最有智慧且最好的人，在他自己的品行中，所能看到的，無非是缺點與不完美；他找不到任何可以驕傲自大的理由，倒是有許多令他覺得謙卑、遺憾與懊悔的地方。當我們的注意力導向第二種標準時，我們或許會覺得驕傲，或許會覺得謙卑；亦即，我們或者會覺得我們自己眞的高於，或者會覺得眞的低於，那個被我們拿來和我們做比較的標準。

有智慧與品德的人，主要把他的注意力導向第一種標準：絲毫不差的合宜與完美的理想。在每個人的心中，總有一個這樣完美的理想，逐漸在他對自己和對他人的品性觀察中形

⑬ 譯注：參見本書第一篇第一章第五節第九段。

成。這理想是心裡面那個偉大的半神半人、那個評判行為對錯的偉大判官，緩慢、逐漸與累進的工作成果。在每個人的心中，這理想描繪得多準確，著色多正確，輪廓劃得多精確，取決於用在那些品行觀察的感覺能力有多細膩與敏銳，以及用在描繪這理想的工夫有多仔細與專注。有智慧與品德的人，以最敏銳最細膩的感覺能力完成那些品行觀察，並且以極度的細心與注意執行這理想的描繪與著色工作。每天都有某個特徵被改善；每天都有某個缺點被改正。他比其他人花更多時間研究這理想，他對這理想領悟得比其他人更為清楚明瞭，他對這理想已經有了一個比別人更正確的印象，並且比別人更深地醉心於它那神聖脫俗的美妙。他盡他所能地努力，要使他自己的性格和這個完美的原型融為一體。但，他是在模仿某位神聖的藝術家的作品，而那作品是絕不可能完全複製的。他感覺到所有他的最佳努力都沒有完全成功；他因看到那終歸會毀壞的仿製品，在這麼多不同的特徵上，比不上那不朽的原作，而覺得悲傷與苦惱。他不安與羞恥地記得，他是多麼時常，由於失去注意，由於失去判斷，或由於失去沉著，而曾經在言語和行動上，在舉止和對話上，違反了嚴格要求完全合宜的規則；因此記得，他曾經是這麼背離過他心中那個他向來希望按照它來塑造自己的品行典範。沒錯，當他把注意力導向第二種標準時，亦即，導向他的朋友和熟人通常已經達到的那種卓越的層次時，他可能感覺得到他自己確實比別人優越。但，由於他的主要注意力總是導向第一種標準，所以他因前一種比較而變得謙虛的程度，必然遠甚於他可能因後一種比較而變得高傲的程度。他絕不會變得如此的洋洋得意，以至於傲慢無禮地看不起即使是那些真的不如他的人。他如此深刻地感覺到自己的不完美，他如此徹底地知道，要達到自己這等距離完美的正直還很遙遠的層次，是多麼的不容易，以至於他無法看不起他人比他更大的不完美。他不僅絕不會因爲他們不如他而輕侮他們，反而會以最寬容憐憫的心情看待他們，並且隨時願意以他的忠告和榜樣，幫助他們進一步向上提升。如果，在任何特殊的資格評比方面，他們碰巧優於他（而又有誰是這麼完美，以致不會有許多人在許多不同的資格上優於他呢？），知道要超越別人是多麼困難的他，不僅絕不會嫉妒他們的卓越，反而一定會尊敬與推崇他們的卓越，一定會給予那卓越該得的全部掌聲與喝采。總而言之，他的整顆心深深地刻上，而他全部的言行舉止也清楚地印上，眞正謙遜的性質；他對自己的優點有很謙卑的評價，而同時對別人的優點則有充分的認識。

在所有文藝方面，包括繪畫、詩詞、音樂、雄辯、哲學等等，偉大的藝術家總是感覺到自己的最佳作品眞的不完美，他比任何人都更加深刻地察覺到，他的那些作品，距離那個他已經有些概念的理想完美，那個他盡所能地模仿，但他知道永遠也沒有希望達到的理想完美，是多麼的遙遠。只有次等的藝術家才可能對自己的表現完全滿意；他對理想的完美沒有什麼概念，他也很少把心思花在那上面；而且他會懷著優越感拿來和自己的作品做比較的，主要是其他一些成就也許比他還要差的藝術家的作品。偉大的法國詩人波洛瓦⑭（他的某些作品，也許不會輸給古往今來最偉大的同類詩人）常常說，偉人絕不會完全滿意自己的作品。和他相識的桑德伊⑮（一位拉丁韻文作家，只因爲有那一點兒小學生般的成就，便喜歡自詡爲詩人），向他保證，說自己總是完全滿意自己的作品。波洛瓦以一種也許是淘氣戲謔的曖昧口吻回答他，說他無疑是古往今來唯一有這種感覺的偉人。在評判自己的那些作品時，波洛瓦拿它們和理想的完美標準做比較；對於這個理想的完美，在他自己那一門特殊的詩作藝術中，是個什麼模樣，我敢說，他已經竭盡所能地深入沉思熟慮過，而且也已經得到人力所能得到的最清晰的概念。至於桑德伊，在評判自己的作品時，我想，主要是拿它們和當代其他一些拉丁文詩人的作品做比較，而和大部分的那些人相比，他確實絕不遜色。但，要在言行舉止上，終生保持並且修整到，如果允許我這麼說，有幾分近似理想的完美，困難度無疑遠甚於，要在任何巧妙的藝術方面，把任何作品逐步修整到同等近似的完美。藝術家可以在未受干擾的情況下，靜下心來做他的工作；他有充裕的時間，可以好整

⑭ 譯注：Nicolas Boileau-Despreaux（一六三六～一七四〇），法國詩人。十七世紀下半葉與十八世紀初期法國文壇古典與現代論戰中，古典陣營的一名主將。參見本書第三篇第二節第二十三段。

⑮ 譯注：Jean de Santeuil（一六三〇～九七）。

以暇地工作；而且可以在充分掌握而且完全記得所有他的技巧、經驗與知識的時候工作。但，賢者必須隨時保持自身行爲的合宜性，不管他健康或生病，不管他成功或沮喪，也不管他正處於疲累不堪、昏昏欲睡的時刻，或正處於最清醒注意的時刻。遇上最突如其來和最出乎意外的艱難與困苦的挑戰攻擊，絕不容許他吃驚。遇上別人的不義，絕不容許他受刺激而回應以不義。面對激烈的黨派鬥爭，絕不容許他惶惑。面對所有戰爭的辛苦與危險，絕不容許他氣餒或膽寒。

那些在估量自己的優點、在評判自己的品行時，把大部分注意力導向第二種標準、導向別人通常達到的那種普通程度的卓越標準的人當中，有一些人實際覺得，而且也有理由覺得，自己遠高於普通卓越的標準，而每一位賢明公正的旁觀者也都承認他們確實高於那種標準。然而，由於這些人的主要注意力，始終導向普通完美的標準，而不是導向理想完美的標準，所以，他們對自己的各種缺點與不完美簡直沒有什麼感覺；他們簡直一點也不謙虛；他們常常是傲慢自大與放肆的；他們極端欽佩自己，極端鄙薄別人。雖然和眞正美德忠厚的人相比，他們的品格，一般來說，遠比較不端正，而且他們的優點也遠比較遜色；可是，他們那種以過分自戀爲基礎的厚臉皮的自吹自擂，卻迷惑顚倒了一般群眾，甚至常常使見識遠比一般群眾優越的聰明人受騙。最不學無術的騙子與冒牌貨，不管是僧或是俗，常常獲得成功，而且往往還是不可思議的成功，充分證明一般群眾是多麼容易被最過分且最無稽的自我吹噓所矇騙。當那些自我吹噓獲得某一很高等級的眞實優點支持時，當那些自我吹噓是帶著所有虛有其表的光芒展示在眾人的眼前時，當那些自我吹噓有崇高的地位與巨大的權力支持時，當那些自我吹噓常常施展得很成功，並且因此受到群眾的大聲鼓掌歡呼時；甚至智慮清醒的人也常常會縱情地隨聲附和。單是那些愚蠢的歡呼喧鬧的雜音便常常有助於混淆他的智慮，以致當他只是站在遠處觀察那些大人物時，他常常傾向眞誠欽佩崇拜他們，甚至比那些大人物在崇拜他們自己時似乎心存的欽佩還更爲眞誠。當嫉妒心沒在作祟時，我們全都樂於欽佩，並且因這個緣故，全都自然傾向於，在我們的想像中，把那些在許多方面確實很值得欽佩的人物，想成在每一方面都是徹底的完美無瑕。對於大人物過分厚臉皮的妄自尊大，那些親近熟悉他們的聰明人也許會有相當程度的了解，甚至略帶嘲諷地看穿，從而暗地裡將那些高傲的吹噓置之一笑，儘管和那些大人物有一段距離的群眾，常常會虔敬地看待，甚至幾乎奉若神明地崇拜，那些高傲的吹噓。然而，在任何時代，大部分爲他們自己謀得最響亮的名聲與最廣泛的好評的那些人，他們的名聲與好評就是這麼一回事；而且這種名聲與好評還常常流傳至最遙遠的後代子孫。

在這世上獲得偉大的成功、取得偉大的權威，左右人類的情感與意見的那些人，很少沒有某一程度的這種過分的妄自尊大。那些最了不起的人物，那些完成最輝煌的壯舉，那些使人類的處境和想法發生最鉅大的革命性變化的人；最成功的勇士，最偉大的政治家與立法者，跟隨者最多與最成功的教派與政黨的那些能言善辯的創始者和領袖；他們當中的許多人所以在歷史上出名，與其說在於他們有很偉大的功績，不如說在於他們自戀與妄自尊大的程度，甚至完全和他們那很偉大的功績不成比例。這樣的妄自尊大也許是必須的，不僅是爲了鼓舞他們去從事頭腦比較冷靜的人絕不會想要從事的冒險事業，而且也是爲了博得他們追隨者熱情服從他們的領導，在這種事業上支持他們。因此，當獲得成功時，這妄自尊大常常會誤導他們，使他們墮入一種接近瘋狂愚蠢的自負狀態。亞歷山大大帝⑯據傳不僅希望別人認爲他是神，而且至少非常傾向自認爲神；他在臨終的臥榻上（這是所有處境中最不像神的處境），向他的朋友拜託說，在他自己早就入列的那一份可敬的神明名單中，他的老母親奧林匹亞（Olympia）或許也該同樣享有名列其中的榮幸。在追隨者與門徒尊敬的讚美聲中，在群眾普遍的鼓掌喝采聲中，在那很可能是附和那些鼓掌喝采聲而發布的神諭，宣告他是最有智慧的人之後，蘇格拉底的偉大智慧，雖然這智慧未容許他自以爲神，卻沒偉大到足以阻止他自以爲常常有一位看不見的神明在暗中指示他。凱撒那顆健全的腦袋，並不是如此完美無缺的健全，以致未能阻止他以系出維納斯女神的神聖血統而沾沾自喜；也未能阻止他，在他那位所謂曾祖母的神殿前，未起身離席地，接見羅馬元老院的全體成員前來遞交給他某些政令，授予他一些最過分的榮譽。這樣倨傲的態度，加上其他一些簡直是孩子氣的虛榮舉動，一些簡直無法想像竟然會出自一個思慮曾經是如此精明周全者的舉動，似乎，由

⑯ 譯注：Alexander the Great（西元前三五六～三二三），古希臘時代馬其頓的統治者。

於激起一般民眾的猜忌，致使想要暗殺他的那些人變得大膽起來，從而加快他們的陰謀執行步驟。近代的宗教信仰和社會習慣，不怎樣鼓勵我們的大人物自以爲他們是神或甚至是先知。然而，成功，加上大受一般民眾的歡迎，常常使一些最偉大的人物腦筋變得如此嚴重錯亂，致使他們自以爲擁有，比他們實際所擁有的，多很多的權勢和能力；進而，透過這樣的妄自尊大，使他們貿然自陷於許多魯莽的、有時候甚至是招致毀滅的冒險。像下面這樣的人格特徵，幾乎是偉大的馬爾柏祿公爵⑰獨具的：幾乎沒有其他任何將軍能夠自誇的那種連續十年未曾間斷的輝煌戰功，從未迷失他的本性，從未使他做出任何一件輕率的舉動，或說出任何一句輕率的言語。同一中庸冷靜克己的特質，我認爲，不能歸屬於任何其他後來的勇士；不能歸屬於尤金王子⑱，不能歸屬於已故的普魯士國王⑲，不能歸屬於偉大的孔德王

⑰譯注：The Duke of Marlborough（一六五〇～一七二二），西班牙繼承戰爭中（一七〇二～一一）的英軍統帥。

⑱譯注：Prince Eugene of Savoy（一六六三～一七三六），西班牙繼承戰爭中的奧軍統帥。

⑲譯注：Frederick II（the Great）of Prussia（一七一二～八六）。

子[20]，甚至也不能歸屬於古斯塔亞道夫[21]。杜瑞恩[22]似乎已經達到最接近這種人格特質的程度了；但，他生前對其他幾樁事件的處理充分證明，這種特質在他身上，絕不像同一種特質在偉大的馬爾柏祿公爵身上那樣完美。

不論是平民百姓的那些卑微的打算，或是權貴人士的那些宏偉輝煌的目標追逐，了不起的本領和起初成功的冒險，常常鼓勵一些最後必然導致破產和毀滅的企圖。

公正的旁觀者，對於那些精力旺盛、恢宏大度與品格高尚者的眞實優點，所懷有的那種敬意與欽佩，因爲是一種有充分根據的情感，所以是一種穩定不變的情感，完全不受那些人運氣好壞的影響。然而，對於他們厚著臉皮自誇擁有的長處，他往往會懷有的那種欽佩，就不是這麼一回事了。沒錯，當他們成功時，他常常會對他們佩服得五體投地。他們的成功遮蔽了他的眼睛，使他不僅看不見他們的冒險事業其實是極端的輕率魯莽，而且也常常使他看不見那些冒險事業其實是極端的違背正義；他非但沒譴責他們的這一部分性格缺陷，

---

⑳ 譯注：Louis II de Bourbon, Prince of Conde（一六二一～八六），法國將軍。

㉑ 譯注：Gustavus Adolphus（一五九四～一六三二），瑞典國王（一六一一～三二），三十年戰爭初期新教徒聯軍統帥。

㉒ 譯注：Henri de La Tour d'Auvergne，vicomte de Turrenne（一六一一～七五），法國元帥。

反而常常以最狂熱欽佩的態度擁抱這部分缺陷。然而，當他們不幸失敗時，一切便都變了顏色，也變了名稱。以前是英勇雄壯的恢宏豪邁，現在重新獲得極端魯莽愚蠢的正名；以前隱藏在耀眼的成功光采下的那些骯髒污穢的貪婪與不義，現在完全暴露出來，玷污了他們的冒險企圖的全部光澤。如果凱撒不是贏了而是輸了法薩里亞戰役，那麼，此刻，他的品格將只排在略微高於卡特林納的位置，而對於他那違反國法的企圖，意志最薄弱的人將視爲骯髒下流的程度，甚至也許會超過當時對他充滿黨派憎恨的小加圖曾視爲骯髒下流的程度㉓。他眞實的優點，他正當的品味，他簡潔優雅的文筆，他合宜的口才，他在戰爭中的技巧，他在困難時的機智，他在危險時的冷靜與沉著的判斷，他對朋友的忠誠眷戀，他對敵人的無比寬大，將全部獲得承認；就像曾擁有許多了不起的特質的卡特林納，所擁有的眞實的優點，人們現在也會予以承認那樣。但，他貪得無厭的野心，他的傲慢自大與不義，將會使所有那些眞實優點的光采黯然失色，或甚至熄滅。命運女神在這方面，就像在其他一些我們已經提過

㉓ 譯注：西元前四八年凱撒於Pharsalia打敗龐培（Pompey）贏得羅馬內戰，因而得以活著寫勝利者的歷史；因此，儘管當時羅馬貴族黨的領袖小加圖（Marcus Porcius Cato Uticensis）對他深懷敵意，處處反對杯葛他，凱撒仍得以避免他那顛覆羅馬共和政體的行動被認定爲陰謀反叛，像卡特林納（Catilina，見前注③）被西塞羅認定的那樣。

的方面那樣，對人類的道德情感有很大的影響，並且，按照她的讚許或反對，能夠使同一性格，或者成爲人們普遍愛戴與欽佩的對象，或者成爲人們普遍憎恨與蔑視的對象。然而，這個道德情感上的重大出軌，絕非毫無用處；我們在這場合，就像在其他許多場合那樣，甚至可以爲人類的弱點與愚蠢而讚美神的智慧。我們對成功的欽佩，和我們對財富與權貴的尊敬，是基於同一人性原理的，而且它們也同樣是建立階級差別與社會秩序所必不可少的心理條件㉔。這種欽佩成功的心理，使我們變得比較容易順從人事嬗變可能指派給我們的那些上司；使我們比較容易以尊敬的態度，有時候甚至是以某種愛戴的態度，對待我們再也無法抵抗的那種幸運得逞的暴力；這種得到命運女神垂青的暴力，不僅包括像凱撒或亞歷山大大帝那樣了不起的人物所發動的暴力，而且也常常包括像阿提拉㉕、成吉思汗㉖或帖木兒㉗那樣最凶猛殘忍的野蠻人所發動的暴力。絕大部分的一般民眾自然傾向，抱著一種覺得驚奇的欽佩，仰望所有這些武力強大的征服者，雖然這無疑是一種非常懦弱愚蠢的欽佩。然

㉔ 譯注：參見本書第二篇第三章第三節第二段。

㉕ 譯注：Attila（四〇六～五三），西元五世紀前半期率領匈奴族（the Huns）入侵歐洲。

㉖ 譯注：Genghis Khan（一一六二～一二二七），元太祖。

㉗ 譯注：Tamerlane（一三三六～一四〇五），蒙古勇士，曾建立從中亞到西亞的帖木兒汗國。

而，這種欽佩卻有助於使他們變得比較不是那麼不情願臣服於那種被一股不可抗拒的力量強加在他們身上的統治，臣服於那種即使他們不情願也莫可奈何的統治。

雖然在成功順遂時，過分妄自尊大的人，有時候也許顯得比德行端正謙遜的人更吃香；雖然一般群眾，以及那些在稍遠的地方眺望他們雙方的人，給予前者的掌聲常常比給予後者的響亮許多；然而，當一切得失都確實估算了以後，眞正大大得利的，在所有場合，也許反而是後者，而不是前者。一個絕不把任何除非是眞正屬於自己的優點歸屬於自己，也不希望別人把任何不是眞正屬於自己的優點歸屬於自己的人，不用擔心遭到羞辱，也不用害怕被看穿；反而可以在自己眞實純正與表裡如一的品性上心安理得、高枕無憂。仰慕他的人可能不是很多，給予他的掌聲也可能不是很響亮；但，越是賢明的人，越是近身觀察他，越是了解他，便越是欽佩他。對眞正賢明的人來說，單獨一個智者深思熟慮後的讚許，讓他感到的衷心滿足，勝過成千上萬，雖然熱情但無知的仰慕者所有喧鬧的鼓掌喝采聲。他可以說巴門尼德（Parmenides）那樣的話：後者有一次在雅典的群眾大會上宣讀一篇哲學論文，目睹所有聽眾，除了柏拉圖，都已經離他而去，儘管如此，他仍然繼續宣讀他的論文，並且說只要有柏拉圖一人當他的聽者就夠了。

過分自尊自重的人就不是這麼一回事了。那些最近身觀察他的聰明人，最不欽佩他。當他陶醉於成功順遂時，他們那種清醒公正的敬意遠遠不及他那過分的自尊自重，以致他認爲他們那種敬意只不過是惡意與妒忌。他對最好的朋友起疑。他們的陪伴變得使他不舒服。他把他們趕離自己的身邊，並且對於他們的貢獻，他不僅常常不知感恩圖報，甚至常常報以殘忍和不義。他完全信任那些假裝將他的虛榮與自大奉爲偶像崇拜的諂媚者與叛徒；於是，那種起初雖然有些瑕疵，不過，大致還算可親與可敬的性格，最後卻變成可鄙與可憎。當陶醉於成功順遂時，亞歷山大殺死克萊特斯（Clytus），因爲後者認爲他的父親菲利浦的功績優於他本人的功績；把卡勒斯薛尼斯（Calisthenes）下獄拷打致死，因爲後者拒絕依波斯人的方式頂禮膜拜他；並且謀害了他父親的摯友，年高德劭的巴門尼歐（Parmenio），在此之前，他基於某些最無稽的懷疑，首先把那位老人唯一僅存的兒子關入獄中拷問，之後送上絞刑臺，而那位老人其餘的兒子先前全都已經爲他效死沙場㉘。這位巴門尼歐就是菲利浦常常這麼談到的那一位巴門尼歐：他說，雅典人很幸運，他們每年都找得到十位將才，而他

㉘ 譯注：作者在此引用西元前三三四至三二三年間亞歷山大大帝征討小亞細亞時發生的一些事故。克萊特斯是亞歷山大同父異母的弟弟，是一名騎兵隊軍官，曾經拯救過亞歷山大的性命，但在西元前三二八年於一次宴會中，在他兩人皆酒醉的情況下，被亞歷山大殺死。卡勒斯薛尼斯是亞歷山大的老師亞里斯多德的親戚，是編纂亞歷山大言行紀錄的史官，被懷疑與人共謀反叛，以及，據說拒絕依波斯人的方式把亞歷山大當作神崇拜而被處死。巴門尼歐（西元前四〇〇～三三〇）是亞歷山大的父親菲利浦的副司令官，菲利浦死亡後，仍獲得亞歷山大的信任，繼續擔任他的副司令官。西元前三三〇年，巴門尼歐唯一僅存的兒子Philotas，一名前途有望的軍官，因被懷疑陰謀反叛而被下獄處死；同時基於預先防範的考量，亞歷山大也把巴門尼歐處死。

自己，終其一生，除了巴門尼歐，再也找不到其他任何將才。就是這位巴門尼歐的警惕與注意，讓他隨時可以完全放心信賴，並且在他高興快樂時，讓他常常說，朋友，我們飲酒吧，我們這麼做是不會出什麼差錯的，因爲巴門尼歐絕不飲酒。就是這一位巴門尼歐，據說，有他在身邊參贊機要時，亞歷山大贏得所有他的勝利；而沒有巴門尼歐在身邊參贊機要時，他一次也沒贏過。被亞歷山大留下來繼掌權位的那些對他低聲下氣、讚美他與諂媚他的朋友，在他死後，瓜分他的帝國，並且在搶走了他的家人和親屬的遺產之後，把他們每一個殘存的人，不分男女，一個接著一個，全部處死。

對於那些品德確實比一般人類水準優秀的傑出人物，他們過分的自大自誇，我們不僅常常寬恕，而且也常常完全體諒與讚許。我們說他們精力旺盛、寬大恢宏與品格高尙；這些形容詞全都含有相當多欽佩與讚美的意思。但，對於那些品德並非這樣優秀傑出的人物，他們過分的自大自誇，我們絕不會體諒與讚許。他們過分的自大使我們反胃，他們過分的自誇使我們噁心；我們必須克服一些困難，才能夠寬恕或容忍他們過分的自大自誇。我們稱這種自大自誇爲自傲或虛榮；這兩個形容詞，後一個總是，而前一個在大多數場合，含有相當多譴責的意思。

然而，這兩種惡癖，在某些方面，雖然相似，因爲它們兩者都是過分自大的變調，不過，在許多方面，卻大不相同。

自傲的人是誠實的；他心底相信自己比別人優秀；雖然有時候我們很難猜得到他那種信

心有什麼根據。他希望你只用，當他設想自己處於你的位置時，他實際會用來看待他自己的那種眼光，來看待他。他要求於你的，不會多於他認爲是公正的要求。如果你顯得沒像他尊敬他自己那樣尊敬他，那麼，他因覺得自己被冒犯而生氣的程度，將大於他因覺得自尊受損而感到懊喪的程度，他會覺得義憤塡膺，彷彿遭到眞正的傷害。然而，甚至在這個時候，他也不願紆尊降貴向你解釋他所以自認爲了不起的理由。他不屑博取你的尊敬。他假裝甚至藐視你的敬意，並且努力，與其說透過使你覺得他優秀，不如說透過使你覺得你自己卑劣，來保持他自以爲尊貴的假身分。他似乎與其說希望激發你對他的敬意，不如說希望摧毀你對你自己的敬意。

虛榮的人並不誠實；他心底很少相信他自己具有那些他希望你認爲他具有的優點。他希望你把他的面目看得遠比實際光采得許多，看得遠比他設想自己處於你的位置，並且假定你知道他所知道的全部事實時，他實際能夠在他自己身上看到的，更爲光彩絢爛。因此，當你顯得沒把他的面目看得這麼光彩絢爛時，當你也許只是看到他的眞面目時，他因覺得自尊受損而感到懊喪的程度，遠大於他因覺得自己被冒犯而生氣的程度。那些他用來主張他具有他希望你認爲他具有的一些性質的理由，他會把握住每一個機會加以展示；他會以最誇耀、最多餘的方式，展示一些他多少還說得上具備的優秀才藝，有時候甚至會虛僞地炫耀一些他或者完全不具備，或者少到可以說完全不具備的才藝。他非但不會藐視你的敬意，反而會以最焦急忐忑的殷勤博取你的敬意。他非但不希望摧毀你的自尊，反而樂於珍愛你的自尊，希望你投桃報李，也跟著珍愛他的自尊。他爲了獲得你的過分誇讚而過分誇讚你。他用心取悅你，努力收買你，希望你對他有好印象，爲此，他對你彬彬有禮、慇勤有加，有時候甚至爲你提供一些，雖然常常也許會被他大肆張揚，但畢竟是實質與必要的幫助。

虛榮的人看見富貴受到尊敬，於是希望非分地擁有這種尊敬，如同他也希望非分地擁有各種才幹和美德所受到的那種尊敬。因此，他的服飾、他的代步工具、他的生活方式，全都顯示一種比他實際擁有的更尊貴的身分，以及一筆比他所實際擁有的更大的財富；而爲了在他的一生最初的少數幾年維持這種唬人的外表，他常常使他自己在人生結束前好長的一段時間裡陷入貧窮困苦的深淵。然而，只要他還能夠繼續他這樣的揮霍一刻，他的虛榮心便可圖得一刻的喜悅，圖得不是以如果你知道他所知道的全部事實時，你肯定會用來看待他的那種眼光來看待他自己；而是以他自以爲，透過靈巧的手腕，他已經成功誘導你實際用來看待他的那種眼光來看待他自己。在虛榮心的所有幻覺中，這也許是最常見的。那些名不見經傳的陌生人，到外國進行短暫的旅遊時，或從偏遠的外省到他們本國的首都進行短暫的訪問逗留時，最常企圖這麼做。這種企圖，雖然說，總是很愚蠢，很不值得有常識的人來做，但，在這種場合，它也許並非全然像在其他大多數場合那樣的愚蠢。他們停留的時間如果不是很長，他們或許可以躲過被人看穿的不名譽；而在放縱他們的虛榮心短短幾個月或短短幾年後，他們可以回到他們自己的家裡，以來日的吝嗇節儉，修補他們昔日的奢侈浪費所造成的殘局。

自傲的人很少會因爲這種愚蠢的行爲而受責備。他意識到，要保持他自己的尊嚴，就必須謹慎地保持獨立自主的地位；而當他的財力碰巧不是很雄厚時，雖然他也希望顯得很體面，但他仍然會用心注意撙節他的各項生活花費。他非常討厭虛榮的人那種炫耀性的花費。那種花費方式也許使他自己的花費方式相形見絀。那種花費方式使他感到憤慨，他認爲那是一種傲慢的僭越，是一種對絕非其本分地位的無禮霸占；他絕不會在談到它的時候不給予最刺耳與最嚴厲的譴責。

自傲的人，當他和地位相等的人在一起時，都未必覺得自在，更何況是和地位高於他的人在一起。他放不下心中高傲的自負，但，這種同伴的舉止談吐又是這麼使他懾服，以致他不敢顯露他的自負。他可以縮回來和一些比較卑微的人作伴，譬如，和他的下屬，和阿諛他的人，以及和依賴他過活的人作伴，可是，他對這些人沒有什麼敬意；如果他可以選擇的話，他也不願意和他們作伴，因爲他們一點兒也不討他喜歡。他很少去拜訪身分地位高於他的人，而如果他去的話，那主要也是爲了證明他有資格和這種人交往，而不是因爲和他們在一起，他可以享受到什麼眞正的滿足。就像克拉雷敦勛爵㉙提到阿倫德爾伯爵（Earl of Arundel）時所言：他有時候去宮裡，因爲只有在那裡他才能夠找到一位比他自己更高貴的

㉙ 譯注：見前注⑦。

人；但，他很少去宮裡，因爲他在那裡找到了一位比他自己更高貴的人。

虛榮的人就大不相同了。他努力爭取與他的上級交往作伴，好比自傲的人那樣急切地想避開他的上級。他似乎認爲，他們的光采可以使經常在他們身旁出入的人沾染上同樣的光采。他常出現在王宮與大臣的午後接見會，並且裝出一副自己很可能獲得垂青而升官發財的樣子，雖然事實上，正由於他完全沒有升官發財的可能性，他反而擁有遠比升官發財更爲寶貴的幸福，如果他知道如何享受平淡的幸福的話。他喜歡獲得允許坐在大人物所擺的筵席上，更加喜歡向他人誇耀主人在筵席上如何親暱寵幸他。他竭盡所能地結交上流社會人士，結交那些所謂引導輿論的人，結交機靈詼諧的人，結交學識淵博的人，結交深受大眾好評的人；而每當變化莫測的民意潮流，不管是在哪一方面，碰巧對他最好的朋友不利時，他便會盡可能避開他們。對那些他想要結交討好的人，他所採取的討好方式未必很細膩講究；沒必要的賣弄，無根據的炫耀，不斷的盲從附和，時常的諂媚巴結，雖然大多是某種令人開心振奮的諂媚巴結，絕少是食客或幫閑者那種下流且過度而令人生厭的諂媚巴結。相反地，自傲的人絕不諂媚巴結，並且往往對任何人簡直沒有禮貌。

虛榮心，儘管有這一切沒有根據的自負，然而，它卻幾乎總是一種爽朗的，一種快活的，並且常常是一種和藹敦厚的情感。而自傲則始終是一種陰沉的，一種慍怒的，以及一種尖酸刻薄的情感。甚至虛榮的人做出的那些虛僞，全都是一些無害的虛僞，全都旨在抬高他自己的身分，而不是想要貶抑別人的身分。持平而論，我們必須承認，自傲的人很少自甘下流，幹出虛僞的勾當。然而，當他虛僞時，他的那些虛僞絕不是那麼的無害，它們全都是有害的，全都旨在貶抑別人的身分。對於他人所受到的，在他看來是，不公平的推崇，他感到義憤填膺。他懷著惡意與妒忌看待他們，並且在談起他們的時候，常常盡他所能，努力淡化與貶低任何他們所以受到推崇的理由。所有對他們不利的流言蜚語，雖然很少是他親自揑造的，然而，在傳到他耳中後，他時常都樂於相信，並且絕非不願意重複說給別人聽，有時候甚至多少會予以誇大。那些出自虛榮心的謊言，不論怎樣卑劣，也全都是我們所謂的白色謊言；而當自傲的人自貶身價虛僞下流時，他的那些謊言卻全都是相反的顏色。

我們對自傲與虛榮心的憎惡，通常使我們傾向於寧可把那些我們指控犯有這兩種惡癖的人，排在低於而非高於一般水準的位置。然而，就這個判斷而言，我認為，我們十之八九是錯的；我認為，自傲的人和虛榮的人兩者的品格常常（也許在大多數時候）比一般水準高尚許多；雖然絕不會像前者實際自認爲的那樣高尚，也不會像後者希望被你認為的那樣高尚。如果我們拿他們自己所炫燿的和他們本身作比較，他們也許顯得應當是被輕蔑的對象。但，當我們拿他們和他們的大部分競爭對手實際的品格相比時，他們也許就顯得很不一樣，也許就顯得遠在一般水準之上。當確實比一般水準高尚時，自傲往往伴有許多值得尊敬的美德；伴有誠實，伴有正直，伴有強烈的榮譽感，伴有誠摯與不變的友情，伴有最不屈不撓的剛毅與果斷。而虛榮心，則伴有許多和藹可親的美德；伴有敦厚仁慈，伴有殷勤客氣，伴有眞心誠意想在所有小事上施恩，有時候甚至伴有在某些重大的事情上眞正的慷慨；然而，它常常希望盡可能以最亮麗輝煌的色彩，張揚標榜它的這種慷慨。法國人，在上一（十七）世紀，被他們的競爭對手和敵人指控犯有虛榮的毛病；西班牙人則被指控犯有自傲的毛病；而在一般外國人的印象中，前者通常被認爲是比較和藹可親的民族；後者則被認爲是比較高雅正派的民族。

虛榮的與虛榮心這兩個詞兒，從來不會被認爲有讚美的意思。當我們心情愉快地談論某個人的時候，我們有時會說他的虛榮心反而使他變得更好，或者說，他的虛榮心令人覺得有趣甚於令人生氣；但，我們仍會認爲這是他性格中的一個弱點和笑柄。

相反地，自傲的和自傲這兩個詞兒，有時候被認爲有讚美的意思。我們常常會說，某個人由於太過自傲，或由於有太多高貴的傲氣，以致他絕不容許自己有任何卑鄙的行爲。在這場合，自傲和寬大恢宏被混淆在一起。亞里斯多德，一個無疑通曉世事的哲學家，在描寫寬大恢宏者的性格時，以許多在過去兩世紀通常歸屬於西班牙人的性格特色來描繪他：他的所有決斷都經過深思熟慮；他的所有行動都很和緩，甚至遲鈍；他的聲音低沉莊重，他的言語愼重從容，他的步伐與動作和緩；他顯得有點兒懶散，甚至怠惰，完全不想爲小事而熙熙攘攘，但在所有事關重大和攸關名譽的場合，他卻抱著最堅定與最旺盛的果斷力行動；他不是一個愛好危險的人，或者說，他不會主動去挑戰小危險，但也不會急切地想要避開大危險；而當他眞的面臨危險時，他會完全不顧他的性命。

自傲的人通常太過於自滿，以致不認爲他自己的性格需要任何修正。一個覺得自己十全十美的人，相當自然地會蔑視一切更進一步的改善。他的自滿，以及他那自以爲優越的荒謬自負，通常從他年輕時直到他年老臨終時一路伴隨著他；就像哈姆雷特所言，他死時，心中負載著所有他的罪惡，沒被塗油，未受臨終塗油禮㉚。

虛榮的人就常常和前述的情形大不相同。渴望別人的尊敬與欽佩，如果這尊敬與欽佩是基於一些自然應受尊敬與欽佩的品德與才能，那麼，這渴望其實是一種對眞實的光榮有著眞正愛好的情感；這情感，即使不是人性中那唯一最好的情感，也肯定是最好的一種情感。虛榮心常常只不過是企圖在時候未到時僭取條件尚未具備的光榮。儘管你的兒子，在未滿廿五歲時，只不過是一個紈袴子弟，你也別因此而感到絕望，認定他在四十歲之前，不會變成一個很聰明且很值得尊敬的人，或不會在所有他現在可能還只不過是虛有其表地假冒擁有的那些才能與品德方面，變成一個眞正的達人。教育工作的最重要秘訣，就在於把虛榮心導向適當的對象。絕不可容忍他因爲取得一些瑣碎的成就而洋洋得意；但，在他自稱擁有那些眞正重要的成就時，也不要老是潑他冷水。他肯定不會自稱擁有它們，如果他不是認眞的渴望擁有它們。鼓勵這種渴望；提供他一切有助於取得它們的手段；而且也不要太過生氣，儘管他

㉚ 譯注：天主教相信，人死後，靈魂需經過短暫的煉獄洗滌淨化，才能進入天堂；死前告解懺悔罪惡，以及在身上塗油，據說可以減輕靈魂在煉獄接受淨化時所受的苦。

有時候會在尚未得到它們之前，裝出一副已經得遂所求的樣子。

上面提到的那些特徵，我認為，是區別自傲與虛榮心的特徵，如果它們各自按照固有的特質獨立運作的話。但，自傲的人常常是虛榮的；而虛榮的人也常常是自傲的。天底下最自然的事莫過於，一個把他自己看得比他實際值得的更為尊貴的人，也會希望別人把他看得比他自認為的更為尊貴；或一個希望別人把他看得比他自認為的更為尊貴的人，也同時會把他自己看得比他實際值得的更為尊貴。由於這兩種惡癖常常混合出現在同一人物身上，它們兩者的特徵必然會混淆在一起；我們有時候會發現，出自虛榮心的那種淺薄魯莽的炫耀賣弄，和出自自傲的那種極端惡意損人的傲慢無禮結合在一起。因此，我們有時候不知道怎樣評定某一特定人物，或者說，不知道該把他列入自傲的人，還是把他列入虛榮的人比較好。

比一般水準優秀很多的人，有時候會低估他們自己，如同他們有時候也會高估他們自己。這種人，雖然不是很有威嚴，但在私人交往中，往往絕非不討人喜歡。同伴全都覺得和這樣一個非常謙遜、完全不擺架子的人交往非常輕鬆自在。然而，如果那些同伴沒有比普通水準更強的識人能力和更慷慨的氣量，那麼，雖然他們多少會親切對待他，卻很少會很尊敬他；而他們親切對待的熱情，絕少足以彌補他們缺乏尊敬的冷淡。識人能力平平的那些人，對任何人的評價，絕不會高於該人似乎給自己評定的那個等級。他們說，他似乎懷疑自己是否完全適合這樣的一種情況或這樣的一個職位；於是，他們便立即把優先權交給某個厚臉皮的蠢貨，只因爲後者對自己的資格完全不抱任何懷疑。即使他們有識人的能力，然而，如果他們缺乏慷慨的氣量，他們也一定會利用他的單純占他便宜，對他擺出一副他們絕沒有資格裝出的粗魯無禮的優越模樣。他和藹敦厚的本性，也許使他能夠忍受這種無禮對待一陣子；但他終究會變得厭煩起來，而這又常常是在一切已經太遲的時候，在他原本應該當仁不讓的那個職位，已經無可挽回地失去，已經由於他自己的畏縮不前，而被他的某一個雖然比較不優秀、但比較主動進取的同伴霸占了以後。一個性格如此的人，在他年輕擇友時，運氣一定是非常的好，如果他在這世上一路走來，始終得到完全公平的對待，甚至只是來自那些基於他自己往昔的體貼幫忙，他或許有些理由當作是自己最好的朋友的公平對待；年輕時太不愛出風頭或太沒有野心的人，年老時往往落得無足輕重、滿腹牢騷、忿忿不平。

那些不幸被自然女神塑造得比普通水準低很多的人，似乎有時候會把他們自己評得比他們實際的水準更低。這種謙卑的心理，似乎有時候會使他們陷入呆頭呆腦的狀態。凡是曾經不怕麻煩地用心審視過那些所謂傻瓜的人，肯定都會發現，有許多所謂的傻瓜，他們的理解能力，一點兒也不弱於其他許多雖然被認爲是遲鈍愚蠢的、但絕不會有人認爲是傻瓜的人。有許多所謂的傻瓜，無需比平常人更多的教育，便可學會相當好的閱讀、書寫和算術能力。許多從未被認爲是傻瓜的人，儘管受過最仔細周到的教育，儘管在他們年老時，仍然老當益壯地鼓起精神，企圖學會他們年輕時的教育未曾教會他們的那些東西，卻從未能夠，在任何說得過去的程度上，學會那三項基本技能中的任何一項。然而，憑著一股自傲的本能，他們挺身和那些在年紀與地位上與他們相等的人平起平坐；並且仗著勇氣與毅力，在他們的朋友間，保持他們自己的適當地位。由於一種與前述相反的本能，一個傻瓜會覺得他自己的身分低於每一個你能夠給他介紹認識的朋友。他極端容易受到的那些虐待，每每使他忿怒得暴跳如雷、火冒三丈。但，無論你怎樣優待他，無論你對他是怎樣的親切或怎樣的寬大，都絕不可能使他振作起來，平等地和你交往對話。然而，如果你眞的能夠引導他和你交談，那麼，你往往會發現他的回答十分中肯，甚至很有道理。但，那些回答總是鮮明地標示著他的嚴重自卑感。他看似畏縮，甚至可以說，不想和你照面或交談；並且當他設想自己處於你的位置時，似乎覺得，儘管你表面上對他非常謙虛客氣，你內心裡還是禁不住會認爲他遠在你之下。有一些傻瓜，也許是大部分的傻瓜，之所以是傻瓜，似乎主要是或完全是因爲他們的理解能力有點兒麻木或麻痺。但，也有其他一些傻瓜，他們的理解能力，和其他許多不被認爲是傻瓜的人相比，不見得更麻痺或更沒有感覺。但，要使他們振作起來和他們的同胞平等相處，所必備的那種自傲的本能，前一種人似乎完全缺乏，而後一種人則多少還有一點。

因此，最有助於當事人自己的幸福與滿足的那個程度的自尊自重，似乎也是公正的旁觀者最樂於讚許的那個程度。一個照他應該的程度，而且絕不超出他應該的程度，尊重他自己的人，很少不能從他人獲得他自認爲該得的一切尊重。他不過是希望獲得他該得的尊重，而且也完全心滿意足於這種尊重。

自傲的人和虛榮的人，則是與此相反，他們時常覺得不愉快。前者，因爲對別人所擁有的，在他看來是，不公平的優越地位，感到氣憤而苦惱不已。後者，因爲預見到他那些沒有根據的自負一旦被看穿，肯定會令他自己很沒面子，而經常提心吊膽、惴慄不安。即便是氣度眞正恢弘的人，他那過度的自負，當得到某些了不起的本領與美德的加持，尤其是又得到好運的垂青時，雖然騙得過一般群眾（他們的鼓掌喝采，他一點也不重視），卻騙不過一些智者（他們的讚賞是他唯一可能重視的，而他們的尊敬也是他最急於想要獲得的）。他覺得他們洞悉他的一切，並且懷疑他們蔑視他的過度自負；他往往會落入這樣悲慘的不幸：他首先會秘密地與他們爲敵，小心提防他們的揭穿，最後會公開地、狂怒地與復仇心切地與他們爲敵，儘管原本可以爲他帶來最大的幸福，並且讓他無須疑神疑鬼地安心享受這幸福的，正是這些人的友誼。

我們對自傲者與虛榮者的憎惡感，雖然常常使我們傾向寧可把他們列在他們的適當位置以下，也不願把他們列在這個位置以上，不過，除非我們被某些特別針對我們個人的粗魯無禮所激怒，否則我們很少膽敢去冒犯或虐待他們。在一般場合，爲了讓我們自己的心情舒坦一些，我們會盡力默默地忍受，並且盡我們所能地，適應他們的愚蠢。但，對於過分低估自己的人，除非我們有比大部分人更強的識人能力和更慷慨的氣量，否則我們很難不會，至少，對他做出所有他對他自己做出的不公平行爲，而實際上，我們對他不公平的程度往往遠大於此。他不僅在他自己的感覺上比自傲的人或虛榮的人更不快樂，而且他也比較容易遭致別人的各種虐待。幾乎在所有場合，寧可稍微過分自傲一點，也不要在任何方面顯得過分謙卑；在自尊自重的情感方面，稍微過分一些，不管是對當事人本身或是對公正的旁觀者來說，似乎比任何程度的不足較不討厭。

因此，在這種情感上，如同在其他每一種情緒、情感和習性上，對公正的旁觀者來說，最愉快的那個程度，對當事人本身來說，也同樣是最愉快的；而且依照最不致使公正的旁觀者覺得不愉快的，是超過或不足前述這個公正合宜的程度，同一超過或不足，也相應地最不致使當事人覺得不愉快。

第六篇的結論

對我們自身幸福的關心，把審慎的美德推薦給我們；對他人幸福的關心，把正義與慈善的美德推薦給我們；在後面這兩種美德中，前一種制止我們傷害他人，後一種激勵我們增進他人的幸福。在這三種美德中，第一種美德最初是由我們對自己的愛心推薦給我們的，而另外那兩種美德最初則是由我們對他人的愛心推薦給我們的；所有這些愛心起初並未想到他人對我們的行爲實際有什麼感受，或應該有什麼感受，或在某種情況下肯定會有什麼感受。然而，想到他人的感受，後來不僅催促而且督導所有這些美德的實踐；絕不會有什麼人，能在他的全部或任何相當長的一部分人生過程中，堅定不移地走在審慎的、正義的或適當慈善的道路上，除非指引他怎樣行為的，主要是他時時顧慮到他心裡面那個高尚的人物、那個存在於我們的想像中的公正的旁觀者、那個裁判行為對錯的偉大判官與裁決者的感受。如果在白天我們曾經在任何方面背離過該裁決者指示我們遵守的那些規則；如果我們曾經過分節儉或鬆懈節儉；如果我們曾經過分勤勞或鬆懈勤勞；如果，由於情緒激動或一時疏忽，我們曾經在任何方面傷害了我們鄰人的利益或幸福；如果我們曾經忽略了一個清晰可見的適當機會，未能伸出援手增進我們鄰人的利益或幸福；這個長住在心裡面的人，就會在晚上，為所有那些疏忽與違背，追究我們的責任，而他的叱責常常會使我們內心，為我們的愚蠢與漠不關心我們自己的幸福，以及為我們對他人的幸福也許更加嚴重的無動於衷與漠不關心，感到羞愧。

雖然審慎、正義與慈善的美德，在各式各樣的場合，可能被前述那兩個不同的道理幾乎同等有力地推薦給我們；但，自我克制或克己的美德，在大多數場合，卻主要，甚至幾乎完全，只被其中一個道理推薦給我們；這個道理就是合宜感，也就是對那個存在於我們的想像中的公正旁觀者的感受的顧慮與尊重。沒有這種顧慮與尊重所強加的約束，每一種情感，在大多數場合，肯定會，如果我可以這麼說，一頭栽進它自己的滿足裡。忿怒的心肯定會遵從它自己雷霆大發時的種種聯想；恐懼的心則肯定會遵從它自己劇烈動搖時的種種提示。時地不宜的顧慮，會勸誘虛榮的心節制最吵雜與最魯莽的炫耀賣弄；或勸誘驕奢淫逸之心節制最公開、最猥褻與最可恥的放縱。對他人實際有什麼感受，或應該有什麼感受，或在某種情況下肯定會有什麼感受的顧慮與尊重，是唯一能夠在大多數場合，把所有那些叛亂暴動的情感，威嚇鎮壓至公正的旁觀者能夠體諒與讚許的那種色調與性質的道理。

沒錯，在某些場合，那些情感所以受到抑制，與其說是因爲我們覺得它們不合宜，不如說是因爲我們審慎考量到放縱它們可能帶來不好的後果。在這種場合，那些情感，雖然被抑制，卻未必被馴服，反而常常仍舊帶著它們原來所有凶猛的氣焰潛伏在胸中。一個被恐懼抑制住忿怒的人，未必擱下他的忿怒，反而只是保留他的忿怒，等待一個更安全的發洩滿足的機會。但，一個在對同伴訴說他自己曾經蒙受的傷害時，因爲同情地感應到他的同伴心中那些比較溫和的感覺，而立即覺得他自己的怒火冷卻平息下來的人；一個立即接納那些比較溫和的感覺，並且變得不再以他原來採取的那種慍怒凶惡的眼光，而是以同伴自然會採取的那種比較心平氣和的眼光，來看待他自己所遭受的傷害的人；不僅會抑制，而且也多少會平息他心中的忿怒。他心中的怒火變得眞的比從前溫和，變得比較不能夠刺激他幹出他起初也許想要幹出的那種暴戾流血的報復。

被合宜感抑制下來的那些情感，全都多少會被它緩和平息下來。但，那些只是被某種審愼的利益考量抑制下來的情感，相反地，往往會被這種抑制煽動得更爲高昂，並且有時候會（在原先給予刺激的原因消失後很久，當不再有人想到它的時候）突然非常荒謬且完全出乎意料之外地爆發出來，而且還夾帶著十倍於原來的氣焰與暴力。

然而，忿怒，以及其他每一種情感，在許多場合，還是可能因審慎的利益考量而很適當地被抑制下來。這種抑制甚至需要有某一程度的剛毅和自我克制的努力；而公正的旁觀者在看待這種抑制時，有時候也可能會抱著那種在他看來只不過是庸俗的算計行爲應得的那種冷淡的尊重；但，他絕不會抱著深感欽佩讚賞的心情；雖然當那些相同的情感受到合宜感的節制，而減弱到公正的旁觀者能夠欣然體諒讚許的那個程度時，公正的旁觀者會抱著欽佩讚賞的心情觀察它們。在前一種抑制中，公正的旁觀者也許常常可以分辨出某一程度的合宜性，而且如果你願意的話，甚至可以說，某一程度的美德；但，這合宜性與美德的等級，卻遠低於在後一種抑制中總是使他深爲感動與欽佩的那些合宜性與美德。

審慎、正義與慈善的美德，除了產生一些最可喜的效果之外，沒有別的效果傾向。正如是對那些效果的注意，起先把那些美德推薦給當事人，所以同樣的注意，後來也把那些美德推薦給公正的旁觀者。在我們對審慎之人的品行讚許中，我們懷著特殊滿足的心情感覺到，當他在那種沉著鎮靜與深思熟慮的美德保護下過活時，他一定享有的那種安全感。在我們對公正之人的品行讚許中，我們懷著同樣滿足的心情感覺到，所有那些不論是在住所上、社交上或生意上和他有所牽連的人，從他那謹小慎微、時時掛念絕不傷害或得罪他人的處世態度中，一定可以得到的那種安全感。在我們對慈善之人的品行讚許中，我們體會到所有在他的善行影響範圍內的那些人心中的感激，並且和他們一樣強烈覺得他有很大的功勞。在我們對所有那些美德的讚許中，它們的那些可喜的效果，它們的那些不論是對實踐它們的人或是對其他某些人的效用，給我們的感覺，和它們的合宜給我們的感覺結合在一起，並且總是在我們的讚許中占有相當大的份量，甚至往往是其中主要的成分。

但，在我們對那些克己的美德的讚許中，對它們的那些效果感到滿足，有時候完全不是其中的一部分，而常常也只不過是其中很小的一部分。那些效果有時候可能是可喜的，有時候則是不可喜的；雖然我們的讚許在前一種場合無疑會比較強烈，但後一種場合也絕不至於完全消滅我們的讚許。最壯烈的勇氣可能用在伸張正義，但也同樣可能用於肆虐百姓；雖然在前一種場合它無疑會得到比較多的敬愛與欽佩，但即使在後一種場合，它看起來仍是一種偉大與可敬的性質。在那種勇氣，以及其他所有克己的美德中，令人覺得光輝炫目的性質，似乎總是它們奮發時所展現的那種精神的偉大與堅定不移，以及爲了做出並且保持奮發，所必備的那種強烈的合宜感。至於這種美德的奮發會有什麼效果，則常常幾乎不爲人所注意。

第七篇　論道德哲學體系

第一章　論道德情感的理論應該探討的問題

關於我們的道德情感的性質與起源，歷來有許多學者曾提出許多不同的理論。如果我們仔細研究其中最有名且最值得注意的，我們將發現，它們幾乎全和我在前面努力說明的那個理論的某一部分或另一部分相符；而且倘若前面談過的都已被充分理解了，那麼，要說明每一位作者，在形成他那個理論體系時，究竟是基於什麼樣的人性觀點或見解，就不會有什麼困難。每一個在這世上曾經有過任何名氣的道德理論體系，最終也許都源自某一個或另一個我已在前面努力表明的人性原理。由於它們全建立在人性的原理上，所以就這一點而言，它們全有幾分是正確的。但，由於它們當中有許多是源自某一局部、不完整的人性觀點，所以它們當中有許多在某些方面是錯的。

在論述道德原理時，有兩個問題需要考慮。第一，美德或美好的品行究竟是什麼？或者說，是什麼格調的性情，和什麼取向的行爲，構成卓越且值得稱讚的品行，構成那種自然會受到尊敬、推崇與讚許的品行？第二，這種品行，不管它是什麼，究竟是被我們心裡面的什麼能力或機能推薦給我們的，令我們覺得它是值得稱讚的？或者換句話說，究竟透過什麼機制，以及怎麼運作，以至於我們的心靈會喜歡某一行爲取向，而不喜歡另一行爲取向；會把前者稱爲是對的，而把後者稱爲是錯的；會認爲前者該受讚許、推崇與獎賞，而後者則該受責備、非難與懲罰？

當我們考慮美德，是否像哈奇遜博士①所言，在於慈悲心或慈善；或是否像克拉克博士②所言，在於我們的行爲合乎各種不同的人際關係的要求；或是否像其他某些學者所言，在於審慎精明地追求我們自己的眞正幸福：當我們這樣考慮美德時，我們是在研究第一個問題。

當我們考慮美好的品行，不管它的性質爲何，是否由我們的自愛引薦給我們認識的，是否由於我們的自愛，使我們看出美好的品行，不論是我們自己身上的或他人身上的，最有助於增進我們自己的私人利益；或是否由我們的理性引薦給我們認識的，是否由我們的理性爲我們指出某一品行和另一品行之間的差別，就像也爲我們指出眞理與謊言之間的差別那樣；或是否由某種特殊的感覺能力，某種稱爲道德感的感覺能力，引薦給我們的，是否美好的品行所滿足與取悅的，而相反的品行所冒犯與得罪的，就是這種道德感；或最後，是否由

---

① 譯注：Francis Hutcheson（一六九四～一七四六），*Inquiry into the Original of Our Ideas of Beauty and Virtue* 一書的作者，於一七三〇～四六年任格拉斯哥大學道德哲學教授，是本書作者大學時期的老師。

② 譯注：Samuel Clarke（一六七五～一七二九），*A Discourse Concerning the Unchanging Obligation of Natural Religion* 一書的作者。

人性中其他某個原理，諸如某種同情感，或類似的感覺，引薦給我們認識的：當我們這樣考慮美德時，我們是在研究第二個問題。

我首先將討論歷來關於第一個問題的理論，然後再來討論關於第二個問題的理論。

第二章　論各種說明美德之性質的學說

引　言

各種關於美德性質的論述，或者說，各種關於什麼心性構成卓越且值得稱讚的品德的學說，可以歸納爲三個不同的類別。根據某些理論家，美好的心性或品德並不在於哪一種情感，而在於我們的各種情感全都受到適當的治理和引導；那些情感可能是美好的，但也可能是邪惡的，端看它們追求什麼目標，以及這追求何等激烈而定。因此，根據這些理論家，美德在於情感或行爲的合宜。

根據其他某些理論家，美德在於頭腦精明地追求我們自己的私人利益與幸福，或在於適當地治理和引導那些自愛的、那些僅僅在乎私人目的的情感。因此，根據這些理論家的看法，美德在於審慎。

另有一組理論家主張，美德在於那些僅以他人的幸福爲目的的情感，而不在於那些以我們自己的幸福爲目的的情感。因此，根據他們的主張，無私的慈悲心或慈善，是唯一能夠爲任何行爲蓋上美德戳記的動機。

很明顯地，美德的性質，或者必須在我們各種不同的情感全都受到適當的治理和引導下，籠統地歸屬於我們全部的情感；或者必須歸屬於我們的某一類或某一部分情感。我們的情感主要分成自愛的與慈善的兩大類，因此，如果美德的性質不能在我們的情感全都受到適當的治理和引導時，籠統地歸屬於我們全部的情感，那就必須歸屬於那些以我們自己的私人幸福爲直接目的的情感，或歸屬於那些以他人的幸福爲直接目的的情感。因此，如果美德不在於情感的合宜，那就必定在於審慎，或在於慈善。除了這三種情形，幾乎不可能想像還會有其他任何關於美德性質的理論。我將在下面努力證明，所有其他看起來似乎和這三種都不相同的理論，怎樣在本質上和這三種理論中的某一種或另一種其實是一致的。

第一節　論主張美德以合宜爲本的學說

根據柏拉圖，亞里斯多德，以及季諾①，美德在於行爲的合宜，或者說，在於引發行爲的情感，和激起這情感的對象相配。

(1) 在柏拉圖的理論中②，心靈被認爲是某種宛如一個小國家或小共和國的東西，由三種

---

① 譯注：Zeno of Citium（西元前三三三～二六二），希臘哲學家，斯多亞學派的創始者。

② 原作注：見Plato, *The Republic*, book iv.

不同的功能或階級構成。

第一種是判斷的功能；這種功能不僅決定什麼是達成某一目的的適當手段，而且也決定什麼是適合追求的目的，以及我們應該賦予每一目的多大的相對價值。柏拉圖把這種功能十分恰當地稱作理性，並且認爲它應當成爲統治整個心靈的主要功能。很顯然的，在所謂理性的名稱下，他不僅納入我們據以判斷眞僞的那種功能，而且也納入我們據以判斷各種欲望和情感是否合宜的那種功能。

各種不同的熱情和欲望，雖然是理性這個統治階級自然的子民，卻這麼時常反叛它們的主人，被柏拉圖歸納成兩個不同的組別或階級。屬於第一組的熱情，根源於自傲與忿怒，或根源於煩瑣派學者稱爲易怒的那一部分心靈；包括野心、憎恨、愛面子、怕丟臉、希冀勝利、渴望優越與復仇；這一組熱情被認爲或者源自於，或者表達，我們通常會以一種隱喻的方式稱爲與生俱來的生氣（natural fire）或元氣（spirit）的那一部分心靈運作。屬於第二組的熱情，根源於對享樂的愛好，或根源於煩瑣派學者稱爲好色的那一部分心靈；包括身體的所有欲望，對舒適與安全的貪戀，以及對所有滿足肉慾之事物的喜好。

理性指示我們遵守的，而我們在所有冷靜的時刻，也曾對自己斷言最適合我們遵守的那個處世方針，我們很少會中斷遵守，除非是受到前述那兩組不同熱情中的某一組唆使；亦即，除非是受到難以駕馭的野心與憎恨的唆使，或受到眼前的舒適與享樂糾纏不休的懇求。但，雖然這兩組熱情是這麼容易誤導我們，它們仍然是人性中必要的成分：第一組熱情的存在，是為了防衛我們免於傷害，為了申張我們在這世上的地位與尊嚴，為了使我們志向高尚正直，以及為了使我們推崇那些同樣志向高尚正直的人；而第二組熱情的存在，則是為了提供身體所需的各種營養和生活必需品。

審慎的精髓，在於理性的堅強、敏銳與圓熟；根據柏拉圖，審慎的美德在於，根據一般常識和科學理念，對哪些是適合追求的目的，以及哪些是適合用來達成那些目的的手段，有一正確與清晰的認識。

當第一組熱情，或屬於易怒的那一部分心靈的熱情，具有這麼一種程度的堅強與穩固，使它們能夠，在理性的指揮下，藐視所有可能遇到的危險，一心追求高尚光榮的目的時，就構成剛毅與恢宏大度的美德。根據這派學說，這一組熱情的性質比另一組熱情更為慷慨與高尚；它們在許多場合被認為是理性的輔佐，幫助理性制止和約束那些比較低級與下流的肉慾。這派學說指出，當貪戀享樂唆使我們做出我們不讚許的事情時，我們時常生我們自己的氣，我們時常成為自己憎恨與憤怒的對象；我們的天性中易怒的那一部分，就這樣被招徠協助理性的那一部分對抗好色的那一部分。

當我們天性中那三種不同部分彼此完全和諧一致時，當不管是易怒的，或是好色的熱情，都絕對不會尋求任何不是理性所讚許的目標，而且理性也絕對不會下令執行任何不是那兩種熱情自動願意執行的事情時，心靈的此一幸運的平靜安詳，此一完全圓滿的調和一致，構成了他們的語言以一個我們譯為節制（temperance）的字眼來表達的那種美德；他們的那個字眼或許可以更適當地譯爲心平氣和（good temper）或心靈的沉著與中庸（sobriety and moderation of mind）。

最後一個也是四個基本美德中最偉大的那個美德，正義或公平，根據此一學說，發生在心靈的那三種功能都各自固守本分，絕不企圖侵犯其他任何功能的職責時；當理性指揮而熱情順從時；當每一種熱情都各自執行本分的職責，各自順暢地、欣然地、並且使用和它所追求的價值相稱的那個程度的力氣與精神，努力對適當的對象發揮它的功能時；於是構成了柏拉圖，追隨從前某些畢達哥拉斯派學者的說法，稱之爲正義或公平（justice）的那種圓滿的美德或完全合宜的品行。

在此必須注意的是，希臘語中表示正義或公平的那個字眼有好幾個不同的意思；而由於所有其他語言中，與那個字眼相當的字眼，就我所知，也都同樣有好幾個不同的意思，因此，那些不同的意思之間一定有某種自然的近似關係。就某個意義來說，我們算是對我們的鄰人做了正義的事，如果我們絕不做任何直接傷害他的行爲，亦即，絕不直接傷害他的身體，或他的財產，或他的名譽。這就是我在上面論述的那種正義，這種正義的遵守，可以強制要求，違反這種正義會遭到懲罰[③]。就另外一個意義來說，我們不算是對我們的鄰人做了

③ 譯注：參見本書第二篇第二章第一節。

正義的事，除非我們心裡頭對他懷有的那些愛戀、尊敬與欽佩，是他的品行、他的處境，以及他和我們的關係，理當適合我們感覺到的全部，並且除非我們在行動上充分表達我們的這些感覺。就這個意義來說，我們對一個於我們有功的人算是不公平的，如果我們沒有盡力幫助他，沒有盡力把他擺在公正的旁觀者樂於看到他待在的那個位置上，雖然我們沒在任何方面傷害他。那個字眼的第一個意思，和亞里斯多德，以及煩瑣派學者，所謂的交換性正義（commutative justice）相符，也和葛羅秀斯[4]所謂的 justitia expletrix 一致，在於絕不侵犯別人的東西，並且自動地做那些反正我們也可以被正正當當地強制去做的事情。那個字眼的第二個意思，和某些學者所謂的分配性正義（distributive justice）[5]相符，也和葛羅秀斯所謂的 justitia attributrix 一致，在於適當的慈善，在於適當地使用我們自己的東西，在於把東西用在，就我們的處境來說，最適合使用它的那些慈善或慷慨的目的上。就這個意思來說，正義包含一切有助於社會和樂的美德。希臘語的正義或公平有時候還有另外一個意思，含意比前述兩個更加廣泛，雖然和前述第二個非常近似；而這個意思，就我所知，也是

---

④ 譯注：Hugo Grotius（一五八三～一六四五），荷蘭法學家，現代國際法的鼻祖。

⑤ 原作注：亞里斯多德所謂的分配性正義與此稍有不同。他的分配性正義在於適當地分配社會公有的財產報酬。見Aristotle, *Nicomachean Ethics* V.2.

所有語言中表示正義或公平的那個字眼都有的意思。在最後這個意思上，我們會被認爲對某一特定對象不公平，如果我們看起來沒有以公正的旁觀者認爲它似乎應當得到的那個程度的尊重去重視它，或者我們看起來沒有以公正的旁觀者認爲它本質上似乎有能力喚起的那個程度的熱情去追求它。譬如，我們會被認爲對某一首詩或某一幅畫不盡公平，如果我們對它們的讚美不夠充分，而且我們也會被認爲對它們公平過了頭，如果我們對它們的讚美太過分。同樣的，我們會被認爲對我們自己不盡公平，如果我們看起來沒充分注意到任何於我們自己有利的目標。就最後這個意思來說，所謂正義或公平，意思和言行舉止正確圓滿合宜完全相同，因此，包含在這個意思裡頭的，不僅有交換性正義與分配性正義這兩種暗示，而且還有其他每一種美德，譬如，審愼、剛毅、節制等等的暗示。柏拉圖顯然是按最後這個意思在理解他所謂的正義，因此，正義，照他的意思，裡頭包含每一種至爲圓滿的美德。

以上所述就是柏拉圖，就美德的性質，或者說，就適合受到稱讚與認可的那種心性的性質，所提出的說明。照他的意思，美德在於這樣的一種心靈狀態，其中每一個功能都固守它自己的本分，絕不侵犯其他任何功能的範圍，並且以它本來應有的那個程度的力氣與精神，嚴謹地執行專屬於它的職責。他的說明，顯然在每一方面，都和我們在前面對行爲的合宜性所做的說明相符。

(2) 美德，根據亞里斯多德⑥，在於依據正確的理性，力行中庸的習慣。照他的意思，每一種特定的美德，都宛如位在兩種相反的惡癖之間的正中央似的；這兩種惡癖中的某一種，錯在過分爲某一種事物所感動，而另一種則是錯在太少爲同一種事物所感動。譬如，剛毅或勇敢的美德，位在怯懦與冒昧魯莽這兩種相反的惡癖的正中間；這兩種惡癖中的前一種，錯在過分爲可怕的事物所感動，而後一種則是錯在太少爲可怕的事物所感動。又譬如，節儉的美德，位在貪婪與浪費這兩種相反的惡癖的正中間；這兩種惡癖中的前一種，錯在對私利事物的注意超過適當的程度，而另一種則是錯在對私利事物的注意低於適當的程度。同樣的，恢宏大度的美德、也位在傲慢自大的過分與優柔膽怯的不足的正中間；這兩種惡癖中的前一種，錯在對我們自己的價值與尊嚴感覺過於強烈，而另一種則是錯在對我們自己的價值與尊嚴感覺太過微弱。用不著說，這個關於美德的說明，和前面我們對行爲合宜與否的說明，簡直是完全相符的⑦。

沒錯，亞里斯多德認爲，美德，與其說在於那些中庸或正確的情感，不如說在於適度或中庸的習性。要了解這一點，讀者須注意，美德可以視爲某一行爲的性質，或某個人的性

---

⑥ 原作注：見Aristotle, *Nicomacheau Ethics*, II. 5ff. and III.5ff.

⑦ 譯注：見本書第一篇第二章的引言。

質。當視爲某一行爲的性質時，美德，甚至根據亞里斯多德，是在於引發行爲的那個情感的適度中庸，不論行爲人是否慣常有這中庸的情感傾向。當視爲某個人的性質時，美德是在於這適度中庸的習慣，在於這適度中庸的情感已經變成習慣性的與常見的心靈傾向。譬如，由於一時的慷慨奮發而做出來的行爲，無疑是一次慷慨的行爲，但，做出這行爲的人卻未必是一個慷慨的人，因爲這也許是他唯一曾經做過的一次慷慨的行爲。引發這行爲的動機與心性傾向可能是頗爲合理適當的：但，由於此一適當的心性傾向似乎只是一時心血來潮的結果，而不是性格中什麼恆久不變的因素促成的，所以它不會給行爲人帶來什麼了不起的榮耀。當我們稱某一性格爲慷慨的或慈悲的性格時，我們的意思是，那些名稱中的每一個所表達的那種感情傾向，是行爲人平時習慣的傾向。但，任何單一次的行爲，要證明行爲人平常有什麼習慣，是沒有什麼份量的。如果單有一次行爲便足以在行爲人身上蓋上什麼美德的性格戳記，那麼，最卑鄙的人也有資格主張自己具備一切美德；因爲絕不會有什麼人未曾在某些場合做過審慎、公平、節制或剛毅的行爲。但，雖然單一次行爲，不論多麼值得讚賞，絕不會給行爲人帶來什麼掌聲，不過，單一次邪惡的行爲，如果是由一個平常循規蹈矩的人犯下的，便會大大降低，有時候甚至完全摧毀，我們對他的美德的評價。單一次邪惡的行爲便可充分證明，他的習慣不夠完美，證明他其實不像，根據他平常的行爲傾向，我們或許很可能認爲的那樣完全可以信賴。

此外，當亞里斯多德主張美德在於實際的行爲習慣時，他很可能想要反對柏拉圖的學說，後者似乎認爲，只要對什麼事適合做或什麼事當避免，有正確的感覺和適當的判斷，便足以構成最圓滿的美德。根據柏拉圖，美德也許可視爲一門知識，因爲他認爲，沒有人會在一清二楚地知道什麼是對的和什麼是錯的之後，卻不根據此一對錯的知識行動。他認爲，熱情或許會使我們做出一些和可疑且不確定的意見相反的行爲，但絕不會使我們做出任何和明顯確定的判斷相左的行爲。與他相反，亞里斯多德則認爲，知識的說服力量不足以撼動根深柢固的習慣，並且高尚的德性也不是源自知識，而是源自實際的行動。

(3) 根據斯多亞學派的創始人季諾⑧，自然女神將每一隻動物託付給牠自己照顧，並且賦予牠自愛的原理，以便牠不僅會努力維持自己的存在，也會努力把天賦中所有不同的部分，保持在能夠達到的那個最好且最完美的狀態。

人的自愛，如果我可以這麼說，珍惜自己的身體和這身體的各個部分，以及自己的心靈和這心靈的各種功能與力量，並且希望自己的身心靈全都保持在最好且最完美的狀態。因此，凡是有助於保持這個存在狀態的，自然女神都會爲他指出來，告訴他那是合適他選擇的事物；而凡是傾向摧毀這個存在狀態的，自然女神也都會爲他指出來，告訴他那是合適他拒絕的事物。譬如，身體的健康、力氣、敏捷與舒適，以及身外各種能夠增進或有利這些狀

⑧ 原作注：參見Cicero, *de finibus*.

況的事物；包括財富、權勢、榮譽，以及和我們一起生活的那些人對我們的尊敬與重視；自然會被指出是我們合適選擇的事項，而且擁有它們強過沒有它們。另一方面，身體的疾病、虛弱、笨拙與疼痛，以及身外各種傾向造成或帶來任何這些狀況的事項；包括貧窮、缺乏權威，以及和我們一起生活的那些人對我們的輕蔑；也同樣會被指出是我們合適避免的事項。這兩類相反的事項中，各自有一些事項似乎比同一類其他事項更爲可取或更應避免。譬如，在第一類事項中，健康看起來顯然比力氣更爲可取，而力氣則比敏捷更爲可取；名譽比權勢更爲可取，權勢比財富更爲可取。又譬如，在第二類事項中，疾病比身體笨拙更應避免，不名譽比貧窮更應避免，而貧窮則比喪失權勢更應避免。美德或行爲的合宜，就在於所有這些不同事項與情況的取捨，完全按照自然女神把它們做成比較是、或比較不是我們合適選擇或拒絕的標的而定；就在於總是從擺在我們眼前的好幾個合適我們選擇的標的中，選擇那自然最該選擇的，如果我們不能得到它們全部的話；同時也在於總是從擺在我們眼前的好幾個合適我們拒絕的標的中，選擇那自然最不該避免的，如果我們無法完全避免它們的話。當我們以這樣正確精密的識別能力決定取捨，當我們根據每一件事物在自然的價值排序中所占的地位，恰如其分地給予它應得的注意時，我們的行爲便可保持圓滿正直，而根據斯多亞學派，美德的本質，就在於這行爲上的圓滿正直。這就是他們所謂的始終如一的生活，順從自然的生活，以及順從自然女神，或造物主，爲我們的行爲所規定的那些法則與方向的生活。

到此爲止，斯多亞學派關於合宜與美德的理念，和亞里斯多德，以及古代的逍遙派學者（the Peripatetics）的理念，並沒有很大的不同。

在自然女神推薦給我們視爲合適選擇的標的中，主要有我們的家庭、我們的親戚、我們的朋友、我們的國家、人類，乃至宇宙萬物普遍的繁榮。但，自然女神也教我們懂得，正如兩個人的繁榮比單一個人的繁榮較爲可取，所以，多數人或全體的繁榮一定比什麼都更爲可取許多；自然女神教我們懂得，我們只不過是那一個人，因此，每當我們的繁榮和整體或多數人的繁榮不能兩全時，我們的繁榮便應該，甚至在我們能夠自由選擇時，讓位給各種較爲可取得多的繁榮。由於所有發生在這世界的事情，都是在一個賢明、全能與善良的神的眷顧監督下發生的，所以，我們可以放心相信，凡是發生的，都有助於全世界的繁榮與圓滿。因此，如果我們自己陷入貧窮、生病或其他任何災難中，我們應該，首先，盡我們最大的努力，在正義以及我們對別人的責任容許的範圍內，把我們自己從這種不愉快的情況中拯救出來。但，如果在我們盡了一切努力之後，發現這是不可能辦到的，那我們就應該安心滿意地認爲，宇宙的秩序與圓滿需要我們在這個時候繼續待在這種情況。而且由於整體的繁榮，甚至對我們來說，也顯得比像我們自己這樣微不足道的部分繁榮較爲可取，所以，我們的處境，不管好壞，應該從那一刻起成爲我們所喜歡的對象，如果我們決心保持我們的天性完美所由構成的那種情感與行爲上的完全合宜與正直。沒錯，一旦有任何拯救我們自己的機會出現，擁抱那機會就變成是我們的責任。宇宙的秩序顯然不再需要我們繼續待在那個處境，因爲這世界的偉大主宰，透過如此清楚地指出我們應該遵循的道路，已經明白地要求我們離開那個處境。同樣的道理也適用於我們的親屬、我們的朋友或我們的國家所處的逆境。如果我們無須違背任何更加神聖的責任，便能夠防止或結束他們的不幸，那麼，這麼做無疑便是我們的責任。行爲的合宜，也就是朱比特（Jupiter）[9]爲了引導我們而交給我們的行爲規則，顯然要求我們這麼做。但，如果我們完全沒有能力防止或結束他們的不幸，那麼，這時候我們便應該認爲，他們所遭遇的不幸，是所有可能發生的事情中最幸運的事情；因爲我們可以放心相信，那個不幸最有助於整體的繁榮與秩序，而後者正是我們自己，如果我們是賢明與公正的人，應該最希望實現的目標。那不幸，視爲整體中的一部分，是我們自己的終極利益，因爲整體的繁榮應該不僅是我們希望實現的主要目標，更是我們希望實現的唯一目標。

艾彼科蒂塔斯[10]說：「在什麼意義上，某些事情據說是符合我們的天性，而其他一些事情則據說是違反我們的天性？這是從我們自認爲和其他一切東西獨立分離的意義來說的。譬如，在這個意義上，始終保持乾淨，可以說，是符合『腳』的天性的。但，如果你認爲它

⑨ 譯注：羅馬神話中諸神的主神並爲天界的主宰，相當於希臘神話中的宙斯（Zeus）。

⑩ 譯注：Epictetus，約生於西元五〇年，約卒於一二〇年，希臘斯多亞學派的哲學家。

是一隻腳，而不是某種和身體的其他部分獨立分離的東西，那麼，它就一定有義務有時候踩入泥土中，有時候踏在荊棘上，有時候甚至爲了整個身體的緣故而被割掉；如果它拒絕這些義務，它就不再是一隻腳。我們對我們自己也應該作如是觀。你是什麼？是個人。如果你自認爲是某個分離獨立的東西，那麼，符合你的天性的，就是長壽、富有與健康。但，如果你自認爲是一個人，是某個整體中的一部分，那麼，爲了那個整體的緣故，你有義務有時候生病，有時候面對航海的不便，有時候生活困苦；而最後，也許，在你的天年來到之前死去。然則爲什麼你要抱怨？難不成你不知道，由於你的抱怨，就像『腳』不再是一隻腳，所以，你也不再是一個人？」

智者絕不抱怨天意安排的命運，當遭遇不順遂時，他不會認爲這世界是混亂的。他不會把自己看成是某個整體，獨立分離於自然界的其他每一部分之外，靠它自己，也爲它自己而存在。他會以偉大的人類守護神，同時也是這世界的守護神，在他想像會用來看待他的那種眼光，來看待他自己。他會體諒並且讚許，如果我可以這麼說，那位神明的感覺，並且自認爲是某一無限廣大的體系中一個渺小的微分子或微粒子，必須而且也應該依照整個體系怎樣才得便利，就受到怎樣的處置。他對那個管理人間一切事情的智慧深具信心，因此，凡是臨到他頭上的命運，不論好壞，他都滿懷喜悅地接受，完全相信，如果他知道所有存在於宇宙各部分之間的種種聯繫與依存關係的話，那命運正是他自己希望得到的命運。如果那命運是生，他會心甘情願地活下去；如果那命運是死，由於自然女神一定不再需要他存在這世上，他也會欣然前往被指定的那個地方。某位犬儒派的哲學家說，我接受，不論我可能臨到什麼命運，我都以同等喜悅和滿足的心情接受；他的學說在這一點和斯多亞學派完全一致。富裕或貧窮，快樂或痛苦，健康或生病，全都一樣；而我也不希望眾神在任何方面改變我的命運。如果在他們的寬大慈悲已經賜予我的一切之外，我還可以向他們請求什麼，那就是請他們事先告訴我，他們樂於怎樣處置我，以便我可以自動把自己放在那個位置上，藉此證明我由衷擁抱他們的安排。艾彼科蒂塔斯說，如果我將揚帆出海，我會選最好的船和最好的舵手，而且我也會等待我的處境與責任所允許的最好的天氣。審愼與合宜，眾神爲了引導我的行爲而交給我的這兩條守則，要求我這麼做，而它們也沒有別的要求；但是，如果颳起了那種不論是什麼船隻的強度或舵手的技巧都不可能抵抗的暴風，我也不會麻煩自己擔心會有什麼後果。一切我必須做的，都已經做了。引導我的行爲的眾神絕不會命令我，要覺得可憐，要焦慮不安，要垂頭喪氣，或感到害怕。我們是否要溺死在海中，或在某個港口安全上岸，是朱比特的事，不是我的事。我完全把這件事留給他決定，我絕不會中斷心中的平靜去考慮他可能會怎樣決定這件事，而會以同樣無所謂與泰然的心情接受任何來臨的結果。

斯多亞學派的智者，由於對統治宇宙的那個仁慈的智慧抱著這麼完全的信心，而且對那個智慧認爲合適建立的任何秩序也抱著這麼完全順從的態度，所以，自然而然地，對他來說，所有的人生際遇必定大多無所謂好壞。他的幸福全在於，第一，沉思偉大的宇宙體系的幸福與圓滿，沉思那個由眾神與人類，由一切有理性有感覺的生命，組成的偉大共和國良好的統治秩序；以及，第二，善盡他的責任，在這個大共和國的日常事務中，適當地扮演他的角色，不論那個智慧分派給他的角色是多麼的渺小。他的種種努力是否合宜，對他來說，或許關係重大。它們的成功或失敗，對他卻不會有任何影響；不會激起任何熱烈的喜悅或悲傷，也不會激起任何熱烈的願望或反感。如果他喜好某些事情甚於其他事情，如果某些情境是他選擇的對象，而其他情境是他拒絕的對象，那也不是因為前者本身在任何方面比後者更好，或因為他認為自己在所謂幸運的情境中會比在所謂不幸的情境中享有更完整的幸福；而是因為行為的合宜，因為眾神為了引導他的行為而交給他的這一條守則，要求他必須這樣取捨。所有他的心意全被吸納貫注在兩種主要的心意中；他全神貫注在執行他自己的責任，以及希望一切有理性有感覺的生命得到最大可能的幸福。關於後面這個心意的滿足，他百分之百安心仰賴偉大的宇宙主宰的智慧與力量。他唯一掛念的是怎樣滿足前面那個心意；不是掛念會有什麼結果，而是掛念他自己的各種努力是否合宜。不論結果是什麼，他都相信會有一個優於他的力量與智慧，把該結果用在增進他自己也最希望增進的那個偉大的目的。

這個取捨合宜的原則，雖然最初是那些受取捨的事物給我們指示出來的，也因這些事物的效用而被指示出來的，可以說，是那些受取捨的事物推薦和介紹給我們認識的；然而，當我們一旦變得徹底熟悉了這個原則，我們在合宜的行為中看到的秩序、優雅與美麗，以及我們從這種行為中所感覺到的幸福，對我們來說，必然會顯得比實際取得所有那些合適我們選擇的事物，或實際避免所有那些合適我們拒絕的事物，更有價值許多。人生的幸福與光榮，來自於遵守這個合宜的原則；人生的不幸與恥辱，則來自於忽略這個原則。

但，對於一個智者來說，對於一個已將他的各種熱情完全馴服在他的天性中的統治性原則之下的人來說，要做到正確遵守這個合宜的原則，在所有場合都是同樣容易的。如果他處在順境中，他會感謝朱比特讓他處在這麼容易把握的情境中，處在這種沒有什麼誘惑讓他做錯事的情境中。如果他處在逆境中，他也同樣會感謝這個人生場景的導演，爲他安排了一個很強勁的比賽對手，雖然和他競爭可能會比較激烈，不過，贏得的勝利將會更爲光榮，而且這勝利也同樣是必然會實現的。處在那種並非由於我們自己的過錯而臨到我們身上的困境，如果我們在其中的行爲完全合宜，哪會有什麼羞恥可言？因此，絕不可能有什麼不幸，反而會有最大的幸福與好處。一個勇敢的人，當面對並非由於自己的魯莽，而是命運使他捲入的那些危險時，反而會歡喜雀躍。這些危險讓他有機會運用這麼一種英勇無畏的精神，而經由意識到自己合宜出眾與應受欽佩，這種精神的雙發揮會產生意氣昂揚的喜悅。一個熟練所有運動技巧的人，不會厭惡和最強勁的對手較量力氣與敏捷。同樣地，一個能夠克制自己情感的人，不會害怕宇宙主宰認爲可能合適把他擺進去的任何環境。那位神明的寬大慈悲已使他具備足以超越每一種環境的美德。如果這環境是享樂，他有節制的美德去節制它；如果這環境是痛苦，他有堅定的美德去忍受它；如果這環境是危險或死亡，他有寬宏與剛毅的美德去藐視它。任何人生的變故，絕不可能使他驚惶失措，或使他不知道如何保持，在他的理解中，同時構成他的光榮與他的幸福的那種情感與行爲上的合宜性。

斯多亞學派顯然把人生看作是一種大有技巧的遊戲比賽；然而，其中摻雜機遇的成分，或摻雜某種世俗理解爲機遇的成分。在這種遊戲中，賭注通常是微不足道的，遊戲的樂趣全來自於玩得好、玩得公平，和玩得很有技巧。一個優秀的玩家，儘管用盡了所有的技巧，然而，由於機遇的影響，如果碰巧輸了比賽，他的失敗也應該是一件愉快的事情，而不應該是一件值得正經地感到悲傷的事情。他未曾有什麼錯誤的比賽動作；他未曾做出任何應該覺得羞恥的事情；他徹底享受了比賽的全部樂趣。相反地，一個差勁的玩家，儘管連連犯錯，然而，由於機遇的影響，如果碰巧贏了比賽，他的成功也不可能給他帶來什麼滿足。想起他曾經犯下的過錯，會使他覺得羞愧與懊喪。甚至在遊戲比賽當中，他也享受不到遊戲能夠提供的任何樂趣。由於不知道遊戲規則，畏懼、疑惑與猶豫，是他在每一步遊戲動作之前，幾乎都會有的不愉快感覺；而當動作完成後，他發現那是嚴重的錯誤而感覺到的羞愧與悔恨，通常會塡滿他整個不愉快的心房。人的生命，加上所有可能伴隨生命的種種好處，根據斯多亞學派的理解，應該視爲只不過是區區兩分錢的賭注；這賭注太過瑣碎，不値得任何焦急不安的關切。我們唯一要擔心掛念的，應該不是賭注的輸贏，而是什麼是適當的玩法。如果我們把幸福寄託在贏得賭注上面，那麼，我們的幸福就得倚靠一些超出我們的能力範圍、不是我們所能掌控的因素。因此，我們必然會給自己招來永久的恐懼與不安，並且往往也會給自己招來種種難以忍受和令人懊喪的失望。如果我們把幸福寄託在玩得好、玩得公平，和玩得很有技巧上面；簡單的說，就是把幸福寄託在我們自己行爲的合宜性上面；那麼，透過適當的訓練、教育與注意，我們的幸福便可能完全在我們的能力範圍內，是我們自己能夠掌控的。我們的幸福將是百分之百的安全無虞，並且不受命運的影響。我們的行爲的結果，如果不是我們所能掌控的，那也就同樣不是我們所關心的，我們絕不會爲結果感到任何的恐懼或憂慮；當然也就不會蒙受任何難以忍受的，或任何眞正的失望。

他們說，人的生命本身、以及各種可能伴隨生命而來的好處或壞處，視情況而定，可能是我們應當選擇、或應當拒絕的對象。如果在我們實際的處境中，符合人性的情況多於違反人性的情況；如果合適我們選擇的情況多於合適我們拒絕的情況；那麼，生命，在這場合，大致上是合適我們選擇的對象，而且行爲的合宜性也要求我們保持我們的生命。相反地，如果在我們實際的處境中，違反人性的情況多於符合人性的情況，而且沒有任何可能改善的希望；如果合適我們拒絕的情況多於合適我們選擇的情況；那麼，對一個智者來說，生命，在這場合，就變成是合適拒絕的對象，因此，他不僅可以自由地棄絕生命而去，而且行爲的合宜性，眾神爲了引導他而交給他的這條行爲規則，也要求他這麼做。艾彼科蒂塔斯說，我被命令不許住在尼科波利斯（Nicopolis），我就不在那裡住；我被命令不許住在雅典，我就不在那裡住；我被命令不許住在羅馬，我就不在那裡住；我被命令必須住在狹小且多岩石的蓋爾若（Gyarae）島上，我就去那裡住。但，蓋爾若島上的房子煙霧瀰漫。如果這煙霧不是太大，我會忍受它，待在那裡。如果這煙霧實在太大，我會走進一間沒有任何暴君能夠把我從那裡趕走的房子。我會隨時記得（這間煙霧瀰漫的房子的）大門是敞開的，以便當我高興時可以走出去，並且歸隱到那間殷勤好客並且永遠對全世界敞開的房子；因爲除了對我這身最下層的衣裳之外，除了對我這一身臭皮囊之外，沒有任何活著的人有任何力量能夠對我怎麼樣。斯多亞學派說，如果你的處境整個看起來是不愉快的；如果你的房子，對你而言，煙霧太過瀰漫，那你務必往屋外走出去。但，走出去時，不要鳴不平，不要發牢騷，不要抱怨。要平靜地、滿足地、開心地走出去，要以感謝回向眾神，感謝祂們，由於祂們無限寬大的慈悲，打開了安全與平靜的死亡港口，隨時準備接納我們離開那風狂雨暴的人生大海；感謝祂們準備了這個神聖的，這個不可侵犯的，這個偉大的避難所，始終敞開著，始終進得去；完全遠離人世間的狂暴與不公平；並且大到足以容納所有那些願意，以及所有那些不願意歸隱到它那裡的人：這個避難所讓每一個人完全沒有藉口抱怨，甚或幻想，除了他自己的愚蠢和軟弱可能會讓他蒙受的那種不幸之外，人生還會有其他什麼不幸。

在流傳至今的少數幾篇此派學說的斷簡殘編中，斯多亞學派有時候以一種快活，甚至流於輕浮的語氣，談論放棄生命的議題；這種語氣，如果我們只考慮那些片段的話，或許會使我們相信他們認爲，只要我們想，不管這想法是多麼的荒唐與任性，我們便可以因爲稍微覺得嘔氣或不愉快而合宜地放棄生命。艾彼科蒂塔斯說：「當你和某個這樣的人一起吃晚餐時，你抱怨他喋喋不休地訴說他在米西亞⑪打仗的冗長故事給你聽。『他說，既然我的朋友已經告訴你，我怎樣在如此這般的一個地方占了上風，我就來告訴你，我怎樣在如此這般的另一個地方遭到圍困。』但，如果你眞的不想爲他的冗長故事感到心煩，那就不要接受他的晚餐。如果你接受了他的晚餐，那你就沒有一丁點兒立場抱怨聽他說那些冗長的故事。你所謂人生的那些不幸也是一樣。絕不可抱怨任何你有能力主動避開的事情。」雖然這說法顯得有點輕鬆甚至輕浮，然而，和放棄生命相反的選項，或者說繼續活下去，根據斯多亞學派，才是最值得我們愼重考慮的選項。我們絕不該拋棄生命，除非起初賜予我們生命的那個主宰力量清楚地要求我們這麼做。而且我們也必須認爲我們被要求這麼做，而這不僅在指定的且不可避免的人生大限時，亦即，當那個主宰力量的眷顧安排，使我們今生的處境，整個看起來，變成是合適我們拒絕，而不是合適我們選擇的對象時；他爲了引導我們而交給我們的那一條偉大的行爲守則，在這個時候，要求我們放棄生命。在這個時候，我們或許可以說聽到了那個神聖主宰所發出的莊嚴仁慈的聲音，清楚地要求我們這麼做。

就因爲這個緣故，所以斯多亞學派認爲，拋棄生命可能是一個智者的責任，雖然他可以過得非常幸福；而相反地，繼續活下去也可能是一個弱者的責任，雖然他必然過得非常不

⑪ 譯注：Mysia，古希臘時代小亞細亞西北部的一個國家。

幸。如果，在智者的處境，自然合適他拒絕的情況多於自然合適他選擇的情況，整個處境變成是合適他拒絕的對象，這時，眾神爲了引導他而交給他的行爲守則，就會要求他盡快在情況方便時拋棄他的生命。然而，他是完全幸福的，甚至在他或許認爲應當繼續活下去的時候。他不是把他的幸福寄託在獲得他所選擇的事物上，或寄託在避免他所拒絕的事物上；而是寄託在他的取捨始終嚴正合宜；寄託在他的種種努力合宜恰當，而不是寄託在他的種種努力獲得成功。相反地，如果，在弱者的處境，自然合適他選擇的情況多於自然合適他拒絕的情況；他的整個處境變成是合適他選擇的對象，而繼續活下去則是他的責任。然而，由於他不知道怎樣利用那些情況，他其實是不幸的。縱令他手上的那一副牌是這麼的好，可是他卻不知道怎樣打好那一副牌，因此，不可能享受什麼眞正的滿足，不管是在遊戲過程中，或在遊戲結束時，不論這遊戲碰巧有什麼結果[12]。

自願死亡在某些場合的合宜性，雖然在古代各哲學門派中，也許是最爲斯多亞學派所堅持的，然而，其實卻是各門各派一個共同的教條，甚至溫和慵懶的伊比鳩魯學派[13]也有同樣

---

⑫ 原作注：參見Cicero *De finibus*, book III.18.

⑬ 譯注：古希臘哲學家Epicurus（西元前三四二～二七〇）創立的學派，主張享樂主義。

的說法。在古代各主要哲學門派的奠基宗師還活著的那個時候；在伯羅奔尼撒戰爭⑭和戰後許多年，希臘各共和國，在內，幾乎始終處在最激烈的黨派鬥爭紛亂中；在外，則捲入最爲血腥凶暴的戰爭中，每一個共和國在戰爭中所追求的，不僅是霸權或統治權，而是徹底滅絕所有的敵人，或者，比較不那麼殘忍的，也要使敵人淪爲所有階級中那個最下賤的階級，要使他們淪爲家奴階級，要在市場上把他們，不分男女老少，全都像這麼多群牲畜那樣，賣給出價最高的買主。而古希臘這些國家大部分又是小國，這使得它們每一個並非很不可能正好陷入那種它自己經常作孽使一些鄰國陷入的，或至少企圖使它們陷入的不幸中。在這樣混亂無序的狀態中，最沒有瑕疵的清白，加上最高貴的身分地位和最偉大的公職服務，也不能保證任何人，即使他待在國內和自己的親人與同胞在一起，不會有朝一日，由於某一對他懷有敵意與忿怒的黨派得勢，而遭判處最殘忍與最不名譽的懲罰。如果他在戰爭中成爲俘虜，或者他所屬的那個城邦被征服了，他也許會遭遇到更大的傷害與侮辱。但，每一個人自然，或者毋寧說必然，會使自己的想像熟悉種種他預知他的處境可能常常會使他遭遇到的危難。一個水手不可能不會常常想到暴風雨和船難，想到沉沒在大海中，以及想到自己在這種情況下可能會有什麼樣的感覺和行動。同樣地，一個古希臘時代的愛國者或英雄，也不可能不會使

⑭ 譯注：指西元前四三一至四〇四年斯巴達和雅典之間的戰爭（the Peloponnesian war），結果雅典戰敗。

自己的想像熟悉所有各種他知道他的處境必定常常，或者毋寧說經常，會使他遭遇到的災難。正如一個美洲的野蠻人會準備他自己的死亡之歌，並且會思考在他落入敵人的手中，當著所有旁觀者的侮辱與嘲笑，被敵人以最凌遲折磨的方式處死時，他該怎樣行為；所以，一個古希臘時代的愛國者或英雄也不可能避免常常動腦筋，思考在他自己被放逐時、被俘虜時、被降為奴隸時、被酷刑折磨時，或被送上絞刑臺時，他應該忍受些什麼，以及應該做些什麼。但，各門各派的哲學家全都很恰當地主張，美德，亦即，審慎、公平、堅定與節制的行為，不僅是最可能的、而且也是最確實可靠的，通向幸福，甚至是今生幸福的道路。然而，這種品行卻不可能始終會使堅持這種品行的人免於，有時候甚至還可能為他招來，各種難免會在那樣紛亂的國家狀態下發生的不幸。因此，他們努力證明，幸福，或者完全，或者至少大部分，和命運無關；斯多亞學派說，幸福完全和命運無關；而柏拉圖學派和逍遙學派則說，幸福大部分和命運無關。審慎、公平、堅定與節制的行為，首先，是最可能保證每一種事業成功的行為；第二，即使沒獲得成功，然而，這時心靈也並非毫無慰藉。有美德的人仍然可以享受自己的內心所給予的完全讚賞；仍然可以感覺到，不管外面的事情是多麼不順，內心裡的一切都是平靜、安詳與調和的。他通常也可以安慰自己，相信自己擁有每一個賢明且公正的旁觀者的愛與尊敬，相信後者一定會一方面欽佩他的行為合宜，一方面痛惜他的運氣不佳。

同時，那些哲學家還努力證明，人生可能遭遇到的一些最大的不幸，比通常想像的還更容易忍受。他們盡力指出任何人仍然可以享受到的各種慰藉，即使陷入貧窮，即使被放逐，即使遭到群眾不公平的喧囂辱罵，即使在目盲、在耳聾、在年老垂死的情況下辛苦過活。他們還指出種種，在他受到痛苦甚至酷刑折磨時，在他生病時，在他爲失去子女或爲親友死亡等等不幸悲傷時，可能有助於他保持情操堅定的理由。古代哲學家就這些主題所寫的那幾篇流傳至今的斷簡殘編，也許是最有教育意義的，同時也是最有趣的古代遺物之一。他們的那些學說的精神與氣節，和現代某些學說沮喪、悲哀和哭泣的語氣，形成令人嘆爲觀止的強烈對比。

雖然古代那些哲學家這樣努力提示每一個能夠，套一句密爾頓⑮的說法，以宛如三層鋼那樣頑強的韌性，使堅定的心胸獲得武裝的理由；但，他們同時尤其賣力說服他們的門徒相信，死亡本身沒有，也不可能有任何不幸；不論在什麼時候，如果他們的處境變得太過難堪，以致他們堅定的心胸不再能夠負荷時，補救的辦法是唾手可得的，人生的大門是敞開的，他們可以隨時放心地走出去，只要他們高興。他們說，如果除了眼前這個，沒有其他任何世界存在，那死亡便不可能是不幸的；如果有另外一個世界，眾神必定也存在那個世界，在他們的保護下，一個公正的人用不著擔心遭遇到任何不幸。總而言之，那些哲學

⑮ 譯注：John Milton（一六〇八～一六七四），英國詩人，《失樂園》（*Paradise Lost*）的作者。

家，如果我可以這麼說，準備了一首死亡之歌，以便古希臘時代的那些愛國者和英雄可以在適當的場合吟唱；而在所有不同的門派當中，斯多亞學派所準備的那一首死亡之歌，顯然是最爲激昂的，我想這一定是眾所公認的⑯。

然而，在希臘人當中，自殺似乎一向不是很普遍的現象。除了克里歐孟尼斯⑰，我目前想不起有什麼非常著名的希臘愛國者或英雄以自己的手結束自己的生命。亞里斯托孟尼斯⑱的死亡，和亞傑克斯⑲的死亡，同樣是發生在有確實的歷史紀錄以前很久的事。西米斯托克利斯⑳之死，雖然發生在信史期間內，不過，常見的有關他怎麼死的說法，看起來和最

---

⑯ 譯注：作者在本書第五篇第二節第九段曾談到美洲印地安人的死亡之歌，可以拿來和此處比較。

⑰ 譯注：指Cleomenes III（西元前二六〇～二一九），斯巴達國王（西元前二三五～二一九）。

⑱ 譯注：作者似乎搞混了亞里斯托德慕斯（Aristodemus，伯羅奔尼撒半島西南部Messenia地區傳說中的首領，於西元前第八世紀領軍抵抗斯巴達）和亞里斯托孟尼斯（Aristomenes，同樣是Messenia地區傳說中的首領，於西元前第七世紀領軍抵抗斯巴達）。兩者的紀事首見於西元第二世紀Pausanius所撰之*Description of Greece*。根據Pausanius，自殺的是亞里斯托德慕斯，而不是亞里斯托孟尼斯。

⑲ 譯注：根據荷馬的史詩Iliad，亞傑克斯（Ajax）是Salamis的國王、希臘方面的英雄。他的死有許多不同的記述。根據荷馬的*Odyssey*，他是發狂自殺身亡的。

⑳ 譯注：Themistocles（西元前五二四～四五九），雅典的民主派政治家，領導雅典人於西元前四八〇年在

浪漫的神話故事沒有兩樣。蒲魯塔克[21]爲文記述的所有希臘英雄當中，克里歐孟尼斯似乎是唯一以這種方式結束生命的人。西拉麥尼斯、蘇格拉底和佛西翁[22]，這三人顯然並不缺乏勇氣，容許他們自己被捕入獄，並且甘心忍受同胞的不公正所判處的那種死刑。勇敢的尤孟尼斯容許自己，被反叛他的士兵，遞交給他的敵人安迪哥奴斯，然後被活活餓死，完全沒有企圖自戕[23]。英勇的菲羅波門[24]容許自己成爲梅西尼亞人的俘虜，被關進地牢，並且據說是被秘密毒死的。沒錯，有好幾個希臘哲學家據說是自殺身亡的；但，那些關於他們生平的記述

Salamis打敗波斯人，後來因政治原因，被迫流亡小亞細亞。希臘史學家修西的底斯（Thucydides，西元前四六〇～四〇〇）駁斥同代史學家Aristophanes關於他自殺身亡的傳奇記述。

㉑ 譯注：參見Plutarch（西元四六～一二〇），*Parallel Lives*。

㉒ 譯注：Theramines（西元前四五五～四〇四／三），雅典的寡頭執政團的政客，所謂三十獨裁者之一，由於過分溫和而被處死。Phocion，雅典的將軍，因主張和馬其頓媾和，於西元前三一八年被以叛國罪處死。他們兩人和蘇格拉底一樣，都被判處飲下毒胡蘿蔔液死去。

㉓ 譯注：尤孟尼斯（Eumenes，西元前三六二～三一六）和安迪哥奴斯（Antigonus，西元前三八二～三〇一）是亞歷山大大帝死後眾多爭奪其帝國的將軍中的兩位。

㉔ 譯注：Philopoemen（西元前二五〇～一八二），伯羅奔尼撒半島上的希臘聯軍主帥，在征討反叛的城邦梅西尼亞（Messene）時不幸身亡。

是這麼的愚蠢怪誕，從而有關他們的故事多半不可信。斯多亞學派的奠基者季諾的死，有三種不同的說法。有一說，稱他在享受了九十八年最爲完美的健康生活後，有一天在走出他所主持的學校時，碰巧跌倒；雖然除了一根手指折斷了或脫臼了，沒受到什麼損傷，他卻很生氣地以手拍擊地面，並且，根據尤里披蒂斯所寫的「奈奧比」（Niobe）㉕的敘述，說「我就來了，爲什麼你要叫我呢？」然後立即回家上吊自殺。一般人大概會認爲，在那麼大把年紀，他應當更有耐性才是。另一說，稱他在同一年紀時，因遭遇到類似的意外，之後自己絕食餓死。第三說，他在七十二歲時壽終正寢；在三種說法中，最後這個顯然最爲可信，而且也有某一當代人的權威支持，這個人絕對有機會知道他的生平事蹟；這個人就是柏西烏斯（Persaeus），他原本是奴隸，後來成爲季諾的朋友與門徒。第一種說法出自泰爾的阿波羅尼烏斯㉖，他和奧古斯都凱撒㉗是同一時代的人，大約活躍在季諾身後兩百年至三百年間。

㉕ 譯注：Euripides（西元前四八〇～四〇六），希臘悲劇作家。「奈奧比」是他的一部劇作，現已遺失。在希臘神話中，Niobe是Tantalus之女，她的十四個兒女全被Artemis和Apollo殺死，只因爲她自誇可以和他們的母親Leto相比擬，哭泣的Niobe被宙斯（Zeus）化成一塊石頭，據說仍然垂淚不已。

㉖ 譯注：Apollonius of Tyre。Tyre是古代地中海東南邊的一個重要港口，今在黎巴嫩境內。Apollonius據說是Tyre的國王。

㉗ 譯注：Augustus Caesar（西元前六三～西元一四），Julius Caesar的姪孫，羅馬的第一個皇帝（西元前二七～

我不知道誰是第二種說法的原創者。阿波羅尼烏斯本人就是一位斯多亞派的哲學家，他可能認爲，對一個談論這麼多自願死亡的哲學門派的創始人來說，以自己的雙手自願結束自己的生命，是一件光榮的事。雖然文人在死後，往往比他們同時代的偉大君主或政治家受到更多人談論，但他們生前通常是這麼的沒沒無聞，這麼的微不足道，以致他們的生平事蹟很少被當代的歷史家記錄下來。後代的歷史家爲了滿足大眾的好奇心，而且也由於沒有任何確實可信的文件可以支持或反駁他們的敘事，似乎往往就根據自己的想像去捏造關於前代文人的故事，並且幾乎總是摻雜大量不可思議的成分。我們目前討論的這個例子裡，不可思議的故事，雖然沒有任何權威支持，似乎向來比有可能是事實，而且也有最好的權威支持的故事更流行。迪奧基尼斯萊爾迪烏斯[28]明顯偏好阿波羅尼烏斯所寫的故事。魯西安[29]和萊克坦蒂烏斯[30]兩人顯然也相信，季諾活躍了一大把年歲後死於非命的故事。

自願死亡的風氣在自傲的羅馬人當中流行的程度，似乎遠勝過曾在活潑、靈敏與隨和

西元一四）。

[28] 譯注：Diogenes Laertius，西元第三世紀希臘的傳記作家。

[29] 譯注：Lucian（西元一一五～一八〇以後），敘利亞出生的希臘諷刺作家和詭辯家。

[30] 譯注：Lactantius（西元二四五～三二五），北非出生的基督教神學家。

的希臘人當中流行的程度。然而就羅馬人來說，這種風氣，在羅馬共和國早期或所謂美德盛行時期，似乎也還沒有確立。普遍流傳的瑞古魯斯[31]之死的故事，雖然很可能是一則神話，但，如果當時的人認爲，甘心忍受迦太基人據說曾施加在他身上的那些拷打折磨，會給那位英雄帶來什麼不名譽的話，該則神話就絕不會被捏造出來。在羅馬共和國的後期，這種甘心忍受敵人折磨的行爲，據我的理解，會招來一些不名譽。在羅馬共和國淪亡前的各次內戰中，所有鬥爭的黨派，都有許多地位顯赫的人士，選擇寧願親手了結他們自己的生命，也不願意落入政敵手中。小加圖[32]的死法，被西塞羅（Cicero）讚揚，被凱撒（Julius Caesar）譴責，成爲也許是這世界曾經見過的兩位最著名的辯護者之間一場非常嚴肅的論戰的主題，並且賦予這種死法一種歷經好幾代後似乎仍然未見褪色的光采。西塞羅的雄辯勝過凱撒的口才。讚揚的這一方大大勝過譴責的那一方，而後來好幾代愛好自由的人士也把小加

㉛ 譯注：Marcus Atilius Regulus，西元前二六五年至二五六年的羅馬執政官，於西元前二五五年，即第一次布匿戰爭（the Punic War）期間（西元前二六四～二四一），爲迦太基人所俘。當他被迦太基人派遣回羅馬談和時，反而主張戰爭，但信守他的承諾，返回迦太基，在那裡，根據非常可疑的傳說，他因爲守信返回而被拷打折磨致死。

㉜ 譯注：Marcus Porcius Cato Uticensis（西元前九五～四六），羅馬政治家、軍人與斯多亞派哲學家。

圖視爲羅馬共和派中最値得尊敬的烈士。德里茲樞機主教[33]指出，一個黨派的領袖可以爲所欲爲，只要持續保有同夥的信任，該領袖就絕不可能做出什麼錯事；這一則箴言所含的眞理，這位主教大人，在好幾個場合，曾有機會親身體驗。小加圖，除了有自己的其他那些美德之外，似乎還是杯中物的一位了不起的伴侶。他的政敵指控他老是醉醺醺的，但，塞尼加[34]說，凡是根據此一惡癖而反對小加圖的人都將發現，要證明酩酊大醉是一項美德，比證明小加圖可能沉迷於任何惡癖，來得更爲容易許多。

在羅馬帝國時期，這種死法似乎在很長一段時期內非常流行。在普里尼[35]的書信史中，我們發現一則記載說，有好幾個人選擇以這種方式結束生命，然而，他們所以這麼做，似乎是出於虛榮與賣弄的心理，而不是出於任何在冷靜與明智的斯多亞派學者眼中可以算是適當或必要的理由。甚至一些追隨時髦很少落於人後的上流社會仕女，似乎也往往毫無來由地選擇以這種方式結束生命；並且，像孟加拉的仕女那樣，在某些場合，陪伴她們的丈夫下

㉝ 譯注：Jean François Paul de Gondi，Cardinal de Retz（一六一四～七九），法國神學家。在本書第一篇第三章第二節，第三篇第六節，以及第六篇第二章第三節，曾經提過。

㉞ 譯注：Seneca（西元前四～西元六五），羅馬政治家、哲學家及悲劇作者。

㉟ 譯注：Pliny the Younger（西元六二～一一三），羅馬政治家和作者。

葬。這種風氣的流行無疑導致許多原本不會發生的死亡。然而，這種風氣，也許是虛榮與魯莽的人性成分發揮的極端，因此，它所可能造成的一切禍害，不論在什麼時候，大概都不會很大。

自殺的原則，或者說，那個教我們在某些場合要把這種激烈的行爲視爲讚許與喝采的適當對象的原則，似乎完全是哲學家憑空思辨琢磨出來的產物。自然女神，在她身心健全的時候，似乎從未鼓舞我們自殺。沒錯，確實有一種憂鬱症（人性，除了其他種種悲慘的狀態外，很不幸地，也很容易患這種病），似乎附帶有一股抑制不住的自我毀滅的欲望。這種心理疾病，屢見不鮮地把那些不幸爲這種病所苦的人，逼向這個致命的極端，儘管這些人的外在環境常常是極其順利的，有時候甚至儘管他們還有最眞誠和最深入內心的宗教信仰。不幸以這樣悲慘的方式死去的那些人，不是該受譴責而是該受憐憫的對象。當他們已超越所有人間懲罰的範圍時，企圖懲罰他們，不僅荒謬，而且這種企圖的不公平性也不亞於它的荒謬性。人間的懲罰只可能落在那些比他們後死的朋友和親屬身上，而那些人總是完全無辜的，並且對他們來說，單是以這種不名譽的方式失去他們的朋友，便已經是一件非常嚴重不幸的事故了。自然女神，在她身心健全時，鼓舞我們在所有場合避免苦惱；鼓舞我們在許多場合保衛我們自己免於苦惱，雖然在那保衛的過程中，我們須冒著滅亡的危險，或甚至必死無疑。但，當我們既無能力保衛我們自己免於苦惱，也還沒有在那保衛的過程中滅亡時，所有自然的原則，所有對想像中的那個公正旁觀者是否讚許的顧慮，或所有對我們心中那個人的道德褒貶的顧慮，似乎都不會要求我們須以摧毀我們自己來逃避苦惱。只在我們意識到自己的懦弱，意識到自己無力以適當的男子漢氣概和堅毅去忍受不幸，才可能逼使我們採取這樣決絕的解脫。我不記得曾經讀過或聽過有哪一個美洲的野蠻人，在即將被某個敵對的部族俘虜時，自殺身亡，以免被俘後在敵人的侮辱與嘲弄中被拷打致死。他把自身的光榮寄託在以男子漢的氣概去忍受那些拷打折磨，以及寄託在以十倍的輕蔑和嘲笑去回敬敵人的那些侮辱。

然而，這種輕蔑生死的態度，以及，同時徹底順從天意的安排，或者說，完全甘心接受人世間的興替流變可能帶來的每一件事故，卻可以視爲整個斯多亞道德哲學架構賴以建立的兩條最根本的教義。獨立自主、勇敢奮發，但常常是嚴厲冷酷的艾彼科蒂塔斯，可視爲前述第一條教義的偉大提倡者；而溫和、優雅與仁慈的安東尼納斯[36]，則可視爲前述第二條教義的偉大提倡者。

那位被義巴弗利蒂圖斯解放的奴隸，在他年輕時，遭到一位殘忍的主人傲慢的虐待，在他較爲成熟時，被性喜猜忌與反覆無常的（羅馬皇帝）德米雄逐出羅馬與雅典，而不得不住

㊱ 譯注：即Marcus Aurelius（西元一二一～一八〇），西元一六一～一八〇年的羅馬皇帝，Antoninus是他登基時自加的名號，是著名的斯多亞派哲學家。參見本書第六篇第二章第三節注㉑。

在尼科波利斯，並且隨時可能被同一位暴君驅逐流放到蓋爾若島，甚或也許被處死；只能夠以在心中培養對人生輕蔑至極的態度來保持他內心的平靜。他最爲興高采烈，從而他的雄辯也最爲激昂的時候，莫過於當他訴說人生的一切享樂和人生的一切痛苦皆屬空無的時候㊲。

那位秉性善良的皇帝㊳，身爲整個文明世界絕對至高無上的統治者，無疑沒有任何獨特的理由抱怨自己的命運，然而，他卻樂於表達自己對日常事態的發展所感到的滿足，並且樂於指出，甚至在粗俗的觀察者不容易看出有什麼賞心悅目之處的那些日常的瑣事中，也有許多值得驚嘆的美麗。他指出，甚至在年老時，也和年輕時一樣，有一種合宜性，甚至是動人的優雅；老年人的衰弱老朽和年輕人的朝氣蓬勃一樣符合自然。而且，死亡是年老的一個適當的結束，正如青年之於幼年，或成年之於青年那樣。他在另外一個場合指出，正如我們常常說，醫生指示某某人去騎馬，或洗冷水澡，或赤腳走路；所以我們也應該說，自然女神，這位偉大的宇宙主宰與醫生，指示某某人罹患某種疾病，或截斷部分手足，或失去一

㊲ 譯注：艾彼科蒂塔斯（Epictetus）（參見前注⑩）原本是尼祿（Nero，西元五四至六八年的羅馬皇帝）和德米雄（Domitian，西元八一至九六年的羅馬皇帝）的秘書義巴弗利蒂圖斯（Epaphriditus）的奴隸，義巴弗利蒂圖斯後來解放了這位未來的斯多亞學派大師。德米雄於西元八九年把這位大師逐出羅馬，艾彼科蒂塔斯從此待在尼科波利斯直到老死。愛琴海中的蓋爾若島（今名Nisos）當時是羅馬的一個流放罪犯的處所。

㊳ 譯注：指前述的安東尼納斯（Antoninus）。

個小孩。聽從普通醫生的指示，病人吞下了許多苦澀的藥劑，接受了許多次痛苦的手術。然而，由於抱著結果可能是健康的希望，儘管這希望非常不確定，他仍然高興地順從醫生的所有指示。同樣地，病人也可以期望大自然的醫生所給的那些最嚴厲的指示，將有助於他自己的健康，有助於他自己最終的繁榮與幸福；並且他可以完全放心相信，那些指示，對宇宙的健康，對宇宙的繁榮與幸福，對朱比特的偉大計畫的推行與促進，不僅有幫助，而且更是不可免的必要。如果它們不是這麼有幫助，也這麼有必要的話，宇宙就絕不會產生它們；無所不知的造物主和宇宙主宰絕不會容許它們發生。由於宇宙所有同時共存的部分，甚至是其中最微小的部分，全都嚴密地彼此扣合在一起，並且全都有助於構成一個龐大無比且相互連貫的體系；所以，所有一個接著一個相繼發生的事件，甚至那些表面上最微不足道的事件，全是那一條過去不知道從何開始，將來也不會有結束的偉大因果鏈當中的成分，而且還是必要的成分；而所有那些事件，由於它們全都必然起因於那個根本的整體安排與設計，所以，不僅對整體的繁榮來說，而且也對整體的延續與保全來說，全都是根本必要的。不論是誰，如果沒誠心誠意地擁抱臨到自身上的一切，如果爲臨到自身上的事情感到難過，如果不甘心那事情臨到自身上，那他就是希望，在他能力所及的範圍內，阻礙宇宙的運動，破壞那條偉大的環環相扣的因果鏈條，儘管唯有透過這條因果鏈的開展，整個宇宙體系才得以延續與保全；因此，等於是希望，爲了自己渺小的便利，使整部世界機器陷入混亂乃致解體。在另一個地方，他說：「喔，世界，凡是適合於你的，都適合於我。凡是對你是合於時宜的，對我來說，就不會太早或太晚。你的時令產生的，全都是我的果實。一切全出於你；一切全屬於你；一切全爲了你。某人說，喔，心愛的希克洛普斯城[39]。難道你不會說，喔，心愛的神之城？」

從這些非常崇高莊嚴的教義，斯多亞學派的哲學家，或至少是此派的某些哲學家，企圖演繹出所有他們那些與公認的意見相反的議論或反論。

斯多亞學派的智者努力體會偉大的宇宙主宰所持的見解，努力同樣以那位神明看待事物的眼光去看待事物。那位神明的神意開展所可能產生的一切不同的事件，在我們看來，有的極爲偉大，有的極爲渺小，例如，借用波普[40]先生所說的話，有的宛如一個泡沫的破滅，有的則好比是一個世界的毀滅，但，在那位偉大的宇宙主宰來說，它們完全沒有什麼大小之分，它們同樣是祂自永恆以來便已命定的那個偉大的因果鏈中必要的環節，全是同一不會出錯的智慧，同一全面且無限的仁慈所作成的結果。同樣地，對斯多亞學派的智者來說，所有那些不同的事件也完全沒有什麼大小之分。沒錯，在那些事件開展的過程中，有某個小

㊴ 譯注：所謂希克洛普斯城（the city of Cecrops）指雅典。

㊵ 譯注：Alexander Pope（一六八八～一七四四），英國詩人，以諷刺性的史詩*The Dunciad*（有人譯爲《笨伯記》或《群愚史詩》）聞名於世。此處之引文出自Pope的Essay on Man。參見本書第三篇第二節注⑤。

小的部門㊶分派給他，他自己在其中有小小的一些管理與指揮權。在這部門中，他努力盡所能地做到行動合宜，努力按照那些，他認爲，已經指示給他遵守的原則爲人處世。但，他不會焦急地或暴躁地擔心，他自己最忠實的努力，結果是否成功或失敗。那個小小的部門，那個多少可以說已經託付給他管理的小小體系，它的極度繁榮或完全毀滅，對他來說，完全無關緊要。如果那些結果取決於他，他肯定會選擇繁榮而拒絕毀滅。但，由於它們並非取決於他，所以他信賴某一高於他的智慧，並且完全安心地相信，實際出現的結果，不論是什麼，正是他自己，如果他知道所有事情之間的聯繫與依存關係的話，肯定會極其認眞與虔誠地希望出現的結果。凡是他在那些原則的影響與指導下所做的，不論是什麼，都是同樣完美的行爲；如果以他們通常用來說明這一點的那個例子爲例，那就是，當他伸出自己的手指，他便完成了一項，在每一方面，和他爲了報效國家而犧牲自己的性命一樣應受獎賞，也一樣值得讚美與欽佩的動作。正如對偉大的宇宙主宰來說，祂的最大與最小的努力，從一個世界的形成或分解，到一個泡沫的形成或分解，都是同等的容易，同等的值得讚美，並且也全是同一神聖的智慧與仁慈所作成的結果；所以，在斯多亞學派的智者來說，我們所謂偉大的行動，不會比我們所謂渺小的行動需要更多的努力，而是同等的容易，同樣出自於完全相

㊶ 譯注：這部門是指每個人本人能力所及的範圍而言。

同的原則，因此，不論在哪一方面，都不會比所謂渺小的行動更應受獎賞，或值得更高程度的讚美與欽佩。

正如所有已經達到前述那個完美境界的人都是同樣的幸福，所以，所有只差一點點尚未達到那個境界的人，不論多麼的接近那個境界，也都是同樣的不幸。他們說，正如一個在水面下不過一英寸的人，不會比一個在水面下一百碼的人，能呼吸到更多空氣；所以，一個尚未完全克服所有私人的、偏愛的和自私的情感的人，一個心中除了誠摯渴望整體幸福之外還有其他任何渴望的人，一個尚未完全從渴望滿足他那些私人的、偏愛的和自私的情感解脫出來，也就尚未完全從他所陷入的那個不幸與混亂的深淵解脫出來的人，不會比一個距離深淵的出口最遙遠的人，更能呼吸到自由與獨立的新鮮空氣，更能享受到智者所享有的那種心安與幸福。正如智者的所有行動都是完美的，而且是同等完美的；所以，尚未達到這個至高的智慧境界的人，他的所有行動都是不完美的，而且，如斯多亞學派的某些哲學家所稱，也是同等不完美的。他們說，正如某一條眞理不會比另一條眞理更眞，而某一句假話也不會比另一句假話更假；所以，一樁光榮的行動不會比另一樁光榮的行動更光榮，而一樁可恥的行動也不會比另一樁可恥的行動更可恥。正如在打靶時，打偏一英寸，和打偏一百碼，同樣是沒有命中目標；所以，一個人若在我們看來最無足輕重的行動上不合宜或沒有充分理由，和一個人若在我們看來最重要的行動上不合宜或沒有充分理由，兩者是同樣的不完美；例如，一個不適當或沒有充分理由而殺了一隻雞的人，和一個殺了自己父親的人，是同樣的不完美。

如果說前面那兩則反論中的第一則看起來太過牽強，那第二則反論就顯然荒謬到不值得任何人認眞考慮。它的確是這麼的荒謬異常，讓人簡直禁不住要懷疑，它必定多少已經遭到誤解或扭曲了。無論如何，我無法容許自己相信，像季諾或克里安西斯[42]這樣，據說雄辯術極其質樸也極其雄壯的人，會是這兩則，或其他大部分通常只不過是傲慢的詭辯，而且也不太可能爲他們的學說增添任何光采的那些反論的原創者，因此，我不打算繼續說明它們。我傾向於寧可認爲它們出自克里希布斯[43]之手。沒錯，他是季諾和克里安西斯的門徒與隨從，但根據所有流傳至今關於他的文獻史料，他似乎不過是一個賣弄辯證法的學究，沒有任何高雅的品味可言。他可能是第一個，以充滿矯揉造作的定義、分類和再分類，把他們的教義轉變成一套刻板的、流於形式系統的人；要把任何道德或形而上教條或許還含有的些許道理盡數消滅，這也許是一個最有效的辦法。這樣的人，我們大可認爲，會太過按照字面上的意義，去解讀老師在描述品德完美無瑕的人所享有的幸福，以及尚未達到品德無瑕的人所蒙受的不幸時，所採用的一些強烈生動的措詞。

[42] 譯注：Cleanthes（西元前三三一～二三二），斯多亞學派的第二代首領（西元前二六二～二三二）。

[43] 譯注：Chrysippus（西元前二八〇～二〇七），斯多亞學派的第三代首領（西元前二三二～二〇七）。

斯多亞學派的哲學家一般似乎承認，那些尚未達到品德完美與幸福的人，還是具有某一通達程度的品德。他們把那些人，根據通達的程度，分成幾個類別；把品德有所通達的人想必有能力實踐的那些不完美的美德，不稱爲各種類別的正直，而是稱爲各種合宜的、適當的、得體的或體面的行爲，這些全是可以用某個像似眞的，或可能是眞的理由，予以合理化的行爲；西塞羅以拉丁文「officia」㊹表示那些行爲，而塞尼加則是以拉丁文「convenientia」㊺表示那些行爲，我認爲後者比較正確。關於那些不完美的、但一般人可以達到的美德，他們的學說，似乎構成了那一門我們可以稱之爲斯多亞學派的實務道德學的學問。這是西塞羅的《責任論》㊻的主題；據說也是另一本出自馬卡斯布魯特斯㊼，但現在已經遺失的著作的主題。

自然女神爲我們的行爲所勾勒的那個方案，似乎全然不同於斯多亞學派的主張。根據自然女神的原則，對我們自己還有小小的一些管理與指揮權的那個部門有直接影響

㊹ 譯注：拉丁文officia是英文office的字源，有職務、服務、幫助的意思。

㊺ 譯注：拉丁文convenientia是英文convenience和convene的字源，有適切的服務或幫助的意思。

㊻ 譯注：Cicero, *De Officiis.*

㊼ 譯注：Marcus Brutus（西元前八五～四二），Julius Caesar最著名的刺客。

的那些事件，或者說，對我們自己、我們的朋友、我們的國家有直接影響的那些事件，最令我們感興趣；我們的欲望與厭惡，我們的希望與恐懼，我們的喜悅與悲傷，主要就是那些事件所激起的。倘若前述那些熱情，一如它們很容易變成的那樣，過於猛烈，自然女神也已預備了一個補救和矯正的辦法。眞實的，或甚至只是想像存在的公正旁觀者，也就是我們心裡的那個人的權威，總是會在我們身旁威嚇鎭壓它們，把它們降爲適度受到節制的情感。

倘若，儘管我們盡了最忠實的努力，所有能影響這個小小部門的事件，結果都是最不幸的與最悲慘的，自然女神也從未讓我們毫無慰藉。那個慰藉不僅可以得自於心裡頭的那個人對我們的完全讚許，而且，可能的話，也可以得自於一個更高而且更慷慨的原則，也就是得自於堅定地信賴與虔誠地順從那個主宰所有人間世事的仁慈智慧；只要我們相信，那個主宰絕不會容許那些不幸的事情發生，如果它們對整體的幸福並非是不可免的必要。

自然女神並未指示我們，要把前述這個崇高莊嚴的冥想當作我們生命中的主要職務。她只是把它指出來，給我們當作我們遭逢不幸時的慰藉。但，斯多亞學派卻把它定位爲我們生命中的主要職務。該派哲學教我們，除了保持我們自己的心靈秩序良好，以及我們自己的取捨合宜之外，不要認眞焦急地看待任何事情，除非牽涉到某個我們不僅實際上沒有、而且也不應該有任何管理或指揮權的部門，亦即，除非牽涉到偉大的宇宙主宰所管理的部門。透過指示我們採取那種完全漠不關心的態度；透過指示我們努力，並非只是節制，而是根絕所有我們個人的、偏愛的與自私的情感；透過指示我們強忍我們自己的情感，不要爲任何可能臨到我們自己、我們的朋友或國家的不幸而產生任何情感，即便是公正的旁觀者會感覺到的那種同情的而且弱化了的情感；透過這樣或那樣，該學派努力要使我們變得完全不在乎，完全不關心每一件切身事情的成功或失敗，儘管自然女神指示給我們當作生命中的適當職務的，正是這種切身的事情。

哲學的種種議論，可以說，雖然也許會迷惑我們的理解或判斷，卻絕不可能破壞自然女神在各種因果之間所建立起來的那種必然的聯繫。儘管有斯多亞哲學的那一切議論與主張，那些自然會激起我們的欲望與厭惡，激起我們的希望與恐懼，或激起我們的喜悅與悲傷的原因，無疑還是會在每一個人身上，按照他的感受性實際發達的程度，產生它們特有且必然的效果。然而，心裡頭那個人的判斷，或許會受到那些議論很大的影響；心裡頭那個了不起的人，或許會被那些議論教到想要威嚇鎮壓我們所有個人的、偏愛的與自私的情感，使它們或多或少接近徹底的平靜。指導心裡頭那個人的判斷，是所有道德學說的主要目的。斯多亞學派的哲學對派下門徒的品行有很大的影響，是無可置疑的；雖然有時候或許會刺激他們採取不必要的自戕行動，但，它的一般傾向仍是鼓勵他們要有最英勇恢宏與最廣慈博愛的行爲。

(4) 除了這些古代的，還有一些現代的學說，也主張美德在於行爲的合宜，或者說，在於引發行爲的情感，和激起這情感的原因或對象相配。例如，克拉克博士[48]認爲，美德在於行爲按照各種事物之間的關係而發，或者說，在於按照某些行爲施加於某些事物，或某些行爲出現在某些關係中，是否相宜或契合，來調節我們的行爲；烏勒斯頓先生[49]認爲，美德在於行爲時按照事物的眞相，按照事物特有的天性和本質，如果它們眞的是什麼，就把它們當作是什麼來對待，如果它們不是什麼，就別把它們當作是那什麼來對待；而薩夫茲貝里閣下[50]則認爲，美德在於各種情感保持某種適當的平衡，在於不容許任何熱情適越適當的範圍；所有這些學說全都企圖說明同一根本的理念，只是它們的敘述全都或多或少不太準確。

但，所有這些學說都沒有提出，甚至也沒有作態表示要提出，任何嚴謹或明確的標準，能夠供我們用來確定或判定情感是否具有這種適當性或合宜性。那個嚴謹而明確的標準，除了在公正且充分了解情況的旁觀者心中的同情感，別的地方是找不到的。

---

⑱ 譯注：Samuel Clarke（一六七五～一七二九），參見本篇第一章注②。

⑲ 譯注：William Wollaston（一六六〇～一七二四），*Religion of Nature Delineated*（一七二二）一書的作者。

⑳ 譯注：Anthony Ashley Cooper，3rd Earl of Shaftesbury（一六七一～一七一三），*Inquiry Concerning Virtue*（一六九九）一書的作者。

此外，對於美德是什麼的描述，在前述每一個學說中，實際提出來的，或至少打算提出來的（某些現代的理論家在意思表達方面，運氣不是很好），專就它們所描述的範圍而論，無疑是頗爲恰當的。沒有合宜，就沒有美德，而凡是合宜的，便該獲得某一程度的讚許。但，這樣的描述仍然是不夠完美的。因爲，雖然合宜性是每一樁美德行爲中的根本要素，卻未必是唯一的要素。種種慈善的行爲含有另外一種性質，由於有這種性質，它們顯得不僅值得讚許，而且也值得報答。對於這種行爲似乎值得的那種比較高程度的尊敬，或對於它們自然會引起的那種情感，那些學說中沒有任何一個可以輕易或充分地給予說明。而它們對於邪惡是什麼的描述，也不見得就比較完整。因爲，同樣地，雖然不合宜是每一樁惡行中的一個必要的因素，卻未必是唯一的因素；反之在一些很無害也很無足輕重的行爲中，常常含有極高程度的荒謬與不合宜。一些於我們的同胞有害的行爲，如果是蓄意的，除了不合宜之外，還有一種特別屬於它們自己的性質，由於有這種性質，它們顯得不僅應受譴責，而且也應受懲罰；顯得不僅是該憎惡的對象，而且也是該怨恨與報復的對象：而對於這種行爲讓我們感覺到的那種比較高程度的憎惡，那些學說中沒有任何一個可以輕易或充分地給予說明。

第二節　論主張美德以審愼爲本的學說

主張美德在於審愼，並且還有不少著作流傳至今的學說，最古老的，是伊比鳩魯的學說。不過，他的學說所有的主要原則，據說都是他從一些前輩學者，特別是從亞里斯迪布斯[51]那裡，抄襲過來的。然而，儘管他的對頭有這樣的說法，至少他運用那些原則的方式很可能完全是他自己原創的。

根據伊比鳩魯，身體的快樂與痛苦，是我們天生喜惡的唯一終極對象。他認爲，身體的快樂與痛苦總是喜惡熱情的自然對象，那是無須證明的。沒錯，某個快樂有時候或許看起來適合避免；但，不會因爲它是快樂，而是因爲，如果享受它，我們或者會喪失某個更大的快樂，或者會使我們自己蒙受某個痛苦，而我們想要避免該痛苦，甚於我們想要享受該快樂。同樣地，痛苦有時候或許看起來適合選擇；但，不會因爲它是痛苦，而是因爲，如果忍受它，我們或者可以避免某個更大的痛苦，或者可以獲得某個更大的快樂。因此，他認爲，身體的痛苦與快樂，十分顯而易見地，總是我們的喜好與厭惡的自然對象。至於它們是

[51] 譯注：Aristippus of Cyrene（西元前四三五～三五五），蘇格拉底的門徒，後來建立昔蘭尼（Cyrenaic）哲學門派，勤行並鼓吹「享樂主義」（Hedonism）。

那些熱情的唯一終極對象，他認爲，也是同樣有目共睹的。其他任何對象所以被喜好或被厭惡，在他看來，完全是因爲有助於或傾向於產生身體的快樂或痛苦。例如，有助於獲得快樂，使權勢和財富成爲喜好的對象，而相反地，傾向於產生痛苦，則使貧窮與卑賤成爲厭惡的對象。光榮與名譽所以被我們看重，是因爲不論從獲得快樂的觀點，或者從保護我們免於痛苦的觀點來看，他人對我們的尊敬與愛戴都是極其重要的。相反地，恥辱與不名譽所以該避免，則是因爲他人對我們的憎恨、輕蔑與忿怒，會摧毀一切安全感，並且必然會給我們的身體帶來極大的痛苦。

心靈的所有快樂與痛苦，根據伊比鳩魯，最後都源自於身體的快樂與痛苦。當心靈想到身體過去的快樂，以及期待身體未來的快樂時，它是快樂的；當它想到身體過去曾忍受的痛苦，以及害怕身體未來會有相同或更大的痛苦時，它是悲慘的。

但，心靈的快樂與痛苦，雖然最終源自身體的快樂與痛苦，卻遠遠大過它們的源頭。身體只感受到目前這一刻的感覺，然而心靈還另外感受到過去的和未來的感覺，前者透過回憶，後者透過預期，因此，心靈不僅承受更多痛苦，也享受更多快樂。當我們蒙受最大的身體痛苦時，他指出，如果我們仔細注意這痛苦，我們總是會發現，主要折磨我們的，並不是目前這一刻的痛苦，而是令人痛不欲生的對於過去的回憶，以及更加令人毛骨悚然的對於未來的恐懼。每一刻的痛苦，如果就其本身而論，如果完全和所有過去的，以及所有未來的痛苦，分開來看的話，只不過是小事一樁，完全不值得注意。然而，身體所能蒙受的全部痛苦，可以說，也只有這每一刻的痛苦。同樣地，當我們享受最大的快樂時，我們總是會發現身體的感覺，即目前這一刻的感覺，只不過是我們的快樂中的一小部分；我們的享受主要來自令人高興的對於過去的回憶，或者來自令人更加高興的對於未來的期待；心靈的貢獻始終是快樂或痛苦的絕大部分。

由於我們的快樂與痛苦主要倚賴心靈，因此，我們天生的這一部分秉性如果安排適當，也就是如果我們的思想與見解像它們應該像的那樣，那我們的身體受到怎樣的影響，就無關緊要。即使身體在極端痛苦中，如果我們的理智和判斷保持優勢，我們仍然可以享受很大的一份快樂。我們可以透過回憶過去和期待未來的快樂來愉悅我們自己。我們可以透過想起什麼是我們，甚至在這個時候，有必要忍受的，來減輕我們的痛苦。因爲，我們有必要忍受的，只是身體的感覺，只是目前這一刻的痛苦，而這痛苦單獨來說絕不可能是很大的。我們由於害怕這痛苦的延續而所蒙受的一切痛苦，全是心裡的某個想法所造成的，是可以透過更恰當的想法予以導正的；我們可以想，如果我們將來的那些痛苦是非常劇烈的，那它們便不太可能持久；而如果它們是很持久的，那它們便很可能是溫和的，並且還會有許多緩和下來的空檔；而且，無論如何，死神總是在我們附近，隨時可以喚來拯救我們；伊比鳩魯認爲，死亡會結束一切感覺，不論是痛苦或快樂，因此，死亡不能看作是一種痛苦。他說，當我們存在時，死亡便不存在；而當死亡存在時，我們便不存在；因此，死亡對我們來說算不了什麼。

如果說實際感覺到身體的眞實痛苦，就其本身而論，是如此的小到無須害怕，那實際感覺到身體快樂就更加小到不值得貪求。快樂的感覺自然遠比痛苦的感覺更不具刺激性。因此，如果說痛苦的感覺，能從一個安排適當的心靈減去的快樂是這麼的少，那快樂的感覺就幾乎不可能給那樣的心靈增添什麼快樂。當身體沒有痛苦，而心靈也沒有恐懼或焦慮時，再添加上去的身體快樂的感覺便只會有極小的重要性；雖然它或許會使快樂多樣化，但嚴格地說，它不可能增加這個情況的快樂總量。

因此，伊比鳩魯認爲，人生最完美的狀態，人生所能享受的最圓滿的幸福，就在於身體的安逸，以及心靈的安詳或平靜。達成此一自然喜好的主要目的，是所有美德的唯一目標；在他看來，一切美德之所以是可喜可賀的，並不是因爲它們本身的緣故，而是因爲它們有助於完成這個目標。

例如，審愼，根據此派哲學，雖然是一切美德的來源與根本要素，然而，它所以是可喜的，卻不是因爲它本身的緣故。那種仔細、費神與愼重的心靈狀態，永遠留神注意每一項行動最遙遠的後果，如果不是因爲有助於取得最大的快樂，並且避免最大的痛苦，僅就其本身而論，不可能是一件開心或愉快的事情。

同樣地，放棄享樂，遏制與約束我們自然喜歡享樂的熱情，雖然是自我克制或節制的職責，但這職責，就其本身而論，也絕不可能是可喜的。這種美德的價值全來自於它的效用，來自於它使我們能夠延緩眼前的享受以換取未來更大的享受，或者使我們能夠避免因爲貪圖眼前的享受而可能蒙受的更大痛苦。總而言之，所謂節制的美德，不過是著眼於享樂的審愼算計罷了。

剛毅的美德時常引領我們進入的一些情況，譬如，辛苦耐勞、忍受痛苦、面對危險或死亡等等，毫無疑問地，更加不是自然的喜好對象。它們所以會被我們選上，純粹是爲了避免更大的痛苦。我們所以認命地辛苦工作，是爲了避免貧窮帶來更大的恥辱與痛苦，而我們所以甘心招來危險乃至死亡，則是爲了保護我們的自由與財產，爲了保護我們藉以獲得快樂與幸福的手段和工具；或者是爲了保衛我們的國家，而這則是因爲我們自己的安全必然包含在我們國家的安全裡頭。剛毅的美德使我們能夠高高興興地做這一切事情，把它們當作我們在目前的處境中所能做的於我們自己最有利的事情，因此，剛毅的美德，實際上，只不過是展現審愼、明智與沉著於適當地辨別衡量各種痛苦、辛勞與危險，並且總是爲了避免其中那比較大的，而選擇忍受比較小的。

公平或正義也是同樣的情形。絕不侵占他人的東西，就這決心本身而論，並不是可喜的；我占有我的東西，毫無疑問的，不可能比你占有它，對你更有利。然而，你卻應該克制你自己，不可占有任何屬於我的東西，因爲如果你沒有那麼做，你肯定會激起人類的怨恨與憤慨。你內心的安詳與寧靜將完全遭到破壞。你的內心將充滿恐懼與驚惶，你將不時想到人們隨時準備要對你施加懲罰，而在你自己的想像中，這世上絕對沒有任何力量，沒有任何技巧，也沒有任何隱蔽或躲藏的辦法，足以保護你免於那懲罰。另外一種意義的公平或正義，所以是可取的，也是基於同樣的理由；這種意義的公平或正義在於提供適當的幫助給各種不同人士，按照他們和我們之間處於什麼樣的關係，亦即，按照他們和我們的關係是鄰居、親屬、朋友、恩人、上司或同輩，而給予不同的適當幫助。在所有這些不同的關係中做出適當的行爲，會使我們獲得同胞的敬愛；而沒做出適當的行爲，則會激起他們的輕蔑與憎惡。透過前一種行爲，我們自然會確保我們內在的安樂與平靜；透過後一種行爲，我們必然會危及我們內在的安樂與平靜；而這安樂與平靜正是我們所有喜好的最終且最主要的目標。因此，公平或正義的美德，這個在所有美德中最重要的美德，全部的價值不過是，在對待我們的鄰人時，要有審慎分辨與考慮周詳的適當行爲。

以上所述就是伊比鳩魯關於美德性質的學說。顯得令人訝異的是，這位哲學家據說是一位非常和藹可親的人，可是他卻未曾注意到，不論那些美德或相反的惡行實際對於我們身體的安樂與安全有什麼影響，它們自然會在他人身上引起的那些情感，和它們的所有其他影響相比，是某種遠比較強烈的喜好或厭惡的對象；被人認爲和藹可親，被人認爲可敬，被人認爲是尊重的適當對象，比這愛戴、尊敬與尊重可能爲我們的身體帶來的一切安樂與安全，更受每一個秉性適當的心靈重視；相反地，被人認爲討厭，被人認爲可鄙，被人認爲是義憤的適當對象，比受人憎惡、輕蔑或憤慨可能使我們的身體蒙受的一切痛苦，更爲可怕；因此，我們所以希望具有前一種性質，以及我們所以厭惡具有後一種性質，絕不可能是因爲我們考慮到那兩種相反的性質對我們的身體可能造成什麼不同的影響。

這個理論體系無疑和我在前面努力想要建立的那個理論完全不一致。然而，要找出這個理論是從人性的哪一個面向，或者，如果我可以這麼說，從哪一個觀察人性的角度或觀點，得到它的那種像似眞理的性質，倒也不困難。由於造物主的睿智設計，美德，在所有平常的場合，甚至對於今世而言，是眞智慧，是獲得安全與利益最可靠且最便捷的手段。我們在事業上的成功或失敗，一定非常倚賴一般人認爲我們是好人或是壞人，並且非常倚賴那些和我們一起生活的人一般是傾向幫助我們，或是傾向阻擾我們。但，毫無疑問的，想要獲得他人的好感，並且避免他人的惡感，最好、最可靠、最容易且最便捷的方法，莫過於努力使我們自己成爲好感的適當對象，而不是惡感的適當對象。蘇格拉底說：「你希望擁有一個好樂師的名聲嗎？要獲得它，唯一可靠的方法就是努力成爲一個好樂師。你希望被人們認爲有能力做一位將軍或做一位政治家來服務你的國家嗎？在這場合，最好的方法也是眞正學會戰爭與統治的藝術和經驗，成爲眞正適合做一位將軍或政治家。而同樣地，如果你希望被人認爲是冷靜的、有節制的、正直的與公平的，獲得這種名聲的最好方法是努力使自己成爲一個冷靜的、有節制的、正直的與公平的人。如果你眞能使自己成爲可親與可敬的人，成爲尊重的適當對象，那你就不用擔心不會很快獲得同胞的愛戴、尊敬與尊重。」由於美德的行爲一般來說是這麼的有利，而邪惡的行爲則是這麼有害於我們的利益，所以，考慮到它們相反的利害趨向，無疑會賦予美德一種附加的美麗與合宜的光采，並且賦予惡行一種附加的醜陋與不合宜的色調。節制、恢宏、公正與慈善，於是變得不僅在它們固有的性質下受到讚許，而且也在它們被看成是最高的智慧與最實際的審慎等等附加的性質下受到讚許。同樣地，不節制、怯懦、不公正，以及惡意或齷齪的自私等等和上述美德相反的惡行，變得不僅在它們固有的性質下受到譴責，而且也在它們被看成是最短視的愚蠢與軟弱等等附加的性質下受到譴責。伊比鳩魯似乎在每一種美德中只注意到這一種（附加的）合宜性而已。那些努力遊說人們行為要守規矩的人，最容易想到的，也就是這種合宜性了。當人們以他們自己的陋習，甚至也許還以他們自己的口頭禪，清楚顯示美德固有的自然美大概對他們不會有什麼說服力時，除了告訴他們說他們的行為其實很愚蠢，說他們自己最後很可能因為他們的那些愚蠢而倒大楣，還有什麼辦法可以打動他們的心？

另外，藉著把各種美德全歸結於這一種合宜性，伊比鳩魯也滿足了一項嗜好；這項嗜好，每個人都會有，但哲學家尤其傾向以一種特別鍾愛的態度去刻意培養它，把它當作是他們的發明才華賴以展現的偉大手段；這嗜好就是，以盡可能少的幾個原則，去說明所有不同的現象。當他把天生喜惡的所有根本對象全都歸結於身體的苦樂時，他無疑更進一步地滿足了這項嗜好。這位原子論哲學的偉大擁護者，是這麼喜歡從最顯而易見與人人知道的因素下手，從微小的物質分子形狀、運動與排列下手，去推論所有物體的力量與性質，所以，當他同樣從那些最顯而易見與人人知道的感覺下手，去說明心靈所有的感覺與熱情時，他無疑也得到了某種類似的滿足。

就主張美德在於以最適當的方式求取或避免我們天生喜惡的根本對象而論，伊比鳩魯的理論和柏拉圖、亞里斯多德與季諾等人的理論是一致的。他的理論在其他兩方面和他們的理論不一樣；第一，在說明什麼是我們天生喜惡的根本對象上；第二，在說明美德何以卓越，或美德爲什麼該受尊重的理由上，他和他們不一樣。

根據伊比鳩魯，我們天生喜惡的根本對象全在於身體的苦樂，沒有別的；然而，根據其他那三位哲學家，還有許多其他的對象，諸如知識，諸如我們的親屬、我們的朋友和我們的國家的幸福，也是我們天生喜好的根本對象，也是我們因它們本身的緣故而喜好的最終對象。

另外，根據伊比鳩魯，美德不值得因它本身的緣故而予以追求，美德本身不是我們天生喜好的一個終極目標，美德所以是可喜的，不過是因爲它有助於避免痛苦，以及有助於獲得安逸與快樂而已。然而，根據其他那三位哲學家的意見，美德是可喜的，不僅是因爲有助於獲得我們天生喜好的其他根本對象，而且更因爲美德本身是比我們喜好的其他一切對象更有價值的東西。他們認爲，人既然天生是個行爲者，因此，他的幸福必定不僅在於他被動的感覺稱他的心、如他的意，而且也在於他主動的努力（或行爲）本身具有合宜性。

第三節　論主張美德以慈善爲本的學說

主張美德在於慈善的學說，雖然也許不像所有前面說明過的那些學說那樣古老，不過，它的歷史也仍然是非常悠久的。它似乎是和奧古斯都[52]大約同一時代、以及後來大多自稱爲折衷派（Eclectics）的那些哲學家的學說；這派哲學家自稱主要追隨柏拉圖和畢達哥拉斯的主張，因此通常也被人稱爲後柏拉圖學派。

根據這些哲學家，在神性當中，慈善或愛是唯一的行動原則，並主導所有其他屬性的發揮與運用。神的智慧用在找出各種方案，以實現祂的慈愛所提示的那些目的，正如無限的神力用在執行那些方案。然而，慈善仍然是最高的統治屬性，所有其他屬性都臣服於它，而神的各種行動的卓越性，或者如果容許我這樣措辭，神的各種行動的道德性，最後也全都源自慈善。人心的一切完美或美德，在於與神的完美有些類似或聯繫，或者說，在於充滿了同一種影響神的所有行爲的慈愛元素。人的行爲，只有出自這個動機，才眞正值得讚美，或者說，在神看來，才可以宣稱有些優點。唯有透過慈愛的行爲，我們才能，可以說和我們的身分相稱地，模仿神的行爲，才能表達我們謙卑且虔誠的欽佩與讚美祂那無限的完美；透過在我們內心培養同一種神的原則，我們能把自己的情感提升到和祂的種種神聖的屬性較爲類似的地步，從而使自己變得更爲適合接受祂的愛與尊敬；直到最後我們達到這派哲學企圖使我們昇華達到的那個偉大的目的：直接與神交會溝通。

這派學說，從前很受許多基督教神父尊重，而在宗教改革後，也有好幾個最傑出、最虔

[52] 譯注：Augustus Caesar（西元前六三～西元一四）。

誠、最有學問、也最和藹可親的神學家採納；特別是被劍橋大學的羅夫卡德沃斯[53]博士、亨利摩爾[54]博士、以及約翰史密斯[55]先生採納。但，這派學說的所有擁護者當中，不論古今，已故的哈奇遜[56]博士無疑是無人可比的、最銳敏的、最清晰的、最富哲理的，而且尤爲重要的，也是最冷靜和最精明的學者。

美德在於慈善，是一個得到許多人性現象支持的想法。前文已經指出[57]，適當的慈善是最高雅悅人的情感；它會引起一種加倍的同情感，從而獲得我們的歡心；由於它的行爲傾向必然是有益他人的，所以它是感激與報答的適當對象；基於所有這些理由，我們自然覺得它似乎具有一種高於其他任何情感的價值。另外，前文也曾提到，種種出自慈善或慈悲心的軟弱缺失，甚至不會讓我們覺得討厭，而其他每一種熱情所導致的軟弱缺失，卻總是極端使人嘔氣。有誰不厭惡過分的敵意，過分的自愛，或過分的忿怒？但，最過分放縱，甚至偏私的友愛，卻不是這麼令人討厭。唯有慈善的情感可以這樣盡情地發揮，無須顧慮或注意

---

[53] 譯注：Ralph Cudworth（一六一七～八八），英國神學家。

[54] 譯注：Henry More（一六一四～八七），英國神學家。

[55] 譯注：John Smith（一六一八～五二），英國神學家。

[56] 譯注：Francis Hutcheson（一六九四～一七四六）。本書作者大學時期的老師。參見本書第七篇第一章。

[57] 譯注：參見本書第一篇第二章第四節。

是否合宜，而仍然保有某種可愛迷人的氛圍。甚至純粹本能的善意也有其可愛之處；這種善意會促使人不由自主地立即提供幫助，沒有片刻想到是否會因而成爲人們譴責或讚許的適當對象。其他熱情就不是這樣。當它們被合宜感遺棄的那一刻，當它們沒有合宜感相伴的那一刻，它們就不再討人喜歡。

正如慈善賦予那些出自慈善的行爲，一種超越其他一切行爲的美麗，所以，缺乏慈善，更不用說和慈善相反的意向，會把一種特殊的醜陋傳染給任何有這種相反意向的行爲。一些有害的行爲，所以被認爲是該罰的，往往沒有別的理由，只因爲它們證明行爲人對鄰人欠缺充分的慈善注意。

除了這一切，哈奇遜博士還指出，任何原本認爲是出自慈善的行爲，一旦發現涉及其他某種動機，我們覺得該行爲很有價值的感覺，便會按照那種動機被認爲對該行爲已造成影響的程度而相應地減弱。如果原本認爲是出自感激的行爲，後來發現是出自期望得到新恩惠，或者如果原本認爲是出自愛國心的行爲，後來發現是源自希望獲得金錢報酬，這樣的發現肯定會完全破壞那些行爲有任何功勞或值得讚揚的念頭。因爲混合了任何自私的動機，就好像混合了某種比較賤價的合金那樣，會減少或完全消除原本屬於任何行爲的價值，所以哈奇遜博士認爲，美德必定僅存在於純粹無私的慈善。

相反地，那些通常認爲是出自自私動機的行爲，倘若被發現是源自某種慈善的動機，這就會大大增強我們覺得該行爲很有功勞。如果我們認爲某人之所以努力增進自己的財富，純粹是因爲他想藉他的財富提供友善的幫助，以及適當報答他的恩人，那我們只會更加敬愛他。而這項觀察似乎更加證實，能夠賦予任何行爲以美德之性質者，唯有慈善而已這樣的結論。

最後，而這也是哈奇遜博士認爲此一美德的學說正確無誤的一項顯而易見的證明：他指出，在所有決疑論者（casuists）關於什麼是行爲正直的辯論中，公益是他們經常引用的標準；他們普遍據此宣稱，凡是有助於人類幸福的，都是對的，都是值得讚揚的，都是有美德的，而凡是不利於人類幸福的，都是錯的，都是該責備的，都是邪惡的。在最近有關消極服從與抵抗權的辯論中，通情達理的人士之間唯一的爭執點是，當傳統的權利遭到侵犯時，不分青紅皀白的一味服從，是否可能會比一時的起義造反，導致更大的不幸。至於凡是大致上最有助於人類幸福的，是否也是道德上所謂好的，他說，從未有人認爲是個問題。

既然慈善是唯一能賦予任何行爲以美德性質的動機，所以，行爲所展示的慈善心越大，屬於該行爲的讚美也就越崇高。

那些意欲爲某一大共同生活體謀求幸福的行爲，由於表明了背後有一顆，比那些旨在爲較小的生活體謀求幸福的行爲，更大的慈善心，所以也成比例地比較有美德。因此，最有美德的情感，是那種擁抱一切有理智的生物，以它們的幸福爲志向的情感。相反地，在那些還說得上具有美德的情感中，最不具有美德的，則是那種僅止於意欲爲某個人，諸如爲某個兒子，爲某個兄弟，或爲某個朋友謀求幸福的情感。

美德的極致，在於把我們的一切行爲導向增進最大可能的幸福，在於使所有比較低級的情感服從於增進人類全體幸福的願望，在於把自己看成不過是大多數人中的一個，因此自己的幸福，只有在不違背或有利於整體幸福的程度內，才可以追求。

自愛，在任何程度或方向上，絕不可能是一種有美德的原則。當妨礙整體的幸福時，自愛是邪惡的。當除了使個人照顧自己的幸福外別無其他影響時，自愛只是清白無辜的，雖然不值得讚美，但也不該招致任何責難。那些儘管被某種強烈的自利動機拉扯牽絆，但仍然完成的慈善行爲，因爲那種拉扯牽絆的緣故而顯得更有美德。它們表明了慈善心的堅強與飽滿。

哈奇遜博士是如此決絕地不承認自愛在某些情況下可能是美德行爲的一個動機，以致，在他看來，甚至我們在意自我讚許的快樂，在意我們自己的良心給予我們的安慰與讚賞，也會減損我們善行的價值。他認爲，那種在意是一種自私的動機，只要該動機對行爲還有所影響，那就表明唯一能夠賦予人類行爲以美德性質的那種純粹無私的慈善心還有所不足。然而，在一般人看來，在意我們自己的良心讚許，不僅絕不該視爲會在任何方面減損任何行爲的美德價值，反而應該視爲唯一值得以「有美德的」這個形容詞來稱呼的動機。

以上就是這個和藹可親的學說對美德的性質所提出的說明。這個學說有一獨特的意向，就是想要助長與支持人類心中最高貴與最和悅的情感，不僅想要制止自愛的不公不義，而且透過將自愛描述成是那種絕無可能給自愛的人帶來任何榮耀的動機，它多少還想要完全打消自愛的念頭。

正如其他一些我已經說明過的學說，沒有充分說明至高無上的慈善美德特有的卓越性從何而來，同樣地，這個學說似乎也有相反的缺點，亦即，對於比較低階的，諸如審慎、警惕、持重、節制、忠貞、剛毅等等美德，所以獲得我們讚許的緣由，並未給予充分的說明。我們種種情感的意圖與目的，傾向產生的那些有益的或有害的後果，是這個學說唯一注意到的性質。至於它們是否合宜，它們是否和激起它們的原因相配，該學說則完全沒注意到。

另外，關心我們自己私人的幸福與利益，在許多場合，看來也是很值得讚賞的行爲原則。節儉、勤勞、愼重、注意與專心，通常認爲是從自利的動機培養出來的習慣，同時也是很值得讚美的品行，值得每個人尊重和讚許。沒錯，混入自私的動機，似乎往往會玷污那些應該出自慈善的美行。然而，所以如此，原因並非在於自愛絕無可能是美行的動機，而是在於慈善在這樣的場合顯得缺乏應有的強度，和對象全然不搭配。這種慈善的性質，似乎明顯的不完美，並且整個來說似乎應受譴責而非讚美。在一向單是自愛便應當足以促使常人做出的行動中，若有某一慈善的動機涉入，確實不是那麼容易減弱我們覺得相關行動合宜，或減弱我們覺得完成該行動的人是個好人。我們心裡沒準備懷疑任何人會在自私的情感上有所不足。自私絕非人性中的弱項，或者說，我們不大會懷疑人性不夠自私。然而，如果我們眞能相信有某個人，若非由於關心他的家人和朋友，否則他是不肯適當照顧他自己的健康、他自己的生命，或他自己的財產等等單是自保的動機便應當足以促使他照顧的對象，那麼，像他這樣的無私，無疑是一種缺點，雖然是一種和藹可親的缺點，這種缺點使人成為比較是憐憫的對象，而不是輕蔑或憎惡的對象。然而，這缺點仍多少會減損個人品行的尊嚴與可敬度。粗心大意與不注重節儉普遍受到責備，然而，卻不是責備它們缺乏慈善的動機，而是責備它們對自己的利益缺乏適當的注意。

雖然行為是否有利於社會福祉與秩序是決疑論者常常用來判定行為對錯的標準，我們卻不能因此推論關心社會福祉是唯一有道德的行為動機，而只能說，和所有其他動機相比，社會福祉的重要性應該會壓倒其他動機。

慈善也許是神的唯一原則，而且有好幾個並非不可能成立的論證，似乎可以說服我們相信事實就是如此。很難想像一個獨立且盡善盡美的神，完全不需要任何外在的東西，幸福完全俱足於其自身，還能有什麼其他行為動機。但，不論慈善是不是神的唯一原則，像人這樣不完美的生物，需要這麼多他身外的東西維持生存，一定還有許多其他行為動機。倘使由於我們的生命本質的緣故而常常應當會影響我們如何行為的那些情感或動機，在任何情況下都不可能是有道德的，或不值得任何人尊重與讚賞的，那人的境遇就未免太難堪了。

前述三種學說，即主張美德在於合宜的學說，主張美德在於審慎的學說，以及主張美德在於慈善的學說，是關於美德性質的三種主要論述。所有其他關於美德性質的學說，不論表面上是怎樣不同，都很容易化約成前述三種學說中的某一種。

那種主張美德在於服從神的意志的理論，可以歸入主張美德在於審慎的那一類學說中，或歸入主張美德在於合宜的那一類。如果有人問我們爲什麼應該服從神的意志時，這問題，如果是因爲對於「我們應該服從神」這樣的信念有絲毫的懷疑而提出的，那肯定是邪惡與荒謬到了極點，如果不是這樣，那就只容許有兩個不同的答案。我們或者必須說，我們所以應該服從神的意志，是因爲神的能力無限，他會永遠獎賞我們，如果我們服從他，並且會永遠懲罰我們，如果我們不服從他；或者我們必須說，即使不論我們是否關心我們自己的幸福，或是否在意任何獎賞與懲罰，在旁觀者的眼中，一個創造物服從它的創造者，一個有限且不完美的存在服從一個具備無限且不可思議的完美的存在，令人有一種搭配合宜的感覺。除了這兩個答案中的某一個，無法想像這問題還會有什麼其他答案。如果第一個答案是適當的答案，那美德就在於審慎，或者說，美德就在於適當追求我們自己的最終利益與幸福；因爲我們所以必須服從神的意志，就是因爲這個緣故。如果第二個答案是適當的答案，那美德必定就在於合宜，因爲我們所以必須服從神的理由，在於謙卑與順從的情感，和引起這些情感的那種宏偉卓越的存在，搭配在一起，有某種合宜性。

另外，那種主張美德在於效用的學說[58]，也和那種主張美德在於合宜的學說是一致的。

---

[58] 譯注：作者的好友David Hume主張這種道德理論。參見本書第四篇第二節第三至五段。

根據這種學說，所有那些，對本人或他人而言，是和藹可親的或有益的心性，都是有美德的，是值得讚許的，而相反的心性則是不道德的，是應受譴責的。但，任何情感是否和藹可親或有益，取決於它以何種程度存在。每一種情感都是有益的，只要侷限在某一中庸的程度；任何情感一旦超出適當的範圍，就會變成有害的情感。因此，根據這種學說，美德並不在於哪一種情感，而是在於所有情感都合宜有度。這種學說和我在前面努力建立的那個道德理論之間唯一的不同，在於它把效用，而不是把同情，或者說，不是把旁觀者心中對應的情感，當作是這種合宜度的自然與根本的標準。

第四節　論善惡不分的學說

所有前面說明過的那些學說或理論都假定，不管邪惡與美德究竟是什麼，它們之間有一眞實且根本的差別。例如，在任何情感的合宜與不合宜間、在慈善與其他任何動機間、在眞正審愼與短視愚蠢或輕率魯莽間，有一眞實且根本的不同。另外，所有那些理論也都傾向鼓勵値得讚美的，以及抑制應受譴責的性情。

其中某些理論也許眞的傾向打破各種情感之間的平衡，使心靈特別向某些行爲原則傾斜，超過那些原則該有的份量。古代那些主張美德在於合宜的學說，似乎主要在鼓吹高貴的、莊嚴的與可敬的美德，鼓吹自制與克己的美德；鼓吹剛毅，恢宏，不計成敗，藐視所有外在的不測，藐視痛苦、貧窮、放逐與死亡。行爲最高貴的合宜性，就展現在這些偉大的努力上。相較之下，那些溫柔的、和藹的與親切的美德，所有寬容仁慈的美德，則很少受重視，並且似乎，相反地，被視爲，特別是被斯多亞學派視爲，只不過是智者心中絕不該窩藏的缺點。

另一方面，主張美德在於慈善的學說，當它傾全力鼓吹與助長所有那些比較溫柔的美德時，似乎完全忽視那些比較莊嚴與可敬的心性。它甚至否定那些心性配稱爲美德。它稱它們爲種種道德的能力，並且把它們當成是一些不該和眞正所謂的美德並列、一起享有同一種尊敬與讚賞的品行。它把所有那些僅關注我們自身利益的行爲原則，盡可能當成更爲不好的性質處理。它宣稱，那些行爲原則，非但本身絕無任何價值，而且當它們和慈善的動機合作時，還會減損慈善的價值；它斷言，審愼，當只是用來增進私利時，甚至絕不能當成一種美德。

另外，主張美德僅在於審愼的學說，當極力鼓吹小心、警惕、嚴謹、精明與節制的習慣時，似乎也同樣極力貶低和藹的美德，以及可敬的美德，它似乎剝去了前一種美德的一切美麗，和後一種美德的一切莊嚴。

但，儘管有這些缺點，那三種學說中的每一種，仍大致傾向鼓勵最好的與最值得讚揚的性情習慣；如果一般人，或甚至那些少數宣稱按照某種哲理過活的人，眞能以那三種學說中任何一種所提倡的訓誡來節制他們的行爲，社會肯定會變得更好。我們可以從它們當中的每一種學到一些不僅有價值而且獨特的教訓。如果眞能透過訓誡與勸勉，把剛毅與恢宏灌輸到心靈裡，那麼，古代那些主張美德在於合宜的學說，似乎便足以做到這一點。或者，如果眞能以同樣的方法，使心地變得和藹仁慈，鼓舞我們懷著親切與博愛的情感對待那些與我們一起生活的人，那麼，那些主張美德在於慈善的學說爲我們描述的一些圖像，似乎便能夠產生這種效果。伊比鳩魯的學說，雖然無疑是古代三種學說中最不完美的，但，我們從它那裡仍可學到，實踐和藹的美德以及可敬的美德，是多麼有助於我們自己的利益，多麼有助於我們自己今生今世的快樂、安全與恬靜。由於伊比鳩魯主張幸福在於得到快樂與安全，他特別賣力證明，要得到那些無價的財產，美德不僅是最好的與最可靠的，而且也是唯一的方法。美德對我們內在的平靜與安樂所產生的一些良好的影響，是其他哲學家主要歌頌表揚的對象。伊比鳩魯，並沒有忽略這個題目，只是主要強調那種和藹可親的心性，對我們外在的成功與安全，會有怎樣的影響。因此，他的著作在古代才這麼受各門各派的哲學家重視與仔細研究。主張單僅美德便足以確保幸福的西塞羅，是伊比鳩魯學派主要的思想敵人，但，西塞羅用來支持他這項主張的一些最令人欣然同意的論據，卻是從伊比鳩魯那裡借來的。塞尼加，雖然是一位斯多亞學派的哲學家，而這學派又是最反對伊比鳩魯學派的，不過，他引用伊比鳩魯的次數，卻遠多於他引用其他任何哲學家的次數。

然而，另外有一種理論似乎完全泯滅邪惡與美德之間的分際，因此，它的思想傾向完全是於社會有害的：我指的是曼德維爾[59]博士的理論。雖然這位作者的想法幾乎在每一方面都是錯的，然而，人性中的某些現象，若是從某個角度觀察，乍看之下，似乎支持他的那些想法。這些現象，經過曼德維爾博士以他那雖然粗鄙、不過倒也活潑幽默的文筆描述與誇大後，給他的理論抹上了一層像似眞理或可能眞實的迷彩，很容易哄騙腦筋糊塗的人。

曼德維爾博士認爲，任何基於合宜感，或基於對值得欽佩與讚美的行爲懷有好感而做出的行爲，都是基於喜愛被人欽佩與讚美，或照他所言，都是基於虛榮心而做出的。他指出，人，天生在意他自己的幸福遠勝於在意他人的幸福，絕不可能眞的在內心裡認爲他人的成功比他自己的成功更爲重要。每當他表面上看似這麼認爲時，我們便大可放心地相信，他其實是想哄騙我們，而且他這時候的行爲動機，其實和其他任何時候一樣的自私。除了在意他自己的幸福，他還有許多其他自私的熱情，而虛榮心則是其中最強烈的一種，他總是很容易因爲那些在他周遭的人讚美他，而滿心歡暢，而欣喜若狂。當他表面上看似在犧牲他自己的利益以成就同伴的利益時，他知道，他這樣的行爲和他們的自愛極其對味，所以他們一定會給予他最過分的讚美，以表達他們心裡的滿足。他所期待的來自這種讚美的快樂，據他自

---

[59] 譯注：Bernard de Mandeville（一六七〇～一七三三），荷蘭出生的醫生，後來移居英國，*The Fable of the Bees, or Private Vices, Public Benefits* 一書的作者。

己判斷，價值超過他爲了得到這快樂而放棄的利益。因此，他的行爲，在這場合，實際上完全像其他任何場合那樣的自私，都是出自同樣卑鄙的動機。然而，他卻洋洋得意，並且自以爲，他在這場合的行爲是完全無私的；因爲，他的行爲，除非他自己認定完全無私，否則不論是在他自己或是在他人的眼中，便似乎完全不值得稱讚。因此，所有公德心或愛國心，所有喜愛公益甚於私利的行爲，在他看來，只不過是對世人的一種矇騙；被這麼大大地誇耀吹噓，導致人們如此熱烈競相仿效的所謂人性的美德，在他看來，只不過是諂媚讚美和虛榮自傲苟合生出來的孩子。

最慷慨且最有公德心的行爲，能否在某一意義上視爲出於自愛的動機？關於這個問題，我不想在這裡深究。這個問題的答案，我覺得，對於證明確實有美德這回事，沒有任何重要性可言，因爲自愛往往可以是美德行爲的一個動機[60]。我將只努力證明，希望做出可尊敬的與高貴的行爲，希望使我們自己成爲尊敬與讚賞的適當對象，絕不可能恰當地稱爲虛榮心；甚至喜愛名實相符的聲望與名譽，希望以眞正值得尊敬的品行獲得別人的尊敬，也不該稱爲虛榮心。前者是喜好美德，這是人性中最高貴最好的熱情。後者是喜好眞正的光榮，這

[60] 有興趣深究的讀者，或可參閱David Hume: *Enquiries Concerning Human Understanding and Concerning the Principles of Morals*, Appendix II of Self-Love。

種熱情無疑比前者低一級，但在尊貴的排行榜上，它顯然僅次於前者。犯有虛榮心的人，希望因爲某些品行受到讚美，但，那些品行，或者根本不值得讚美，或者不值得他所期待的那種程度的讚美；他把名聲建立在衣著與代步工具等等不足取的一些裝飾上，或建立在同樣不足取的一些日常舉止的優雅體面上。犯有虛榮心的人，希望因爲某些確實很值得讚美的品行而受到讚美，但，他完全知道那些品行不是他自己的。空洞無知、完全沒有實際地位的紈袴子弟，卻擺出一副很有身分、地位很重要的樣子；愚蠢的說謊者，吹噓他在一些從未發生過的奇異經歷中，是如何的英勇與值得稱道；無聊的文抄公，完全沒有權利主張某些作品是他的，卻裝做是那些作品的原創者；這三種人可以被恰當地指控犯有虛榮心的毛病。另外有一種人也可以視爲犯了這種毛病，這種人，對於別人在心裡頭默默地尊敬與讚許他，是不會感到滿足的；他似乎喜歡那些感覺表現出來時的喧鬧與歡呼，甚於喜歡那些感覺本身；他永遠不會感到滿足，除非屬於他的讚美在他的耳朵裡鳴響；他會焦急執拗地、糾纏不休地，請求人們給予所有突顯尊敬的外在標誌，他喜歡頭銜，喜歡被恭維，喜歡被拜訪，喜歡被伺候，喜歡在公共場所被眾人帶著恭敬討好的表情給予禮遇和款待。這種不足取的熱情，完全不同於前面那兩種熱情中的任一種，反而是人性中最低級的與最幼稚的熱情，正如另外那兩種是最高貴的與最偉大的熱情。

但，雖然這三種熱情，即第一，希望使我們自己成爲禮遇尊敬的適當對象，或使我們自己成爲值得禮遇尊敬的人，第二，希望以眞正值得禮遇尊敬的品行得到禮遇尊敬，以及第三，由於無聊的虛榮心作祟，無論如何都希望得到讚美，是如此的大不相同；雖然前兩種熱情總是受到人們讚許，而第三種熱情必定會遭到鄙視；然而，它們之間還是存在著些許類似，而就是這種類似，經過這位生氣蓬勃的撰述者以他那幽默逗趣的雄辯術誇大後，使他得以哄騙他的讀者。虛榮心與喜好眞正的光榮之間有一種類似性，因爲這兩種熱情都是想獲得尊敬與讚許。但，它們有一方面卻是不同的，即喜好眞正的光榮是一種正當的、合理的與公正的熱情，而虛榮心則是不正當的、荒謬的與可笑的。一個盼望以眞正值得尊敬的品行求得尊敬的人，所盼望的無非是那種他有正當權利獲得的東西，而那種東西如果拒絕給他，也一定會對他造成某種傷害。相反地，一個盼望在其他條件下求得尊敬的人，所要求的，卻是他沒有正當資格獲得的東西。前一種人很容易感到滿足，不太會猜忌或懷疑我們不夠尊敬他，並且很少會熱切地想獲得許多外在的標誌，以突顯我們確實尊敬他。後一種人，相反地，永遠不會感到滿足，他心中充滿猜忌，老是懷疑我們沒有照他所盼望的那樣尊敬他，只因爲他暗地裡意識到他所盼望的超過他所應得的。禮儀上最微小的疏忽，會被他當成不共戴天的侮辱，當成是在表達最毅然決然的藐視。他坐立不安、焦急難耐，永遠擔心我們已經完全不尊敬他了，因此，總是渴望得到新的表現尊敬的禮遇，除非不斷有人逢迎奉承他，否則他便不可能有好心情。

在渴望成爲值得禮遇尊敬的人和渴望得到禮遇尊敬之間，亦即，在喜好美德和喜好眞正的光榮之間也有些許類似性。它們不僅有一方面彼此類似，即它們兩者都想成爲眞正值得禮遇尊敬的人，甚至在喜好眞正的光榮和眞正所謂虛榮心比較類似的那一方面，即在牽涉到他人心裡的感覺方面，它們彼此也有些類似。一個最爲恢宏大度的人，即使是爲了美德本身而喜好美德，即使完全不在乎人們實際對他的評價是什麼，然而，他還是樂於想到那些評價應該是什麼，亦即，他還是樂於意識到縱使他沒被尊敬、也沒被讚美，他仍然是尊敬與讚美的適當對象，而且如果人們是冷靜的、正直的、表裡如一的，是對他行爲的動機與情況有充分認識的，那麼，人們肯定會尊敬他、讚美他。對於人們實際對他懷有怎樣的感覺，他雖然不在乎，不過，對於人們應該懷有的那些感覺，他卻極爲重視。他的偉大與尊貴的行爲，動機全在於可以讓他自己認爲值得那些尊敬的感覺，並且，不論他人實際對他的品行有什麼樣的評價，當他設想自己處在他們的位置，並且仔細思量，不是他們的看法是什麼，而是他們的看法應該是什麼時，他對自己的行爲應當總是會有最高的評價。正因爲對美德的喜好多少還牽涉到他人心裡的感覺，雖然不是他人心裡實際的感覺，而是他人合情合理應該會有的感覺，所以，就這方面來說，喜好美德和喜好眞正的光榮之間仍有某些類似性。然而，在另一方面，它們之間卻有很大的不同。一個凡事只顧是對的、是合宜的便去做的人，一個凡事只顧是尊敬與讚許的適當對象，縱使這尊敬與讚許永遠不會著落在他身上，也會去做的人，他的行爲可以說出自人性所可能懷抱的最崇高與最神聖的動機。另一方面，一個雖然希望值得讚許但同時也急著想要得到讚許的人，雖然大體上也是值得讚揚的人，不過，他的動機卻混雜有比較多的人性弱點。這樣的人很容易因爲人類的無知與不公不義而在感情上受傷害，他的幸福很可能因爲競爭對手的妒忌與群眾的愚蠢而遭到破壞。另一種人的幸福，相反地，則完全安全無虞，完全不受命運的宰制，同胞的任性善變，對他的幸福也不會有任何影響。人類的無知所施加在他身上的那些侮辱與憎惡，他認爲並不屬於他，他完全不覺得受到屈辱。人類所以輕蔑與憎惡他，純粹是因爲誤解了他的品行。如果他們對他有比較正確的認識，他們肯定會尊敬他、喜歡他。嚴格地說，他們所憎惡與輕蔑的那個人並不是他，而是另一個被他們誤以爲是他的人。我們的朋友，若是在化妝舞會上扮成我們的仇人而被我們遇上了，一定比較會覺得有趣而不是氣惱遭到我們的羞辱，如果在那種僞裝下我們對他發洩了自己的怒氣。這個有趣的感覺，就是一個眞正恢宏大度的人，當遭到不公正的譴責時，會有的感覺。然而，人性很少能夠修煉到這樣堅定的程度。雖然除了最軟弱與最卑鄙的人，不會有人因擁有造假的光榮而感到洋洋得意，不過，由於人性有這麼一種奇怪的矛盾，遭人誤解的不名譽，往往會使那些看起來最堅決與最剛毅的人感到屈辱。

曼德維爾博士並不滿足於把虛榮心這個輕佻的動機描寫成所有通常認爲是美德的那些行爲的根源。他還努力指出人類美德在其他許多方面的不完美。他宣稱，就每一個實例來說，美德始終未達到它自以爲達到的那種完全無私的地步，因此，每一樁所謂美德的實例，通常不過是對我們的熱情的一次隱匿的放縱，而不是一次征服。我們對享樂的任何節制，如果沒達到極端苦行禁欲的程度，都被他看成是十足的奢侈與好色。每一樣事物，如果超過維持人類性命所絕對必需的程度，在他看來，便都是奢侈品，因此，甚至穿上一件乾淨的襯衫，或住在一間方便生活的屋子裡，也是不道德的。在最合法的婚姻中放縱性愛的傾向，他認爲，和最有害的滿足性愛熱情的方式，是一樣的好色淫蕩，並且嘲笑一般人這麼輕鬆便可以做到的那種節制與貞潔。他那些推論的巧妙詭辯性質，在這裡，就像在其他許多場合那樣，被語言的含糊性遮蔽住了。我們種種的熱情，有些除了突顯它們令人不愉快的那個程度的名稱外，沒有別的名稱。那些熱情，在這個程度時比在其他任何程度時，旁觀者更容易注意到。當它們讓他感到震驚時，當它們讓他覺得厭惡與不安時，他必然不得不注意到它們，因此自然會促使他給它們取名字。當它們和他自己自然的心情狀態相契合時，他很容易會完全忽略它們，因此，或者完全沒想到要給它們取名字，或者，如果他給它們取了什麼名字，那也比較是在突顯熱情受到征服與克制，而不是突顯這麼征服與克制後，熱情仍容許存在的那個程度。譬如，通常用來表示喜好享樂與喜好性愛的名稱，奢華與肉慾，都是在表示那些熱情不道德與令人不快的程度。相反地，節制與貞潔這兩個名詞，似乎比較是在表示那些熱情受到克制與征服，而不是在表示它們仍容許存在的那個程度。因此，當曼德維爾能夠證明相關熱情仍然多少存在時，他便以爲已經完全粉碎了節制與貞潔等美德存在的事實，並且已經證明了那些美德只不過是在哄騙人性的粗心與單純。然而，那些美德並不要求我們對美德所要控制的那些熱情的對象完全無動於衷。美德只是要約束那些熱情的激烈程度，使那些熱情不至於傷害個人，也不至於擾亂或冒犯社會。

曼德維爾博士的書[61]主要的謬誤，就在於把每一種熱情，不問其強弱與方向，一概說成是完全不道德的。正因爲如此，所以，每一樣事物，只要是和他人的感覺有所牽連，不管這感覺是他人實際的或該有的感覺，他都認爲是無聊的虛榮事物；而他也正是透過這樣的詭辯，得到他最中意的那個結論，即私人的惡行就是公眾的利益。如果喜歡豪華，喜歡各種優雅的藝術品，喜歡各種改善人類生活的東西，喜歡令人覺得愉快的衣服、家具或代步工具，喜歡有品味的建築、雕塑、繪畫與音樂，甚至就那些處境寬裕，即使放縱這些熱情，後果也不會有什麼不利的人而言，也應該被視爲奢華、好色與炫耀，那麼，奢華、好色與炫耀，確實是公眾的利益：因爲倘使沒有他認爲應當賦予罵名的那些品行，各種優雅進步的技藝便絕不可能得到鼓勵，而且一定會因爲缺乏就業機會而凋萎沒落。某些在他之前流行的苦行禁欲的學說，主張美德在於完全根絕消滅我們的一切熱情，是此一善惡不分的理論的眞正基礎。對曼德維爾博士來說，要證明下面這兩項命題，一點也不困難：第一，人類的情慾從來沒有被完全征服、根絕過，以及第二，如果所有人類的情慾眞的全被根絕消滅了，那麼，由於這會終結一切勤勞與買賣，並且在某種意義上終結人生的全部活動，因此，對社會將有很大的傷害。憑著前述第一項命題，他似乎證明了沒有眞正的美德，而自以爲是美德的

---

[61] 原作注：*The Fable of the Bees, or Private Vices, Public Benefits*。

品行，只不過是對人類的欺詐與矇騙；憑著前述第二項命題，他似乎證明了私人的惡行就是公眾的利益，因爲如果沒有私人的惡行，社會便不可能繁榮興旺。

以上所述就是曼德維爾博士的理論。這個曾經名噪一時的理論，雖然也許從未給這世界帶來更多的敗德惡行，不過，它至少教唆了那些出自其他原因的敗德惡行更爲厚顏無恥地展現在世人的眼前，並且以前所未聞的放蕩大膽，旁若無人地招認它們的動機敗壞。

但，不管這個理論看起來是多麼的有害，如果它不是在某些方面近乎眞實的話，它也絕不可能騙過這麼多人，更不可能這麼普遍令衛道人士大感震驚。一個自然哲學[62]方面的理論可能看起來很像是眞的，並且長期被世人普遍接受，可是卻完全沒有事實根據，而且和眞實也沒有任何近似之處。笛卡爾[63]的那些漩渦，在總共將近一世紀的期間中，被一個非常聰穎的民族尊爲關於天體運行的一個最圓滿的說明。然而，現在已經有人證明（而這證明也已爲全人類所信服），產生那些令人驚奇之結果的這些所謂漩渦，不僅實際上不存在，而且也完全不可能存在，甚至如果它們眞的存在，也不可能產生任何歸因於它們的那些結果。但，道德哲學方面的理論卻不可能有這樣的境遇。一個宣稱要解釋我們的道德情感根源的理論

[62] 譯注：今之所謂自然科學（natural science）在十八世紀時被人稱爲自然哲學（natural philosophy）。

[63] 譯注：Rene Descartes（一五九六～一六五〇），法國哲學家與數學家。

家，不可能把我們騙得這麼徹底，也不可能脫離眞實如此的遙遠，以致完全和眞實沒有任何近似可言。當某位旅行者描述某個遠方的國度時，他也許能夠騙過我們的輕信，使我們相信最荒謬且最無稽的虛構故事是最確定的事實。但，當某個人宣稱要告訴我們的住家附近或我們天天生活所在的教區發生了什麼事情時，雖然這時，如果我們是這樣的漫不經心以致沒用我們自己的眼睛去檢視事實，那他也就很可能在許多方面騙過我們，然而，他騙我們相信的那些最大的謊言也必須和眞實有些近似，甚至必須含有相當多眞實的成分。一個討論自然哲學的理論家，當他宣稱要說明偉大的宇宙現象發生的原因時，他無異是宣稱要說明在某個非常遙遠的國度發生的事情，因此，關於這些原因或事情，他可以愛怎麼說，就怎麼說，只要他所敘述的故事還在似乎有可能發生的範圍內，他便無須放棄獲得我們相信的希望。但，當他提議要解釋我們的欲望和喜愛的根源，要解釋我們所以覺得讚許或不讚許的原由時，他無異宣稱，不單是要說明我們生活所在的教區所發生的事情，而是要說明我們自家裡所發生的事情。雖然這時，就像一些懶惰的主人竟然信賴矇騙他們的管家那樣，我們也很可能受騙上當，然而，我們絕不可能相信任何完全不尊重事實的說明。至少某些段落的說明必須是有充分根據的，甚至最爲誇大牽強的那些段落也必須有些根據，否則謊言就會被識破，甚至被我們很容易做到的那種草率的檢查所揭穿。一個把某項原理講成是某種自然的情感所以產生之原因的理論家，如果該原理和該情感沒有任何關聯，而且也和其他任何有些許這種關聯性的原理完全不相似，那麼，即使在最不聰明且最沒有閱歷的讀者眼裡，他也會顯得既荒謬又可笑。

第三章　論各種關於讚許之原理的學說

引　言

在關於美德之性質的研究之後，下一個重要的道德哲學問題是關於讚許之原理，關於究竟是心靈的什麼能力或機能，促使我們喜歡或憎惡某些品行，促使我們喜歡某一行爲格調而不喜歡另一行爲格調，促使我們稱其一是對的而稱另一是錯的，促使我們認爲其一是讚許、推崇與獎賞的對象，而另一則是責備、非難與懲罰的對象。

關於道德讚許的原理，歷來有三種不同的學說。根據某些學者，我們之所以讚許或非難我們自己的以及他人的行爲，純粹是基於自愛，或者說，純粹是鑒於那些行爲對我們自己的幸福有益或有害；根據其他一些學者，理性，即我們用來辨別眞假的那一種能力，也同樣使我們能夠辨別各種行爲與情感的適當與否；根據另外一些學者，這種適當與否的辨別，完全是直接感覺的結果，完全來自於我們看到某些行爲或情感時直接感到滿足或憎惡。因此，歷來認爲是讚許之原理的，有自愛、理性與感覺等三種不同的源頭。

在開始說明這三種不同的學說之前，我必須指出，這第二個問題的答案，雖然在理論上極爲重要，但在實務上卻一點兒也不重要。那些探討美德之性質的研究，必然會對我們在許多特定場合的是非對錯觀念產生影響。但，那些探討讚許之原理的研究，卻不會有這種效果。探討那些不同的念頭或感覺來自於我們心中的什麼機關或能力，純然只是一種哲學上的好奇。

第一節　論主張讚許之原理本於自愛的學說

那些從自愛的觀點解釋讚許之原理的學者，論述的方式並非完全相同，而且所有他們的那些不同的理論都含有許多不清不楚與不正確的地方。根據霍布斯先生①，以及許多追隨者②，人之所以不得不託庇於社會，並非因爲他對於自己的同類有什麼自然而然的愛戀，而是因爲如果沒有別人的幫助，他就不可能生活得很輕鬆或生活得很安全。因此，對他來說，社會的存在是必要的，並且凡是有助於社會屹立不搖與幸福安寧的，他都認爲間接有助於他自己的利益；而相反地，凡是可能擾亂或摧毀社會的，他都認爲多少會傷害到他自己。美德是人類社會的主要支柱，而惡行則是人類社會的主要亂源。因此，對每個人來

---

① 譯注：Thomas Hobbes（一五八八～一六七九），英國哲學家。

② 原作注：包括Samuel von Pufendorf（一六三二～一六九四，德國哲學家）和Bernard de Mandeville。

說，美德是可喜的，而惡行則是可憎的；因爲前者讓他預見到，那個對他的生活舒適與安全是這麼有必要的社會，傾向繁榮興旺，而後者則讓他預見到那個社會傾向混亂毀滅。

美德有助於增進、而惡行傾向擾亂社會秩序，當我們冷靜地、超然地考慮此一事實的時候，會給美德增添一層非常美麗的光采，同時也會給惡行塗上一張非常醜陋的面孔。這一點，正如我在前面某個場合指出的③，是無可置疑的。人類社會，當我們從某一抽象超然的觀點冥思默想它的時候，似乎就像是一部龐大無比的機器，它那規律且協調的轉動產生無數可喜的效果。正如對其他任何高尚美麗的人造機器而言，凡是有助於機器運轉平滑順暢的事物，都會因這種效果而顯得美麗，而相反地，凡是傾向妨礙機器運轉的事物，則會因那個緣故而討人厭；所以，美德好比是保持社會齒輪清潔光滑的亮光粉劑，必然叫人喜歡；而惡行則好比是污穢的鐵鏽，使社會齒輪彼此尖銳牴觸與刺耳摩擦，必然叫人討厭。因此，這個關於道德讚許與非難的學說，就它把讚許或非難溯源至對社會秩序的關心而論，和我在前面某個場合解釋過的那個賦予效用以美麗的原理④並無二致；而它所擁有的一切近似眞理的表象，也正是得自於那個原理。當那些哲學家描述文明教養的群居生活，相對於未開化的獨居

③ 譯注：參見本書第四篇第二節第一和第二段。

④ 譯注：參見本書第四篇第一節第二段。

生活，所享有的那些數不盡的好處時；當他們詳細論述美德與良好的言行規矩對於維持前一種生活是多麼的有必要，並且證明敗壞倫常與不服從法律的行爲盛行將怎樣無庸置疑地傾向使後一種生活重返人間時，他們爲讀者打開的那些新穎與宏偉的視野令他陶醉著迷：他清楚地在美德當中看到一種新的美麗，並且在惡行當中看到一種新的醜陋，這些美麗與醜陋是他以往從未注意到的，他通常是如此陶醉於他的這個新發現，以至於很少花時間去回想，此一政治學的見解，由於是他在以往的生活中從未想過的，絕不可能是他所以向來一直認爲美德應予讚許而惡行應予譴責的根本理由。

另外，當那些哲學家從自愛推論我們所以關切社會的安寧與幸福，以及我們爲了社會的緣故而尊敬美德時，他們的意思並不是說，當我們在我們這個時代讚美小加圖的美德，並且厭惡卡特林納的惡行時⑤，我們的這些情感是受到我們想到前者可能帶給我們什麼好處而後者則可能給我們造成什麼損害的影響。根據那些哲學家，我們之所以尊敬有美德的人，而譴責敗德亂紀的人，並非因爲我們認爲在那久遠的年代與國家，社會的繁榮或混亂，對我們自己今日的幸福或不幸有什麼影響。他們從未認爲，我們的情感會因爲我們推想那兩人實際上會給我們帶來什麼利益或損害而受到影響。他們只是認爲，如果我們生活在那久遠的年代與

---

⑤ 譯注：參見本書第六篇第三章第三十段。

國家，我們的情感將會因爲我們推想那兩人可能給我們帶來某些利益或損害而受到影響；或者說，如果我們在我們自己所處的時代遇上了同種性格的人，我們的情感也將會因爲我們推想那兩種人可能給我們帶來某些利益或損害而受到影響。總而言之，那些哲學家一直在摸索探求的，但一直未能清楚表明的概念，就是我們對於那些因爲這兩種相反的性格而受益或受害的人心中的感激或怨恨，所感到的那種間接的同情。當他們說，我們的讚美或憤慨所以被喚起，並不是因爲我們想起我們曾經獲得了什麼利益或蒙受了什麼損害，而是因爲我們想到如果我們在社會上和那兩種人共事，我們很可能會獲得某些利益或蒙受某些損害；這時他們依稀指向的，就是前述那種間接的同情。

然而，同情，不論在哪種意義上，都不能看成是一種自私的性情。沒錯，也許有人會認爲，當我同情你的悲傷或你的忿怒時，我的情感是基於自愛，因爲這樣的情感源自我使自己深切領悟你的處境，源自我設想自己處在你的位置，並且由此懷想我自己在類似的情況下會有什麼樣的感覺。但，雖然同情可以很恰當地認爲是源自我和主要當事人的處境有一虛擬的轉換，然而，這個虛擬的處境轉換卻不應認爲是發生在我還是我自己的那個身分與角色上，而應認爲發生在我換成是我所同情的那個人的身分與角色上。當我因爲你失去了獨子而對你表示哀悼時，爲了和你同感悲傷，我心裡邊想的，不是我，一個具有如此這般的角色與身分的人，會嚐到什麼痛苦，如果我有一個兒子，而且如果那個兒子不幸死了；而是如果我眞的是你，如果我不僅和你交換處境，而且也換成是你那樣的身分與角色，我會嚐到什麼痛苦。因此，我的悲傷完全是因爲你的緣故，一點兒也不是因爲我自己的緣故。因此，它一點兒也不自私。我的同情，甚至不是源自我想到了任何曾經臨到我自己的頭上，或與我自己在本來的身分與角色上有關的事情，而是完全專注在與你有關的事情上；這樣的情感怎能當成是一種自私的熱情？一個男人可以同情一個分娩中的女人，和她同感痛苦；雖然他不可能想像自己會在本來的身分與角色上蒙受她的那種痛苦。企圖從自愛推演出一切道德情感的人性理論，向來是這麼的出名，但就我所知，這種理論從未清楚完整地說明人性；所以如此，在我看來，毛病似乎就在於沒搞清楚同情的概念。

第二節　論主張讚許之原理本於理性的學說

眾所周知，霍布斯先生認爲，人類原始的狀態是一種戰爭的狀態；而且在文明政府建立之前，人類之間不可能有安全或和平的社會。因此，據他所言，要保全社會，就必須擁護文明政府，而摧毀文明政府就等於是終結社會。但，文明政府的存在有賴大家服從最高的民政長官，一旦他失去了權威，整個政府便完蛋了。因此，正如自保的理由教人們讚美任何有助於增進社會安寧的行爲，並且譴責任何可能傷害社會的行爲；所以，如果人們的思想與言行一貫，同樣的道理也該教人們在所有場合讚美對民政長官的服從，並且譴責所有不服從與造反的行爲。什麼是值得讚美的或應予譴責的，和什麼叫做服從或不服從，應該是同一回事。因此，民政長官所制定的法律，應該視爲判斷是非對錯以及公正與否的唯一根本標準。

霍布斯先生公開表明的意圖，就是要透過傳播這些理念，使人們的良心直接服從文明政府的權威而不是服從教會的權威，因爲他所處的那個時代的事例告訴他，教會的騷亂與野心是社會秩序的主要亂源。神學家因此特別討厭他的學說，於是免不了極其尖酸刻薄地對他發洩忿怒。所有純正的道德學家也同樣討厭他的學說，因爲該學說認爲是非對錯之間沒有自然的區別，認爲是非對錯是無常的，是可變的，完全取決於民政長官恣意獨斷的意志。因此，此一學說受到來自四面八方的攻擊，受到各式各樣的言論攻擊，受到冷靜的理智以及狂怒的痛罵攻擊。

想要駁倒這個如此叫人討厭的學說，就必須證明，在所有法律或明文規定建立之前，人的心靈天生便已被賦予一種能力，能夠區別，在某些行爲與情感中，有對的、值得稱讚的與美好的性質，而在其他一些行爲與情感中，則有錯的、應予譴責的與邪惡的性質。

卡德沃斯[6]博士恰當地指出，法律不可能是那些對錯區別的根源；因爲假定眞有這種法律，那麼，隨之而來的一定是下列兩種情況之一，即，或者遵守該法律是對的，而不遵守它

⑥ 譯注：Ralph Cudworth（一六一七～八八），英國神學家，見其所作的*Immutable Morality*第一篇第一章。

是錯的，或者我們是否遵守該法律，或不遵守它，都無所謂對錯。那種我們是否遵守或不遵守都無所謂對錯的法律，顯然不可能是那些對錯區別的來源；而且那種遵守是對的而不遵守是錯的法律，也不可能是那些對錯區別的來源，因爲甚至這個遵守它是對的而不遵守它是錯的判斷，仍須假定有某些對錯的理念或想法預先存在，並且遵守該法律和那些對的想法同在一邊，而不遵守該法律則是和那些錯的想法同在另一邊。

既然人的心靈在有法律之前便已懂得分辨那些對錯，因此，似乎可以推斷，心靈必然是從理性得到這種分辨能力的，是理性爲心靈指出對錯的差別，就像它也爲心靈指出眞假的差別那樣。這個在某些方面雖然是正確的，不過，在其他方面卻略嫌草率的結論，在抽象的人性科學還只是處在幼稚的發展階段，而心靈的各種能力究竟有什麼不同的作用與功能，也還未仔細考察與分辨清楚之前，比較容易被接受。當與霍布斯先生的爭論還進行得如火如荼的時候，人們沒想到心靈還能有什麼其他能力可以產生任何這種分辨對錯的念頭。因此，那時候流行的學說，主張美德與邪惡的本質不在於人的行爲服從或違背某一上級權威的法律，而在於人的行爲服從或違背理性，於是理性就被認爲是道德讚許與非難的源頭與原理。

美德在於服從理性，就某些方面來說，是正確的，而就某一意義來說，理性也可以很恰當地看作是讚許與非難，以及所有穩健的是非判斷的源頭與原理。我們正是透過理性，才得以發現我們的行爲應該遵守的那些概括性的正義規則；而我們也正是透過同一種機能，才得以對什麼是審愼的、什麼是端正的、什麼是慷慨或高貴的，形成一些比（正義的概念）較爲模糊和不確定的想法，我們經常懷著這些想法在社會上行走，並且努力，盡我們所能，按照這些想法來形塑我們的行爲格調。概括性的道德箴言，像所有其他概括性的箴言那樣，都是從經驗歸納整理得來的。我們從許許多多不同的個別案例中，觀察到什麼使我們的道德機能（或道德感）覺得愉快或不愉快，觀察到什麼是我們的道德機能（或道德感）所讚許的或非難的，然後透過歸納整理這些經驗，把概括性行爲規則建立起來。但，歸納整理始終被認爲是理性的一種運作，因此，可以很恰當地說，我們是從理性得到所有那些概括性行爲規則與想法的。而且，我們也正是用這些規則與想法來約束我們絕大部分的道德判斷的；我們的道德判斷，如果完全依靠直接的感覺，肯定會極端地搖擺不定，因爲直接的感覺變化無常，不同的健康狀態或心情常可使道德判斷發生根本的變化。由於我們的那些最穩健的道德判斷服從理性歸納出來的一些箴言與想法的約束，因此，可以很恰當地說，美德的本質在於服從理性，而且就這一點而言，理性也可以看成是道德讚許與非難的源頭與原理。

雖然理性無疑是那些概括性道德規則的源頭，而且也是我們依據那些規則所形成的一切道德判斷的源頭，但，如果就此推定是非對錯的最初判斷源自理性，甚至在最初賴以形成概括性規則的那些個別的案例經驗中，也是如此，那就全然荒謬與難解了。這些最初的判斷，以及所有其他賴以形成任何概括性行爲規則的實際經驗，都不可能是理性的事項，而是直接感覺的事項。我們是透過在許多不同的事例中發現，某一格調的行爲經常按一定的方式使我們覺得愉快，而另一格調的行爲則經常使我們覺得不愉快，於是逐漸形成概括性道德規則的。但，理性不可能使任何特定事物直接被我們喜歡或被我們憎惡。理性可以使我們看出，某一事物是獲得其他某些自然可喜的或可惡的事物的手段，從而使該事物，因其他那些事物的緣故，而間接被我們喜歡或被我們憎惡。任何事物，不可能因它本身的緣故而被人喜歡或憎惡，除非被直接的感覺辨別爲可喜的或可惡的。因此，如果在每一個別的事例中，美德本身必然使我們覺得愉快，而惡行也同樣必然使我們覺得不愉快，那麼，如此這般地使我們贊同前者並且排斥後者的，就不可能是理性，而是直接的感覺了。

快樂與痛苦分別是我們的喜好與憎惡的主要對象，但，區分快樂與痛苦的，卻不是理性，而是直接的感覺。因此，如果美德本身就是可喜的，而惡行本身也同樣就是可惡的，那麼，最初區分美德與惡行的，便不可能是理性，而是直接的感覺。

然而，一方面，由於理性，在某一意義上，可以恰當地視爲道德讚許與非難的原理，另一方面，也由於粗心大意，以致這些讚許與非難的感覺長期被視爲根源於理性的運作。哈奇遜博士的思想貢獻就在於，率先相當精密地區分所有道德褒貶在什麼意義上可以說源自理性，以及在什麼意義上又可以說基於直接的感覺。在他所舉的那些有關道德感的例證中，他已經把這一點解釋得如此的充分，而且，在我看來，如此的不可反駁，以致關於此一課題如果還有什麼爭論未了的話，那也只能歸咎於人們或者沒注意到那位紳士所寫的東西，或者對某些措辭方式有一種迷信的執著；後面那個缺點在學術界並非罕見，尤其是在一些像眼前這樣深奧有趣的課題上，品格高尚的人甚至往往不願意放棄任何一句他自己已習慣視爲合宜的成語。

第三節　論主張讚許之原理本於感覺的學說

主張感覺是讚許之原理的學說，可以分成兩個類別。

(1)某些學者認爲，讚許的原理，建立在某一性質獨特的感覺上，建立在當心靈遇到某些行爲或情感時所發揮的某種特殊的感覺能力上；某些行爲或情感使這個特殊的感覺能力發生某種愉快的感動，而其他一些行爲或情感則使這個感覺能力發生不愉快的感動，於是前者被蓋上對的、值得讚美的與有美德的性質戳記，而後者則被蓋上錯的、應予譴責的與邪惡的性質戳記。由於這種感動的性質獨特，和其他每一種感動的性質不同，並且是某種特殊的感覺能力所產生的效果，所以這些學者就給它取了一個特殊的名字，稱它爲一種道德感。

(2)其他一些學者則認爲，要說明道德讚許的原理，並不需要假定有任何新的、前所未聞的感覺能力存在。他們認爲，自然女神，在這裡，就像在所有其他場合那樣，採取了最嚴格節儉的作法，令同一原因產生許多不同的效果。他們認爲，同情，這個始終爲人所注意，而人心也顯然被賦予的能力，足以說明所有歸因於所謂道德感的效果。

1. 哈奇遜博士曾經費心詳細地證明讚許的原理不是建立在自愛的基礎上。他也曾經證明讚許的原理不可能來自於理性的任何作用。因此，他認爲，除了假定自然女神賦予人心某種特殊的能力，再也沒有其他方式可以產生這種既特殊又重要的效果了。當自愛與理性都排除了以後，他想不出心靈有什麼其他已知的能力似乎還多少合乎這個目的要求。

這種新的感覺能力，他稱之爲道德感，並且認爲它有幾分類似於外表的感覺器官。正如我們周遭的物體，按一定的方式使那些器官發生感動時，顯得具有聲音、滋味、氣味、顏色等等不同的性質；所以，人心各種不同的感動，按一定方式觸碰這種特殊能力時，也顯得具有可親的與可厭的、正直的與邪惡的、對的與錯的等等不同的性質。

這個學說認爲，人心的各種簡單的念頭或認識全來自於各種不同的感覺或知覺能力，而這些感覺或知覺能力可以分成兩種類別，其中一種稱爲直接的或先行的感覺能力，而另一種則稱爲反射的或後發的感覺能力⑦。直接的感覺能力讓人心能夠，在沒有先行感知到其他任何種類的事物時，對某些種類的事物有所認識或感知。譬如，聲音與顏色是某些直接的感覺能力的對象。聽到一個聲音或看到一種顏色，不需要先行感知到其他任何性質或對象。另一方面，人心透過反射的或後發的感覺能力所感知或認識到的那些種類的事物，需要以先行感知或認識到其他某些種類的事物爲前提。譬如，調諧與美麗是某些反射的感覺能力的對象。要感知到某一段聲音的協調或某一種顏色的美麗，我們必須先行感知到那段聲音或那

⑦ 原作注：Francis Hutcheson, *Treatise of the Passions*.

種顏色。道德感被認爲是一種屬於這一類的能力。那種洛克先生⑧稱之爲反思，並且認爲是人心對各種熱情與情緒的簡單認識賴以形成的能力，根據哈奇遜博士的分類，是一種直接的、內在的感覺能力。另外，讓我們得以認識那些熱情與情緒的美麗或醜陋，認識它們的善良或邪惡的那種能力，根據哈奇遜博士的分類，是一種反射的、內在的感覺能力。

爲了進一步支持這個學說，哈奇遜博士還努力證明它合乎自然存在的類比性；他說，人心被賦予其他許多種反射的感覺能力，完全類似道德感；諸如，我們賴以認識對象外表美醜的那種感覺能力；某種所謂對公益的感覺能力，讓我們得以和我們的同胞一起感覺到彼此的快樂或痛苦；還有一種對榮辱的感覺能力，以及一種對嘲笑的感覺能力。

但，儘管這位極富創意的哲學家，爲了證明讚許之原理源自某種和外表的感覺器官有幾分類似的特殊感覺能力，可以說費盡了心思，然而，卻也存在著一些他自己承認可以從這個學說推衍出來的結果，或許會被許多人認爲足以駁倒這個學說。他承認⑨，任何感覺能力之對象的屬性，絕不可以認爲屬於該感覺能力本身，否則就太荒謬了。有誰想過要稱視覺是黑的或白的，稱聽覺是響亮的或低沉的，或稱味覺是甜美的或苦澀的？因此，在他看來，稱我

⑧ 譯注：John Locke（一六三二～一七〇四），英國哲學家。

⑨ 原作注：*Illustrations upon the moral sense*, sect. I. p. 237, et seq. third edition.

們的道德能力是有道德的或不道德的，是正直的或邪惡的，也同樣的荒謬。這些性質屬於相關感覺能力的對象，而不屬於那些感覺能力本身。因此，如果有什麼人的心靈長得是如此的荒謬，以至於把殘忍與不義當作最高尚的美德予以讚美，並且把公正與仁慈當作最卑鄙的邪惡予以譴責，則這樣的一種心靈構造的確可以視爲對這個人和對社會都是不利的，而且它本身也可以看成是不可思議的、令人驚奇的與不自然的；但，它卻不可以稱爲不道德的或邪惡的。

可是，毫無疑問地，如果我們看到什麼人對著一個殘忍的、冤枉的、由某位傲慢自大的暴君下令執行的死刑場面大聲鼓掌叫好，我們應該不會認爲我們犯了什麼嚴重荒謬的過失，如果我們把這種行爲稱爲極端的不道德與邪惡，儘管那種行爲只不過表示那個人的道德感覺能力敗壞，以致荒謬地把那可恨與可惡的死刑執行場面，當作是高貴的、恢宏的與偉大的行爲給予讚揚。我想，當我們看到這樣的一個旁觀者時，我們的心肯定會暫時忘了同情那個受難者，而只感覺到極端厭惡與痛恨這樣一個該受天打雷劈的傢伙。我們對他的痛恨甚至應該會多於對那個暴君的痛恨，後者可能是受到強烈的妒忌、畏懼和怨恨的心理刺激，因此反而比較可以原諒。相反的，該旁觀者那種感覺則顯得毫無來由或動機，因此，是十足徹底的可惡。我們的內心最難體諒的，最憎恨、氣憤與排斥的，莫過於這種顚倒錯亂的感覺或情感了；我們非旦絕不會認爲這種心靈構造只不過是有些奇怪或不妥罷了，說不上有什麼不道德或邪惡的性質，反而會認爲它是最極致與最可怕的道德墮落階段。

相反地，正確的道德（褒貶）情感，看起來總是多少值得讚美的，總是好德性的。某個人，如果他的讚美與譴責，在所有場合，都和他所讚美或譴責的對象的高貴或卑劣極其精確地相配，那麼，他這個人似乎甚至值得我們給予某一程度的道德讚美。我們欽佩他的道德情感的細緻精確：他的那些情感引領我們自己的判斷，它們那種非凡的與令人驚奇的公正性，甚至引起我們的驚嘆與讚美。沒錯，我們未必能夠確定一個這樣的人，在他自己的行爲上，也完全和他在品評別人的行爲時，一樣的精確合宜。美德，除了需要有細緻精確的情感，還需要有堅定的習慣與決心；有些人徒然有非常精確完美的道德情感，卻不幸欠缺堅定的習慣與決心。然而，這種性情，雖然有時候帶有一些缺點，卻也絕不可能幹出什麼卑鄙無恥的罪行，並且是那種可以在上面把美德建立起來的最佳基礎。有許多人，雖然用心良善，而且也眞的打算做好他們所想到的義務，可是卻因爲他們的道德情感卑鄙粗暴而令人討厭。

也許有人會說，雖然讚許的原理不是建立在任何與外表的感官有什麼類似的感覺能力上，但仍然可能建立在某一特殊的感覺上，這種特殊的感覺只合乎這個特定目的的要求，而完全沒有其他作用。他們也許會說，讚許與非難是我們在看到各種不同的品行時心中會興起的某些感覺或情緒；而且正如忿怒或許可以稱爲一種受到傷害的感覺，或感激可以稱爲一種得到恩惠的感覺，所以，讚許與非難也可以很恰當地稱爲一種對錯的感覺，或稱爲一種道德感。

但，這種解釋，雖然可以避免前述那種反對的意見，卻會招來其他一些同樣無法辯駁的反對意見。

首先，任何一種特別的情緒，不論經歷了什麼樣的變化，仍然會保有某些常在的特徵，而這些辨別它是屬於哪一種情緒的常在性特徵，總是比它在不同的個案中所經歷的任何變化來得更爲醒目與引人注意。譬如，忿怒是某種特別的情緒；因此，它的常在性特徵，總是比它在不同的個案中所經歷的一切變化來得更容易辨別。針對某個男人的怒氣，無疑稍微有別於針對某個女人的怒氣，而後者又稍微有別於針對某個小孩子的怒氣。在每一個這些例子裡，怒氣因爲對象的特性不同而有了不同的局部變化，凡是仔細觀察的人都很容易注意到這一點。但，在所有這些例子裡，怒氣的常在性特徵仍然居於顯著的地位。要辨識這些常在性特徵，不需要怎樣細膩的觀察能力；相反地，要發現它們的局部變化，則必須有敏銳的注意力；每個人都注意到那些常在性特徵，卻很少有人觀察到那些局部性變化。因此，如果讚許與非難的感覺，就像感激與忿怒那樣，是一種特別的情緒，和其他每一種情緒明顯不同，那我們便該預期，在讚許或非難的感覺可能經歷的所有變化中，它仍將保有那些標誌它是屬於哪一種情緒的常在性特徵，而且這些特徵一定是清楚明白的、一目了然的、很容易分辨的。但，事實卻不是這樣。當我們在不同的場合讚許或非難時，如果我們仔細注意我們眞正的感覺是什麼，那我們將發現我們在某一場合的感覺往往全然不同於另一個場合的感覺，而且在這些感覺當中根本不可能找到什麼共同的特徵。譬如，當我們看到一種溫柔的、敏銳的與仁慈的情感時，打我們的心底興起的那種讚許的感覺，便完全不同於我們被一種偉大的、勇敢的與恢弘的情感打動時，心底興起的那種讚許的感覺。我們在各種不同的場合對那兩種情感的讚許也許是十分徹底的；但，前一種情感使我們的心情變得和藹，而另一種情感則使我們的心情變得激昂，它們在我們的心中所激起的那些情緒，沒有什麼相似的性質。但，根據本書一直努力想要建立的那個理論，情形卻是必然如此的。由於我們所讚許的那個人的情緒，在那兩種場合，彼此是全然相反的，而且也由於我們的讚許源自對那兩種相反的情緒的同情，所以，我們在前一種場合所感覺到，和我們在另一種場合所感覺到的，便不可能有什麼相似的性質。但，前述這種情形是不可能發生的，如果我們的讚許是一種特殊的情緒，和我們所讚許的那些情感沒有什麼共同的性質，而是源自我們看到我們所讚許的那些情感，就像我們的其他任何一種熱情源自我們看到它的適當對象那樣。同樣的道理也適用於非難的場合。我們對殘暴冷酷的憎惡，和我們對卑鄙下流的蔑視，沒有什麼相似的性質。我們在看到那兩種不同的惡行時，我們自己心裡的感覺，和情感與行爲正被我們打量的那些人心裡的感覺，固然是不調和的，不過，卻是兩種截然不同的不調和。

其次，我已經指出⑩，不僅人心各種受到讚許或非難的熱情或情感，在道德上有好壞

---

⑩ 譯注：參見第三節第九至第十段。

之分，而且適當與不適當的讚許，對我們自然而然的感覺來說，也似乎帶有同一種好壞之分。因此，我想問，根據這個所謂道德感的理論，我們是怎樣讚許或非難適當或不適當的讚許的？對於這個問題，我認爲，合理的答案只可能有一個。那就是我們必須說，當我們的鄰人對第三人的行爲的讚許，和我們自己對那第三人的行爲的讚許一致時，我們便會讚許他的讚許；而相反地，當他的讚許和我們自己的感覺不一致時，我們便會非難他的讚許，並且認爲他的讚許在道德上多少是不好的。因此，至少在這一個場合，必須承認，觀察者與被觀察者之間感覺上的一致或對立，構成道德上的讚許或非難。如果在這一個場合事實是這樣，那我就要問，爲什麼在其他每一場合不是這樣呢？爲什麼要設想一種新的感覺能力來解釋那些讚許與非難的感覺呢？

對於每一個主張讚許之原理倚賴某種特別的、分明不同於其他每一種感覺的理論，我都將提出下面這個反對的理由：如果有這種感覺的話，那上蒼無疑要它成爲人性的主宰性原理，然而，迄今卻很少有人注意到它，以致任何語言中都沒有它的名字，這就很奇怪了。道德感（moral sense）這個名詞是最近才形成的，而且迄今也還不能算是正規英語中的一部分。讚許（approbation）這個名詞不過是最近幾年才被挪用來特別表示這一類感覺的。就正規的用語來說，凡是讓我們覺得完全滿足的，我們都可以說我們讚許，譬如，讚許一棟建築的形式，讚許一部機器的設計，讚許一盤食物的味道等等。良心（conscience）這個名詞並不直接表示任何我們賴以讚許或非難什麼的道德能力。沒錯，良心這個名詞假設有某種這樣的能力存在，並且恰當地表示我們意識到我們過去的作爲符合或違背它的指示。當愛、恨、喜、悲、感激、忿怒，以及其他這麼多全被認爲臣服於這個主宰性原理的熱情，都已經使它們自己重要到足以獲得它們的稱號時，它們全體的主宰竟然這麼不受注意，以致，除了少數幾位哲學家，迄今還沒有人想到值得給它一個稱號，那不是叫人覺得不可思議嗎？

當我們讚許任何品行時，我們自己感覺到的那些情感，根據我在前面嘗試建立的理論，來自四個在某些方面彼此不同的源頭。第一，我們對行爲人的動機感到同情；第二，我們對因他的行爲而受惠的那些人心中的感激感到同情；第三，我們觀察到他的品行符合前述兩種同情的感覺通常遵守的概括性規則[11]；最後，當我們把他的那些行爲視爲有助於增進個人或社會幸福的行爲體系的一部分時，它們好像被這種效用染上了一種美麗的性質，好比任何設計妥善的機器在我們看起來也頗爲美麗那樣。在任何一個道德褒貶的實例中，扣除了所有必須承認來自這四個原理的那些道德情感後，我將很樂意知道還有什麼情感剩下來，而且我也將爽快地容許這個剩餘歸因於某種道德感，或其他任何特殊的能力，只要有人精確地查明這個剩餘究竟是什麼。如果眞有任何這種特殊的原理，或任何像所謂道德感這樣特殊的原理存在，那我們或許可以指望在某些特別的實例中感覺到它單獨地、個別地、完全和其

⑪ 譯注：關於這一點，請參考本書第三篇第四和第五節。

他任何原理分離地發揮作用，就好像我們時常純粹地、沒有混雜其他任何情緒地感覺到喜悅、悲傷、希望和恐懼那樣。然而，我想，根本不可能想像會有這回事。我從未聽說有這種原理，曾在任何所謂的實例中，能視爲單獨地發揮作用，未混雜有同情或反感，未混雜有感激或怨恨，未混雜有關於行爲是否和已經確立的規則相符的理解，乃至最後也未混雜有我們對有效用的事物，不論是有生命的或無生命的，一般都會有的那種覺得它們整齊美麗的感覺。

2. 另外有一個理論，也嘗試從同情的觀點來解釋我們的道德情感的起源，它和我一直努力想要建立的理論有所不同。這個理論主張美德在於效用，並且以旁觀者對效用的受惠者的幸福感到同情，來解釋旁觀者審視任何品行的效用時所感到的滿足與讚許。這種同情，不同於我們對行爲人的動機所感到的同情，也不同於我們對因他的行爲而受惠的那些人心中的感激所感到的同情。這種同情，和我們讚許一部設計妥善的機器，屬於同一種原理。但，任何機器都不可能是任一種最後提到的那兩種同情的對象⑫。在本書第四篇，我已經對這個理論稍微做過說明。

⑫ 譯注：參見本書第四篇第二節。

第四章　論不同的作者處理道德實務規則的方式

本書第三篇第六節曾指出，正義的規則是唯一精密準確的道德規則；其他所有的道德規則都是鬆散的、模糊的，以及曖昧的；前者可以比作文法規則；後者可以比作評論家對什麼叫作文章的莊嚴優美所定下的規則，比較像是在為我們應該追求的完美提示某種概念，而不是什麼確實可靠的、不會出錯的指示，供我們藉以達成完美。

由於不同的道德規則所容許的精確度是如此的不同，所以，那些努力蒐集各種道德規則，並且去蕪存菁把它們濃縮整理成某種體系的道學家，遵循兩種不同方式進行寫作；有一類道學家徹頭徹尾地遵循他們自己在分門別類考慮美德時自然會傾向採取的那種鬆散的方式；而另一類道學家則是一味地努力要在他們自己的道德格言中引進那種唯有某些格言才可能容許的精確度。第一類道學家像評論家那樣地寫作，而第二類道學家則像文法家那樣地寫作。

(1)第一類道學家（我們可以把所有古代的道學家算進這一類），滿足於以一種概略的方式描述各種不同的邪惡與美德，並且指出前一種秉性的醜陋與不幸，以及後一種秉性的合宜與幸福，但他們從未想到要訂定許多精確的規則，可以毫無例外地適用於所有個別的實例。他們只是努力，在文字容許的範圍內，盡可能確定，第一，每一種美德所根據的心境究竟是什麼，譬如，究竟是什麼內在的感覺或情緒構成友愛的精髓，構成仁慈的精髓，構成慷慨的精髓，構成公正的精髓，構成氣魄恢弘的精髓，構成所有其他美德的精髓，以及構成和它們相反的那些邪惡的精髓；第二，每一種美德的心境會把我們導向什麼樣的一般行爲方式，或者說，會把我們導向什麼樣的平常行爲格調與取向，譬如，一個友善的人，一個慷慨的人，一個勇敢的人，一個公正的人，以及一個仁慈人，平常會選擇怎樣行爲。

要描繪每一種美德所根據的心境特徵，固然必須有既細膩又精確的筆法，但這種工作並非不可能做到多少還算精確的程度。沒錯，確實不可能把每一種心境因部分情況有別而可能經歷的或應該會經受的變化全部描繪出來。那些變化是無邊無際的，語言缺乏可以用來標示它們的名詞。例如，我們對老年人所感覺到的那種友愛之情，有別於我們對年輕人所感覺到的那一種友愛之情；我們對態度嚴峻的人所懷有的那種友愛之情，有別於我們對態度比較柔和的人所感覺到的那一種友愛之情，而後面這一種友情又有別於我們對一個生性爽朗活潑的人所感覺到的那一種友情。我們對一個男人所懷有的友情，有別於一個女人讓我們感覺到的友情，即使其中沒有摻雜任何比較下流的熱情。有什麼道學家能夠一一列舉與弄清楚友情可能經受的這些以及其他一切無邊無際的變化呢？但，它們所共有的那種普通的友愛與親密的依戀之情，仍然可以探查到足夠準確的程度。爲它描畫的圖像，雖然將始終在許多方面是不完整的，卻有這樣的相似性，足以讓我們在與原物相遇時把它認出來，甚至足以讓我們把它和其他諸如善意、尊敬、重視、欽佩等等和它頗爲相似的情感區分開來。

如果只是要概略地描述每一種美德平常會促使我們採取什麼方式的行爲，那就更容易了。事實上，要描述美德所根據的內在感覺或情緒，而不觸及行爲方面的問題，也幾乎是不可能的事。語言不可能表達所有呈現在內心裡的那些，如果我可以這麼說，看不見的情感變化的容貌。沒有別的方法標明與區分它們彼此，除了描述它們所產生的外在效果，描述它們在臉色上、在神態上、在外部的行爲上導致什麼樣的改變，描述它們所建議的決心，以及描述它們所提示的行爲。西塞羅就是這樣，在他的《責任論》第一冊裡，努力指引我們實踐四項基本的美德；而亞里斯多德也是這樣，在他的《倫理學》實務部分裡，爲我們指出一些不同的習慣，希望我們能用來控制我們的行爲，諸如慷慨、莊嚴、豪邁，甚至滑稽與幽默等等；後頭那些性質被這位消遙放任的哲學家認爲有資格排在美德的名單中，不過，我們自然會給予它們的那種輕微的讚許，份量似乎不足以使它們有資格獲得如此可敬的美名。

前述那樣的著作，爲我們呈現生動宜人的言行舉止圖像。它們透過活潑生動的品行描述，鼓動我們天生愛好美德的性情，增強我們對邪惡的厭惡；它們那些既公正又精妙的觀察評語，往往有助於在行爲合宜的認識上，改正與確定我們自然而然的想法，並且指點我們注意許多微妙的細節，使我們對什麼叫做行爲正當，養成一種，比我們在受到這種教誨之前動輒想到的那一種，更爲嚴正的概念。適當稱作倫理學的那一門學問，主要的內涵就在於以這種方式論述各種道德規則；那一門學問，雖然像文藝批評那樣，不是一門極其精密準確的科學，卻是非常有用而且令人愉快的。在所有學問中，就數它最容許撰述者發揮修辭與雄辯的技巧，並且，如果這事有可能發生的話，透過那些修辭與雄辯，賦予一些最不足掛齒的義務規則以某種新的重要性。它的那些告誡，經過這樣修飾潤色後，能夠在年輕可塑的心靈上產生最高貴最持久的印象，並且由於它們契合這個慷慨的年紀自然具有的豪邁胸懷，因此它們至少在一段時間內能夠激勵最英勇壯烈的決心，從而有助於建立與鞏固人心所能感受到的一些最好也最有用的習慣。就鼓舞我們實踐美德而言，言教與規勸所能做到的一切效果，都是由這門學問以這種陳述方式做到的①。

(2) 第二類道學家，我們可以把所有中世紀以後基督教會裡的那些決疑者，以及所有在本（十八）世紀和前一世紀論述所謂自然法理學的那些學者，算在這一類道學家裡；這一類學者並不滿足於以一種概略的方式描述他們建議我們採納的一些行爲格調，而是努力訂定一些精密準確的規則來指導我們的行爲的每一個細節。由於正義是唯一能夠訂定這種精確規則的美德，所以，正義是前述那兩組不同的作者主要研究的課題。然而，他們論述的方式卻大不相同。

那些研究法律原理的學者，只考慮權利人應該認爲什麼是他自己有權利強求的；什麼是

① 譯注：在作者眼中，言教與規勸似乎不是培養美德的主要方法。參見本書第三篇第三節第二十一段、第三十六和第三十七段。

每一個公正的旁觀者會讚許他強求的，或什麼是法官或仲裁者，在受理他的訴訟案件爲他主持公道時，應該強迫義務人承受或履行的。另一方面，那些決疑者所琢磨的問題，比較不是什麼是可以適當地強迫要求的，而是義務人，基於最神聖最認眞地尊重概括性的正義規則，以及基於最眞誠地害怕傷害到他的鄰人，或害怕違背他自己的正直人品，應該認爲什麼是他自己有義務履行的。法理學的目的，是訂定法官與仲裁者斷案的規則。決疑學的目的，是訂定一個好人的行爲規則。透過遵守所有法理學的規則，假定它們的確是這麼完美，那我們應得的，也不過是免於外來的懲罰。透過遵守決疑學的規則，假定它們是應該是的那樣，那麼，憑著我們的行爲精妙正確，我們便應該有資格獲得不少讚美。

常常可能會有這樣的情況：一個好人應該認爲他自己，基於一種神聖的與誠實的對概括性正義規則的尊重，有義務履行某些事項，但若是別人硬要他履行這些事項，或是由法官或仲裁者強迫他履行，卻是一種極端不義的行爲。舉一個陳腐的例子來說：一個攔路搶劫的強盜，以死亡要脅，迫使一個旅者答應給他一筆錢。這樣一個以不正當的暴力勒索而來的承諾，是否應該視爲具有約束力，向來是一個備受爭議的問題。

如果我們只把它視爲一個法理學的問題，那麼，答案便不可能有什麼爭辯的餘地。認爲那個強盜有權利使用力量強迫旅者履行承諾，將是荒謬悖理的。勒索該承諾，是一項應受最高懲罰的罪行，而硬要該旅者履行承諾，將只是罪上加罪，罪加一等。一個只是被人騙了的人，沒有什麼立場抱怨受到傷害，如果那個騙子原本可以正正當當地殺了他。如果有人認爲法官應該強迫承諾人擔起這種承諾的責任，或者認爲民政長官應該承認那些承諾具有法律效力，那將是所有荒謬悖理的事情中最荒唐可笑的。總而言之，如果我們只把這問題看成是一個法理學的問題，那麼，對於答案是什麼，我們便不可能感到茫然困惑。

但，如果我們把它視爲一個決疑學的問題，那麼，答案就不是這麼容易確定了。一個好人，基於良心尊重那個最神聖的正義規則，尊重那個命令他遵守一切眞心承諾的道德規則，是否不該認爲自己有義務履行承諾？這至少是一個比較難以確定答覆的問題。無庸置疑地，對於使他陷入這種困境的那個無恥之徒是否覺得失望，他不必有任何顧慮，那個強盜沒受到他的傷害，因此任何人都不該強迫他做什麼事。但，在這個例子裡，他是否可以完全不必顧慮他自己的尊嚴與榮譽？是否連他的人格中，使他崇敬誠實的法則、並且對任何近乎背信與撒謊的言行感到深惡痛絕的那一部分，其不可褻瀆的神聖性，他也無須顧慮？這也許可以比較合理地當成是一個問題。決疑者因此對這個問題的意見相當分歧。有一派毫不猶豫地斷言，對於任何這種承諾，都無須給予什麼顧慮，而不這麼想的人，只是性格懦弱與迷信；可以算進這一派的決疑者，在古人中，有西塞羅，在近代人中，則有普芬道夫②，以及

② 譯注：Samuel von Pufendorf（一六三二～一六九四），德國哲學家。

他的注釋者巴貝哈克③，尤其還有已故的哈奇遜博士，後者在大多數場合絕不是一個思慮鬆散的決疑者。另一派決疑者則持不同看法，他們認爲所有這種承諾都具有約束力；我們可以把從前某些基督教會裡的神父，以及近代某些非常出名的決疑者，算進這一派裡。

如果我們根據普通人的感覺來考慮這個問題，那我們將發現，一般人會認爲甚至對這種承諾也該給予某些尊重；但，究竟該給予多少尊重，卻不可能依據任何毫無例外適用於所有場合的概括性規則來決定。一個十分輕率做出這種承諾又同樣隨便違背承諾的人，我們應當不會選來做我們的朋友或夥伴。一個允諾某個強盜五英鎊卻不履行的紳士，將會招致某些非議。然而，如果允諾的金額非常龐大，那麼，應當怎麼做，或許就比較難決定。例如，如果支付所允諾的金額將使允諾者的家庭破產，或者，如果那筆金額是如此的龐大，足以促進一些最有用的目的，那麼，拘泥於道德細節，把那麼大的一筆金錢扔給那種卑鄙下流的人物，便顯得多少是一種罪過，至少是極端不恰當的。在一般人的眼中，一個爲了遵守對某個強盜的誓言而讓自己傾家蕩產淪爲乞丐的人，或一個爲了遵守同樣的誓言而扔掉十萬英鎊的人，即使他負擔得起那筆龐大的金額，同樣顯得極端的不合情理與浪費。這樣的浪費，似乎有違他的責任，似乎有違他對自己以及對他人應盡的義務，因此，似乎絕不是對那個勒索

③ 譯注：Jean Barbeyrac，法國哲學家，將Pufendorf的著作翻譯成法文。

下的尊重所能認可的舉動。然而，這樣的誓言究竟應該獲得多大的尊重，或者說，這樣的誓言最多該付出多少錢，卻顯然不可能依據什麼精密的規則來確定。這會隨著雙方當事人的性格，隨著他們的處境，隨著誓言的鄭重程度，甚至隨著雙方遭遇時的某些插曲而有所不同：如果允諾者充分受到有時候可以在最自甘墮落的人物身上發現的那種豪爽英勇的殷勤伺候，那麼，他似乎應該支付比其他情況更多的錢。一般來說，嚴格的合宜性要求遵守所有這種諾言，只要遵守諾言不違背其他某些比較神聖的責任；諸如，不違背公共的利益，不違背我們基於感激，基於自然的親情，或基於適當行善的法則，應該照顧的那些人的利益。但，就像先前指出的，我們沒有任何精密的規則可以確定，基於尊重前述那些美德的動機，我們該有什麼外在的行爲，從而我們也就不可能確定，那些美德在什麼時候會和遵守這種諾言是相違背的。

然而，該注意的是，一旦違背了這種諾言，即使是基於某些最必要的理由，總是會給許下這種諾言者帶來一些不名譽。在那些諾言許下之後，我們也許可以相信遵守它們是不合宜的。但，許下那些諾言仍然是一樁多少該受責備的行爲。它至少背離了最高尚的恢宏與榮譽的行爲準則。一個勇敢的人應該寧死，也不願意許下這種，他若遵守就會顯得愚蠢，而若不遵守就會招致不名譽的諾言。這種情境總是會附帶一定程度的不名譽。背信與撒謊的惡行是這麼的危險，這麼的可怕，同時，縱情於這些惡行又是這麼的容易，而且在許多場合，是這麼的安全，以致我們忌諱它們甚於忌諱幾乎任何其他惡行。因此，我們的想像力會給一切背信的行爲，不論是在什麼情況或場合犯下的，貼上恥辱的標籤。它們在這方面和女性失去貞潔的行爲類似；基於類似的理由，我們也極端忌諱女性失去貞潔；我們對撒謊背信忌諱挑剔的程度，不亞於我們對女性貞潔的敏感要求。失去貞潔會無可挽回地敗壞名譽，無論什麼情況、什麼理由，都不能爲它求情辯解；無論怎樣悲傷、怎樣後悔，都不能爲它贖罪。我們在這方面是這麼的挑剔敏感，以致覺得甚至遭到強姦也會敗壞女性的名節，即使心靈純潔無瑕，也無法洗刷身體遭到的污染。違背鄭重立誓許下的諾言，即使這諾言是對最卑鄙無恥的人許下的，也是同樣的情形。誠實是一種如此必要的美德，以致我們認爲，一般而言，即使對那些不值得我們給予其他任何顧慮的人，即使對那些我們認爲可以合法處決摧毀的人，我們也應該誠實以待。違背承諾的人，不論他怎樣主張他之所以立誓承諾是爲了解救他自己的性命，或怎樣堅持他之所以毀棄諾言是鑒於遵守諾言將不符合其他某些比較高尚可敬的責任，都不會達到什麼辯解的效果。這些情況也許可以減輕，但絕不可能完全清除他的不名譽。在人們的想法裡，他顯然做錯了一件事，這件事和一定程度的羞恥有不可分割的關係。他違背了他自己曾鄭重宣誓他將遵守的諾言；他的人格，即使在本質上沒被不可挽回地玷污，至少也被蓋上了一個很難完全擦掉的惹人笑話的戳記；我想，不會有人在經歷過這種遭遇後，還喜歡告訴別人他自己的故事。

這個例子很適合說明決疑學和法理學之間的差別在哪裡，即使這兩門學問研究的都是概括性正義規則所規範的義務問題。

雖然這個差別是眞實且根本的，雖然這兩門學問有截然不同的目的，但研究的主題相同使它們之間具有如此的相似性，以致大部分明言旨在討論法理學的撰述者，在解決種種他們所研究的問題時，有時候雖是根據法理學的原理，有時候卻根據決疑學的原理，而且完全未清楚區別，甚至也許連他們自己也未察覺，什麼時候他們所根據的是法理學的原理，以及什麼時候他們所根據的卻是決疑學的原理。

然而，決疑者的理論絕非僅限於研究，我們的良心對概括性正義規則的尊重，要求我們盡什麼義務。它還涵蓋其他許多基督教信仰的和道德的義務。主要導致研發這門學問的原因，似乎是羅馬天主教的迷信，在社會未開化的蒙昧時期，所引進的那種秘密懺悔的習俗。根據這種習俗，每一個人最秘密的行爲，甚至是每一個人最秘密的想法，當有了背離基督教清淨規則的疑慮時，哪怕只有一丁點兒的背離，都必須吐露給坐聽信徒告解的神父知道。這種神父會告訴那些告解者，他們是否，以及在哪方面，違背了他們的義務，以及在他能以被冒犯的神的名赦免他們之前，他們必須忍受什麼苦行懺悔。

自覺或甚至只是懷疑自己犯了錯，對每一個人來說，都是一種心理負擔，而且對那些未因長期習慣作惡而變得心如頑石的人來說，這種心理負擔往往會伴隨著焦慮不安與恐懼。一般人，在這種苦惱的時候，就像在所有其他苦惱的時候，自然渴望藉由向某個他們能夠信任保守秘密又有判斷力的人傾吐他們心中的苦悶，以便卸下他們覺得壓在他們心頭的重擔。他們因這種告白而蒙受的丟臉，會得到充分的補償，因爲他們傾吐的對象對他們的同情經常會減輕他們心裡的不安。他們覺得寬慰，因爲他們發現，他們並非完全不值得尊敬，儘管他們過去的行爲該受譴責，但他們目前的意向至少是被讚許的，所以該意向也許足以彌補他們從前的過錯，至少足以使他們的朋友對他還懷有一定程度的尊重。有爲數眾多且手段巧妙的僧侶團隊，在從前那些迷信的時代，巧妙迂迴地獲得幾乎每一個私人家庭的信任。這些僧侶擁有那些時代所能提供的一切淺薄的學識，而且他們的行爲舉止，雖然在許多方面是粗魯與混亂的，不過，和他們當代的一般人相比，卻顯得優雅與井然有序。因此，他們被視爲，不僅是所有宗教信仰義務的偉大導師，而且也是所有道德義務的偉大導師。和他們相熟，會給有幸和他們相熟的人帶來好名聲，而顯示他們不贊成的印章戳記，則會在所有不幸遭到他們非難的那些人身上蓋上最深刻的不名譽。由於他們被看成是行爲對錯的偉大裁判，所以，人們一有什麼躊躇顧忌的事情，便自然會請教他們；對每一個人來說，讓別人知道他向那些僧侶傾吐他心裡所有令他自己不安的秘密，以及除非得到他們的勸告與認可，否則他不會採取任何重要或傷腦筋的舉動，是一樁很體面的事。因此，那些僧侶不難使一般人尊奉這樣的守則，也就是人們付託給他們裁決的，不僅應該包括那些付託給他們裁決已經變成時髦的事項，而且也應該包括那些，雖然付託給他們裁決尚未成爲既定的通則，不過，通常會付託給他們裁決的事項。於是，要使他們自己具備資格坐聽信徒告解，變成是僧侶與神學生用功學習的一個必修科目，而他們也因此時常蒐集整理一些所謂良心的案例，即一些很微妙的、很難取捨的、很難確定行爲合宜點位於何處的情境。如此整理出來的那些著作，他們認爲，對那些所謂良心的導師，以及對那些將接受指導的人，或許都有一些用處；決疑學的那些書籍就是這麼來的。

決疑者所研究的那些道德義務，主要是一些，至少在一定程度，可以納入某些概括性規則，而違反這些規則自然會帶來一定程度的良心呵責，並且會擔心將蒙受懲罰。他們的那些著作賴以產生的那種所謂告解的習俗，用意就是要緩解違反這一類義務所帶來的良心不安。並非每一種美德的缺失都會伴有嚴重的良心不安，也不會有什麼人向他的神父告解，請求赦免他沒有履行他自己的情況容許他履行的那些最慷慨的，最友善的，或最恢宏大度的行爲。在這種缺失的場合，究竟違反了什麼行爲規則，通常不是很確定，而且相關缺失通常也是屬於這樣的一種性質，也就是雖然遵守相關美德或許該得到榮譽與獎賞，但違反相關美德卻似乎不會招致什麼直接的責備、非難或懲罰。這一類美德的發揮，決疑者似乎視爲一種超出義務範圍外、不能嚴格強求的功德，因此，不是他們必須討論的主題。

因此，出現在坐聽信徒告解的神父裁判席前，並且因這個緣故而落入決疑者研究範圍內的那些違背道德義務的行爲，主要有三種類別。

第一類，並且是主要的一類，是違背種種正義規則的行爲。這些規則全都是明白確定的，而且違反它們自然會帶來該受上帝與人類懲罰的意識，以及將蒙受懲罰的恐懼。

第二類是違背貞節規則的行爲。這類行爲，在所有比較嚴重的實例中，都是眞正違背正義的行爲；任何人，除非對某個他人造成最不可原諒的傷害，否則不能算是犯了什麼這方面的罪過。在比較輕微的實例中，當相關行爲只不過是違反了兩性交往所應遵守的那些正確的禮儀時，的確不能恰當地當成是違反正義的行爲。然而，相關行爲通常是違反了某個相當明瞭的規則，而且，至少就其中一個性別來說，通常會給有過失者帶來不名譽，因此，通常會使耿直認眞的人感到一定程度的羞愧與後悔。

第三類是違背誠實規則的行爲。該注意的是，違背誠實，雖然在許多場合確實是違背了正義，不過，卻未必一定是如此，因此，並非總是會招致什麼外來的懲罰。普通說謊的惡行，雖然是一種非常卑劣下流的行爲，卻往往無害於任何人；在這樣的場合，不論是被騙的人或是他人，都不可能有權利要求報復或賠償。違背誠實，雖然未必是違背正義，但，總是違背了某個相當明瞭的規則，而且也自然傾向使有這種過失的人蒙羞。

年輕的孩子似乎有一種本能的性向，人們說什麼他們就相信什麼。自然女神似乎斷定，爲了他們的保全，他們應該，至少在一段時期內，絕對相信那些受託照顧他們幼年生活、以及他們最早也最必要的一些教育的人。因此，他們的輕信是非常極端的，需要長期且豐富地體驗過人類的虛僞，才能使他們變得對人類懷有某一合理程度的懷疑與不信任。各個成年人輕信的程度無疑很不相同。最聰明且最有經驗的成年人通常最不輕信。但，幾乎沒有哪一個活著的人，不是比他應該的更爲輕信，不是在許多場合，不僅相信了最後證明完全是虛假的流言蜚語，而且還相信了許多只要稍微深思或注意便可以知道很不可能是眞實的故事。先天自然的性向是總是相信；只有後天學到的智慧與經驗才會教我們不要輕信，而且它們還很少把我們教到足夠不輕信。我們全體當中最聰明也最謹慎小心的人，往往相信了一些他自己後來不僅覺得丟臉，而且也很訝異他居然會想到要相信的故事。

我們所相信的人，在我們相信他的那些事情上，必然會成爲我們的領導者與指揮者，因此，我們會懷著一定程度的尊重與敬意仰望他。但，正如我們會從欽佩他人變得希望我們自己也受人欽佩；所以，我們也會從受人領導與指揮變得希望我們自己也成爲領導者與指揮者。而且，正如我們不可能始終滿足於只是受人欽佩，除非我們同時能夠說服我們自己在一定程度內眞的值得欽佩；所以，我們也不可能僅滿足於只是被人相信，除非我們同時也意識到我們自己眞的值得相信。正如嚮往受到讚美與嚮往值得讚美，雖然是非常類似，卻是兩種分明有別的嚮往；所以，希望被人相信與希望值得相信，雖然也是非常類似，卻同樣是兩種分明不同的希望。

希望被人相信，希望說服、領導與指揮他人，似乎是我們天生最強烈的一種欲望。這種欲望也許是語言，這個人類特有的能力，賴以形成的本能。沒有其他動物具有語言能力，而我們也不可能在其他動物身上看到任何想要領導或指揮同類判斷或行爲的欲望。這種想要領導與指揮同類的雄心壯志，這種想要眞正出類拔萃、高人一等的願望，似乎全然是人類特有的欲望，而語言則是這種領導與指揮他人判斷與行爲的雄心，這種想要眞正高人一等的願望，賴以實現的偉大工具。

不被相信總是令人感到屈辱氣惱，而當我們懷疑我們所以不被相信，是因爲我們被認爲不值得相信、被認爲會存心刻意騙人時，我們的屈辱氣惱更是加倍。當面斥責某個人撒謊，是所有當面的侮辱中最不共戴天的侮辱。但，凡是存心刻意欺騙的人，他自己必然都會覺得，他應當受這種侮辱，他不應被相信，他喪失了一切唯一可以讓他在和同儕的交往中覺得自在、舒服或滿足的那種被信賴的資格。一個不幸以爲沒有人相信他的每一句話的人，肯定會覺得他自己是被社會遺棄的人，肯定會非常害怕想到必須走入社會或出現在眾人眼前，並且，我認爲，幾乎肯定會死於絕望。不過，大概不會有什麼人曾經有過充分正當的理由對他自己懷有這樣羞辱人的看法。我寧願相信，最惡名昭彰的說謊者，至少光明正大地說了二十次實話，才會有一次存心刻意的撒謊；正如在最謹慎小心的人身上，相信的意向往往勝過懷疑與不信的意向；所以，在那些最不在乎誠實的人身上，自然說實話的意向，在大多數場合，勝過欺騙的意向，或勝過在任何方面改變或隱藏眞實的意向。

當我們碰巧欺騙了他人時，雖然我們是無心的，而且是出於我們自己事先被騙了的緣故，我們也會感到氣惱悔恨。這種無心的欺騙，雖然往往不是我們有欠誠實或我們對眞實的愛好有欠完美的記號，不過，它畢竟總是多少標誌著我們缺乏判斷力、缺乏記憶力、過度輕信、以及有點兒魯莽輕率。它總是使我們得以說服他人的權威減少，總是會給我們領導與指揮他人的正當性帶來一定程度的質疑。然而，一個有時候因爲犯錯而誤導他人的人，和一個會存心騙人的人，還是差得很遠。前者在許多場合可以被安心地相信；後者在任何場合很少可以被相信。

心胸坦蕩與開闊可以贏得信任。我們信任似乎願意信任我們的人。我們以爲清楚看到了他打算引導我們走上的道路，因此，我們樂於放心接受他的引導。相反的，心胸含蓄與隱蔽會產生不信任。我們害怕追隨我們不知道要走到哪裡的人。另外，對話與交往的主要樂趣，來自於感覺與意見的某種調和，來自於心靈的某種協調，好比有這麼多樂器彼此一致合拍地吹奏。但，這種最令人快樂的協調不可能產生，除非感覺與意見有自由的交流溝通。因此，我們彼此都渴望感覺到對方心裡的感覺，渴望深入對方的內心，渴望觀察眞正存在那裡的感覺或情感。一個縱容我們的這種自然而然的渴望的人，一個邀請我們進入他的內心，一個宛如向我們敞開心扉的人，似乎表現出一種比什麼都還要令人愉快的好客殷勤。任何人，在平常好心情時，肯定會討人喜歡，如果他有勇氣，如實而且沒有其他用意地，說出他心裡眞正的感覺。就是這種毫無保留的誠實，使得甚至小孩子的牙牙學語也討人喜歡。我們樂於體諒心胸坦率者的見解，不論那些見解是多麼的淺薄與不完美；我們會盡我們所能地努力降低我們自己的理解能力以遷就他們的心智水平，盡力順著他們似乎採取的那種眼光去看待每一個議題。這種想要發現他人心裡眞正感覺的欲望，天生是這麼的強烈，甚至時常惡化變質成一種粗魯惱人的好奇心，連我們鄰人有很正當的理由隱藏的那些秘密，它也想窺伺；在許多場合，要控制住這種欲望，以及所有其他人性的欲望，並且把它降低至任何公正的旁觀者可以讚許的程度，需要審愼的美德，以及一種很強烈的合宜感。然而，當這種好奇心被約束在適當的範圍時，當它想探知的只不過是那些沒有什麼正當的理由好隱藏的事實時，那麼，使它失望，就會變成是一樁同樣粗魯惱人的事情。一個連我們最單純無害的問題也規避的人，一個連我們最沒有惡意的詢問也不給予滿足回應的人，一個顯然把他自己完全包裹在濃重迷霧中不可理解的人，可以說，似乎築起了一道牆圍住了他的心胸。我們懷著無害的好奇心，興沖沖地跑向前，想要進入他的心胸；卻突然覺得我們自己被一道最粗魯也最侮辱人的蠻力推了回來。

心胸含蓄與隱蔽的人，雖然很少是一個很和藹可親的人，卻並非就不受人尊敬，或一定就會遭人輕視。他似乎對我們感覺冷淡，而我們對他也同樣感覺冷淡。他不是很受讚美或愛戴，但他也同樣不是很受憎恨或譴責。然而，他很少需要為他自己的謹慎小心感到後悔，並且通常有點兒傾向於自誇自己的含蓄保留是一種審慎的美德。因此，即使他犯了大錯，有時候甚至傷了人，他也很少想要對決疑者說明他自己的情況，或認為有必要得到決疑者的開脫或讚許。

由於消息錯誤，或由於疏忽，或由於魯莽輕率，以致在無意間騙了人的人，就未必總是這樣。即使那只是一樁無關緊要的事情，例如，只是轉述了一則普通的消息，如果他是一個眞正愛好誠實的人，他也會為他自己的草率感到羞愧，並且一定會擁抱第一個機會充分坦承他自己的疏忽。如果那是一樁要緊的事，他就會更加後悔；如果他所提供的錯誤消息導致了什麼不幸或致命的後果，那他便幾乎不可能饒恕自己。他雖然在法律上沒有罪，卻覺得他自己是古人所謂的那種極端罪孽深重的人（piacular）④，並且心急如焚地想要在能力範圍內贖罪。這樣的人也許常常想要對一些決疑者說明他自己的情況，而他們也通常對他很好，雖然有時候會公正地譴責他過於輕率，但一般都會爲他開脫，使他免於蒙受撒謊的不名譽。

但，最常需要請教他們的人，是那種說話含混與心態曖昧的人，這種人一方面存心刻意地騙人，卻又同時希望自我陶醉，恭維自己實際上是個老實人。他們對這種人的態度不一。當他們很讚許他欺騙的動機時，他們有時候會開脫他的罪過，不過，持平而論，他們一般，而且還是遠遠地，比較時常譴責他。

因此，決疑學著述的主題是，正義的規則應該得到什麼樣的良心尊重；對於我們鄰人的生命與財產，我們究竟應該尊重到什麼程度；賠償責任涵蓋多大的範圍；貞節與謙遜的法則，以及，在他們的用語中，所謂的肉慾究竟是什麼性質的罪過；誠實的法則，以及誓約、承諾與各種契約應負的責任。

對於決疑者的那些著述，我們大致可以說，他們白費力氣地企圖以精密的規則，指導那些純歸感覺與情趣品味裁決的事項。怎麼可能根據一般規則，在每一個場合，絲毫不差地確

---

④ 譯注：參見本書第二篇第三章第三節第四至五段。

定，正義感敏銳到何等程度就會開始變成一種無聊與愚蠢的良心過慮？含蓄寡言到了什麼地步就會開始變成掩飾欺瞞？宜人的反諷可以進行到什麼程度，而反諷又會在哪一個確切的程度開始變質成令人厭惡的謊言？行為舉止最多可以自由自在到什麼程度而還能視為優雅合適？什麼時候自由自在會開始變成粗心大意的放肆？關於所有這樣的問題，適用於某個場合的答案，很少也適用於其他場合；在每一個場合，隨著情況有別，哪怕只有一丁點兒的差異，什麼是合宜巧妙的行為，也會有所不同。因此，決疑學的那些書籍通常沒啥用處，就像它們通常也令人厭煩那樣。對一個偶爾需要參考它們的人來說，即使假定它們的判斷都是正當的，它們也不可能對他有什麼用處；因為，儘管它們蒐集了大量的例子，然而，由於實際上可能發生的情況比它們蒐集到的還要多出許多種，所以，要在所有那些例子中找到一個和他自己正在考慮的處境剛好相同的例子，也只能靠運氣。一個眞的渴望盡責的人必定是非常的愚蠢，如果他居然會以為自己很需要參考它們；而對於一個不在乎責任的人，那些著述所採取的風格也不是有可能喚醒他多多注意責任的那一種。它們當中沒有一本傾向鼓舞我們朝向慷慨與高尚的情操。它們當中沒有一本傾向軟化我們的心腸，使我們變得更溫和仁慈。相反地，它們當中有許多本倒是相當有助於教導我們怎樣昧著良心狡辯；它們那些沒有意義的細微區分，倒是有助於合理化無數巧妙的遁辭，方便我們推託規避一些最根本的責任。他們企圖在一些不容許精確的題目上做到的那種無聊的精確性，幾乎必然會誤導他們陷入歧途，犯下前述那些危險的錯誤，並且同時使他們的著作枯燥乏味、令人厭煩，充斥許多深奧難解與抽象空洞的區別，反而不可能在讀者心中激起任何高尚的情感，儘管道德書籍的主要用處就在於激起那些情感。

因此，道德哲學的兩個有用的部分是倫理學與法理學，而決疑學則應該徹底摒棄。古代道學家的判斷顯然比較好很多，他們在討論同樣的主題時，並未假裝要達到任何這樣講究的精密度，而只是滿足於，以一種概略的方式，描述正義、謙遜與誠實的美德究竟建立在什麼樣的情感基礎上，以及那些美德情感通常會激勵我們採取什麼樣的行爲方式。

某些類似決疑學教義的東西，似乎曾經有好幾位哲學家嘗試論述過。例如，在西塞羅的《責任論》第三冊裡，就有一些這樣的論述；在那裡，他像決疑者那樣努力，在許多很棘手的、很難決定行爲合宜點究竟在哪裡的場合，爲我們提出行爲守則。同一冊書的許多段落也顯示，在他之前有其他好幾位哲學家也曾嘗試過同樣的論述。然而，不論是他或是他們，好像都不是志在提出一套完整的這種規則體系，而只是想說明怎樣有可能發生一些特別棘手的情況，讓我們無法確定最合宜的行爲究竟是在於堅持遵守，或是在於撤回我們平常遵守的責任規則。

每一套制定法（或成文法）體系，都可以視爲嘗試邁向一套自然法體系（natural jurisprudence），或嘗試邁向一套列舉周詳的正義規則體系，所獲致的一個或多或少不完美的結果。由於違背正義是人們彼此絕不肯甘心忍受的行爲，所以，民政長官不得不運用國家整體的力量強制人民實踐正義的美德。沒有這種預防措施，文明社會將變成一座流血混亂的舞臺，每一個人每當自認爲受到傷害時便會以自己的雙手爲自己報仇雪恨。爲了預防這種人人爲自己伸張正義所造成的混亂，所有已經獲得相當統治權威的民政長官，都保證爲其轄下所有人民主持正義，承諾聽取與救濟每一件傷害的控訴。此外，所有治理良善的國家，不僅任命法官裁斷個人間的糾紛，而且爲了規範那些法官的裁斷，也制定了一些規則；一般來說，那些規則都是有意要符合自然的正義規則的。沒錯，實際上，它們未必總是符合自然的正義。有時候是所謂國家的體制，亦即，所謂政府的利益；有時候則是某些專制壟斷政府的特殊階級的利益，會歪曲一些國家制定的法律，使它們背離自然的正義。在某些國家，人民的粗鄙與野蠻，阻礙自然的正義情操達到，在比較文明進步的國家，自然而然會達到的那種精密準確的程度。他們的法律，就像他們的舉止態度，是那樣的粗暴，那樣的簡陋，以及那樣的是非不分。在其他一些國家，不適當的法院審判體制，完全阻礙任何正常的法律體系在他們國內自然而然地確立起來，儘管一般人民的舉止態度也許已經文明進步到容許擁有最精密準確的法律體系了。在所有國家，制定法的判決，都還沒有在每一個場合，完全符合自然的正義感所要求遵守的規則。因此，各個制定法體系，作爲人類在不同時代與國家的情感紀錄，固然應當享有最大的權威，但絕不能視爲是什麼精確的自然正義規則體系。

有人或許會以爲，法律學者針對不同國家的法律體系內各種不同的缺陷與改進所作的評析研究，應該已經引發相關學者針對什麼是自然正義的規則，進行獨立於所有人爲制定的法律體系之外的探索。有人或許會以爲，那些評析應該已經導致法律學者把目標放在建立一套或許可以恰當地稱作自然法理學的體系，亦即，建立一套一般性的法律原理，這套原理應該貫穿所有國家的法律體系，並且應該是那些法律體系的基礎。但，雖然法律學者的評析研究確實在這方面產生一些成果，雖然沒有哪一位學者在有系統地討論任何國家的法律體系時，沒在他的著述中夾雜許多這方面的意見；不過，這世界卻是直到最近，才有人想到這種一般性的法律原理體系，或者說，才有人把法律哲學當作一門獨立的、與任何個別國家特有的法律建制無關的學問來研究。在所有古代道學家當中，我們找不到任何人嘗試邁向周詳地列舉正義的規則。西塞羅在他的《責任論》裡，亞里斯多德在他的《倫理學》裡，都是以同一種概略論述所有其他美德的方式在處理正義的問題。在西塞羅和柏拉圖的法律著述⑤中，我們本當期待會有某些企圖，朝向列舉那些自然公平的規則，那些應該被每一個國家的制定法體系落實的公平規則，然而，實際上卻是沒有這種企圖。他們所討論的法律是公共政策的法律⑥，不是正義的法律。葛羅秀斯⑦似乎是第一個有這種企圖的人，他企圖給這世界

⑤ 譯注：指柏拉圖的 *Laws*，以及西塞羅的 *De Legibus*。

⑥ 譯注：關於公共政策的法律，請參見本書第二篇第二章第三節第十一段所舉的戰時衛兵的例子。籠統地說，所謂公共政策的法律，不是本於正義（justice）的原則，而是本於權宜或方便（expediency）的原則，所制定的法律，旨在促進國家的財富、權力與繁榮。

⑦ 譯注：Hugo Grotius（一五八三～一六四五），荷蘭法學家，現代國際法的鼻祖。

提供一套應該貫穿所有國家的法律體系、並且應該是那些法律體系之基礎的一般性原理；他的戰爭與和平的法律論文，儘管並非十全十美，也許仍是目前僅見有關這個主題的最完整著作。我將在另一門課努力說明法律與政府的一般原理，說明那些原理在不同時代與社會發展階段，所經歷過的各種不同變革，不僅是有關正義方面的，而且也包括公共政策、公共收入、軍備國防，以及其他一切法律事項⑧。因此，這裡將不再對法理學的歷史做更詳細的說明。

⑧ 譯注：作者的這個承諾，至少就涉及公共政策、公共收入與軍備國防的那一部分來說，已在他的另一本巨著《國富論》實現。剩下有關正義或法理學的那一部分，作者在世時可惜來不及完成，他在這方面的努力，目前僅有他的學生在課堂上所作的筆記（*Lectures on Jurisprudence*）流傳於世可供查考。

亞當・史密斯年表

年代	年平記事
一七二三年	生於蘇格蘭Fife郡Kirkcaldy市，生日不詳（於六月五日受洗），父親為一名海關官員，在亞當史密斯出生前過世。在Kirkcaldy市立學校上學。
一七三七～四〇年	格拉斯哥（Glasgow）大學的學生。Francis Hutcheson是他的一位老師，教授道德哲學。
一七四〇～六年	牛津（Oxford）Balliol學院的學生，享有一筆豐厚的獎學金，由Snell基金會提供。
一七四八～五一年	·在Henry Home即Lord Kames的保護推薦下，在愛丁堡（Edinburgh）大學擔任公共講師，起先講授修辭學與純文學，後來也講授法理學和哲學史。 ·成為愛丁堡主要啓蒙運動圈的一個成員，並結交他畢生最重要的朋友休謨（David Hume）。
一七五一～二年	格拉斯哥大學邏輯學教授，並且代課教授道德哲學。
一七五二～六四年	格拉斯哥大學道德哲學教授。

一七五五年	在《愛丁堡評論》第一期發表兩篇文章，評論約翰生（Samuel Johnson）編的《英文字典》（*Dictionary*），法國《百科辭典》（*Encyclopedie*），和盧梭（Rousseau）的*Second Discourse*。
一七五九年	發表《道德情感論》；第二版，經過顯著修訂，一七六一年；第三版，一七六七年；第四版，一七七四年；第五版，一七八一年；第六版，經過大幅修訂，一七九〇年。
一七六一年	發表〈關於語言初始形成的若干省思〉（'Considerations concerning the first formation of languages'）。
一七六四～六年	擔任Buccleuch公爵的伴遊導師，主要在法國逗留，認識法國啓蒙運動的主要人物，諸如伏爾泰（Voltaire）以及主要的重農學派學者，包括魁奈（Quesnay）和杜爾哥（Turgot）。因導師工作而獲得一份終身年金。
一七六七～七三年	待在Kirkcaldy的老家撰寫《國富論》。
一七七三～六年	在倫敦完成該部經濟巨著，並且看它付梓出版。成為主要文藝和知識圈，諸如約翰生俱樂部的成員；加入英國科學院院士行列。
一七七六年	發表《國富論》；第二修訂版，一七七八年；第三版，經過顯著修訂，一七八四年；第四版，一七八六年；第五版，一七八九年。

一七七八年	被任命為愛丁堡關稅局長，一個酬勞極為豐厚的職位，他擔任此職至生命告終。寫了一份備忘錄給副檢察長，討論英國和美洲殖民地的衝突，建議讓北美殖民地分離。
一七七九年	建議英國政府和愛爾蘭組成聯邦。
一七八七年	成為愛丁堡科學院建院院士。
一七九〇年	七月十七日於家中逝世；葬於愛丁堡Canongate教會墓地。
一七九五年	他的《哲學論文集》（*Essays on Philosophical Subjects*）由Joseph Black和James Hutton遵照他的遺願出版。

索引

商管財經名人傳、經典名著文庫系列

克斐勒

作　者：吳惠林
書　號：1MD9
定　價：350元
ISBN：978-626-366-293-3

容簡介

世界第一位億萬富豪，是救世聖人，還是企業惡霸？述標準石油王國的建立與終結，解明「托拉斯」的真實涵。創辦者的低調、不干涉作法，造就芝加哥大學的自學風。 慈善事業不只是捐錢，如何真正幫助社會及弱者，是洛克斐勒晚年最大挑戰。

寇斯

作　者：吳惠林
書　號：1MD8
定　價：350元
ISBN：978-626-366-584-2

內容簡介

超越「黑板經濟學」的實務型經濟學家！「交易成本理論」、「廠商理論」、「法律經濟學」的開創先鋒，諾貝爾經濟學家史蒂格勒更為他提出「寇斯定理」。本書用流暢優美的文辭，如實呈現寇斯的生平與經濟思想——如同寇斯本人的經濟學文章，似淺實深，歷久彌新。

當・史密斯

作　者：吳惠林
書　號：1MD7
定　價：350元
ISBN：978-957-11-8905-5

容簡介

亞當・史密斯被尊稱為「經濟學的始祖」，雖然經學在全世界已成為顯學，也早被通識教育課程涵納在然而當代經濟學卻嚴重脫離他的原意。事實上，眾知的《國富論》並不是他的最愛，經濟學的本質，須從其另一本著作《道德情感論》中發掘。

弗利曼

作　者：吳惠林
書　號：1MD6
定　價：350元
ISBN：978-626-343-743-2

內容簡介

芝加哥學派的主要領導人，弗利曼名言：「天下沒有白吃的午餐」！
本書以通俗化方式呈現，說明弗利曼求知若渴，不獲得答案誓不甘休，毫不鬆懈的精神與天才的結合，如何造成令人可敬的弗利曼現象。

商管財經名人傳、經典名著文庫系列

洛克斐勒

作　者：吳惠林
書　號：1MD9
定　價：350元
ISBN：978-626-366-293-3

內容簡介

世界第一位億萬富豪，是救世聖人，還是企業惡霸？詳述標準石油王國的建立與終結，解明「托拉斯」的真實意涵。創辦者的低調、不干涉作法，造就芝加哥大學的自由學風。 慈善事業不只是捐錢，如何真正幫助社會及弱勢者，是洛克斐勒晚年最大挑戰。

寇斯

作　者：吳惠林
書　號：1MD8
定　價：350元
ISBN：978-626-366-58

內容簡介

超越「黑板經濟學」的實務型經濟學家！「交易成本理論」、「廠商理論」、「法律經濟學」開創先鋒，諾貝爾經濟學家史蒂格勒更為他提出「寇定理」。本書用流暢優美的文辭，如實呈現寇斯的生與經濟思想——如同寇斯本人的經濟學文章，似淺實，歷久彌新。

亞當・史密斯

作　者：吳惠林
書　號：1MD7
定　價：350元
ISBN：978-957-11-8905-5

內容簡介

亞當．史密斯被尊稱為「經濟學的始祖」，雖然經濟學在全世界已成為顯學，也早被通識教育課程涵納在內，然而當代經濟學卻嚴重脫離他的原意。事實上，眾所周知的《國富論》並不是他的最愛，經濟學的本質，必須從其另一本著作《道德情感論》中發掘。

弗利曼

作　者：吳惠林
書　號：1MD6
定　價：350元
ISBN：978-626-343-7

內容簡介

芝加哥學派的主要領導人，弗利曼名言：「天下有白吃的午餐」！
本書以通俗化方式呈現，說明弗利曼求知若渴，不答案誓不甘休，毫不鬆懈的精神與天才的結合，如成令人可敬的弗利曼現象。

五南文化事業機構
WU-NAN CULTURE ENTERPRISE

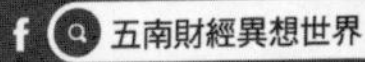

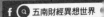

地址：106 臺北市和平東路二段 339 號 4 樓
電話：02-27055066 轉 824、889 業務助理 林小姐

經典名著文庫 006

道德情感論

The Theory of Moral Sentiments

作　　者 —— 亞當・史密斯（Adam Smith）
譯　　者 —— 謝宗林
發 行 人 —— 楊榮川
總 經 理 —— 楊士清
總 編 輯 —— 楊秀麗
文庫策劃 —— 楊榮川
主　　編 —— 侯家嵐
責任編輯 —— 侯家嵐、吳瑀芳
文字校對 —— 劉天祥
封面設計 —— 姚孝慈
出 版 者 —— **五南圖書出版股份有限公司**
地　　址 —— 106 臺北市大安區和平東路二段 339 號 4 樓
電　　話 —— 02-27055066（代表號）
傳　　眞 —— 02-27066100
劃撥帳號 —— 01068953
戶　　名 —— 五南圖書出版股份有限公司
網　　址 —— https://www.wunan.com.tw
電子郵件 —— wunan@wunan.com.tw

法律顧問 —— 林勝安律師
出版日期 —— 2007 年 1 月初版一刷
2013 年 10 月二版一刷
2017 年 8 月二版三刷
2018 年 5 月三版一刷
2021 年 4 月三版三刷
2024 年 1 月四版一刷
定　　價 —— 650 元

國家圖書館出版品預行編目（CIP）資料

道德情感論 / 亞當 · 史密斯（Adam Smith）著，謝宗林譯．
-- 四版．-- 臺北市：五南圖書出版股份有限公司，2024.01
面；公分
譯自：The theory of moral sentiments
ISBN 978-626-366-789-1（平裝）

1.CST:　倫理學

190.1　　112019214